傅筑夫（1902 — 1985）

傅筑夫文集（第一辑）

中国封建社会经济史

两晋南北朝卷

傅筑夫 ◎ 著

首都经济贸易大学出版社
Capital University of Economics and Business Press

·北京·

图书在版编目（CIP）数据

中国封建社会经济史. 两晋南北朝卷 / 傅筑夫著. -- 北京：
首都经济贸易大学出版社，2023.4

ISBN 978-7-5638-3414-3

Ⅰ. ①中⋯　Ⅱ. ①傅⋯　Ⅲ. ①封建经济—经济史—中国—
魏晋南北朝时代　Ⅳ. ①F129.3

中国版本图书馆 CIP 数据核字(2022)第 166725 号

中国封建社会经济史(两晋南北朝卷)
ZHONGGUO FENGJIAN SHEHUI JINGJISHI (LIANGJIN NANBEICHAO JUAN)
傅筑夫　著

责任编辑	孟岩岭
封面设计	砚祥志远·激光照排 TEL: 010-65976003
出版发行	首都经济贸易大学出版社
地　　址	北京市朝阳区红庙(邮编100026)
电　　话	(010)65976483　65065761　65071505(传真)
网　　址	http://www.sjmcb.com
E - mail	publish@ cueb.edu.cn
经　　销	全国新华书店
照　　排	北京砚祥志远激光照排技术有限公司
印　　刷	唐山玺诚印务有限公司
成品尺寸	170 毫米×240 毫米　1/16
字　　数	449 千字
印　　张	25.75
版　　次	2023 年 4 月第 1 版　2023 年 4 月第 1 次印刷
书　　号	ISBN 978-7-5638-3414-3
定　　价	115.00 元

序　言

2020 年 6 月 20 日,笔者应首都经济贸易大学出版社之邀为"傅筑夫文集"申请国家出版基金所写的《推荐意见》略云:

傅筑夫先生是我国最负盛名的经济史学家之一,系中国经济史学科的重要奠基人与推动者,其论著深刻影响了四代学人,且今后还会深远影响国内外学术界尤其经济史学界。

傅筑夫先生的主要代表作包括五卷本《中国封建社会经济史》、三卷本《中国经济史论丛》(上、下、补编)、《中国古代经济史概论》等。此次整理出版,除上述著作外,还计划加入《傅筑夫论著补编》。主要内容有:傅筑夫自述;新中国成立前发表在《东方杂志》《中国经济》《文史杂志》《社会科学丛刊》《图书评论》等刊物上的文章,如《中国经济结构之历史的检讨》《由经济史考察中国封建制度生成与毁灭的时代问题》《中国经济衰落之历史的原因》《研究中国经济史的意义及方法》《由汉代的经济变动说明两汉的兴亡》;等等。另外还包括其未刊的笔记、书信等等。

傅筑夫先生全面探讨了从西周至宋代两千多年中国经济发展、经济制度演进变迁的历程,以及就中国经济史的分期、一些重大问题的性质和原因等提出了独具特色、自成体系的一系列见解。作者的核心观点包括:一是中国奴隶制发展与古代希腊、罗马相比,发展很不充分,但其在殷商末年崩溃之后,残存的时间却又很长,几乎与迄近代为止的全部历史相始终。二是长达两千余年的封建社会可分为前后两个不同阶段,即典型的封建制度和变态的封建制度。前者产生于西周初年,崩溃于东周前期,其基本特征是领主制经济;后者产生于东周前期,一直延续到鸦片战争前的清代,其核心内容以地主制经济为主。说其是变态的封建制,是因为其与原来纯粹的封建社会不同,当中夹杂着一些资本主义因素。三是中国在战国时期的社会经济结构中已经有了资本主义因素的萌芽,出现了产生资本主义的前提条件,并有了一定程度的发展。四是中国封建社会经济发展长期停滞,资本主义因素不能正常发展,小农经济是总的根源。五是不赞成以朝代标名中国经济史的分期,因为中国历史发展的一个非常明显

1

的特点,就是社会经济的发展轨迹并不是一条直线,而是呈现为一种动荡不定的波浪状态,经济发展的周期有长有短,并不与朝代的兴衰完全同步。

上述观点自成体系,独树一帜。我们不得不折服于作者对汗牛充栋的史料的搜集、整理、甄别与解读之功力,对于中国历史发展演变的整体把握,对于中国世界地位的准确判断,对于理论体系的严谨构建,等等。傅筑夫先生的著作,系通古今之变、成一家之言的学术精品。

傅筑夫先生的论著,有些出版时间较早,学者已无法购买;有些系零散见于新中国成立前的杂志,查阅非常不便;有些论著还没有整理出版,学界深以为憾。"傅筑夫文集"的编辑出版,系功德无量之举,经济学界、历史学界尤其经济史学界将翘首以盼!

傅筑夫,1902年9月27日生于今河北省邯郸市永年区,名作楫,以字显。1911—1915年在家乡念私塾,1918年8月至1922年7月在当时直隶第十三中学读书,后报考北京高等师范学校理化预科,1924年进入改名的北京师范大学理化系。当时学术空气浓厚,思想活跃,学派林立,校方允许学生跨系听课,也允许学生自由更换专业,充分尊重学生的兴趣。傅筑夫当时旁听了梁启超、鲁迅、黄侃、钱玄同、马裕藻、杨树达等名师的课,对其影响非常大,使其学习兴趣发生了变化,便于第二学期转入国文系。在国文系,傅筑夫系统学习了文字学、音韵学、训诂学等,选修了古典文学、文艺理论和外国文学名著等。在此期间,他逐渐对艺术和宗教问题产生了兴趣。后来,在鲁迅先生的建议与指导下,傅筑夫从事中国古代神话的研究与资料搜集工作。众所周知,当时鲁迅先生正在撰写《中国小说史略》。这样的训练,无疑为傅筑夫从浩瀚古籍中搜集、整理与甄别资料,为后来主要从事中国经济史研究和教学奠定了坚实基础。

20世纪初,正是中国社会转型的重要时期。作为一个才华横溢且有远大理想的青年才俊,傅筑夫关注社会变革,将学业攻读方向转向社会科学尤其是经济史。早在20世纪20年代,傅筑夫便开始用马克思主义的经济理论来分析和研究中国的社会经济问题,并写成约23万字的专著《中国社会问题之理论与实际》,于1931年4月由天津百花书局出版,这是其计划中的"农民问题与中国革命"研究的一部分。可见傅筑夫的研究顺应当时中国的社会变革之大势,他的学术研究自觉参与了中国命运的大论战,应该说是非常接地气,具有理论高度的。

1937年1月至1939年5月,傅筑夫自费赴英国伦敦大学政治经济学院留学,先后在罗宾斯(L. Robins)教授和陶尼(H. Taweny)教授的指导下研究经济理论和经济史。在伦敦大学期间,胡寄窗先生也在这里留学,他们时常在一起探讨经济史方面的学术问题,二位最后均成为享誉海内外的经济史、经济思想史的学术大师。傅筑夫先生在英国留学期间,省吃俭用购买了约800本专业书籍,这些书籍辗转运到重庆沙坪坝时却遭到日本飞机轰炸,最后只留下一张书单,这是傅筑夫先生心头永远的痛①。

归国后的1939年7月至1945年7月六年间,傅筑夫在重庆国立编译馆任编纂并兼任四川教育学院教授。在傅筑夫教授发起并亲自主持下,大后方开展了规模庞大的中国古代经济史资料的搜集与整理工作。编译馆当时给傅筑夫先生配备了4名辅助人员以及10余位抄写员。与此同时,傅筑夫先生还邀请了著名农史学专家、时为国立复旦大学经济史教授的王毓瑚先生参加整理工作②。傅筑夫先生等充分利用当时优越的学术研究环境,系统收集整理了大量经济史史料,这在当时可谓蔚为壮观,至今仍然让人叹为观止!傅筑夫先生认为,中国经济史本是一门重要的基础学科,但长期以来研究者非常少,资料不易搜集是造成这种状况的主要原因之一。另外,当时国立编译馆具有从事中国经济史资料搜集整理得天独厚的条件。由于有傅筑夫先生和王毓瑚诸先生的领衔主持并不断商讨定夺,工作进行得非常顺利,到抗战胜利前夕,第一轮搜集经济史资料的工作告一段落。课题组用纵条格厚纸做卡片,用毛笔抄写的资料多达数大箱,这些卡片分纲列目,分类条编,每章均有简明扼要的说明与分析。尽管傅筑夫先生主持的工作成果在当时还只是资料卡片,却已经构成了中国经济史研究的雏形或初步框架。

1947年1月至7月,傅筑夫离开四川去东北大学,任商学院院长兼学校教务长,讲授中国经济史和经济学。鉴于当时沈阳地区社会秩序混乱,教学和科研工作及生活均受到严重影响,傅筑夫便举家前往天津。1947年8月,傅筑夫任南开大学教授,同时讲授中国经济史、外国经济史两门课,另外还承担了经济研究所研究生的课程授课任务。除此之外,傅筑夫先生还兼任经济研究所研究生指导委员会主任委员。1947年8月至1948年10月,傅筑夫先生还兼任天津《民国日报》副总主笔,读书、教书、撰写社论是他在这一阶段的主要工作,可谓处于连轴转状态。新中国成立后,傅筑夫先生在南开大学开设了《资本论》研

---

① 瞿宁武:《傅筑夫传》,原载《晋阳学刊》,收入《中国当代社会科学家》(传记丛书)第4辑,北京:书目文献出版社1983年版。
② 杨直民:《王毓瑚传略》,收入王广阳等编《王毓瑚论文集·附录》,北京:中国农业出版社2005年版。

究的课程,同时为在校大学生开设中国经济史和外国经济史两门课。值得一提的是,傅筑夫先生与讲授政治经济学的谷书堂先生兴趣相同,他们时常共同探讨学术问题,讨论的成果便是1957年由天津人民出版社出版的合著《中国原始资本积累问题》。1957年,傅筑夫被错划为右派,被迫离开了他心爱的讲台。在这种环境下,傅筑夫先生开始了第二轮的经济史资料的收集与整理工作,虽然这次的条件与第一次不可同日而语,但是在认真总结以前经验教训的基础上,这次经济史资料整理的搜集范围进一步扩展,使得内容更加完备与充实。令人痛心的是,"文革"中傅筑夫先生多年积累的关于明清时期中国经济史的资料被付之一炬,以至于先生计划撰写七卷本的《中国封建社会经济史》只完成了前五卷,因资料缺失而没有明、清两卷,这成为经济史学术界不可弥补的巨大损失。直到20世纪80年代末的40年左右的时间里,傅筑夫先生积累的经济史资料在数量上居全国之冠是没有疑义的,尽管"文革"中丢失了大量明清时期的资料。据张汉如教授1987年春天目睹傅筑夫先生尚存资料做出的保守估计,这些资料的总字数不会少于百万字。

1978年夏天,傅筑夫先生的学术研究环境得到了很大的改善,当然这与我国进入改革开放时代密不可分,同时对其来说还有一个机缘是,傅筑夫先生被借调到北京工作。这样,他离开工作生活了30年的南开大学,来到北京经济学院即今天的首都经济贸易大学,主要承担国家科学发展规划重点项目"中国经济通史"的研究工作。学术界认为,傅筑夫先生领衔完成这一重大课题在当时是不二人选。

从南开大学调动到北京之后的6年多时间里,傅筑夫先生虽然年逾古稀且体弱多病,但他为研究和撰写中国经济史论著殚精竭虑,甚至到了废寝忘食的程度。在此期间,傅筑夫先生先后完成并出版了312.8万字的9本专著,平均以每年撰写超过50万字的速度在与时间赛跑。据专家不完全统计,这些论著引证的史料和当代考古资料约10 319条①,平均每万言引证史料约33条。这充分体现了傅筑夫先生学术根基之深,言必有据,文必有引,同时也足见先生养心治学的繁括功夫与老而弥坚的探索精神。在北京的岁月,傅筑夫先生几乎每天都要工作到午夜,工作时间超过12个小时。

傅筑夫先生著作等身,研究领域广泛,观点鲜明,见解深刻,文笔清新,其研

---

① 张汉如:《学贯中西　博通古今——傅筑夫的学术道路和思想研究》,天津:南开大学出版社2009年版。

究独树一帜,系蜚声海内外的著名经济史学家。傅筑夫先生构建了一个理解我国传统经济的系统性分析框架,其论著具有理论深度和历史厚重感,展现了一代学术大师成一家之言的宽广视野与学术创新能力。傅筑夫先生是研究中国经济史的大家,他兼蓄经济学眼界与历史胸襟。

傅筑夫先生一再强调,研究经济史不仅要系统地积累资料,而且要熟知经济理论、经济规律,才能辨别经济史料的真正价值,在甄别史料方面要有沙里淘金的功夫。从傅筑夫先生对经济史研究的理论和方法中我们可以清晰地体会到,研究经济史需要历史知识、经济知识,还需要有一定的自然科学知识,尤其要有坚实的古文修养。不仅如此,学习和研究经济史还需要学贯中西,要进行必要的中外比较。这是傅筑夫研究者通过对傅筑夫先生的学术成就和治学方法深入研究后得出的结论。

傅筑夫先生通过对英国历史的研究,提出问题:尽管中国早在战国时期就已经大量使用金银做货币,有大量商业资本,又有雇佣劳动,为什么资本主义萌芽没有发展为资本主义生产方式?他认为,中国自秦汉以来主要发展地主经济,商业资本没有转化为产业资本,而是用来兼并土地,这成为中国历代统治者面临的最大难题。阻碍中国经济发展的主要因素是封建统治者实行了抑商政策,用限制市场经济的办法限制商品经济的发展,连军队装备和供应宫廷需要的东西也要抛开市场,成立专门机构来供应。因此,他认为汉代桑弘羊的盐铁专卖政策扼杀了中国的商品经济,是使中国经济长期停滞的千古罪人。

傅筑夫先生的论著多有独到见解,如他认为,思想意识上的"谋生"与"谋利"是有根本区别的,"谋生"基本上属于自然经济的范畴,"谋利"则属于市场经济的范畴。傅筑夫先生的这些经济史结论,实为老一代学者学贵自得、成一家之言的心得记录。通读傅筑夫先生的论著,我们可以从中真切地体味到其尽管经历了难以想象的艰难曲折,但自始至终坚守严谨求实的学风,坚持追求真理的大无畏精神。面临中国传统社会浩如烟海的史料,他能够深入浅出,既坚持论从史出,又敢于提出质疑,不泥古,不拘陈说,不守藩篱,不望风阿世,通过自己艰辛的学术跋涉,刻志兢兢,形成独树一帜的学术思想。

傅筑夫先生作为著名教育家,对教学与研究者提出了独具特色的评价标准:熟悉本专业业务而无创见,充其量只能算个教书匠,要想成为大师,必须要有系统的创见,要想成为宗师,则必须形成学派,后继有人。傅筑夫先生无疑是学术宗师,而他对教学的高见无疑是在长期的教学第一线的实践与教学管理工作中得出的。1932年7月至1936年10月,傅筑夫在中央大学任校长秘书时兼任教授,教授中国经济史,由此开始了其全力研究经济史的学术生涯。傅筑夫是中国国内最早教授中国经济史的教授之一,同时也为教学相长提供了一个成功案例。傅筑夫在中国人民大学近代经济史研究生班的任教,为其教育生涯留下了浓墨重彩的一笔。1953 年,中国人民大学在全国招收了 16 名中国近代经济史研究生,他们均是各大学德才兼备的在职人员,学制是 3 年。1954 年 9 月,傅筑夫被聘为中国历史研究室国民经济史教授,系近代经济史研究生班的任课老师。傅筑夫到中国人民大学兼职伊始,就一边授课一边编写讲义,并指导研究生撰写论文。傅筑夫在中国人民大学研究生班的讲义最后形成 80 万字的《中国近代经济史》。当年中国人民大学的这 16 位研究生,后来均成为我国经济史研究与教学的领军人物。今天仍然活跃在学术界的经济史大师、新中国经济史奠基者之一赵德馨教授,就是其中一位。

在学习傅筑夫先生论著的过程中,我深深为先生治学精神的恢宏壮阔、学术造诣的博大精深、追求真理的顽强精神所折服,同时敬仰先生丰富多彩的社会阅历和贯通古今中外的学术视野以及传道授业解惑的名师风范。傅筑夫先生在近现代学术史尤其在经济史领域具有非常重要的地位。傅筑夫先生独树一帜的学术品格,彰显的追求真理的科学态度,在社会发生剧烈转型、不少地方学术风气浮躁的今天,更显得弥足珍贵!

以我学习经济史的肤浅经历,实在没有资格为经济史大师傅筑夫先生的文集作序,只是我就职的中国社会科学院经济所的老同事杨春学教授受出版社之托,一再邀我写序。春学教授清楚我是学习传统经济史的,也知道我读研究生时曾于 1983 年春天在北京访学时就购买了《中国封建社会经济史》《中国经济史论丛》等著作。我只好勉为其难,以上面的学习体会,表达对傅筑夫先生的敬意并聊以为序。

魏明孔

中国社会科学院"登峰战略"学科带头人

中国经济史学会会长

目　　录

第一章　总　论
——晋至南北朝时期的社会经济概况及其特点

我们曾一再引用马克思的一个重要论点："社会经济形态的发展是一种自然历史过程。"① 这是说社会经济形态的发展变化，是在它自身的客观经济规律支配之下，根据其"本身运动的自然规律……它还是既不能跳过也不能用法令取消自然的发展阶段"②。从中国社会经济发展演变的全部过程来看，显然是经历了几个不同的自然发展阶段，虽然都受着一个总的社会经济运动规律的支配，但在各个不同的自然发展阶段上，又自有其不同于其他发展阶段的经济运动规律，并且正是由于各个阶段的经济运动规律不相同，所以才可以把整个历史发展过程划分为各个不同的发展阶段，也正由于各个发展阶段各自有其独特的经济规律，遂使这个阶段既不同于以前的各阶段，也不同于以后的各阶段，于是就表现为自己独有的特点。这就是马克思所说："每个历史时期都有它自己的规律。一旦生活经过了一定的发展时期，由一定阶段进入另一阶段时，它就开始受另外的规律支配。"③ 这样，在研究社会经济形态的每一个自然发展阶段时，首先就必须找出这一发展阶段的经济运动规律是什么，它是怎样在这种特殊的经济规律支配之下，形成了它所具有的特点。

例如《中国封建社会经济史》的第一卷和第二卷各阐述了一个特殊的发展阶段，每个阶段都各有其自身的运动规律。第一卷说明了典型的封建制度在其自身的经济规律支配之下，为什么必然产生在西周初年，又为什么必然崩溃在东周前期。这一个历史时代与继起的秦汉时代，显然是两个不同的发展阶段。发展阶段不同了，起支配作用的经济规律也随之改变了。前者是典型的封建制度时期，后者是变态的封建制度时期，具体说，前者的社会经济基础是典型的封建土地制度——井田制度，剥削关系是农奴制剥削，社会经

---

① 《资本论》，第一卷，人民出版社一九七五年版，第十二页。
② 《资本论》，第一卷，人民出版社一九七五年版，第十一页。
③ 《资本论》，第一卷，人民出版社一九七五年版，第二三页。

济的结构形态是领主制经济；后者的社会经济基础是私有土地制度，剥削关系是地主剥削佃耕农民的租佃关系（马克思称之为法律关系），社会经济的结构形态是地主制经济。总之，两者在性质上和结构形态上都不相同了，但是这两个不同的发展阶段之间又有密切的连贯性，即整个秦汉时代实质上乃是东周特别是战国时代的继续，因为上述的一切变化，都是在战国年间开始产生，到了秦汉时代才完全确立，并有了进一步发展的。例如以自由买卖为基础的私有土地制度和地主制经济结构，虽然都是在战国年间即已开始产生，但都是到了秦汉时期才全面地发展起来，并成为一种确定不移的社会经济制度。又如商品经济和货币经济，都是从战国时期开始发展的，但是大量地和全面地发展，则是在秦汉时期。其他各个方面，无不如此。所以作为一个发展阶段的秦汉时期，不仅是战国时代的继续，而且是战国时期各种成就的进一步发展，前后两个阶段不但是互相连贯的，而且还一直保持着一种上升的趋势，在某些方面（例如商品经济和货币经济），这种继续上升的趋势还是非常突出的。

晋和十六国至南北朝这一历史阶段，在时间上是在秦汉时代之后，但是这一个发展阶段却不是前一个阶段的继续，两者在结构的形态上和性质上都表现了很大的不同，如果把前一个发展阶段作为典型，来与后一个发展阶段作比较，马上就可以看出，这一阶段在许多方面都是特殊的，或者说它表现了许多特点。例如上文已指出，从战国到秦汉，社会经济的发展一直保持着上升趋势——每一种制度都在沿着固有的运动规律继续向广度和深度方面发展，但是进入这一历史阶段，长期延续的上升曲线即陡然折而下降，不仅是一落千丈，而且是一蹶不振，在这一次衰落凋敝之后，久久未能恢复到固有的水平。所有过去在农工业的生产技术上和组织形态上所取得的重大成就，并已在世界同时期的历史上居于遥遥领先的地位，以及在商品经济的繁荣程度上、在货币经济的突出发展上，这一切成就，到晋至南北朝时期，不是完全丧失，就是大大地倒退了。总之，这一个阶段，是社会经济的大衰落时期，是国家的大分裂时期，是整个历史的大倒退时期。因而前一时期的社会经济的运动规律，在这一时期是完全不适用了。这就要求我们在研究这一个发展阶段时，必须盱衡全局，观察这一阶段是在怎样一种不同的经济规律支配之下，形成了一些什么特点，它是怎样既不同于前一个发展阶段，也不同于后一个阶段的。

一加观察，就可以看出以下各点——这里仅概括地指出其要点，至于各个问题的具体情况，均将于后文有关章节中分别论述。

其一，晋、十六国到南北朝时期，国家在政治上发生分裂，社会经济发生波动和遭受破坏，这并不是第一次。当然也不是最后一次。在秦汉以前，国家在政治上曾经长期出现一种诸侯割据和四分五裂的局面，诸侯列国之间的战争也是十分频繁的，但是战争的规模都不大，波及的范围也不广，因而造成的破坏不烈。兵燹、饥馑、疾疫等向来是相随而至和相辅而行的，所谓大兵之后必有凶年，实是由长期的生活实践中得出的经验总结。当时战争所造成的破坏既不大，故灾荒饥馑的危害程度亦不甚严重。并且，在诸侯列国的并存时代，每一个统治区域都是小国寡民，它们的统治者为了自存——不论是为了进攻还是为了防御，都知道国之守在人，人之守在粟，粟多者国富，国富者兵强，兵强者战胜，战胜者地广，把这一系列的连锁作用总起来就是足食足兵，而贯彻这一战略措施，不外是"田野辟"和"仓廪实"。为了能有效地实现这个总纲领，每一个小国的统治者不得不在其统治区域内，力求能安定社会，发展生产，消弭或尽量地减少灾害。这是先秦时期虽同样有天灾人祸，却没有造成毁灭性破坏的原因所在。

西汉初年和西汉末年曾两次发生过经济波动，其具体情况在《中国封建社会经济史》第二卷中已经做了详细说明。这两次经济波动给国民经济所造成的破坏后果，是一次比一次严重。第一次的破坏由于时间不长，社会元气斫[1]丧不甚，汉王朝建立之后，它的经济基础还是关中（包括大西北和大西南）的广大经济区和关东的古老经济区，这时两大经济区已密切结合成一体，其中关东经济区由于开发很早，又是自古以来各部族的一个汇集聚居之所，即所谓"都国诸侯所聚会，建国各数百千岁"。由于土地对人口的负荷日益加重，土地的自然肥力日渐衰竭，这个古老经济区曾一度显示了老化衰退之象，但到春秋以后，随着铁器时代的开始，牛耕和犁耕的发明，人工施肥和灌溉方法的普及等新的生产方法的应用，使这一古老的经济区又焕发了青春，从此，关中和关东两个主要经济区就成了秦汉统一大帝国的基础，而且关东经济区又成了关中政治中心的重要支柱，每年需要"漕转山东粟，以给中都官"①，仅为了养活官奴婢，就需要"下河漕度四百万石"②。因黄河有砥柱之险，乃"穿漕渠通渭"③，系"引渭穿渠，起长安，旁南山下至河，三百余

---

① 《史记》卷三十，《平准书》。
② 《史记》卷三十，《平准书》。
③ 《汉书》卷六，《武帝纪》。

里，径易漕……三岁而通，以漕，大便利"①。这说明旧经济区的基础还是雄厚的，力量是强大的，虽遭受过一次天灾人祸的袭击，但由于时间不长，破坏不甚，而汉初统治者又采取了自由放任政策，以便于经济的自我调整，故恢复较快，不久便进入了全面繁荣时期，使两个经济区的潜力又得以充分地发挥出来。

发生在西汉末年至新莽期间的第二次大波动，天灾人祸经历的时间比较长久，造成的破坏亦比较酷烈，所以在这一次大波动之后，由于破坏严重，元气大伤，斲[1]丧了社会经济自我调整的机能，因而恢复较难。尽管丧乱已经终止，社会秩序已经安定，而社会经济的残破之状，却久久未能改观，在后汉光武帝当政的三十年间，到处是疮痍满目，一片荒凉，其中关中区域所遭受的破坏尤为惨重，因而恢复更难，以致新的统治者不得不放弃长安，改营洛邑，即把政治中心由长安东移洛阳。这说明两大经济区特别是关中经济区所遭受的破坏是十分严重的。进入东汉以后，经过一段比较长的凋敝时期以后，大体上从明帝朝起即开始逐渐有所恢复，到了章帝、和帝时期，也达到了一定程度的繁荣。但是毕竟由于破坏严重，损伤了社会经济的内在机能，故终东汉一代，社会经济的发展不但没有超过西汉曾经达到过的水平，而且更没有恢复西汉时社会经济结构所具有的内在实力，如与西汉的情况相比较，东汉在一切方面都是低调的、虚弱的。总之，由战国年间开始历秦汉两代，社会经济累进发展的上升趋势，到东汉时就成为一种缓慢的下降趋势，到东汉末年至三国初年时，形势就急转直下，陡然一落千丈地下降到深渊。

由东汉末年开始的经济大波动，到了三国鼎立之局确定以后，虽然略有缓和，到了西晋初年还曾一度出现过短暂的繁荣，但是实际上都是昙花一现，紧接着就出现了国家的空前大分裂和社会经济的空前大混乱、大破坏，两次波动之间的安定时期很短，不旋踵之间就把两次大波动连接起来，所以东汉末年与晋南北朝的两次经济波动，实际上是一次巨大波动的前后两个段落，或者说是在一次巨大波动中间出现过一个短暂的间歇。因此，这一巨大的经济波动应当从汉灵帝中平元年（公元一八四年）发生动乱时算起，直到隋文帝开皇九年（公元五八九年）统一全国、结束丧乱止，前后共历时四百零五年，即使除去三国和西晋的短暂安定时期，也足足混乱了三百四五十年之久。在这样漫长的时期内，所有天灾人祸为害之酷烈和破坏之惨重，在人类历史

---

① 《汉书》卷二十九，《沟洫志》。

上都是罕见的。天灾与人祸虽都具有巨大的破坏作用，而人祸实远甚于天灾，例如战争就是对社会经济的一种最直接、最强烈无比的破坏。马克思曾说："一次毁灭性的战争就能够使一个国家在几百年内人烟萧条，并且使它失去自己的全部文明。"① 在这一段历史时期内，毁灭性的战争连续不断，特别是在东晋十六国时期，几个少数民族与汉族之间以及它们相互之间几乎是"无月不战"，足足互相砍杀了一百三十多年之久，成为中国历史上一次空前的大浩劫。广大人民，非死则逃，凡是没有来得及逃亡或老弱病残不能逃亡的，都成了被疯狂屠杀的对象，一部《晋书》，特别是其中的《载记》，便是这样一部血淋淋的记录，以致整个北半部中国，几乎断绝了人烟，出现了所谓"千里无烟爨之气，华夏无冠带之人"，茫茫大地，到处是"白骨横野"，"僵[2]尸蔽地"。经过这一次长时间的大破坏，不仅几乎毁灭了一切有形之物——社会经济的积累和成就，而且确已"失去自己的全部文明"。

总之，以巨大经济波动为标志的晋至南北朝时期的大混乱和大破坏，是这一历史时期的一个重大事件，它的影响深入社会的各个方面，换言之，一切问题无不直接间接与此有关——不是由它产生的一个直接后果，便是由这个母体孳生出来的一个分枝，所有这时期的所谓社会经济的特点，实际上都是这个重大事件在某一方面的一种表现形式。

其二，晋和十六国至南北朝时期是中国历史上的人口大迁徙时期——北方人口的大量南流时期。北半部中国的人口之连续不断地大量南移，是这一时期社会经济发生巨大波动的一个直接后果。

以关中和中原两大经济区为中心的北半部中国（包括黄河流域和淮河流域），是自古以来各族人民生息繁衍的主要区域，尽管这一地带早已由于人口的增殖超过了土地的正常负荷，但是这一地带乃是开发最早的主要精耕农业区，是人们的生产和生活较有保证的地区，如果没有外力（包括人为的和自然的）的冲击和侵袭来打破社会经济的固有平衡，搅乱正常的生产和生活秩序，谁也不肯轻易抛弃自己辛勤开辟出来的田畴和家园，无端远走高飞，漂泊异乡，去追求一个渺茫难知的命运。江南固然有远比北方为优越的自然条件，大家也都知道那里土地肥沃，雨量充沛，气候温暖，适宜于耕稼，而大部分地区还土旷人稀，虽然还过着火耕水耨、饭稻羹鱼的落后生活，但却是

---

① 马克思：《不列颠在印度的统治》，《马克思恩格斯选集》第二卷，人民出版社一九七二年版，第六十四页。

物产丰富，容易谋生，所谓"江淮以南，无冻馁之人"，因那里是"果隋[3]嬴蛤，不待贾而足，地势饶食，无饥馑之患"①。尽管有这些优点，但是直到汉末，江南地区还是一个没有开发的原始林莽地带。"江南卑湿，丈夫早夭"，虽系一种传说，但确有不少地方是毒蛇猛兽、霍乱瘴病之区，所谓"数百千里，夹以深林丛竹，林中多蝮蛇猛兽，夏月暑时，呕泄霍乱之病相随属"②。这些情况确使人闻之生畏，故认为远适江南，实无异前往送死。结果，遂使江南富庶之区一直停滞在原始状态，这就造成长期以来以长江为界，使南北两半个中国成为两个迥然不同的世界：长江以北，是地狭人稠，熙来攘往，人口对土地的压力愈来愈大；长江以南，是土旷人稀，有不少地区还是荒野无人之区，大都为原始森林所覆盖，以致有广大肥沃的土地，无人开发利用。

兵燹饥馑是迫使人们背井离乡[4]、四散奔逃的一个直接原因，因为大难当前，人们为了活命，不得不流亡异乡，去自寻一个可以安身立命的所在。如遇特大的灾荒，政府由于灾情严重，灾民众多，而又无力进行有效的赈济，遂选择一个丰饶殷富之地做有计划或有组织的移民，这个被选定的地方，大都是地多人少的所谓"宽乡"，多数是选择巴蜀、江淮、荆襄等富庶之区，例如当汉初发生灾荒时，因"关中大饥，米斛万钱，人相食，令民就食蜀汉"③。其后每逢关中发生丧乱或饥馑，大批流民即涌往汉中、巴蜀，因"蜀地沃野千里，土壤膏腴，果实所生，无谷而饱"④，而且"其地四塞，山川重阻"，不论关中或中原有多少变乱，亦很难逾秦岭而波及巴蜀，故在灾害频繁和战火纷飞的年代，确是一个逃避灾难的世外桃源。在西汉武帝时，又曾先后向会稽和荆扬移民，其向会稽移民还有具体数目可考：元狩四年（公元前一一九年），"关东贫民徙陇西、北地、西河、上郡、会稽，凡七十二万五千口"⑤。据后人考证："会稽生齿之繁，当始于此，约增十四万五千口也。"⑥这是向江南移民的最早记载。后来到东汉安帝朝，又因中原灾荒严重，饥民众多，"恐非赈给，所能胜赡，虽有其名，终无其实"，于是乃将饥民"徙置

---

① 《史记》卷一百二十九，《货殖列传》。
② 《汉书》卷六十四，《严助传》。
③ 《汉书》卷一，《高帝纪上》。
④ 《后汉书》卷十三，《公孙述传》。
⑤ 《汉书》卷六，《武帝纪》。
⑥ 王鸣盛：《十七史商榷》卷九，《汉书卷三徙民会稽》。

荆扬熟郡，既省转运之费，且令百姓各安其所"①。这是使灾民在江南定居，用以代替赈济。但是在汉代前后几次向江南移民，都是偶一为之，不管每次能够移往江南的绝对人数有多少，实际上则是杯水车薪，对于江南广大地区的开发，起不了多大作用。

到了东汉末年和三国初年，由于祸乱相循，饥馑荐臻，关中和中原两大经济区遭受到惨重破坏，各种天灾人祸均以排山倒海之势从四面八方一齐袭来，北半部中国顿时成了一片火海，广大人民之横遭屠杀，常常是鸡犬不留，往往数百里内空无人居，整个黄河流域和淮河流域的广大地区，大都是荆棘载途，人烟断绝了。就是在曹魏统一了北半部中国之后，政局虽早已平定，而荒凉景象则无法改变，"是时天下户口减耗，十裁一在"②。这是说现有人口比过去减少了百分之九十，后来到了明帝时期，仍未有所改善。例如陈群曾对明帝说："今丧乱之后，人民至少，比汉文景之时，不过一大郡。"③ 人口的大量减少，除了相当大的一部分系被屠杀或被饥馑疾疫所吞没外，凡是有力量和有机会逃命的人——特别是男女丁壮，都四散奔逃了。逃亡的路线仍和过去相同，除少数逃往西北边区和渡海赴辽东者外，南逃的仍然是三条路：一是关中难民，初奔汉中，继往巴蜀；二是中州难民逾襄、樊流入荆州；三是幽、冀、并、青、徐、兖、豫以及齐鲁两淮难民，渡淮南逃，散居江东，三路难民，以这一路为最多，故亦屡见记载。这是北方难民南逃的第一个高潮。

这样的人口南流的高潮，到了三国鼎立之局确立后，曾暂时得到遏止，因彼此各守封疆，壁垒森严，人口不能自由流动。其次，曹魏统一了北方之后，政局已趋安定，百姓得以稍获苏息，魏晋两代又大举屯田，广修水利，极力安抚流亡，复兴农村，经过几十年的休养生息，使土旷人稀之状略有改善。可惜好景不长，为时不久即于永嘉年间（公元三〇八年）爆发了中国历史上规模空前巨大的经济波动，长期的战争和频繁的灾荒，使社会经济遭受到惨重破坏，其酷烈程度实远远超过东汉末年至三国初年那一次的波动，整个北部中国几乎被破坏到荡然无存，于是又掀起人口南流的第二次高潮，其规模之大，来势之猛，远非第一次高潮所能比，这是由于兵燹饥馑的涉及范

---

① 《后汉书》卷六十二，《樊宏传附准传》。
② 《三国志》卷八，《魏书·张绣传》。
③ 《三国志》卷二十二，《魏书·陈群传》。

围比第一次为广泛，破坏的程度比第一次为酷烈。这时南逃人口最多的一路，仍然是逾淮渡江，求在此无饥寒之患、无冻馁之人的易于谋生之处寄居。由于过江的人数众多，已非江东数郡所能容纳，遂不得不逐渐向更南的地带扩展，这样一来，便迅速改变了江南的荒凉面貌，原来是土旷人稀，甚至是空无人迹之处，现在都侨置郡县，以治理流人。由侨立郡县之多，说明南流人数是庞大的，因凡是侨立郡县的地方，都是流民聚居众多的地方。

其三，东晋南北朝时期是关中和中原两个古老经济区的彻底衰落和全国经济重心的南移时期。在汉以前，黄河流域是中国古代文明的发祥地，当然也是政治、经济和文化的中心。从远古到周，我们祖先的活动范围主要是在黄河中下游的黄土冲积平原上，由西而东，沿着黄河形成一个狭长地带。这个经济区是开发最早的精耕农业区，直到殷末周初，是古代唯一的一个经济区，当然也是政治中心所在。据《管子》说，这里先后有过七十九代之君；司马迁亦说，"夫三河在天下之中，若鼎足，王者所更居也，建国各数百千岁"[1]，这是说数百千岁以来，政治中心和经济中心一直是统一的，两者密切结合而从不分离。

上文已指出，这个古老的经济区，经过数千百年的生息繁衍，随着人口的压力日益加重和土地的自然肥力日益减退，遂日益走上衰老过程，从而逐渐丧失其原来的历史地位。随着周人之崛起西土，从周初开始又出现了一个新的经济区，即关中经济区，由于它是新开辟出来的处女地，土地的肥力较高，土地的单位面积产量较大，遂使这个新的经济区很快即凌驾于旧经济区之上，全国的经济重心遂由关东西移关中，所有殷周之际的重大历史变动，其根源大都与此有关。很显然，当三河地带不再是主要经济区时，政治的首脑地位也就保不住了。

到了东周时期，这两个主要经济区都有了新的变化，随着犁耕和牛耕的开始，灌溉和施肥方法的应用，使一度衰落了的中原经济区又逐渐恢复了固有的重要性；同时关中经济区的变化尤为显著，它一方面向广度发展，即扩大关中区的领域，把大西北的游牧区或半农半牧区并入关中，同时又囊括了巴蜀及其西南地区；它另一方面又向深度发展，在关中和成都平原各修建了一项重要的水利工程——郑国渠和都江堰，使关中的经济力量更为雄厚，遂成为秦汉两代在政治上获得胜利的基本保证。

---

[1] 《史记》卷一百二十九，《货殖列传》。

司马迁曾根据全国各地的经济特征，将全国划分为四个经济区，即山西（关中）、山东（关东，即中原）、江南、龙门碣石北。实际上只有关中和中原两个主要经济区是开发最早的精耕农业区，亦即中国古人生聚繁衍的主要地带，故在这里创造了辉煌灿烂的古代文化。龙门碣石北是北部缘边的游牧区和半农半牧区，经济和文化都还十分落后，对中国本部的社会经济影响不大，可以略而不论。江南各地本有极为优越的自然条件，是发展农业的良好地带，但是长期以来一直没有开发利用，到了汉代还是一片荒野，大部分地区仍为原始森林所覆盖，到处是土旷人稀，而民人众多的北人又均以远适江南为畏途，不会自动移居江南，这就限制了江南劳动人手的增多，因而也就大大限制了它的经济发展。故到了汉代，大部分地区还停滞在渔猎山伐的采集经济阶段，人们过着果隋蠃蛤、无谷而饱的原始生活，其中有些地方虽已有了农业，也是"火耕水耨"的粗耕农业。总之，直到东汉末年，江南经济区还没有得到充分开发，人们的经济生活是十分落后的，甚至可以说是很原始的。

不用说大江以南的广大地区长期没有得到开发，就是淮河流域也是开发很晚的。在汉初，两淮一带大部分地区还是荒凉的原野，土地没有垦辟，川泽没有修治，因而遍地是沼泽沮洳。大体上从西汉中叶起，这里才慢慢加以开发利用，成为一个新的经济区，可以看作是中原经济区的延伸。因中原经济区早已是地狭人稠，没有再增加耕地的可能，遂不得不向两淮地区发展，故西汉时期新开辟的耕地大都在淮河流域。特别是到东汉时期，淮河流域始进入全面开发时期。但是为时不久，到东汉末年和三国初年时，两淮初则受中原和关中战火的波及，继则为南北战争之地，使开发不久的两淮地区遭到与关中和中原地区同等程度的破坏，人民流散，烟火断绝。

总之，到三国时期为止，江南还没有充分开发，而所有北方经济区——包括关中和中原两大经济区以及新开辟不久的两淮经济区，又全都被破坏了。

江南的初步开发，大体上是从三国时期开始的，自孙吴在江东建立了割据政权之后，为了能够自立，并为了能够与敌对的其他两个割据政权——特别是兵力强大的曹魏政权争衡，就不能不讲求足食足兵之道，以充实自己的经济力量和军事力量，这两者的关键因素都是人力——耕田的农夫和作战的兵士。两者在人口稀疏的江南本来都是难于解决的，但是在东汉末年至三国初年，却因中原大乱，曾掀起过人口南流的第一次高潮，其情况已见上文，这给江南的开发提供了条件。南流人口以奔赴江东者为最多，遂使江东各郡在较短的时期内得到了初步开发，并成为孙权在江东立足的基础。

尽管南流人口的绝对数目是可观的，但就江南广大地区的需要来看，仍然是力量有限，特别是这些难民分散到各地之后，力量更显得薄弱，故远不能解决江南的人手不足问题。孙权曾采用过掳掠人口的办法，即每于攻城陷阵之后，不屠杀人民，不抢劫财物，而是把被攻陷地方的全部人口掳走。这虽然能增加一点人口，但仍然为数有限，不足以根本解决问题，所以终三国时期，江南地区得到开发的主要是江东一隅，对其他更广大的空旷地区，则无能为力。不过三国之后不久，就接连上人口南流的第二次大高潮，其历时之长和规模之大，都远远超过了第一次，特别是在东晋和十六国时期，一百多年的大混乱和大屠杀，北半部中国的广大人民，除了被天灾兵祸所吞没者外，凡是能够逃命的大都辗转渡江南逃了。这一股空前巨大的难民流犹如洪水一般一齐涌到江南后，已非江东各郡县所能容纳，而必须向四处分散，于更远、更南的地方"侨立郡县以司牧之"，于是江南的开发工作遂遍地开花，全面展开。由于人口的突然增加，使得开发工作显示了两种倾向：一是向广度方面发展，即扩大了开发范围，由江南的沿江一带逐步向闽越和岭南扩展；二是向深度方面发展，即随着中原人口的南移和先进生产技术的引进，使江南的农业生产迅速由火耕水耨的粗耕农业向精耕阶段转变。

这样，以长江为界，两半个中国显然是在向相反的方向发展，北部是日益严重地遭受破坏和走向凋敝，而且被破坏到难以恢复的程度；南部则在热火朝天地进行开发，并日益显示出欣欣向荣的景象，南北两地成为截然不同的两个世界。这样一来，全国的经济重心便于不知不觉之中南移了。

在全国经济中心南移之后，政治中心由于各种原因还不能随之南移，于是一个新的课题又提上了日程，即如何把两个分离了的中心再联系起来，仍使之成为一个整体。这个新的问题更具体地说就是如何以南方的经济来支撑北方的政治。隋王朝的统治者眼光敏锐地看到了这个问题，并找到了解决问题的途径。它在渡江灭陈，统一全国的前两年，便调动了大量的人力和物力，开凿了一条沟通南北的大运河，这是在这一段历史行将结束时，一项具有深远意义的重大贡献。

其四，南朝奴隶制度的突出发展和奴隶制大种植园经济的出现。东周以后，随着土地兼并的发展，奴隶制度也一代胜过一代地在前进，到了南北朝时期，奴隶制的发展又大大前进了一步。虽然它还是沿着东周以来的旧轨道继续前进，但这时这样突出的发展也有其本身的特殊原因，使这时——特别是南朝的奴隶制度又有了新的内容。本来东周及其以后的奴隶制度已经不同于西周及其以前的古老奴隶制度，我们在《中国封建社会经济史》第二卷中已经详加说明，主要是由于在进入地主制经济以后，随着土地制度的变革和土地兼并的发展，许多丧失了土地的农民，如果得不到佃耕的机会，也不愿"亡逃山林，转为盗贼"，想出卖劳力又不易找到雇主，在走投无路、饥寒交迫之下，不得已而卖身为奴。这样的一种历史变化主要是从东周后期开始，即从变态封建制度确立的时候开始的。实际上这是一种新的奴隶制度，而不是古代奴隶制度的延续，更不是它的残余。其所以是一代胜过一代地继续发展，是因为土地兼并一直在继续发展之中，使这个新奴隶制度有一个生生不已的来源。因此，东周以后各个时代奴隶制度的盛衰消长，是以土地兼并进行得猛烈或缓慢为转移的。

晋南北朝时期——特别是东晋和南朝时期，奴隶制的大发展虽然与土地兼并密切相关，但是更直接的原因则是人口的大量南流，并且是在短促的时间内，突然如洪水一般，汹涌澎湃地涌往江南的。这些人逃到江南之后，遂给奴隶劳动陡然增加了一个新的充足的来源。因为北方难民都是在兵荒马乱和刀光剑影之下仓惶逃到江南的，到达目的地之后，不仅举目无亲，而且安身无所，赤手空拳，身无长物，找不到生活之道。卖力，找不到雇主；卖身，找不到买主；唯一的出路是投靠当地的豪强或外来的权贵，去给他们作客、奴客、佃客、部曲、门生、义故等等，实际上是奴隶或半奴隶，因为他们对于所投靠的人，都有各种形式的人身依附关系，即史籍所谓"流民多庇大姓以为客"，"豪族多挟藏户口以为私属"。所有这些庇护客或私属都是逃到江南的难民，他们投靠主人，当然要供主人驱使，"有奴客者，类多役使，东西分散，左右驱驰"。南逃的人数众多，奴隶来源充足，当然是促成南朝奴隶制大发展的主要原因。与此相关的另外一点，可以看作是一个附带原因，对南朝奴隶制的发展亦起了很大的促进作用，即这时的奴客大都是自动投靠，只要主人肯收留，给一个栖身噉饭之所，已觉得来之不易，此外即别无所求，故这样的奴客都是不需支付身价而获得的，即使有少数奴婢仍旧购买而来，但是由于买主少而卖身者多，奴隶的身价无疑是非常低廉的。显然，这对于扩大江南奴隶的来源，亦起了一定的作用。总之，由于江南有了充足的劳动力来源，遂大大加速了江南经济开发的进度。

当江南各地出现了充足的劳动力供给时，同时正存在着对劳动力的大量需要，而且是非常迫切的需要。上文已详为阐述，过去江南地区之所以长期得不到开发利用，主要是由于人口稀少，劳动人手不足。筚路蓝缕，以辟山林，斩除其丛林榛莽，驱散其毒蛇猛兽，没有庞大的壮劳动力是无法进行的。当地的土豪、外来的权贵，乘政局动荡不定，朝廷控制力量薄弱，对于豪门权贵特别是对于当地的土豪强族，不敢多所干预，更不敢有损于他们的利益，江南广大地区还是土旷人稀之际，纷纷"抢占田土"，"封略山湖"，从而拥有了跨州越县的大地产。但是又正因为这里土旷人稀，圈占了大片土地却找不到耕田的劳动力，并且又由于这里人口稀少，往往在大片地区之内空无人烟，这种特殊情况决定了这里的土地利用方式，不能采用北方经济区惯用的佃租办法，因为没有人来承佃土地。等到后来北方的大批难民逃奔到江南，虽然增加了劳动人手，可以解决劳动力不足的矛盾，但是他们都赤手空拳，一无所有，没有做佃农的起码条件。这样，地主们既不能将所占有的大地产化整为零，即分割为小块土地，以便分别能由小农民来承佃，结果只有使用大量的奴隶劳动力来进行大种植园式的经营。例如谢灵运就是一个很突出的典型。据他自己描述，其大种植园的情况是"左湖右江，往渚还汀，面山背阜，东阻西倾"，可知其范围是跨州越县的，园中的经营包括农、林、牧、副、渔，无所不有，这个大种植园实远远超过罗马时代的"Latifundia"[5]。像这样的大种植园在江南各地到处可见。这样一种形式的综合经营当然不可能用租佃制度，而只能在一个主人的命令下使用奴隶劳动来经营。这种形式的奴隶制度和奴隶制经济，在中国的奴隶制度史上也是很突出的。

其五，南北朝时期南北两地土地制度的不同变化。魏晋南北朝时期的巨大经济波动和人口大量南移的另一个直接后果，是造成南北两地的土地制度发生了不同的变化，特别是历代相沿的土地兼并问题，在南北两地显示出两种不同的发展趋势。

在北朝，随着客观形势的变化和社会经济特殊情况的形成，土地兼并问题不但在程度上已大为缓和，而且从整个土地制度的历史发展过程来看，这是一个短暂的回潮时期，因为北魏王朝曾根据当时中原地区土旷人稀的情况，一度实行过计口授田制，后来又全面实行了以计口授田为主的均田制度。尽管实行得并不彻底，也没有持久，当然不可能从根本上改变土地制度，但却是自从土地私有制度产生和确立以来，所遇到的一次真正的挑战。

关于土地制度，在《中国封建社会经济史》前两卷中已多所论述。土地私有制度的产生和确立，并一代一代地、一脉相承地延续下来，不仅有其具体的历史条件，而且有其本身的客观经济规律，它是地主制经济的全部社会经济结构依以建立的基础。在这些前提条件和社会经济基础没有任何变动的情况下，任何力量也不能改变土地制度。土地私有制度既然不能改变，则作为这种土地制度的一个伴生物——土地兼并问题，就永远不可能解决，因为它是土地私有制度的一个必然结果，所以土地买卖制度的开始，同时就是土地兼并的开始，而"富者田连阡陌，贫者无立锥之地"的土地占有两极化现象，就永远伴随着土地私有制度的长期存在而长期存在着。

但是土地兼并在各个时期都是造成经济危机和社会动乱的直接原因，故历来代表地主阶级利益的封建王朝，尽管它自己就是一个有力的兼并者甚至是当时最大的一个土地兼并者，但是却又害怕土地问题过于严重，迟早会酿成大乱，因为如果土地兼并进行到如脱缰之马，完全失去了控制，那就毫无例外等待它们的是农民起义。为了保证自己统治权的稳定，它们[6]又不得不采取一些扬汤止沸的弥[7]缝之策，来缓和一下阶级矛盾。例如董仲舒在汉武帝时曾建议"限田"，汉武帝还采取过更为激烈的极端措施，"以摧豪强并兼之徒"。例如实行"告缗令"，以借端没收富豪的田产；迁徙天下富豪于京师诸陵，一举而吞没他们的地产。诸如此类，不一而足，结果，仍然丝毫没有动摇土地私有制度，因而当然也就阻止不了土地兼并。到了西汉末年，师丹等人又提出"限田"之议。尽管限额规定得很高——"吏民名田皆毋过三十顷"，但既得利益阶级仍百般阻挠，终于使之成为具文。王莽是第一个敢于向土地私有制度进行挑战的人，他看到了当时土地兼并的严重性，认为根本的解决办法是取消土地私有制度。于是他以强大的国家权力为后盾，来强制推行"王田"制度，规定：土地不得卖买，"男口不满八而田过一井者，分余田与九族乡党，犯令法至死"。但是转瞬之间，他的政策连同他本人便一齐被埋葬，以后再也没有人敢轻易触动土地私有制度了。后来到了短命的西晋王朝时，又颁布过"占田令"，具体规定了诸王、公侯及各级官吏的占田额，同时也规定了一般人民的占田额——最多五十顷，最少七十亩。姑不论限额规定得是否合理和是否可行，这个法令根本就不是为了要解决土地问题。所谓占田，只是对各种等级的人规定一个占田的标准或限度，并不是要给予这些土地，所以占田并不是授田，法令不保证各人一定能得到法令规定的限额，可知这是一个画饼充饥的官样文章。

上文已经指出，从东汉末年开始的大混乱，中国整个北半部受到了惨重破坏，关中、中原和淮河流域的广大地区，人民殄灭殆尽——非死则逃，以致茫茫大地，空无人烟，过去的良田沃土，这时都已鞠为茂草，这样，长期以来一直无法遏止的土地兼并，至此，自然中断了。正是由于"民人分散，土业无主"，司马朗才向曹操建议，应乘此千载难逢的机会，恢复古井田制度，以求能一劳永逸地彻底解决土地问题。曹操认为这个建议是违背历史发展规律的迂腐之见，深知土地私有制已确立七百多年之后和社会经济结构已经完全改变之后，古井田制度是没有恢复的可能的，结果他采纳了枣祗的屯田之议，对荒闲无主的土地做权宜处理，而绝不去触动土地制度。

经过十六国时期的大分裂和大混乱，没有得到恢复的中国北方又遭到更惨重的破坏，北方人民的死徙流亡更多，社会的凋敝荒凉更甚，土地已经不是相对过剩，而是绝对过剩了。既然大片土地已尽成荒原，自然就不再有人去抢购土地，于是土地兼并问题这时事实上是暂时间断了。拓跋魏在没有进入中原以前，还停滞在以游牧为主的氏族社会阶段上，进入中原以后，面对的是一个土旷人稀、荒凉寡民的状况，因此，它除了把大片土地作为牧场以放牧牛马外，并根据它自己的原来习俗，实行计口授田，故《魏书》中屡见"诏给内徙新民耕牛，计口授田"的记载。这不仅是土地兼并问题的中断，也是整个土地私有制度的中断。经过一百多年的安定生息，外流之人亦有些迁回故乡，要求收回祖产，而新旧权贵亦乘机广占荒田，贱买民产，使一度衰止了的土地兼并又开始抬头。北魏王朝就是在这样一种形势下颁布了均田令。均田令虽然并没有完全杜绝土地买卖，如法令规定："盈者得卖其盈，不足得买所不足；不得卖其分，亦不得买过所足"[1]，但是自由买卖的活动范围是不大的。法令的主旨所在，是全面实行计口授田，这是自从以土地自由买卖为基础的土地私有制度确立以来，真正受到的第一次挑战，因为王莽的王田制度还没有来得及实行即已幻灭，故可以略而不论。因此，不管北魏的均田制度究竟实行了多久，取得了一些什么后果，甚至这个法令是否真正实行过，都还需要做进一步研究，但是能够确定这样的方针，并拟订出这样的实行条例，这件事本身在中国的土地制度史上即具有重大的意义。

大江以南，则另是一番景象。大体说来，与北方的情形正好相反。江南的广大地区都是土旷人稀，长期以来，由于人口稀少，文化落后，广大土著人民还过着渔猎山伐的原始经济生活，果隋蠃蛤成为人民的主要生活来源，对土地不开发利用，以故大片的山林川泽丘陵原隰[8]，都还是无主荒原。到了三国时期，由于孙吴在江东割据，人口慢慢向这里集中，于是江东才得到

---

① 《魏书》卷一百十，《食货志》。

了初步开发，逐渐发展了农业，尽管这时的农业生产还是"火耕水耨"的粗耕农业。有了农业，就会产生占有土地的欲望，土地兼并问题亦随之开始，只是由于受着劳动力不足的限制，因而广占田产的欲望还不是很强烈的。并且江南广大地区的山林川泽，这时都还没有被人占有，如果一般豪门权贵欲扩大自己的地产，他们当然是首先去"封略山湖"，"占固"没有产权的无主荒原，而无须[9]去占夺别人的有主之田。当时所缺的是劳动人手，而不是土地，有人斯有土，没有足够的劳动力，广占土地是无用的。江东之所以首先得到开发，是因为那里的人口渐渐增多了。后来北方难民的大量南移，才给了南朝的土地兼并以新的动力，所以在短促的时间内便迅猛地发展起来，成为土地兼并的一个狂热时代。但是这时期的土地兼并，却又有一种不同于过去的新的含义，因为它是伴随着一种新的奴隶制度的发展而发展起来的。通过这样一种方式形成起来的大地产，在江南的特殊条件下，不可能用普通的租佃方式来经营，即把大地产分割成便于佃出的零碎小块，分别租佃给农民，而是以大种植园形式来进行大规模的综合经营，从而又形成了如上文所指出的新型的奴隶制度。

当北朝的土地兼并陷于衰歇或停顿时，南朝的土地兼并正在方兴未艾，而尤以南朝的后期为甚，当土豪权贵要形成跨州越县的大地产时，既然都在争先恐后地"占固"山林川泽，则他们彼此之间即难免争夺，也难免要侵占人民已经垦辟的熟田，以致造成"权门并兼，强弱相凌，百姓流离，不得保其产业"和"盛族豪右，负势欺凌，小民穷蹙，自立无所"的记载遂屡见于史乘。

但是南朝的土地兼并，主要还是抢占公田，侵夺民产是不多的，而且也不是必要的，荒山野岭大量存在，占不胜占，实无须抢夺少量民地，故这时土地兼并的主流是"封略山湖"或"占山"，出现所谓"山湖川泽，皆为豪右所专"的局面，以致刘宋王朝还屡次下令取缔。总之，豪门权右所抢占的都是有待开发的荒野，原来不属于任何人私有，这与过去历代土地兼并之强买民产，即有主之田，是大不相同的。正是通过这样一种方式，所有江南各地的山林川泽和原野荒丘，都被当地的土豪和外来的权贵所"占固"，他们利用了由北方难民提供的各种形式的奴隶劳动力，把过去无人利用的荒野都开辟改造为良田，这些难民成为开发江南广大地区的一个主要力量。所以南朝时期的土地兼并进行得十分迅猛，由此形成的大地产，其幅员之广，经营规模之大，使用奴隶劳动力之多，均非过去任何时代所能比。正由于这时期的土地兼并主要是开辟无主荒原，所以这时期的土地兼并具有不同于过去的新的内容，并产生了不同于过去的新的结果。具体说，它不仅没有造成过去那种性质的社会问题，而且对加速江南的开发，起了积极的作用。

其六，商品经济和货币经济的衰落与实物货币的盛行。商品经济和货币经济的衰落，并不是到魏晋南北朝时期才开始的，而是在东汉时期就已经在走下坡路了。由战国到西汉年间一直在累进发展之中的商品经济和货币经济，经过西汉末年到东汉初年的经济大动荡和大混乱，就陷入停滞衰退之中，以后不但没有恢复到西汉时的旧观，而且一直处在停滞不前的状态中，而货币经济的衰落，尤为突出。铜钱的使用日见减少，黄金事实上已经退出流通，布帛谷粟等实物货币的使用日益频繁并逐渐居于支配地位。这种情况本身就是商品经济不发达的明证。本来在巨大的经济波动之后，当整个国民经济陷于全面崩溃时，作为其中一个组成部分的商品经济当然不能例外；换言之，当整个社会经济遭到彻底破坏时，商品经济和货币经济已成为"皮之不存，毛将焉附"了。其实西汉末年至东汉初年的经济波动对商品经济所造成的破坏还不是最严重的，故到东汉中期以后，仍能随着国民经济的恢复而有所好转，但即使在东汉的鼎盛时期，比之西汉仍大有逊色。

由东汉末年开始历三国魏晋至南北朝长时期的大分裂和大混乱，社会经济所遭受的惨重破坏在历史上是空前的，当一切都已被破坏到荡然无存时，商品经济更是首当其冲，并且是最容易遭受破坏的。但破坏了商品经济，同时就破坏了货币经济，因为商品经济与货币经济实际上是一个过程的两个方面，两者是密切相关和相辅而行的。尽管在魏晋南北朝时期，商品经济遭受到破坏，甚至衰落到若有若无的状态，但是贩运性商业并没有完全中断，甚至在兵荒马乱南北交锋之际，商人仍然能从战火纷飞之中辗转贩运，无远弗届，这是由两个原因所促成的：

（1）在大乱之世，人们缺乏安全感，因而生活侈靡之状反甚于平时，大有与世浮沉，得过且过之概。而一般富商大贾和达官贵人所聚敛的财富，这时没有什么有利的出路，既不便投资于工商业，也不能用以兼并土地，于是便恣意挥霍，竞蓄珍奇，故奢侈品的贩运反而更为兴旺。其次，在国家大乱之秋，也是政治黑暗之时，特权阶级大都生活腐朽，贪婪成性，贿赂公行。黄金既早已退出流通，十分难得，铜钱又不甚行用，且价值亦甚微小，布帛谷粟体积笨重，价值低廉，更不便用以行贿，于是献遗纳款，遂全为珍宝，这样，连城之价，可传递于掌握之间，不动声色，目的已达。结果，异域难得之物，遂辗转贩运于各地，尽管是在空前的大混乱时期，干戈扰攘，桴[10]鼓遍地，而国内外贩运贸易反而不减于往昔。计从晋到隋，在历时三个世纪的大混乱中，特别是在南北对峙时期，所有循陆路东来的"贾胡"和循海道东来的番舶，一直络绎不绝。

（2）在南北分立之时，双方是你死我活的敌我矛盾，战时是此伐彼讨，干戈不休；平时是尔虞我诈，互侦虚实。为了防止对方"细作"——间谍的渗入和刺探，两方在交界之处，遍设关卡，严密盘查，对越界贸易更悬为厉禁，以杜绝奸宄。此种防范当时称为"淮禁"，因南北往来交会主要是在淮上故也。但是法令虽严，久则玩生，加以边界绵长，偷漏难免，若世属承平，则尤同具文。上文所述商人贩运的珍奇宝货，亦叫作"南货"，即南方所出或由交广输入的丹漆旄羽、齿革珠玑、珊瑚玳[11]瑁、锦绮文绣、香药宝玩之类。由于这些东西可以从富人的荷包中赚取一本万利[12]，商人遂不避艰险，载运而来，这绝不是人为的疆界所能阻隔的。史籍所载，多为朝廷禁令，由其三令五申，更可以证明当时越界贸易之盛。此外，南北割据政权虽然在政治上和军事上互相对立，然又极欲在经济上互相沟通，进行双方互利的通商，因北人需要南货，而南方缺马，亦极欲以"南货"易马。

但是这样一种性质的贩运贸易，对于商品经济的正常发展，实不起任何积极作用，因为这都是自然生产物因商业而变成了商品，不是商品以其自身的运动形成商业。这样，生产过程和流通过程是各自独立的，流通过程不是生产过程的一个组成部分或必经阶段，所以这种贩运性商业之孤立的和突出的发展，对一般商品经济所产生的影响是消极的。因此，尽管一方面有相当发达的国内外贩运贸易，另一方面，由于社会经济的极端凋敝和广大人民的普遍贫穷，民间的正常商业活动已衰落到不绝如缕，这种情况尤以北朝为甚，例如北魏王朝在统一北方和社会秩序已平定了一百多年之后的太和时期，仍然是"钱货无所周流"，说明商品经济已经完全不存在了。

货币经济的衰落是商品经济衰落的一个直接标志。如《中国封建社会经济史》前卷所述，货币经济在东汉时就开始衰落了。首先是贵金属黄金退出了流通，不再发挥货币作用，而铜钱又屡遭贬斥，并屡次废止，改用布帛谷粟为币。东汉时还只是这个历史变化的开端，到了三国时期，实物货币就逐渐成了主要货币，至魏文帝时便达到了这一历史变化的转折点，那就是：罢五铢钱，使百姓以谷帛为市。至明帝时，钱废。这在中国货币史上是秦始皇以后的又一个划分时代的重要法令，从此，布帛谷粟就成了法定货币。这个现象明确地反映出正常的商品流通已经是名存实亡了。布帛谷粟都是消费品——具有普通的使用价值，以之为价值尺度和交换媒介，实际上则是在不同的使用价值之间进行物物交换，这种交换虽然也是商业，但是实质上不再是商品流通和货币流通了。并且布帛谷粟本来就不适宜作币材，容易"劳毁于商贩之手，耗弃于割截之用"，并且"巧伪之人，竞湿谷以要利，制薄绢以充资"①。在这样的情况下，商业活动事实上不可能进行。在十六国时期即有个别小王朝感到谷帛不便于流通，打算恢复用钱。例如石勒曾令公私行钱，而人情不乐，钱终不行。魏至太和之世，还没有什么商业活动，"高祖始诏天下用钱"，并铸造了"太和五铢"，"诏诸州镇皆通行之，内外百官禄，皆准绢给钱"，结果，钱仍不行，"致商货不通，贸迁颇隔"。

南朝的情况略胜一筹，但却无本质之异。各个偏安王朝本来铸钱不多，而又屡兴屡废，又因盗铸盛行，钱质恶劣，以致商货不行，有所谓"鹅眼钱""綖环钱"等，入水不沉，随手破碎，市井不复料数，十万钱不盈一掬。这样滥恶的铜钱事实上已失去了货币的作用，所谓"商货不行"，是说商品经济和货币经济都同归于尽了。铜钱既然事实上已丧失了货币资格，这就给布帛谷粟等实物货币的通行更加廓清了道路，所以每当交换而必须有货币来担任交换媒介或价值尺度时，就只好用具有实际使用价值的布帛谷粟。到了南朝后期，情况仍未有多大改变，例如梁时只有少数几个州郡行使铜钱，其余多数州郡还在使用实物货币。所有南北两朝的货币流通情况，均于"货币"章中详之。

以上提出的六个方面的问题，并不是这一历史时期的所有重要问题，但却是这一历史时期中具有很大特殊性的问题。正是这几个问题，使这一段历史表现了很大特点——使它既不同于以前各代，也不同于以后各代。这是在研究这一段社会经济的历史发展过程时，必须首先认识清楚的问题。以下各章，将围绕着这些主要问题做进一步分析。

---

① 《晋书》卷二十六，《食货志》。

第二章　两晋南北朝时期几个主要经济区域的变迁

第一节　北方古老经济区域的衰落与经济重心的南移

两晋南北朝时期，是中国历史上空前的大混乱时期，是社会经济遭受空前的大破坏和发生空前的大波动时期，同时也是经济重心的南移时期。

在此以前，中国的政治中心和经济中心都在中国的北半部，两者是密切结合在一起的。到了这一时期，随着大分裂、大混乱和大破坏的长期延续，使整个国民经济的区位发生了巨大变化，造成全国政治中心与经济中心的分离，成为这时期整个历史的一个重大变化，黄河流域开发最早的两大经济区，在天灾人祸的频繁袭击下遭受到破坏，原来十分落后、并且大部分还保持着原始状态的江南经济区，则因中原人口的大量南移和进步生产方法的引入，而得到迅速开发，从此以后，江南地区很快即迈出了原始的自然经济阶段，而进入精耕农业阶段，从而成为全国的经济重心。当政治中心还不能离开北方，甚至不能离开关中时，而其土地所出已不足以给京师、备水旱，不得不仰赖于东南财赋来作为北方政治中心的经济支柱。这一个重大变化，对后世的影响极为深远，故必须首先着重指出，并进一步加以申论。

如《中国封建社会经济史》前卷所指出，中国古代人民开发最早的主要经济区——实即农业区——都在中国的北半部，司马迁曾根据全国各地山川气候的自然形势、各地区的物产分布和各地区的经济特征，把全国划分为四个大的经济区，即山东、山西、江南、龙门碣石以北。其中山东区域开发最早，是中国古代文明的发祥地，主要是指黄河中下游的冲积平原，大体上是沿黄河两岸，在一个由西而东的狭长地带内，各从河岸向河的东西和河的南北并不十分遥远的地方延伸出去，这个地区原是过去各个地质年代由黄河挟带的泥沙长期冲积而成，其范围大体上就是我们普通所说的华北平原，过去泛称之为中原。黄土淤泥土质肥沃，结构疏松，容易用简单拙陋的工具开垦，尤其是当主要工具还是木器和石器时，亦只能去开垦松软的土壤；境内主要是广阔无垠的平原，没有崇山峻岭。在这个区域内，除了黄河水系外，北面有海河水系，南面有部分淮河水系，并有不少沼泽湖泊和沮洳积水之地，这给古人[1]很早即知种植水稻提供了条件。全区的平均年雨量虽不很丰沛，但却相当集中在作物生长季节，这一切，对于生产工具还相当原始和生产力水平低下的古代人民，实是一个比较适宜于经营简单农业和适宜于生息聚居的地点，故从远古直到周初，这个地区一直是中国古代开发最早的一个主要经济区，是中国古代的政治和经济中心。这个最早的经济区，就是司马迁所说的"三河"地带。这个黄河冲积平原的狭小区域，约略相当于战国时人的著述《禹贡》一文所区划的冀州、并州、兖州、青州、豫州的一部或大部。中国古人就充分利用了这一区域所具有的自然地理条件，在很早的时期即开始了农耕生活，并以农业为基础，在这里建立了辉煌灿烂的古代文化。由于这是古代唯一的一个开发最早的经济区，所以长期以来，这个区域一直是中国的政治和经济中心。

这个开发最早的古老经济区，经过长期的生聚繁衍，随着人口的不断增加，使人地关系缓慢地、但却是显著地日益向不利的方面转化，人口对土地负荷的压力在与日俱增，特别是在古代原始的生产工具和落后的生产方法没有任何改变的情况下，简陋的木石工具不能深耕翻土，不知灌溉施肥，只能利用土地的表层肥力，因而土地的生产能力便会慢慢地趋于枯竭，土地的收获量自然亦愈来愈减少。人口日益增多，粮食却日益减少，面对这样一个日益尖锐的矛盾，古人最初是用游耕的方法，继而用轮耕方法（即实行二圃制或三圃制的换耕方法）来暂时加以解决，但是根本的解决办法则是没有的，而且上述办法也是不能长期实行的，因为在人口增多和土地变成相对狭小之后，不但不可能再去实行游耕（因土地已被人占有），而且连实行轮耕也日益困难了，每年使大片土地休闲不耕，是不能适应人口增长的需要的。本来土地的生产能力随着长期使用而逐渐趋于衰竭，乃是一种客观的自然现象，在一个人稠地狭的地区，土地被不加改良地长期种植，就必然会出现这一现象。结果，这个唯一的一个古老经济区所具有的种种优越的自然条件，这时都大为减色，而日益加速地走向自己的衰老过程。所以中原经济区的衰落，是为时已久了。

大体上从西周初年开始，一个新的经济区开始登上了历史舞台。这个新经济区的出现，并不是旧经济区的延伸或扩大，而是在不同的地区、根据不同的自然条件，产生出来的一个完全新的经济区，并且很快就发展壮大起来，并显示出很大的优越性，在各个方面都凌驾于旧的经济区之上，使全国的经济中心和政治中心随之转移——这是中国古代历史上的第一次转移。嗣后这种转移仍不时发生，大体上是随着经济的不断波动和王朝的不断更迭，政治中心亦不断地由关东移往关中（即由洛阳移往长安），或由关中移回关东（即由长安移回洛阳），但是这种转移始终未越出黄河流域之外，即政治基础仍建立在旧经济区之内，也就是政治中心与经济中心始终是不分离的。有关历次变迁的具体情况，作者在《中国封建社会经济史》的第一、第二两卷中曾分别进行了阐述，此外又另有专文加以概述①，可参见，这里从略。

进入秦汉以后，关中经济区虽曾有过长时期的繁荣，并在历次重大的历史变革中起过重要的作用，但经过汉代两次巨大的经济波动之后，亦遭受到惨重破坏，而尤以东汉末年至三国初年的那一次破坏为甚。过去关中和中原本都是人烟稠密的繁荣富庶之区，经过这一场浩劫之后，到处是烟火断绝，无复人迹，说明两大主要经济区不但都已被彻底破坏，而且难于恢复了。所以曹操于克平了军阀割据、统一了北方之后，当他"拥百万之众，挟天子而令诸侯"的时候，既不定鼎于古都长安，也不去重建古都洛阳，更没有采纳司马朗的书生之见去利用土旷人稀的机会在北方恢复井田制度，而决定屯驻于许，在两淮地带——在接近长江流域的江淮地带广兴屯田，以足食足兵，这说明关中和中原旧经济区对他已经没有什么作用，必须另起炉灶了。于是曹魏统治区的政治经济中心，便从黄河流域南移到淮河流域，而淮河流域也就从这时起有了显著的发展，在政治上和经济上作为一个中心，都发挥了应有的作用，在地理形势上和经济上也都具有一定的条件。古人也曾观察到这一客观形势：

> [伏滔《正淮论》曰：] 淮南者，三代扬州之分也，当春秋时吴、楚、陈、蔡之与地，战国之末，楚全有之，而考烈王都焉。秦并天下，建立郡县，是为九江。刘项之际，号曰东楚。……彼寿阳者，南引荆、汝之利，东连三吴之富，北接梁、宋，平涂不过七日；西援陈、许，水陆不过千里。外有江湖之阻，内保淮、肥之固；龙泉之陂，良畴万顷；舒、六之贡，利尽蛮越；金、石、皮革之具萃

---

① 拙著：《从上古到隋唐重大历史变革的地理因素和经济条件》，中国社会科学院经济研究所《集刊》第二期。

焉，芭、木、箭、竹之族生焉；山湖薮泽之隈，水旱之所不害；土
产草滋之实，荒年之所给，此则系乎地利者也。①

寿春，淮南一都之会也，地方千余里，有陂田之饶。②

曹操在军阀割据和长期的混战之中之所以能取得最后的胜利，除其他因素外应再指出两点：一是他毅然放弃了历代王朝所依托的关中和中原旧经济区，而把他所统治的政治经济重心放在破坏较轻和易于恢复的淮河流域；二是他牢牢掌握了农业是最后的决定力量这一基本原则，坚决贯彻了传统的农战政策，其具体办法就是在两淮大举屯田。淮河流域的自然条件虽不及江南，但却比黄河流域较为优越。这个农业区主要是到汉代才开发的，由于开发较晚，自然条件亦比较优越，特别是这个区域内河道纵横，沼泽密布，便于兴修水利，灌溉农田，所以这一带就成了仅次于江南的一个适宜于农业发展的区域。

淮河流域在汉代历次巨大的经济波动中，所受到的破坏虽不像黄河流域那样惨重，但是中原兵祸的波及和人口的大量外流，两淮地区也同样是土旷人稀，良田荒芜，在这样的情况下，要实行足食足兵的农战政策，显然不能坐等农业之自然恢复，而必须用政府力量来有计划地进行大规模屯垦。曹操正是在这样的考虑下，才拒绝了司马朗恢复井田制度的建议，而采取了枣祗的屯田之策。这个政策实行后，成效大著，"数年中，所在积谷，仓廪皆满"③。于取得了这个成功经验之后，遂大力推广，广置屯田，同时这个政策又起了安定农村、振兴农业的作用："百姓竞劝乐业。"其后终魏之一代，直到晋初，历届朝廷无不锐意经营，尤以邓艾在寿春屯田，经营有方，成效最著。关于魏晋大举屯田的具体情况，前卷业已述及，这里从略。总之，在这种官营农业的带动下，并由于"百姓竞劝乐业"的结果，使整个淮河流域迅速得到恢复，并逐步发展成为一个新的农业区，不仅是曹魏政权的一个雄厚的经济基础，而且是它能够取得胜利并得以剪灭群雄、"克平天下"的决定因素。

继起的西晋王朝继承并发展了这个政策，从而使三国鼎立之局终于随着三个经济区——河、淮地带的魏晋统治区、江东的孙吴统治区和西南的蜀汉

---

① 《晋书》卷九十二，《文苑·伏滔传》。

② 《南齐书》卷十四，《州郡志上》。

③ 《三国志》卷十六，《魏书·任峻传》。

统治区——的各自经济力量的消长和彼此之间的相互适应与调整而归于统一。这一趋势，乃是整个国民经济的发展所要求的。

本来在西晋王朝统一了三国割据之后，使国家的长期分裂得以平定和统一，这原是社会经济借以医治创伤、恢复元气的良好机会，事实上在晋初也确曾取得了短暂的恢复和繁荣。但是好景不长，不久就又陷于空前的大分裂。起初是晋王朝的宗室之争——所谓"八王之乱"，接着就招来了国家的分崩离析，几个缘边的或杂居内地的游牧部族先后在中国北半部成立了十六个割据小王朝。这十几个敌对政权之间以及它们和汉族之间，进行了长期的、有时是十分野蛮的战争和屠杀，足足互相砍杀了一百三十多年，成为中国古代人民的一次空前浩劫。后来虽然被拓跋魏所克平，使北方获得统一，但接着又是南北朝的长期对峙。计从晋怀帝永嘉元年（公元三〇七年）开始全国大糜烂起，直到隋文帝开皇九年（公元五八九年）全国重新统一、结束长期混乱止，前后历时二百八十余年。在这将近三个世纪的长时期中，长江以北的半个中国一直是兵燹遍地、干戈不息，广大人民被投入骨岳血海之中。关于造成这一时期社会经济的大动荡和大破坏的具体情况，均于下文第三章中进行详细论述，这里从略。

在这个长期的大破坏中，不仅破坏了社会经济由长期积累而取得的物质文明——社会上的有形之物，而且斫[2]丧了社会元气，使社会经济丧失了自我调整机能。对此，这里只简单指出两点：一是人口的大量死亡和大量外流——特别是流亡江南，使农业生产丧失了劳动力，在人口百不存一的情况下，良田荒芜、垦殖[3]无人就成了必然结果。二是经过长期的大破坏，特别是战争破坏之后，自然生态平衡遭受到严重破坏，史称"自丧乱以来，六十余年，苍生殄灭，百不遗一，河洛丘虚，函夏萧条，井堙木刊，阡陌夷灭，生理茫然，永无依归"①。这是说城镇村落被夷灭，树木林莽被砍烧（木刊），井渠沟洫被湮塞，结果土地裸露，水土流失，造成大地沙漠化，旱则赤地千里，黄沙滚滚；潦则洪水横流，浊浪滔天。这是这一时期自然灾害特别频繁、特别严重的原因所在。

总之，破坏是惨重的，影响是巨大的和深刻的，所以战乱一起，就倾覆了西晋王朝。这个政权不但完全丧失了控驭能力，而且也完全丧失了存在基础，遂不得不仓惶南逃，到战火不能延及的江东之地以苟延残喘。当时人也

---

① 《晋书》卷五十六，《孙楚传附孙绰传》。

都看出，中原已不再是他们的立足之地了，要求效法"相土迁宅，以享永祚"：

> ［周］馥睹群贼孔炽，洛阳孤危，乃建策迎天子迁都寿春。永嘉四年（公元三一〇年），与长史吴思、司马殷识上书曰：不图厄运，遂至于此，戎狄交侵，畿甸危逼，臣辄与祖纳、裴宪、华谭、孙惠等三十人，伏思大计，佥以殷人有屡迁之事，周王有岐山之徙。方今王都罄乏，不可久居，河朔萧条，崤函险涩，宛都屡败，江汉多虞；于今平夷，东南为愈。淮扬之地，北阻涂山，南抗灵岳，名川四带，有重险之固，是以楚人东迁，遂宅寿春，徐邳东海，亦足戍御。且运漕四通，无患空乏，虽圣上神聪，元辅贤明，居险守约，用保宗庙，未若相土迁宅，以享永祚。①

晋室南渡后，虽可凭长江天险暂保苟安，但对北半部中国遂完全放弃，而北半部中国也就从此混乱了一百多年。经过这次长期的、毁灭性的大破坏之后，真可以说是毁灭了文明，并且由于斫丧了社会经济的内在机能，所以经过这一次大破坏之后，北半部中国特别是关中和中原一带，已不能再像过去那样，于大乱平定和社会秩序恢复之后，经过一段时间的休养生息，孑遗之民又在原来的废墟之上重建起家园，而是长期陷于荒残凋敝[4]之中，广大地区到处是白骨纵横，荆棘载途，即使有稀疏人烟，非锋刃之余，即死丧之孤，饥寒穷困，救死不遑，整个社会是一片死寂。农业生产已随着人口的锐减和劳动力的缺乏，而退化为粗放经营。拓跋魏进入中原之后，面对的就是这样一个破烂不堪的情况，就是在它逐步剪除了割据，统一了北方之后，这种凋敝萧条之状仍未能有所好转。面对这种土旷人稀、满目荒芜的情况，拓跋魏[5]更是束手无策。例如下述的记载，屡见于魏代史籍：

> ［肃宗朝］晖又上书论政要："……其二曰：又河北数州，国之基本，饥荒多年，户口流散。……三曰：国之资储，唯借河北，饥馑积年，户口逃散。"②

---

① 《晋书》卷六十一，《周浚传附周馥传》。
② 《魏书》卷十五，《常山王遵传附曾孙晖传》。

　　总之，中国北半部——特别是两大古老的经济区之彻底被破坏，并丧失掉自我调整的机能，致整个社会经济久久不能恢复起来，从而丧失掉了全国经济重心的历史地位。

　　这时北方经济区不止是衰落，而且是退化，退化为游牧或半农半牧。因为进入中国的拓跋魏原是一个游牧部族，他们所重视的是马驼牛羊，而不是黍离麦秀，北方地区在这些游牧民族的长期统治下，随着落后的生产方式和生活方式的引进，使自古以来先后发展起来的精耕农业——包括关中、中原和后起的淮河流域，这时都出现了明显的退化，过去的肥沃良田，这时大都变成了天然牧场，或使之沦为沼泽污^[6]池，以为渔捕之资。例如元魏孝文帝于迁都洛阳之后，即亟之于开辟牧场。洛阳本周之王都，后又为东汉首都，三河在天下之中，王畿千里，早已是精耕农业区的中心地带，这时却马牧布野，牛羊成群，广漠无垠的茂草代替了阡陌禾稼，继之又扩展到河东，朝廷每岁从西北边陲徙戎马于并州：

　　　　[宇文福] 除都牧给事。……仍特迁洛，敕福检行牧马之所。福规石济以西，河内以东，拒黄河南北千里为牧地，事寻施行，今之马场是也。及从代移杂畜于牧所，福善于将养，并无损耗，高祖嘉之。①

　　　　世祖之平统万，定秦陇，以河西水草善，乃以为牧地，畜产滋息，马至二百余万匹，橐驼将半之，牛羊则无数。高祖即位之后，复以河阳为牧场，恒置戎马十万匹，以拟京师军警之备。每岁自河西徙牧于并州，以渐南转，欲其习水土而无死伤也。②

　　中国北方经过这一次大破坏之后，始终未能恢复旧观，不但没有恢复到过去曾经达到过的水平，而且经济结构的性质也退化了，这种情况就是到了北齐时期——北朝的末期，仍未改观，广大地区仍然是"土荒民散"③，到处呈现一片凋残荒凉之状，说明开发最早的经济区已经是难于恢复了。它从此丧失掉曾经长期独占的历史地位，把全国经济重心的地位让给了原来十分落后的江南经济区。

---

① 《魏书》卷四十四，《宇文福传》。
② 《魏书》卷一百十，《食货志》。
③ 《北齐书》卷十九，《尉长命传》。

第二节　江南经济区的开发与新经济区的形成

前文曾指出，司马迁在《史记·货殖列传》中所划分的山东、山西、江南、龙门碣石北四个经济区（实即四个农业区），除了龙门碣石北系北部边陲的游牧区或半农半牧区，以其对整个国民经济的影响不大，可以略而不论外，直到汉末为止，全国的经济重心一直是山东和山西两个古老的经济区。在整个两汉时代，江南地区一直是处于一种没有开发的落后状态——实际上江南大部分地区还是一种原始的未开化状态，人口稀少，榛莽丛生，大地为原始森林所覆盖。由于草木繁茂，沼泽遍地，毒蛇猛兽，所在多有，故大部分地区不适于人类生息。部分地区虽已有了农业，但是农业的生产力很低，大部分仍处于十分落后的粗耕阶段，人们的经济生活还相当原始，甚至还有不少地区，人们仍在过着原始的渔猎采集生活。诸如此类的具体情况，已俱见前文。

由于江南地区的自然环境还没有得到改造，经济生活还十分原始，北方人对江南大有谈虎色变之感，如《中国封建社会经济史》前卷所述秦汉时人对于江南各地尤其是闽越一带所描写的种种可怕之状，在江南各地还没有得到充分开发而又缺乏有效的医疗防疫措施的情况下，这类传说确有一定的事实根据，并非纯属无稽之谈。但是这个地区毕竟具有极其优越的自然条件，为关中或华北各地所无法比拟，因为所有长江流域以至珠江流域，皆地处温带和亚热带，故都是气候温暖，雨量充沛，土地肥沃，河网纵横，湖泊遍布，草木繁茂，凡此种种，都说明整个南方是适宜于发展农业的良好地带。加以人口稀少，物产丰富，到处是"果蓏蠃蛤，食物常足"，是一个容易谋生的地方，所以早在汉初，即不断因关中发生饥荒，乃"令民就食蜀汉"，这是第一次有计划地向南方移民。其后汉武帝时又因"山东被河灾"及"岁比不登"，乃"令饥民得流，就食江淮间"[①]。这种由政府移民就食江南的办法，到东汉时仍不断采用，其具体情况，《中国封建社会经济史》前卷已有论述。

不过这种移民就食的办法，都是偶一为之，移去的人数是不可能很多的，而且也是不经常的，所谓"就食江淮间"主要是就食于江淮之间的淮上地区，未必过江而南，故并未因此增加了江南人口，对于江南经济区的开发更

---

① 《史记》卷三十，《平准书》。

不可能有任何影响。但是在两汉时期，曾随着两次巨大的经济波动，掀起过两次向江南大举移民的高潮，一次是西汉末年到东汉初年，一次是在东汉末到三国初年。其情况前面已述了。

孙氏父子在江东建立的吴，地跨扬州、荆州、广州和交州，包括了长江中下游的全部江南部分和珠江流域的大部，地域辽阔，但被开发利用的只是一小部分，其余大部分有的是刚刚在进行开发，有的只是准备开发，而更多的地区特别是闽越岭南一带，还处于完全没有开发的原始状态。这样，东吴实际上的活动范围只是江左很小的一个区域。江南的广大地区既没有得到充分开发，它的经济力量当然也就没有充分地发挥出来，这就使吴的力量不可能发展到足够强大。但是从另一方面来看，仅仅江东一隅，已经使它能够维持一个地方割据政权，并能与兵力雄厚的曹魏政权持久抗衡，终曹魏一世未能将吴吞并，这就足以证明江南自然条件的优越。

东吴本拥有辽阔的疆土和广大的肥沃土地，又有适宜于农业发展的各种良好条件，其所以长期局限于江东一隅，对广大有用的土地和资源不加以利用，是由于江南地区这时还是土旷人稀，劳动力严重缺乏，而开发原始的山林沼泽和榛莽丛生的原野，没有充沛的强劳动力是无济于事的。所以劳动人手的缺乏，是限制江南地区不能开发和经济不能发展的严重障碍，也是在孙吴整个割据江东时期所面临的主要矛盾。在《中国封建社会经济史》前卷的有关章节中曾论述了吴军大掳人口的原因，即吴军所到之处，他们于攻城陷阵之后，不去掳掠财物，也不进行疯狂屠杀，而是"虏其人民而还"，就是为了解决劳动力不足的困难。这一现象说明吴所缺的是人，不是物，坐等人口的自然繁殖是缓不济急的，掳掠现成人口是解决劳动力不足的一个救急办法，因为吴人深知没有充足的人力，虽有广阔的疆土也是无用的。但是依靠掳掠方式只能应一时之急，不能从根本上解决矛盾，因为能够掳到的人口是为数有限的，而每次掳掠都要经过战争，代价也是很大的，有时还得不偿失。正由于广大地区这时还得不到开发利用，故江南地区的经济潜力，还不可能在一个短促的时间内尽量发挥出来，这就决定了东吴政权最后必然失败的命运。

在三国时期，江南地区虽然刚刚在开发，而且限于人力，得到开发的区域也不广，以致江南地区的经济优势还不能发挥出来，但是当在这个地区建立了一个鼎立的独立王国之后，为了能够自立，能够与敌对的魏、蜀政权争衡，它[7]就不得不加强自己的进攻和防御力量，这就必须用尽一切办法来加速本地区的开发，以大力发展农业，用以达到足食足兵的目的。这样一来，便促使一些地方逐步改变"火耕水耨，饭稻羹鱼"和"渔猎山伐"等原始的生产和生活方式。但是由于江南地区疆域辽阔，到处是山川草莽，茂林修竹，人口既非常稀少，则刚刚开始的筚路蓝缕[8]、以启山林的初步开发，区域自然不可能很广，成绩也不可能很大。所以三国时期的江南，还只是开发的初期阶段，原来的落后状态不可能在短时期内都改变过来。

魏晋以后，特别是自东晋至南北朝时期，是长江以南地区——包括自长江流域到珠江流域，都得到了不同程度的开发，并都迅速地发展起来，从此以后，全国的经济重心就从北部中国的古老经济区——关中和山东经济区转移到长江以南。这个变化开始于东汉末和三国时期，完成于东晋和南北朝，到隋唐时就完全成为定局了。

当江南地区这时已迅速改变了长期以来的落后面貌，在整个国民经济中的地位逐步地、但又是迅速地上升时，正是北部整个黄淮流域的古老经济区以相同的速度向相反的方向[9]在迅速下降。于是南北两地遂以十分鲜明和非常强烈的对比呈现在人们的眼前：江南各地这时正在热火朝天地进行着筚路蓝缕、以启山林的开拓工作，对大自然展开了顽强的斗争，凡有可资利用的土地，无不改造为良田，特别是在南朝时期，当一些豪门权贵和各色地主纷纷"抢占田土""封略山湖"时，还都争先恐后地去"占山"，所以连丘陵、缓坡也都开辟为耕地。今天南方各省的梯田，大约就是从这时逐渐开辟的。相反，长江以北的半个中国，却另是一番景象。人们不是在与天斗——改造自然，而是与人斗——"无月不战"，互相砍杀。所以当南方是熙来攘往，男耕女织，鸣鸡吠狗，稻谷飘香时，北方则是兵燹饥馑，天昏地暗，到处是尸骨堆山，血泊成河了。

很显然，这个现象不是自然发展的结果，而是由具体的历史条件形成的。当西晋王朝在内忧外患交相侵逼之下而彻底倾覆之后，晋元帝逃往江南，在江左又重建了东晋王朝，在没有近代交通工具以前的古代，滚滚长江是一个难以逾越的天然屏障，天堑不能飞渡，有效地阻止了战火的南延，所以当中国北半部广大人民几乎被殄灭殆尽——不死于干戈锋刃，即死于饥馑疾疫——的时候，相形之下，江南地区这时就成了世外桃源，大部分地区都还在过着"饭稻羹鱼"的安定生活。于是就在这时掀起了中国历史上一次规模空前的人口大迁徙。这时人口南移的路线，与过去仍然是基本相同的：一条是西路，即经汉中而奔往巴蜀。巴蜀原是早已开发的天府之国，这时又比较安定，"时海内大乱，而蜀犹无事，故归之者相寻。……其赋男子岁谷三斛，女子半之，户调绢不过数丈。事少役稀，百姓富实，闾门不闭，无相侵盗"①。这在天下大乱之秋，实是一块可以苟全性命的乐土。一条是中路，即中州之民，大都经襄、樊而流寓荆州一带。例如："桓温平蜀，治江陵，以临沮西界，水陆行险……田土肥美，立为汶阳郡，以处流民。"② 一条是东路，这是中原、齐鲁、两淮诸州郡之民，逾淮渡江而流寓于江东各郡，这是流民南逃最多的一条路，故史籍中记载也最多。这里仅酌引数条为例：

京洛倾覆，中州士女避乱江左者十六七。③

自中原乱离，遗黎南渡，并侨置牧司，在广陵、丹徒、南城，非旧土也。及胡寇南侵，淮南百姓皆渡江。成帝初，苏峻、祖约为乱于江淮，胡寇又大至，百姓南渡者转多，乃于江南侨立淮南郡及诸县，又于寻阳侨置松滋郡，遥隶扬州。……是时上党百姓南渡，侨立上党郡为四县，寄居芜湖。④

三国时，江淮为战争之地，其间不居者各数百里，此诸县并在江北淮南，虚其地，无复民户。吴平，民各还本，故复立焉。其后，中原乱，胡寇屡南侵，淮南民多南渡……乃于江南侨立淮南郡及诸县。⑤

中原乱，北州流民多南渡，晋成帝立南兖州，寄治京口。⑥

晋永嘉大乱，幽、冀、青、并、兖州及徐州之淮北流民相率过淮，亦有过江在晋陵郡界者。晋成帝咸和四年（公元三二九年），司空郗鉴又徙流民之在淮南者于晋陵诸县。其徙过江南……并侨立郡县以司牧之。⑦

晋自中原散乱，元帝寓居江左，百姓自拔南奔者，并谓之侨人，皆取旧壤之名，侨立郡县，往往散居，无有土著。⑧

今大难之后，纲纪弛顿，自江陵至于建康，三千余里，流人万

① 《晋书》卷一百二十，《李雄载记》。
② 《南齐书》卷十五，《州郡志下》。
③ 《晋书》卷六十五，《王导传》。
④ 《晋书》卷十五，《地理志下》。
⑤ 《宋书》卷三十五，《州郡志》。
⑥ 《宋书》卷三十五，《州郡志》。
⑦ 《宋书》卷三十五，《州郡志》。
⑧ 《隋书》卷二十四，《食货志》。

计，布在江州。①

诸如此类的记载，充满了南北朝各代的史乘，说明北方人口的南流，不但数量大，而且时间长，成为这一时期历史中的一个重大问题，影响极为深远。

流民南逃，都是在兵荒马乱之中。仓惶逃命的，即使其中有富有之人，也不可能携带大量的金银财宝，而且长途跋涉，兵匪遍地，事实上不可能携带什么财物，故大都是赤手空拳，颠沛流离，历尽千辛万苦，始逃出苦海。及至到了异乡之后，又都是人地生疏，谋生无术，在举目无亲、饥寒交迫的情况下，除了投靠当地的豪门大姓——土著地主和外来的权贵，或做他们的佃客，或做他们的奴客，为他们耕种土地，或做他们的家庭奴仆，为其劳动和驱使外，实别无生存之道。史称："晋元帝过江……时百姓遭难，流移此境，流民多庇大姓以为客。"② 这种现象的出现，表面上看来是一个简单的或平常的事件，实质上则是一个影响极其深远的重大事件，后文仍当于有关章节中进行详细论述，这里仅概括地指出以下四点：

其一[10]，扩大了开发范围。原来经济状况十分落后、大部分还处于原始状态的江南地区，从东汉末年到西晋初年，虽然由于中原人口的南流，得到了初步开发，但是南移的人口还不很多，因而得到开发的地区亦不很广，这时的移民主要是散居在以太湖区为中心的江左一带，所以这时实际上得到开发的亦主要是江东。孙权把他的割据政权建立在这个区域，实非偶然。孙吴虽然到处去掳掠人口，用以充实本地区的人力，借以加快本地区的开发，但是通过这种途径所能增加的人口仍属有限，因而江南的广大地区大部分仍然是土旷人稀，林莽遍地，社会经济大都还停滞在火耕水耨和渔猎山伐的原始阶段上。从东晋开始，情况就发生了巨大变化，随着人口的大量南移和人口的迅速增长，使开发的范围迅速扩大。初则由江左扩展到整个长江流域的江南各地，继则由江南开始逐步向岭南扩展。总之，东晋和南朝时期，是江南地区的全面开发时期，也是全国经济重心正式南移时期。

其二，江南经济区的农业生产，迅速地由粗耕转变为精耕。在江南地区的整个开发过程中，如果前一项是向广度发展，则这一项便是向深度发

① 《晋书》卷八十一，《刘胤传》。
② 《南齐书》卷十四，《州郡志上》。

展——成为江南农业区的一个飞跃。这是随着人口的南移也伴随着文化的南移，首先是农业生产方法的改变。中原人民移居江南之后，把他们的先进技术和经营管理经验带到了江南，遂大大提高了江南地区的农业生产技术，使农业生产由粗耕迅速地转变为精耕，从而彻底改变了江南地区火耕水耨的落后面貌。由于这个地区本具有远比黄河流域为优越的自然条件，故发展非常迅速，成为一个基础雄厚的新兴经济区。当北方的旧经济区这时正在继续遭受惨重的破坏而又恢复无望时，江南俨然是另一个世界，于是这个新经济区自然就取代了旧经济区的地位，而成为全国的经济重心。

其三，随着江南地区的开发，出现了南朝土地兼并的特殊形式，并产生了不同的作用。这是这一历史时期的一个独特的现象，而这一现象的产生又是非常自然的。具体说，南朝时期的土地兼并，对于江南广大地区的荒原、山林和无主土地的开发利用起了一定的促进作用。在此以前和以后的任何历史时期，土地兼并对各该时期的社会经济所起的主要都是消极作用。因为土地兼并就是土地所有权的集中，亦即土地占有的两极化，通过土地的自由买卖而形成了大地产，当一方成为"富者田连阡陌"时，其另一方必然就成为"贫者无立锥之地"。故当土地兼并进行得特别严重的时候，由于丧失土地的农民日益众多，如果他们连佃耕的机会也不能获得，以致不得不陷入如汉人董仲舒所说的"亡逃山林，转为盗贼"时，自然就成了社会动乱的一个直接因素。所以历代大大小小无数次的农民起义，几乎无一不与土地问题有关，只有在南朝时期，尽管土地兼并也十分严重，但是这个问题的性质，却与以前和以后的任何时代都不相同，也只有在这一时期，土地兼并所起的是加速开发的积极作用。这个现象乍一看好像是很奇特的，实际上则是自然的，而且是必然的。因为一加观察就可以看出，南朝时期的土地兼并，其所兼并的并不是有主之田，也不是通过买卖程序取得了原属别人的土地所有权，而是各凭自己的权力、能力和财力所及去开发无主荒田。上文已经论述了江南地区的基本情况，由于人口稀少、劳动力不足，以致江南广大地区还都是原始的山林荒野，一直未能开发利用，直到晋室东渡之后，因有大量人口南移，才有了开发利用的条件，于是土著的豪族与新来的权贵，遂利用其统治阶级的地位，凭借着封建特权，纷纷去"占夺田土""封略山湖"，把一些无主荒原和山林沼泽，尽囊括为己有，造成"山湖川泽，皆为豪强所专"[①]，以致

---

① 《宋书》卷二，《武帝纪》。

"名山大川，往往占固"①。通过这种方式被占夺的田土和山湖川泽，常常都是跨州越县，幅员数十里乃至二三百里，这样一来，遂大大加速了江南地区的开发。

其四，南朝奴隶制度的复活和奴隶制经济的发展。在《中国封建社会经济史》第二卷的有关章节中曾着重讨论了中国奴隶制度的特点，指出从东周开始而一代胜似一代的奴隶制，并不是古代奴隶制的延续，而是从东周起，随着土地制度的变革和货币经济的发展，形成了一个不断在发展之中的新的奴隶制，这是随着土地兼并的发展，丧失掉土地的农民既不能"或耕豪民之田"——作佃农，又不愿"亡逃山林，转为盗贼"，社会上又缺乏其他就业机会，做佣工又不易找到雇主，最后不得已而卖身为奴。这样的奴隶制度，另有其本身的产生根源，绝不是古代奴隶制的残余。由于它不是古代奴隶制的下限，它有了一个不同于过去的来源，所以一代超过一代，东周超过西周，秦汉又超过东周，这一时期又大大发展了。其具体情况后文另有专章讨论，这里仅概括地指出南朝的情况。由上述方式形成的大地产，在土旷人稀的地带，没有人来佃耕地主的土地，故不能用租佃方式来经营，而只能利用人口大量南流之际，由于大量移民走投无路，不得不投靠豪门权贵等大地主去当奴客。奴客实质上就是耕田的奴隶，这给奴隶制的大发展提供了充分条件。例如刁协家"以货殖为务，有田万顷，奴婢数千人，余资称是。……奴客纵横，固吝山泽"②。这种由奴隶种植的大地产，其经营方式大都是罗马帝国时代的大种植园型，而规模又远远超过，例如会稽太守孔灵符"产业甚广，又于永兴立墅，周回三十三里，水陆地二百六十五顷，含带二山，又有果园九处"③。至如谢灵运在他自己所著的《山居赋》中所描写，其庄园面积之大，经营种类之多，又远非罗马时代的"latifundia"[11]所能望其项背。其具体情况当于后文论述土地问题章中详之，这里从略。

总之，南朝时期的江南，不仅在广度方面有了迅速的发展——日益扩大了开发的范围，使过去人口稀疏未能开发的地区，这时大都已开辟为良田，发展了农业，从而迅速改变了饭稻羹鱼和渔猎山伐的自然经济生活；而且在深度方面也有了很大的发展——提高了农业生产技术，使粗耕农业转变为精

---

① 《宋书》卷六，《孝武帝纪》。
② 《晋书》卷六十九，《刁协传附逖传》。
③ 《宋书》卷五十四，《孔季恭传附弟灵符传》。

耕农业。于是江南迅速改变了过去的落后面貌，而成为名符其实的一个新兴经济区：

> 江南之为国盛矣，虽南包象浦，西括邛山，至于外奉贡赋，内充府实，止于荆扬二州。……兵革勿用，民不外劳，役宽务简，氓庶繁息，至余粮栖亩，户不夜扃，盖东南之极也。……自晋氏迁流，迄于太元之世，百许年中，无风尘之警，区域之内晏如也。……自此以至大明之际，年逾六纪，民户繁育，地广野丰，民勤本业，一岁或稔，则数郡忘饥。会土带海傍湖，良畴亦数十万顷，亩直一金，鄠杜之间，不能比也。荆城跨南楚之富，扬部有全吴之沃。鱼盐杞梓之利，充牣八方；丝绵布帛之饶，覆衣天下。①
>
> 〔元嘉初〕自此区宇宴安，方内无事……氓庶蕃息……家给人足。②
>
> 时（元嘉中），天下殷实，四方辐辏。③

可见这时期的江南是一片太平景象，在长时期内是"兵革勿用，民不外劳，役宽务简，氓庶繁息"，甚至是"余粮栖亩，户不夜扃"，家给人足，歌舞升平。这与北方的兵燹饥馑，民不聊生，白骨蔽野，千里无烟的情况，迥然是两个世界。当然这不是说江南一切都是尽善尽美的，江东也屡屡发生过灾荒和兵祸，但大都时间不长，波及的范围不广，因而为害不烈，影响不大，与北方的情况不同。所以大体上可以以长江为界，长江以北，毁灭性的天灾人祸几乎毁灭了全部文明，即使后来战乱已经平定，北魏已经统一了北部，而残破凋敝之状已难于恢复；大江以南，除短时间的战乱饥荒外，大体是"区宇宴安，方内无事"，"天下殷实，四方辐凑"，一直维持着程度不同的繁荣。所以总的来看，这时江南新经济区一直是在发展壮大，其发展的总趋势是上升的。

---

① 《宋书》卷五十四，《孔季恭等传史臣论》。
② 《宋书》卷九十二，《良吏传序》。
③ 《宋书》卷一百，《自序》。

第三节　晋南北朝时期的水陆交通与大运河的开凿及其影响

　　晋南北朝时期，是国家的大分裂时期，是社会经济的大动荡时期，自晋迄隋，在长约三百年之间，由于政治上的大分裂，特别是南北的大分裂，使各个敌对政权之间，壁垒森严，干戈不休，但是人民的交易往来却并未阻断，秦汉以来分布于全国的水陆交通干线，基本上还都照旧保持。中国北部本以陆路交通为主，在长时期的兵荒马乱之中，能保持道路的旧观已属不易，有些小王朝除注意维修旧路外，有时还开辟新路。这时江南方在开发之中，正倾全力于开辟农田，地多河网，水道足资利用，故在交通上殊少建树。但到这一时期之末，南北大运河的开凿，对当时和后世的政治、经济、文化等各个方面，都产生了极其深远的影响，是这一历史时期的一个重大事件。

　　永嘉之后，整个黄河流域及其西部和北部缘边一带，是所谓十六国的统治区域，这些独立小王朝的统治者大都是出身于游牧部族，他们习惯于马上驰骋，而不谙水上行舟和水道行军转漕之便，故对于水路交通很少留意，更不会耗费巨大的人力物力去开凿河渠以便利漕运，但是他们对于旧道路的修治和新道路的开辟则颇为用力，因此，东抵辽东，西达西域，西南至于梁益诸州，大抵均有大道可寻。特别是由于这时有不少小朝廷系在边区一带立国，其地原都荒凉闭塞，交通不便，如孤守一隅，实不足以自存。他们都为了要壮大自己，而不遗余力地开疆拓土，以扩大自己的领域，并力求向内地伸展。这样，他们不论是为了防御自己，还是为了进攻别人——总之，是为了适应军事需要，而必须首先在自己的辖境之内修治旧道和开辟新道，以求境内四通八达，能朝发夕至而达乎四境，这是在大混乱期间，北方道路能保持完整的一个主要原因。北魏兴起朔漠，最初建都平城，山西高原，河山表里，晋阳乃畿甸重镇，由此通往中原，剪平诸部，若无坦平大道，实难有效地施政、行军，故终北魏一代，对于修整旧路和开辟新路，一直是锐意经营。北朝史籍中有关的记载甚多，可知北魏王朝对于道路交通是非常重视的，这里只酌引以下几条：

　　　　登国中（约公元三九〇年左右），[于栗碑]拜冠军将军，假新
　　安子。后与宁朔将军公孙兰领步骑二万，潜自太原，从韩信故道，
　　开井陉路，袭慕容宝于中山。既而车驾后至，见道路修理，大悦，

即赐其名马。①

[太祖] 车驾将北还，发卒万人治直道，自望都铁关凿恒[12]岭至代，五百余里。②

[太宗朝] 又诏与肥如侯贺护持节循察并、定二州……同东出井陉，至巨鹿，发众，四户一人，欲治大岭山，通天门关。③

[太延二年 (公元四三六年) 八月丁亥] 帝校猎于河南，诏广平公张黎发定州七郡一万二千人，通沙泉道。④

[和平二年 (公元四六一年) 三月] 是月，发并、肆州五千人，治河西猎道。⑤

[魏太和三年 (公元四七九年) 南侵之役] 虏主出定州，大治道路，声欲南行，不敢进。⑥

[太和六年 (公元四八二年)] 秋七月，发州郡五万人，治灵丘道。⑦

[正始四年 (公元五〇七年) 九月] 甲子，开斜谷旧道。⑧

[北齐高祖朝] 晋州北界霍山，旧号千里径者，山坂高峻，每大军往来，士马劳苦。[封] 子绘启高祖，请于旧径东谷，别开一路。高祖从之，仍令子绘领汾晋二州夫修治，旬日而就。高祖亲总[13]六军，路经新道，嘉其省便，赐谷二百斛。⑨

[天保中] 敕行海州事。……在州奏通陵道并韩信故道……敕并依行。⑩

由于北朝亦力求能统一全国，故每当内部无事，兵力稍充时，便起兵南伐，除直迫江淮，以主攻江东外，对于巴蜀荆襄，亦亟思兼并。西南山川险阻，为了便于进军，遂大力开通道路，如对汉中、巴蜀，除于正始四年"开

---

① 《魏书》卷三十一，《于栗磾传》。
② 《魏书》卷二，《太祖纪》。
③ 《魏书》卷三十，《安同传》。
④ 《魏书》卷四，《世祖纪》。
⑤ 《魏书》卷五，《高宗纪》。
⑥ 《南齐书》卷五十七，《魏虏传》。
⑦ 《魏书》卷七上，《高祖纪上》。
⑧ 《魏书》卷八，《世宗纪》。
⑨ 《北齐书》卷二十一，《封隆之传附子子绘传》。
⑩ 《北齐书》卷二十四，《杜弼传》。

斜谷旧道"外，又于魏恭帝朝开通车路，直达梁州：

> 魏恭帝元年（公元五五四年），太祖欲开梁汉旧路，乃命 [崔]
> 猷督仪同刘道通、陆腾等五人，率众开通车路，凿山堙谷五百余里，
> 至于梁州。[①]
>
> [保定] 二年（公元五六二年），资州磐石民反，杀郡守，据险
> 自守，州军不能制。腾率军讨击，尽破斩之。而蛮獠兵及所在蜂起，
> 山路险阻，难得掩袭。腾遂量山川形势，随便开道，蛮獠畏威，承
> 风请服。所开之路，多得古铭，并是诸葛亮、桓温旧道。[②]
>
> 太昌初（公元五三二年），除太府卿，后出为南荆州刺史，当州
> 大都督。此州自孝昌（公元五二五年）以来，旧路断绝，前后刺
> 史，皆从间道，始得达州。愍勒部曲数千人，径向悬瓠，从北阳复
> 旧道，且战且前，三百余里，所经之处，即立邮亭，蛮左大服。[③]

在北魏时期，为了便利交通，特别是为了便利行军，不仅大力修治旧路和开辟新路，并注意于道路规格的统一，使诸州轨辙，大体一律：

> [永平二年（公元五〇九年）辛亥] 诏曰："江海方同，车书宜
> 一。诸州轨辙，南北不等。今可申敕四方，使远近无二。"[④]

从上引的各条记载可以充分看出，北朝的道路系统是完整的，陆路交通是便利的，不仅秦汉以来的古道大都继续通行，而且于交通阻塞的边区和山区又开辟了一些新道。

在这一历史时期，由于国家的四分五裂和长期的天灾兵祸，使社会经济被破坏得凋敝不堪，故从汉以来十分繁荣的对外贸易，特别是通过丝路与西域的通商，虽然没有完全中断，但是事实上不能不是一落千丈，直到北魏统一了中国北部，社会秩序渐趋安定之后，始逐渐有所恢复，于是西域商人循陆路来内地贸易的人又络绎不绝。这时通西域的商路亦有所改变——由原来

---

① 《周书》卷三十五，《崔猷传》。
② 《周书》卷二十八，《陆腾传》。
③ 《北齐书》卷二十二，《李元忠传附愍传》。
④ 《魏书》卷八，《世宗纪》。

的两条通道改为四道：

> ［太延中（公元四三六年左右）散骑侍郎董琬、高明等出使西
> 域诸国］琬等使还京师，具言凡所经见，及传闻傍国云：西域自汉
> 武时五十余国，后稍相并，至太延中，为十六国。分其地为四域：
> 自葱岭以东，流沙以西，为一域；葱岭以西，海曲以东，为一域；
> 者舌以南，月氏以北，为一域；两海之间，水泽以南，为一域。内
> 诸小渠长，盖以百数。其出西域，本有二道，后更为四。出自玉门、
> 渡流沙、西行二千里至鄯善为一道；自玉门渡流沙、北行一千二百
> 里至车师为一道；从莎车西行百里至葱岭、葱岭西一千三百里至伽
> 倍为一道；自莎车西南五百里、葱岭西南一千三百里至波路为一
> 道焉。①

> 自敦煌向其国，多沙碛，道里不可准记，唯以人畜骸骨及驼[14]
> 马粪为验。……故商旅来往，多取伊吾路云。②

可知这时东西方交通虽然是畅通无阻，但是事实上则艰难险阻，跋涉非
易，因而商旅往来自然是不多的，贸易数量也是有限的。

北朝之不重视水运，犹南朝之不重视道路，南朝各代史籍中少见有关于
修筑道路的记载，实非偶然。因江南多水，河网密布，纵横交错，无远弗届，
故交通运输自然都仰赖于水运。长江源远流长，横亘东西，连绵数千里，贯
串数行省，故江南各地的交通运输，自以长江为主干，一旦江路遮断，运漕
不通，则沿江各地，立成瘫痪。例如：

> ［元兴中（公元四〇三年），桓玄之乱］于时扬土饥虚，运漕不
> 继，玄断江路，商旅遂绝，于是公私匮乏，士卒唯给麸[15]橡。③

江南水路交通，大都利用自然河道，不需另凿人工河渠，故南朝各代史
籍中，很少有关开凿运渠的记载，只有在晋初杜预镇荆州时，开杨口以沟通
长江与汉水，使南北的水上交通更形便利，系这一时期一项影响深远的巨大

---

①　《魏书》卷一百二，《西域传》。
②　《周书》卷五十，《异域传下》。
③　《晋书》卷六十四，《王导子传附子元显传》。

水利工程，因为这是将不同纬度的江、汉两大流域连结为一体：

> [武帝朝预镇荆州] 旧水道唯沔、汉达江陵，千数百里，北无通路。又巴丘湖，沅、湘之会，表里山川，实为险固，荆、蛮之所恃也。预乃开杨口，起夏水，达巴陵，千余里，内泻长江之险，外通零桂之漕。南土歌之曰："后世无叛由杜翁，孰识智名与勇功。"①

作为长江重要支流之一的湘江，南接漓水，可达珠江，这时仍为通往岭南之干道。赣江上游，多有险滩，史称"赣石水急，出船甚难"②，又称"南康、赣石，旧有二十四滩，滩多巨石，行旅者以为难"③；但这一水道，仍为南通广州的一条干线。东南太湖区域，地当长江下游，众流所汇[16]，地方交通，更完全以水运为主。史称"扬州成都，相去万里，陆途既绝，唯资水路"④；又称"丹徒水道，入通吴会"⑤。江南的开发工作之所以进展迅速，是与该地区的便利交通分不开的。

西晋王朝的寿命很短，在兴修水利方面自然不会有很多建树，只在覆亡前夕，曾于京师洛阳与许昌之间兴修过一项小型运渠，名千金堨：

> [永嘉元年（公元三〇七年）九月] 始修千金堨于许昌，以通运。⑥
>
> 永嘉初，使矩与汝南太守袁孚率众修洛阳千金堨，以利运漕。⑦

晋室东渡之后，虽已偏安江左，而仍怀恢复中原之志，每于内力稍充、兵力可用之时，便大举北伐，其进军运粮，皆资水道；在十六国时期，苻坚曾倾全部力量，大举伐晋，也主要是由水道进军：

> [太元八年（公元三八三年），坚大举伐晋] 东西万里，水陆齐

---

① 《晋书》卷三十四，《杜预传》。
② 《晋书》卷一百，《卢循传》。
③ 《陈书》卷一，《高祖纪》。
④ 《魏书》卷六十五，《邢峦传》。
⑤ 《南齐书》卷十四，《州郡志上》。
⑥ 《晋书》卷五，《孝怀帝纪》。
⑦ 《晋书》卷六十三，《李矩传》。

进，运漕万艘，自河入石门，达于汝、颍。①

　　泰常元年（公元四一六年），刘裕伐姚泓，舟师自淮泗入清，欲溯[17]河西上，假道于国，诏群臣议之。②

　　晋太尉刘裕总大军伐泓，次于彭城，遣冠军将军檀道济、龙骧将军王镇恶，入自淮、肥，攻漆丘、项城，将军沈林子自汴入河，攻仓垣。泓将王苟生以漆丘降镇恶，徐州刺史姚掌以项城降道济，王师遂入颍口。③

　　这都是利用自然河道大举进军的记载。此外，为了行军用兵的需要，在无自然河道可资利用时，遂开凿运渠，以便利行军。例如：

　　[永和中（公元三五〇年左右），羌镇下邳] 是时慕容兰以数万众屯汴城，甚为边害。羌自光水引汶通渠，至于东阿，以征之。④

　　[兴宁] 二年（公元三六四年），桓温遣西郎将袁真、江夏相刘岵等，凿阳仪道以通运，温帅舟师，次于合肥。⑤

　　太和四年（公元三六九年）……率步骑五万北伐……进次金乡。时亢旱，水道不通，乃凿钜野三百余里，以通舟运，自清水入河。⑥

　　[太和四年，桓] 温伐慕容晔，使穆之监凿钜野百余里，引汶水会于济川。⑦

　　[义熙十三年（公元四一七年），平定关中] 公欲息驾长安，经略赵、魏，会穆之卒，乃归。十二月庚子，发自长安……闰月，公自洛入河，开汴渠以归。⑧

　　上文曾指出，游牧民族习惯于马上驰骋，而不谙水上行舟，北魏王朝到

---

① 《晋书》卷一百十四，《苻坚载记》。
② 《魏书》卷三十五，《崔浩传》。
③ 《晋书》卷一百十九，《姚泓载记》。
④ 《晋书》卷七十五，《荀崧传附子羡传》。
⑤ 《晋书》卷八，《哀帝纪》。
⑥ 《晋书》卷九十八，《桓温传》。
⑦ 《晋书》卷八十一，《毛宝传附子穆之传》。
⑧ 《宋书》卷二，《武帝纪》。

了进入中原百年之后的高祖时期，犹视船行为畏途。高祖虽深知水运之便，特别是自代迁洛之后，近在大河之滨，故亟思以身作则，大力提倡，而竟屡为大臣所阻挠。例如：

[太和十九年（公元四九五年），道悦]兼御史中尉，留守洛京。时宫极初基，庙库未构，车驾将水路幸邺，已诏都水回营构之材，以造舟楫。道悦表谏曰："……又欲御泛龙舟，经由石济。其沿河挽道，久以荒芜，舟楫之人，素不便习。若欲委棹正流，深薄之危，古今共慎；若欲挽牵取进，授衣之月，踝形水陆，恐乖视人若子之义。且邺洛相望，陆路平直，时乘沃若，往来匪难。更乃舍周道之安，即涉川之殆，此乃愚智等虑，朝野俱惑，进退伏思，不见其可。……"于是高祖遂从陆路。①

北魏高祖是一个奋发有为的人，他力求全面接受中原文化，以改革本族落后的生活方式和各种落后的制度，他终于不顾大臣的阻挠，决心试行漕运，开凿渠道：

[太和十九年]高祖幸徐州，敕淹与同龙驹等主舟楫，将泛[18]泗入河，溯流还洛。军次碻磝，淹以黄河峻急，虑有倾危，乃上疏陈谏。高祖敕淹曰："朕以恒代无运漕之路，故京邑民贫，今移都伊洛，欲通运四方，而黄河急峻，人皆难涉，我因有此行，必须乘流，所以开百姓之心。知卿至诚，而今者不得相纳。……"于时宫殿初构，经始务广，兵运材日有万计，伊洛流渐，苦于利涉。淹遂启求敕都水造浮航，高祖赏纳之。②

[太和十九年]高祖自邺还京，泛舟洪池，乃从容谓冲曰："朕欲从此通渠于洛，南伐之日，何容不从此入洛，从洛入河，从河入汴，从汴入清，以至于淮。下船而战，犹开户而斗，此乃军国之大计。今沟壑若须二万人以下，六十日有成者，宜以渐修之。"冲对曰："若尔，便是士无远涉之劳，战有兼人之力。"③

---

① 《魏书》卷六十二，《高道悦传》。
② 《魏书》卷七十九，《成淹传》。
③ 《魏书》卷五十三，《李冲传》。

［太和二十年（公元四九六年）九月］丁亥，将通洛水入穀，帝亲临观。①

从此以后，漕运之利为有目所共睹，守旧派的反对阻挠自然就失去了作用。尤其是在迁都洛阳之后，京师四方辐凑，人口日增，如无漕运之便，则无以自给，故北魏统治者亦开始开凿漕渠，便利运输，其著者如：

永丰渠：按此渠自后魏正始二年（公元五〇五年），都水校尉元清引平坑水西入黄河以运盐，故号永丰渠。周齐之间，渠遂废绝。②

［宣武帝朝（公元五〇〇—五一五年）］迁度支尚书，领御史中尉。自迁都之后，经略四方，又营洛邑，费用甚广。亮在度支，别立条格，岁省亿计。又议修汴、蔡二渠，以通边运，公私赖焉。③

到了北朝的最后一个王朝——隋王朝，就进入了开凿运河的一个高潮时代。隋王朝本是一个短命王朝，前后两代当政不过三十余年，但是这个王朝却是一个能量很大的王朝，它于取得政权之后，便开始了一系列具有重大战略意义的建设工作，对当时和后世都产生了深远影响，运河的开凿，是其中重要的一项。第一个大规模水利工程，是于建国之后的第四年在关中开凿了一条长达三百余里的广通渠，其情况如下：

开皇三年（公元五八三年），朝廷以京师仓廪尚虚，议为水旱之备。……其后以渭水多沙，流有深浅，漕者苦之。四年（公元五八四年），诏曰："京师所居，五方辐凑，重关四塞，水陆艰难。大河之流，波澜东注，百川海渎，万里交通，虽三门之下，或有危虑，若自小平，陆运至陕，还从河水，入于渭川，兼及上流，控引汾晋，舟车来去，为益殊广。而渭川水力，大小无常，流浅沙深，即成阻阂。计其途路，数百而已。动移气序，不能往复，泛舟之役，人亦劳止。朕君临区宇，兴利除害，公私之弊，情甚愍之。故东发

---

① 《魏书》卷七下，《高祖纪下》。
② 《宋史》卷九十三，《河渠志》。
③ 《魏书》卷六十六，《崔亮传》。

潼关，西引渭水，因借人力，开通漕渠，量事程功，易可成就。已令工匠，巡历渠道，观地理之宜，审终久之义，一得开凿，万代无毁。可使官及私家，方舟巨舫，晨昏漕运，沿泝不停，旬日之功，堪省亿万。诚知时当炎暑，动致殷勤；然不有暂劳，安能永逸？宣告人庶，知朕意焉。"于是宇文恺率水工凿渠，引渭水，自大兴城东至潼关，三百余里，名曰广通渠，转运通利，关内赖之。①

[开皇四年（公元五八四年）六月] 壬子，开渠（按：《北史》作开通济渠），自渭达河，以通运漕。②

上于陕州置常平仓，转输京下。以渭水多沙，流乍深乍浅，漕运者苦之，于是决渭水为渠，以属河，令孝慈督其役。渠成，上善之。③

上每忧转运不给，仲文请决渭水，开漕渠，上然之，使仲文总其事。④

征为开漕渠大监，部率水工凿渠，引渭水，经大兴城北，东至潼关，漕运四百余里，关内赖之，名之曰富民渠。⑤

[开皇四年九月] 乙未，幸霸水，观漕渠，赐督役者帛，各有差。⑥

上引文中所谓广通渠、通济渠和富民渠，系史文记载的不统一，或由于各地民间惯用的名称不一致，实际上系一渠，不是三条不同的漕渠。这一条漕渠的凿通，解决了关中的粮食供应，也巩固了隋王朝的统治基础，这是整个北朝时期一条重要的渠道。

短祚的隋王朝，不仅颇有作为，而且颇具远见，它在渡江灭陈，统一全国之前，就已经清楚地看出，所有关中和中原两大经济区经过长期的惨重破坏之后，不但几乎毁灭了全部有形的物质文明，而且斫丧了社会元气和发展动力，以致所有社会经济的自我恢复和自我调整的内在生机，都已丧失殆尽，要使它再恢复到原来曾经达到过的水平已经是不可能了。并且隋王朝还清楚

---

① 《隋书》卷二十四，《食货志》。
② 《隋书》卷一，《高祖纪上》。
③ 《隋书》卷四十六，《苏孝慈传》。
④ 《隋书》卷六十，《于仲文传》。
⑤ 《隋书》卷六十一，《郭衍传》。
⑥ 《隋书》卷一，《高祖纪上》。

地看到，在江南地区得到了充分的开发之后，全国的经济重心已经南移，而国家的政治重心却由于政治的和国防的种种原因，还不能随着经济重心的南移而南移，在两者随着客观形势的变化而必然分离之后，便给人们提出一个新的课题，即如何以南方的经济来支撑北方的政治。很明显，两者之间唯一可能的联系是运河。于是便在灭陈的前两年——开皇七年（公元五八七年），进行了一项意义重大、影响深远的水利工程：

　　　　[开皇七年（公元五八七年）夏四月] 庚戌，于扬州开山阳渎，以通运漕。①

　　这是以古邗沟故道为基础，把淮河与长江之间的一些错综分散的水道，加以修整疏导，使之成为沟通江淮的一条运河——大运河江北段的一部分。这条运河虽然是草草修成，却也颇具规模。
　　到炀帝时又大加扩展延伸，并完成了长江以南至杭州的运河南段，成为南起杭州，北达洛阳的大运河，其情况是：

　　　　自山阳淮至于扬子入江，三百余里，水面阔四十步，通龙舟。两岸为大道，种榆柳，自东都（洛阳）至江都二千余里，树荫相交，每两驿置一宫，为停顿之所。自京师至江都，离宫四十余所。②

　　这个工程的规模之大，耗费的人力物力之多，仅次于秦始皇之修筑长城，仅征调民夫即达五百四十余万人。据稗史载称：

　　　　诏以征北大总管麻叔谋为开河都护……自大梁起首，于乐台之北建修渠所署，命之为卞渠。……诏发天下丁夫，男年十五以上，五十以下者皆至，如有隐匿者斩三族。……丁夫计三百六十万人，乃更五家出一人，或老、或幼、或妇人等，供馈饮食。又令少年骁卒五万人，各执杖为吏，如节级队长之类，共五百四十三万余人。叔谋乃令三分中取一分人，自上源而西至河阴，通连古河道，迤逦

---

①　《隋书》卷一，《高祖纪上》。
②　杜宝：《大业杂记》。

趋愁思台而至北去。又令二分丁夫自上源驿而东去。乃隋大业五年（公元六〇九年）八月上旬建功。畚锸既集，东西横布数千里。①

　　工程如此巨大，而又期限紧迫，其以严刑峻法征调的役夫[19]，生活艰苦，负担沉重，故造成了河工的大量死亡，弄得民怨沸腾，全国骚然，遂给隋王朝的迅速覆灭创造了条件，确如明代的于慎行所评论，炀帝开凿大运河的结果，"为其国促数年之祚，而为后世开万世之利，可谓不仁而有功者矣"②。

---

①　《开河记》。
②　转引自傅泽洪：《行水金鉴》卷九十二。

第三章 空前巨大的经济波动

第一节 国家的长期分裂和社会经济的长期动荡

两晋南北朝时期是中国历史上最混乱的时期，也是社会经济发生巨大的波动时期，其动乱规模之大、历时之久和破坏之烈，都远超过于过去任何一次的经济波动。如从西汉初年第一次波动算起，这一次的经济大波动应是第四次，其具体时间是从晋怀帝永嘉初（公元三〇七年）开始的。但是从整个历史发展的全部过程来看，这一次动乱实是前一次动乱的继续，是接续着前一次的大混乱和大破坏，又在各个方面都大大地加剧了，成为中国历史上空前惨烈的一次毁灭性的大破坏。所以前后两次的经济大波动，实际上乃是一个总过程的前后两个段落，中间的间歇时间非常短暂，其具体时间不过二十五六年，可以把它看作是在整个历史发展过程的洪流中出现的一股小小的回旋。如果把两个段落连在一起，则第三次动乱与第四次动乱应合并为一，这个大动乱应从汉灵帝中平元年（公元一八四年）造成全国大糜烂起，直到晋初统一全国止，历时约八十年。经过八十余年的干戈扰攘和灾荒饥馑之后，所有黄淮流域包括中原和关中的几个主要经济区都遭受到惨重破坏，使自古以来中国古代人民生聚繁衍的富庶之区，都被破坏成烟火断绝极目荒凉的无人之境，就是在曹魏统一了中原之后，社会秩序虽已粗告安定，而这种荒凉凋敝[1]之状却久久未能改观。土广民稀，不仅大片荒田无人耕植，以致军缺糇粮，民乏生[2]计，而且有地无民，兵源奇缺，更不足以抵御强敌，自保疆土。这种状况，实是当时曹魏政权所面临的一个严峻局势，故当权者对此，不胜忧心忡忡而念兹在兹，因而魏之君臣屡屡发出"天下减耗，十裁一在"[①]

---

① 《三国志》卷八，《魏书·张绣传》。

和"方今天下新定，土广民稀"①，以及"今大魏奄有十州之地，而丧乱之弊，计其户口，不如往昔一州之民"②等等的哀叹。这些情况，前卷已做论述。

后来曹魏屯田政策的成功，一方面，对遭受严重破坏的黄淮流域经济区起了一点输血作用，使凋敝不堪的社会经济获得一个喘息复苏的机会；另一方面，淮河流域农业的复兴，为西晋初年的短暂繁荣提供了一定的物质条件，同时也是西晋王朝得以剪灭割据、统一全国的物质基础。此后终于出现：

> 世祖武皇帝太康元年（公元二八〇年），既平孙皓，纳百万而罄三吴之资，接千年而总西蜀之用，韬干戈于府库，破舟船于江壑，河滨海岸，三丘八薮，未耨之所不至也，人皆受焉。农祥晨正，平秩东作，荷锸赢粮，有同云布。……世属升平，物流仓府，宫阁增饰，服玩相辉。③

> 是时（平吴之后），天下无事，赋税平均，人咸安其业而乐其事。④

> 制曰：武皇承基……于时民和俗静，家给人足。⑤

> 史臣曰：……至于世祖，遂享皇极……江湘来同。掩唐虞之旧域，班正朔于八荒，天下书同文，车同轨，牛马被野，余粮委亩，故于时有"天下无穷人"之谚。虽太平未洽，亦足以明吏奉其法，民乐其生矣。⑥

计从汉灵帝中平年间起，到西晋王朝统一全国止，经过将近一百年的大分裂、大动荡、大破坏之后，才结束了国家的长期分裂，扑灭了遍地燃烧的战火，做到"韬干戈于府库，破舟船于江壑"，使孑遗之民得以重整家园，能不失农时地"平秩东作，荷锸赢粮"，故皆"人安其业""民乐其生"，出现了"牛羊被野，余粮委亩"和"天下无穷人"的太平景象。上文曾说这个

① 《三国志》卷二十五，《魏书·辛毗传》。
② 《三国志》卷十六，《魏书·杜畿传附子恕传》。
③ 《晋书》卷二十六，《食货志》。
④ 《晋书》卷二十六，《食货志》。
⑤ 《晋书》卷三，《武帝纪》。
⑥ 《晋书》卷五，《孝愍帝纪》。

时期是两次经济大波动中间的一个短暂的间歇，就是指这些状况而言。

由太康元年平吴起至永嘉初再度发生变乱止，这个所谓太平盛世，为期不过二十五六年，在整个历史发展的长河中，实是短促的一刹那，就是如此短暂的繁荣，得之亦颇不易。除了上述在三国时期已经取得的成果[3]基础上——鼎立三方力图使各自的经济有所恢复与发展外，这时随着国家的统一和政局的稳定，出现了一个安定和平的环境，使饱经浩劫的人民获得一个休养生息、重建家园的机会，这一切，使社会经济能够逐渐恢复其内在机能，得以自行调理其创伤。同时西晋王朝于长期丧乱之后虽然取得了政权，而它所承继的却是一个破碎不堪的国家和满目疮痍的社会，为了巩固自己的统治，不得不采取过去历代王朝曾经采取过的一些有利于经济恢复和发展的积极措施，即历代王朝贯于称道的"兴利除弊"，"与民更始"，这对于长期遭受破坏而因之凋敝不堪的社会经济，确能起一定的促进作用。

西晋王朝对恢复社会经济所采取的积极措施，主要有以下三种：

其一，实行限田，以遏止土地兼并。土地兼并在历代都是造成社会动乱的一个潜在的但却是根本的因素，历代王朝的兴亡更迭，无不直接间接是土地兼并严重化的结果，而历次发生的经济波动，也无一不是直接间接与土地兼并有关，并且多数是从土地兼并所造成的动乱开始的。例如两汉帝国的兴亡，便都是这一历史变化的明证。因为两汉帝国都是在土地兼并严重化以后，为农民起义所推翻的。东汉的土地兼并问题比西汉更严重，故东汉末年的社会动乱和经济破坏，又远比西汉为惨重。从长期的大混乱中取得了政权的西晋王朝，对于它对所经历过的事情犹心有余悸，为了保证自己的生存，为了稳定经过三代经营方始篡夺到手的政权，不得不妥筹一长治久安之策，这样，首先就必须遏止土地兼并的过度发展。因为当统一刚刚告成、政局稍趋安定之后，土地兼并的狂潮立即掀起，一般王公贵族乘荒芜未复、"土业无主"之际，纷纷抢占土地。晋王朝惩前毖后，遂于平吴之后立即颁发了一个"限田令"，具体规定了诸王、公侯、贵族、官吏以及一般平民的占田额，根据各人的爵位大小和品秩高低，规定占田额从最高额五十顷递降至十顷，普通百姓，丁男七十亩，丁女三十亩，次丁男半之，女则不课。有关限田的具体情况，均于后文论述土地制度的章节中详之，这里仅指出，限田并不是计口授田，法令并不保证各人都能获得限额内规定的土地，所以这个法令并不是要彻底解决土地问题，只不过规定一个占田的最高限度，借以防止土地兼并漫无止境地发展。但是从另一角度来看，尽管这个法令并不能真正解决土地问题，也没有给予这个法令以充分实施的时间，但是这个法令对于当时正在疯狂进行中的土地兼并，也起了一定的遏制作用。并且西晋初年刚刚在开始恢复，到处仍是"土广民稀，中地未垦"，土地还是相对过剩，原来无地或少地的农民，这时还不难获得限额以内的土地。王公之中，也确实有人对限田法能雷厉风行，以身作则，不多占土地。例如：扶风武王骏，泰始中（公元二七〇年左右），"代汝南王亮镇关中。……骏善抚御，有威恩，劝督农桑，与士卒分役，己及僚佐并将帅兵士等人，限田十亩，具以表闻"①。可见限田令并不完全是一纸具文，而是在起着一定的作用。

其二，兴修水利，广置屯田。自曹操实行屯田大获其利之后，司马懿继之，更是不遗余力地锐意经营，在他执政期间曾大力推广屯田，开凿溉渠，成效大著，特别是邓艾屯田寿春，沟通两淮，就是在执行"宣帝（司马懿）广田积谷，为兼并之计"的战略部署。武帝又继续执行这个政策，泰始中，"有灭吴之志，以羊祜为都督荆州诸军事"，祜守襄阳，分戍逻之半，分以垦田八百余顷，大获其利。"祜之始至也，军无百日之粮，及至季年，有十年之积。"② 太康中（公元二八五年左右），杜预镇荆州，"又修邵信臣遗迹，激用滍、淯诸水，以浸原田万余顷，分疆刊石，使有定分，公私同利，众庶赖之，号曰杜父"③。又刘颂太康中除淮南相，"旧修芍陂，年用数万人……颂使大小戮力，计功受分，百姓歌其平惠"④。诸如此类的记载，说明西晋王朝统治时期虽然不长，但对于兴修水利，屯垦荒田，是十分重视的。

其三，鼓励开荒，振兴农业。武帝于平吴之后，即致力于农业的恢复与发展工作，为此曾屡下劝农诏书，以"课督农功"，并把农业是否兴旺定为考核地方官升降黜陟的标准。例如："诏二千石长吏以入谷多少为殿最。其非宿卫要任，皆宜赴农，使军各自佃作，即以为廪。"⑤ 地方官如确能奉行有效，获得了较好的收成，则予以嘉奖或提升。例如泰始五年（公元二六九年）十一月，"诏：以司隶校尉石鉴所上汲郡太守王宏，勤恤百姓，导化有方，督劝开荒五千余顷，遇年普饥而郡界独无匮乏，可谓能以劝教，时同功异者矣。其赐谷千斛，布告天下"⑥。不久，即定为法令，以普遍号召。泰始

---

① 《晋书》卷三十八，《扶风武王骏传》。
② 《晋书》卷三十四，《羊祜传》。
③ 《晋书》卷三十四，《杜预传》。
④ 《晋书》卷四十六，《刘颂传》[4]。
⑤ 《晋书》卷二十六，《食货志》。
⑥ 《晋书》卷二十六，《食货志》。

八年（公元二七二年），"（司徒）石苞奏：州郡农桑，未有赏罚之制，宜遣掾属循行，皆当均其土宜，举其殿最，然后黜陟焉"①，帝从之。本来这种劝农诏书，在历代王朝中都是连篇累牍，陈陈相因，成为照例颁发的一种官样文章，经过一段公文旅行之后，即束之高阁，无人过问。故事实上这类诏书一直是言之谆谆，听之藐藐，不可能收到任何实际效果。但是在长期兵荒马乱、农桑久废之后，值此太平初复、百废待举之际，朝廷的大力奖劝和励农诏书的频繁颁发，一时颇有空谷足音、起振奋鼓舞之效，对于招抚流亡，相率归农，颇有一定作用。

以上所述，都是西晋王朝对于恢复凋敝残破的社会经济所采取的一系列有效措施，结果都取得了显著的成效，从而促成了西晋初年的短暂繁荣，这是自东汉末年天下大乱以来第一次的经济回升。可惜好景不长，这样一种难得的繁荣兴旺有如昙花一现，为时不过二十五六年，便又开始了另一次更大的经济波动。随着国家再一次陷于空前的大分裂，一时内忧外患、天灾人祸纷至沓来，成为中国历史上最混乱、最黑暗的一个时期。从晋惠帝永兴中即开始动乱，至怀帝永嘉初更造成了全国大糜烂，所有天灾、人祸、饥馑、疾疫等破坏社会经济的主要因素，这时均一齐袭来，致使刚刚才有所复苏的社会经济，陡然又陷入空前惨重的大破坏之中，所有过去历次的经济波动都远不能与之相比。并且这一次的经济波动历时又特别长，从永嘉元年（公元三〇七年）起，历东晋、十六国、南北朝，直到隋文帝开皇九年（公元五八九年）全国重新统一止，前后历时二百八十余年，在这将近三个世纪的长时间中，整个国家被搅得天昏地暗，而尤以黄淮流域为甚，茫茫大地，尽成了骨岳血海。这里引用下列一些文献，来反映这场浩劫的阴森可怖之状：

　　[惠帝永兴二年（公元三〇五年）]贼盗蜂起，司、冀大饥，人相食。自季龙末年……与羌胡相攻，无月不战。青、雍、幽、荆州徙户及诸氐、羌、胡、蛮数百余万，各还本土，道路交错，互相杀掠，且饥疫死亡，其能达者，十有二三。诸夏纷乱，无复农者。②

　　及惠帝之后，政教陵夷，至于永嘉，丧乱弥甚。雍州以东，人

---

① 《晋书》卷三十三，《石苞传》。
② 《晋书》卷一百七，《石季龙载记下附冉闵载记》。

皆饥乏，更相鬻卖，奔迸流移，不可胜数。幽、并、司、冀、秦、雍六州大蝗，草木及牛马毛皆尽。又大疾疫，兼以饥馑。百姓又为寇盗所杀，流尸满河，白骨蔽野。刘曜之逼，朝廷议欲迁都仓垣。人多相食，饥馑总至，百官流亡者十八九。①

永嘉初……时关中饥荒，百姓相啖，加以疾疠，盗贼公行。②

帝之继皇统也，属永嘉之乱，天下崩离，长安城中，户不盈百，墙宇颓毁，蒿棘成林，朝廷无车马章服，唯桑版署号而已。③

永嘉元年（公元三〇七年），为并州刺史……琨在路上表曰："……臣自涉州疆，目睹困乏，流移四散，十不存二，携老扶弱，不绝于路。及其在者，鬻卖妻子，生相捐弃，死亡委厄，白骨横野，哀呼之声，感伤和气。……时东嬴公腾自晋阳镇邺，并土饥荒，百姓随腾南下，余户不满二万。寇贼纵横，道路断塞。琨募得十余人，转斗至晋阳。府寺焚毁，僵[5]尸蔽地，其有存者，饥羸无复人色。荆棘成林，豺狼满道。"④

怀帝为刘曜所围，王师屡败。府帑既竭，百官饥甚，比屋不见火烟，饥人自相啖食。⑤

愍皇西宅，馁馑弘多，斗米二金，死者大半。刘曜陈兵，内外断绝，十饼之曲[6]屑而供帝，君臣相顾，莫不挥涕。⑥

弥后与［刘］曜寇襄城，遂逼京师。时京邑大饥，人相食，百姓流亡，公卿奔河阴。曜、弥等遂陷宫城，至太极殿前，纵兵大掠，幽帝于端门……发掘陵墓，焚烧宫庙，城府荡尽，百官及男女遇害者三万余人。⑦

［愍帝朝］于是天下丧乱，秦、雍之民，死者十八九。⑧

皝记室参军封裕谏曰："……自承丧乱，百姓流亡，中原萧条，千里无烟。"⑨

---

① 《晋书》卷二十六，《食货志》。
② 《晋书》卷三十七，《宗室·南阳王模传》。
③ 《晋书》卷五，《孝愍帝纪》。
④ 《晋书》卷六十二，《刘琨传》。
⑤ 《晋书》卷二十六，《食货志》。
⑥ 《晋书》卷二十六，《食货志》。
⑦ 《晋书》卷一百，《王弥传》。
⑧ 《魏书》卷九十九，《张寔传》。
⑨ 《晋书》卷一百九，《慕容皝载记》。

永嘉中……石勒亦寻渡淮，百姓死者，十有其九。①

自元康（公元二九一年）以来……戎翟及于中国，宗庙焚为灰烬，千里无烟爨之气，华夏无冠带之人。自天地开辟，书籍所载，大乱之极，未有若兹者也。②

自丧乱已来，六十余年，苍生殄灭，百不遗一，河洛丘墟，函夏萧条，井堙木刊，阡陌夷灭，生理茫茫，永无依归。③

从上引的几条记载中可以充分看出，由永嘉年间开始的空前惨重的大破坏及由此造成的社会经济的总崩溃，完全是人祸天灾交相刺激和共同作用的结果，而兵祸尤为造成大破坏的主凶，弥[7]漫于中国北半部的战火长达一百三十多年之久，所谓"无月不战"，就是说无时不在互相砍杀之中，一部《晋书》特别是其中的"载记"，便是这样一部血淋淋的砍杀记录。直到拓跋魏崛起朔漠，逐步剪灭了割据称王的小朝廷，使中国北半部复归于统一，始将燃烧了一百多年的熊熊战火——加以扑灭，从而建立了北魏政权，但是它继承下来的则是一片废墟，几乎是空无人迹了。后来经过将近一个世纪的休养生息，北魏王朝更是不遗余力地招抚流亡，奖劝农桑，但是直到魏孝文帝太和年间（公元四七七年左右），社会经济依然是凋敝不堪。尽管孝文帝时期是北魏王朝的全盛时期，而社会经济的凋敝状况并没有多大改进，太和九年（公元四八五年）之所以能颁布均田令，实行计口授田，就是由于当时还是荒凉满目，土广民稀。实行计口授田，有利于招回流亡，垦辟荒地，以发展农业。北魏王朝当已清楚地看出，只有增多人口，才能改变荒凉。

总之，由于丧乱的时间太长，社会经济被破坏得过于惨重，一切生机几乎都已被彻底斫[8]丧，所以在大乱终止之后已经过了将近一个世纪，依然是疮痍未复，荒芜在望，这说明斫丧殆尽的社会元气是很难恢复的，所以在北魏中期以前，一直停滞在一种大病初愈后的虚弱将息状态中，气息奄奄，毫无活力。不过在正光（公元五二〇年）以前，基本上还保持了一个安定和平的环境，使锋刃之余和死丧之孤得以逐渐重建家园，这时社会经济虽然恢复很慢，但却未继续恶化，故得以聊保小康，终北魏一代，迄未出现过经济繁

① 《晋书》卷二十九，《五行志》。
② 《晋书》卷八十二，《虞预传》。
③ 《晋书》卷五十六，《孙楚传附孙绰传》。

荣——即使是虚弱的或短暂的。可惜这种安定和平的环境也没有能继续保持下来，到了孝昌年间（公元五二五年左右），天灾人祸又纷至沓来，使喘息未定的社会经济又陷于大动乱和大破坏之中，其具体情况可由下引文献看出：

> 正光已前，时惟全盛。……孝昌之际，乱离尤甚。恒代而北，尽为丘墟，崤潼已西，烟火断绝。齐方全赵，死于乱麻，于是生民耗减，且将大半。①
>
> ［庄帝］又诏曰：……正光之末，皇运时屯，百揆咸乱，九宫失叙，朝野抚膺，士女嗟怨，遂使四海土崩，九区瓦解。逆贼杜周，虔刘燕代，妖寇葛荣，假噬魏赵。常山易水，戎鼓夜惊，冰井丛台，胡尘昼合。朔南久已丘墟，河北殆成灰烬。宗庙怀匪安之虑，社稷急不测之忧。②
>
> ［孝昌中（公元五二六年左右），辛雄］上疏曰：……当今天下黔黎，久经寇贼，父死兄亡，子弟沦陷，流离艰危，十室而九。白骨不收，孤茕靡恤，财殚力尽，无以卒岁。③
>
> 孝庄初……寻除赵郡太守。郡经葛荣离乱之后，民户丧亡，六畜无遗，斗粟乃至数练，民皆卖鬻儿女。④
>
> 既而萧宝夤叛于雍州，梁师骤伐淮泗，连兵青土，万姓嗷嗷，丧其乐生之志矣。⑤
>
> 时魏末乱，郡盗蜂起。谨乃从容谓广阳王曰：自正光后，海内沸腾，郡国荒残，农商废业。⑥

从上引记载可以看出，北魏王朝所统治的中国北半部，在一百多年的惨重破坏之后，社会经济早已是凋敝不堪，所以经过了将近百年的休养生息，终因斫丧太甚未能医治好它的遍体创伤，就是到了"时惟全盛"的太和之世，依然是土广民稀，荆棘载途，社会经济的恢复非常缓慢，不过仅仅提供

---

① 《魏书》卷一百六上，《地形志》。
② 《魏书》卷七十四，《尔朱荣传》。
③ 《魏书》卷七十七，《辛雄传》。
④ 《魏书》卷五十七，《崔挺传附子孝芬弟孝暐传》。
⑤ 《魏书》卷二十五，《安丰王猛传附子延明传》。
⑥ 《周书》卷十五，《于谨传》。

了一个和平安定的环境而已。正光以后，连这一点也未能保持，战火又弥漫全境，使甫露恢复端倪的社会经济又陷于全盘崩溃，说明北朝残破不堪的社会经济又进一步破坏了。并且在南北对立期间，还不断此伐彼讨，兵革不休，两淮青徐为双方进军孔道和必争之地，故这一带首先遭受蹂躏：

　　哀帝兴宁三年（公元三六五年），洛阳没。其后桓温倾扬州资实北讨，败绩，死亡大半。及征袁真，淮南残破。后慕容晖及苻坚互来侵境。①

　　连骑百万，南向而斥神华，胡旆映江，穹帐遵渚，京邑荷檐，士女喧惶。天子内镇群心，外御群寇，役竭民徭，费殚府实，举天下以攘之，而力犹未足也。既而虏纵归师，奸累邦邑，剪我淮州，俘我江县。喋喋黔首，蹈高天，蹐厚地，而无所控告。强者为转尸，弱者为系虏。自江淮至于青济，户口数十万，自免湖泽者，百不一焉。村井空荒，无复鸣鸡吠犬。……甚矣哉，覆败之至于此也。②

　　至〔元嘉〕二十七年（公元四五〇年），索虏残破青、冀、徐、兖、南兖[9]、（南）豫六州，民死大半。③

　　是岁〔兴和元年（公元五三九年）〕十二月，梁师败绩于彭城[10]，捕虏五万余级，江淮之间始萧然愁叹矣。明年，师大败，陷溺以十万数，〔侯〕景遂举而济江。④

像这样的拉锯式战争，到北魏后期，其势未衰，例如：

　　〔永平四年（公元五一一年）〕十二月，昶军大败于淮南，沦覆十有余万。⑤

　　其年（梁武帝天监十年，公元五一一年）十二月，马仙琕大败魏军，斩馘十余万。⑥

　　〔武定〕六年（公元五四八年）春正月己亥，大都督高岳等于

①《晋书》卷十二，《天文志》。
②《宋书》卷九十五，《索虏传》。
③《宋书》卷二十六，《天文志四》。
④《魏书》卷一百五十四，《天象志》。
⑤《魏书》卷一百五十四，《天象志》。
⑥《隋书》卷二十一，《天文志下》。

涡阳大破刘景，俘斩五万余人，其余溺死于涡水，水为之不流。①

可见北魏统治区自正光以后便一直处在持续大破坏之中，自江北淮南至恒代而北，自"齐方全赵"至"峪潼已西"，广大国土已"尽为丘墟"，"烟火断绝"。两淮青徐本为富庶繁华之区，今则"村井空荒，无复鸣鸡吠犬"。后来北魏王朝又自行分裂为齐、周两个小朝廷，虽都是国势阽危，运祚不长，但又皆穷兵黩武，兵革不息，经常在互相讨伐：

于时［周武帝时（公元五六〇—五七八年）］，兵革屡动，国用虚耗。②

时［周建德元年（公元五七二年）］帝既灭齐，又事淮南，征伐不息，百姓疲敝。③

在双方作战时，又都各引外援，进行疯狂屠杀，例如：

［保定三年（公元五六三年）］突厥于是纵兵大掠，自晋阳至蛮城七百余里，人畜无孑遗，俘斩甚众。④

［齐武成帝河清］三年（公元五六四年），周师与突厥入并州，大战城西，伏尸流血百余里。⑤

这样不停地互相屠杀，当然要弄成"城邑丘墟"和"千里无烟"了。可见从北魏中期以后，直到北朝覆灭和隋统一全国止，这样的大动乱和大破坏一直在继续之中。

长江不仅在地理上把中国划分为南北两半，而且在社会经济的状况上也把中国划分为两个迥然不同的世界，这也是东晋南北朝时期历史上的明显特点之一。

西晋王朝覆灭之后，晋元帝逃往江南，在三国时孙吴初步开发的基础上，

---

① 《魏书》卷十二，《孝静帝纪》。
② 《隋书》卷六十六，《李谔传》。
③ 《隋书》卷二十二，《五行志上》。
④ 《周书》卷十九，《杨忠传》。
⑤ 《隋书》卷二十一，《天文志下》。

于江左重建了东晋王朝。天堑不能飞渡，横贯东西的大江，在古代实是一个难以逾[11]越的天然屏障。战马既不能南下，兵祸也就不能南延，即使是漫天烽火，也不得不望江而息，所以当黄淮流域的广大人民呻吟挣扎于骨岳血海之中、不死于兵燹锋刀即丧命于饥馑疾疫之时，江南大部分地区还在过着渔猎山伐或火耕水耨的自然经济生活。果隋[12]蠃蛤，饭稻羹鱼，无千金之家，亦无冻馁之患，是一个容易谋生的所在，因而生活是安定的，社会是平静的。这与中国北半部相比，俨然是两个迥然不同的世界。从整个历史发展的形势来看，自东汉末年以来，历三国两晋至南北朝，江南经济的发展一直保持一种上升的趋势，并且还在以日益加快的步伐向开发的广度和深度同时并进——即日益加速地在扩大着开发的范围和日益加深地提高着开发的质量，使之由渔猎山伐过渡到农业，并由粗耕农业过渡到精耕农业。永嘉之乱又大大加速了这两方面的进程，因永嘉之乱的直接后果之一，是中国北半部人口的大量南移，而人口南移的后果之一是促进了江南地区的全面开发。过去由于土广人稀，劳动力严重缺乏，以致山林川泽不能开辟，大片旷土不能利用，故只有长期处于原始状态。自汉末中原丧乱以来，人口虽已不断南流，但数量究属有限，作为开发江南广大地区的劳动人手，实无异杯水车薪，是远远不够的。永嘉之乱，南逃人口有如决河洪峰，汹涌澎湃地奔赴江东，有关情况，前文已多所论述。由于南流人口过多，江东一隅难于容纳，遂不得不由此向江南更远之处分散，东晋王朝亦于各地侨立州郡以司牧之，这样一来，遂给江南各地的普遍开发提供了一个充沛的劳动力来源。人口南移的后果之二，是随着人口的南移，带来了先进的生产技术和经营管理方法，遂使火耕水耨的粗耕农业，迅速地改变为精耕农业，再结合着江南的自然优越条件，使农业经济获得了突飞猛进的发展。

在整个东晋时期，江南地区虽然还在开发的初期阶段，经济基础还不够雄厚，更远远没有达到这个新经济区的全盛时期，但是由于没有直接受到北方天灾人祸的蹂躏，没有遭受中原人民所遭受的那种深重灾难，也没有受落后的生产方式和生活方式的干扰，所以在东晋一代的大部分时间内，社会是比较安定的，经济发展基本上维持着一种缓慢上升的趋势：

至于［太元］末年（公元三九六年），天下无事，时和年丰，百姓乐业，谷帛殷阜，几乎家给人足矣。①

自晋氏迁流，迄于太元之世，百许年中，无风尘之警，区域之内晏如也。②

但是东晋王朝的内部，也是矛盾重重，统治者与被统治者之间的矛盾和统治阶级内部各派势力之间的矛盾，不时在激化，中叶以后，权臣悍将也不断称兵倡乱，虽都是旋兴旋灭，然亦为害颇烈，例如早在元帝末年就发生了王敦之乱：

永昌元年（公元三二二年）三月，王敦作乱，率江荆之众来攻，败京师，杀将相。又镇北将军刘隗出奔，百姓并去南亩，困于兵革。③

继之而起的，先后有杜弢、苏峻、桓玄、孙恩等人的称兵或起义，持续的时间长短不等，波及的范围亦大小不一，统治阶级内部的冲突和对起义的镇压，对于刚刚开发的江南，都起了严重的破坏作用。这由下引几条记载，可以略见其梗概：

[建兴元年（公元三一三年）八月] 杜弢寇武昌，焚烧城邑。④

时杜弢作逆，江湘流弊……鉴上疏，劝帝征之，曰：天祸晋室，四海颠覆，丧乱之极，开辟未有。……方将振长辔而御八荒，扫河汉而清天涂。所借[13]之资，江南之地，盖九州之隅角，垂尽之余人耳。而百越鸱视于五岭，蛮蜀狼顾于湘汉，江州萧条，白骨涂地，豫章一郡，十残其八，继以荒年，公私虚匮，仓库无旬日之储，三军有绝乏之色，赋敛搜夺，周而复始，卒散人流，相望于道。⑤

于是（明帝朝）兵凶岁饥，死疫过半，虚弊既甚，事极艰虞。⑥

[咸和二年（公元三二七年）] 十二月辛亥，苏峻使其将韩晃

---

① 《晋书》卷二十六，《食货志》。
② 《宋书》卷五十四，《史臣论》。
③ 《晋书》卷十三，《天文志》。
④ 《晋书》卷五，《孝愍帝纪》。
⑤ 《晋书》卷七十一，《王鉴传》。
⑥ 《晋书》卷六，《明帝纪》。

入姑熟，屠于湖。①

[桓玄之乱] 众推高祖为盟主，移檄京邑曰："……自玄篡逆，于今历年，亢旱弥时，民无生气。加以士庶疲于转输，文武困于造筑，父子乖离，室家分散。岂唯大东有杼轴之悲，摽梅有倾筐之怨而已哉。"②

[安帝] 元兴元年（公元四○二年），孙恩寇临海，人众饿死，散亡殆尽。③

[孙恩攻郡县] 吴会承平日久，人不习战，又无器械，故所在多被破亡。诸贼皆烧仓廪，焚邑屋，刊木堙井，虏掠财货，相率聚于会稽。其妇女有婴累不能去者，囊簏盛婴儿投于水，而告之曰："贺汝先登仙堂，我寻后就汝。"④

及孙恩乱后，东土饥荒，人相食。⑤

上引资料对起义军的活动做了歪曲记载，但透过这些，可以看到原来置身于中原大乱之外得以苟保小康的江南，自太元末年之后，即祸乱相循，而且愈演愈烈，使刚刚在开发之中的社会经济又为之破坏殆尽。史称："晋末天下大乱，生民道尽，或死于干戈，或毙于饥馑，其幸而自存者，盖十五焉。"⑥ 随着经济的崩溃，东晋王朝亦随之倾覆，这个偏安的小朝廷遂为刘宋所取代。

继东晋而起的宋、齐、梁、陈都是短命的王朝，四朝合计才一百六十余年，其中寿命稍长的是刘宋，亦才五十九年，次长的萧梁仅五十四年，南齐的统治时期最短，仅二十二年，陈则三十一年而亡[14]。每次王朝的更迭，难免要经历动乱，都在不同的程度上引起社会经济的波动。所幸都为时不长，涉及的范围不广，而且每一次的政权转移，大都是前朝的权臣主将乘机夺权，他们事实上已经掌握了实权，夺取前朝的政权颇有水到渠成、唾手可得之势；例如东晋末年的刘裕，颇似东汉末年的曹操，早已是挟天子以令诸侯，故代

---

① 《晋书》卷七，《成帝纪》。
② 《宋书》卷一，《武帝纪》。
③ 《晋书》卷十三，《天文志》。
④ 《晋书》卷一百，《孙恩传》。
⑤ 《宋书》卷八十一，《顾琛传》。
⑥ 《魏书》卷一百十，《食货志》。

晋之后，社会经济不但没有遭受破坏，反而出现了历时较长的繁荣，成为刘宋的鼎盛时期，比东晋时期有过之无不及：

> 自此以至大明之季（宋孝武帝大明八年，公元四六四年），年逾六纪，民户繁育，将襄时一矣。地广野丰，民勤本业，一岁或稔，则数郡忘饥。①
>
> 自义熙十一年（公元四一五年）司马休之外奔，至于元嘉末，三十有九载，兵车勿用，民不外劳，役宽务简，氓庶繁息，至余粮栖亩，户不夜扃，盖东西之极盛也。②
>
> 时（元嘉中）天下殷实，四方辐凑。③
>
> [元嘉时]自此区寓宴安，方内无事，三十年间，氓庶蓄息，奉上供徭，止于岁赋，晨出莫归，自事而已。守宰之职，以六期[15]为断，虽没世不徙。未及襄时，而民有所系，吏无苟得。家给人足，即事虽难，转死沟渠，于时可免。凡百户之乡，有市之邑，歌谣舞蹈，触处成群，盖宋世之极盛也。④

三十多年的太平富庶景象转瞬即逝，从元嘉末年起，随着南北兵端的再启，刘宋王朝[16]不得不竭尽全力以进行抵御，自此赋役繁兴，负担沉重，以致天下骚然。孝武帝孝建（公元四五四年）以后，更是兵革不息，灾荒连年，这对开发不久、基础脆弱的江南，实是一个沉重打击，遂使一度繁荣的社会经济又为之一落千丈，并促使刘宋王朝从此走向自己的结束阶段：

> 暨元嘉二十七年（公元四五〇年），北狄南侵，戎役大起，倾资扫蓄，犹有未供。于是深赋厚敛，天下骚动。自兹至于孝建，兵连不息，以区区之江东，地方不至数千里，户不盈百万，荐之以师旅，因之以凶荒，宋氏之盛，自此衰矣。⑤

---

① 《宋书》卷五十四，《史臣论》。
② 《宋书》卷五十四，《史臣论》。
③ 《宋书》卷一百，《自序》。
④ 《宋书》卷九十二，《良吏传序》。
⑤ 《宋书》卷九十二，《良吏传序》。

上文曾指出，刘宋王朝御极仅五十九年，运祚甚短，而昏君暴主相继，骄奢淫逸，诛求无厌，加以奸邪盈朝，贪吏遍布，权臣悍将，争权夺利，遂致天下嗷嗷，民不堪命：

> 及世祖承统，制度奢广，犬马余菽粟，土木衣绨绣……嬖女幸臣，赐倾府藏，竭四海不供其欲，殚民命未快其心。①
>
> 时〔明帝朝〕经略淮泗，军旅不息，荒弊积久，府藏空竭。……而上奢费过度，务为雕侈……天下骚然，民不堪命。……宋氏之业，自此衰矣。②
>
> 〔废帝于元徽五年（公元四七七年）七月死后〕皇太后令曰："……庶其体识日弘，社稷有寄。岂意穷凶极悖……又淫费无度，帑藏空竭，横赋关河，专充别蓄，黔庶嗷嗷，厝生无所。"③

在兵革相继，灾害频仍之秋，加上这种昏君暴主的横征暴敛，当然要弄得"民疲田芜，杼轴空匮""黎庶嗷嗷，厝生无所"了。这对于地不至数千里、户不盈百万的区区江东，无疑是一个很大的破坏因素，正是在这样的斫丧之下，使刘宋王朝丧失了存在基础，直到萧道成夺取了政权，才扭转了这种下降趋势。萧齐的统治期极短，截头去尾才二十二年，而在齐武帝当政的十一年间（永明元年—十一年，公元四八三—四九三年），却出现了南朝的最后一次短暂的繁荣：

> 永明之世，十许年中，百姓无鸡鸣犬吠之警，都邑之盛，士女富逸，歌声舞节，袨服华妆，桃花绿水之间，秋月春风之下，盖以百数。④

这样的太平兴旺，使士女富逸，得以"歌声舞节，袨服华妆"，陶醉于桃花绿水之间，或秋月春风之下，为时不过十年，实如白驹过隙，一闪而过，继之而起的便是漫漫的黑夜：

---

① 《宋书》卷九十二，《良吏传序》。
② 《宋书》卷八，《明帝纪》。
③ 《宋书》卷九，《后废帝纪》。
④ 《南齐书》卷五十三，《良政传》。

渐见凋敝，征赋有增于往，天府尤贫于昔。兼军警屡兴，伤夷不复，戍役残丁，储无半菽，小民嗷嗷，无乐生之色。①

及建武之兴（齐明帝建武元年，公元四九五年），虑难焱急，征役连岁，不遑启居，军国糜耗，从此衰矣。②

这个短命的萧齐王朝，就是在上述各种矛盾所造成的经济凋敝不断恶化之下覆灭的，萧衍篡夺了齐和帝的政权，是为梁武帝。梁仅次于宋，是南朝统治期较长的一个朝代，也是天灾人祸为害最烈的一个朝代，除了在梁初天监四年（公元五〇五年）出现过一次丰年，"是岁大穰，米斛三十"③外，整个梁王朝一代，大部分时间是灾难重重，而兵祸尤为惨烈，其中侯景之乱，实为南朝人民的一场可怖的浩劫。这由下引几条记载，可以看出这场浩劫的梗概：

梁末，侯景寇乱，京邑大饥，饿死者十八九。④

侯景之乱……时兵荒饥馑，京都及上川饿死者十八九。⑤

[景反，围攻建业]景食石头常平仓既尽，便掠居人。尔后米一升七八万钱，人相食，有食其子者。⑥

[景反，围攻建业]初，城围之日，男女十余万，贯甲者三万；至是疾疫且尽，守埤者止二三千人，并悉羸懦，横尸满路，无人埋瘗，臭气熏数里，烂汁满沟渫。⑦

自景围建业，城中多有肿病，死者相继，无复棺木，乃刳柱为棺。自云龙神虎门外，横尸垂沓，血汁漂流，无复行路。及景入城，悉聚尸焚之，烟气张大，臭闻数十里。初，城中男女十余万人，及陷，存者才二三千人，又皆疾病，盖天亡之也。⑧

---

① 《南齐书》卷五十四，《高逸·顾欢传》。
② 《南齐书》卷五十三，《良政传序》。
③ 《南史》卷六，《梁武帝纪上》。
④ 《陈书》卷二十六，《徐陵传附弟孝克传》。
⑤ 《陈书》卷十三，《鲁悉达传》。
⑥ 《南史》卷八十，《贼臣·侯景传》。
⑦ 《南史》卷八十，《贼臣·侯景传》。
⑧ 《魏书》卷九十八，《岛夷·萧衍传》。

　　始，景渡江，至陷城之后，江南之民及衍王侯妃主世胄子弟，为景军人所掠，或自相卖鬻，漂流入国者盖以数十万口。加以饥馑死亡，所在涂地，江左遂为丘墟矣。①

　　这种惨绝人寰的空前浩劫，并不仅范围在都城建业一地，而是波及整个江东，加以饥馑疾疫，故造成"所在涂地，江左遂为丘墟"。在天灾人祸交相煎迫之下，这时江南人口又纷纷北逃，流入北魏的有数十万口，难民过淮时又遭官兵劫掠，为害之烈，不在侯景之下：

　　　　[大宝二年（公元五五一年），王僧辩破景，京师平]都下户口，百遗一二，大航南岸，极目无烟。老小相扶竞出，才渡淮，王琳、杜龛军人掠之，甚于寇贼，叫号闻于石头。……佥以王师之酷，甚于侯景。②

　　江南社会经济的基础本不雄厚，大部分地区还在继续开发之中，如此强烈的破坏力量，实非基础脆弱的社会经济所能承受，故一经侯景之乱，不仅建业及三吴已尽为丘墟，整个大江以南都成了"极目无烟"，连遥远的巴蜀也不再例外。过去以沃野天府著称的巴蜀，由于是一个四塞之区，一向置身于中原烽火之外，有所谓"天下大乱蜀不乱"之谚，故一直是关陕中州之人投奔避难的乐土。但到梁天监初也卷进了战乱之中，过去是"事少役稀，百姓富实，闾门不闭，无相侵盗"③，这时由于邓元起与刘季连相拒蜀中，兵连祸结，造成：

　　　　时益部兵乱日久，民废耕农，内外苦饥，人多相食，道路断绝。④

　　至此，全国各地自北至南、自东徂西，烽火弥漫，此伏彼起，连绵成一片火海，南北两半个中国这时已经没有多大区别了。所以萧梁一代，是南朝

　　① 《魏书》卷九十八，《岛夷·萧衍传》。
　　② 《南史》卷八十，《贼臣·侯景传》。
　　③ 《晋书》卷一百二十，《李雄载记》。
　　④ 《梁书》卷十，《邓元起传》。

时期灾难最深重的一代，完全如稍后陈废帝慈训太后所追述：

> ［光大二年（公元五六八年）十一月］甲寅，慈训太后集群臣于朝堂，令曰："……昔梁运季末，海内沸腾，天下苍生，殆无遗噍。"①

最后的陈王朝，统治期仅三十二年，是这一段漫长黑暗历史的最后尾声。在陈王朝的短短统治时期内，不仅政治非常黑暗，而且颇好用兵。本来陈承梁末大乱之后，江左已极度凋敝，保境息民，尚且不易康复，而竟连年北伐，兵革不休，对疮痍未复的江南经济，又进一步大加斫丧："高祖受禅……是时兵革未宁，百姓荒弊"②；"时兵荒饥馑，百姓流移"③；"时（大建七年，公元五七八年）帝好用兵，频年北伐，内外虚竭，将士劳敝。"④ 同时陈王朝的政治又极端黑暗，统治者骄奢淫逸，横征暴敛，益使民不堪命：

> ［缛[17]于狱中上书后主曰：］……陛下顷来，酒色过度，不虔郊庙之神，专媚淫昏之鬼。小人在侧，宫竖弄权，恶忠直若仇雠，视生民如草芥。后宫曳绮绣，厩马余菽粟，百姓流离，僵尸蔽野，货贿公行，帑藏损耗。神怒人怨，众叛亲离。恐东南王气，自斯而尽。⑤

陈王朝的黑暗统治，就在战火纷飞中结束了，也结束了这一段漫长的苦难历史。

第二节　晋南北朝时期社会经济发生巨大波动的原因

上文已经指出，发生在西晋末年至南北朝时期的巨大经济波动，实际上是从东汉末年开始的，到三国时期虽然略有缓和，并且在西晋初年还出现过为期短暂的繁荣，但是紧接着就开始了中国历史上空前巨大的经济波动，波

---

① 《陈书》卷四，《废帝纪》。
② 《陈书》卷二十三，《沈君理传》。
③ 《陈书》卷三十二，《殷不佞传》。
④ 《隋书》卷二十二，《五行志上》。
⑤ 《陈书》卷三十，《傅缛传》。

动的幅度非常大，经历的时间非常长，而中间的回升时期却非常短，成为两次巨大波动中间的一个小小的间歇。这样，就可以把两次巨大波动连接[18]起来，把它看作一个过程的前后两个阶段，也就是把第三次波动与第四波动连接为一次。但是不管在排列的顺序上列为第三次还是第四次，都在说明相同的历史过程是一而再再而三地重演。当然历史发展是不会重复的，更不是循环的，但是中国古代的社会经济却不断发生波动，即它经常被破坏，甚至几乎全部毁灭，然后又在原来的废墟上再依照旧样重建起来。其所以屡次反覆，是由于造成破坏的根本原因始终没有改变。既然存在着相同的原因，必然屡次出现相同的结果。

这次历时长久的经济大波动，虽然在时间上和规模上以及危害的程度上，都远非前两次的经济波动所能比，但是在性质上和作用上，却又是前两次经济波动的重复，因为造成波动的原因是完全相同的，即由天灾人祸对社会经济所造成的直接破坏，是造成波动的主要原因。至于这一次波动与前两次有所不同，那主要是表现在破坏的程度上，由于破坏过于惨重，斫丧了社会经济的生机，特别是中国北半部的旧经济区，经过这一场长时间的毁灭性的大破坏之后，自然生态平衡被彻底破坏，使社会经济丧失掉自我调整的机能，不再能够恢复起被斫丧殆尽的元气，以致在历史上产生了非常深远的影响，造成了前两次波动没有造成的后果。

所谓天灾，是指水、旱、虫、蝗、冰雹等自然灾害所造成的农业歉收和随之而来的饥馑死亡，出现人相食啖、白骨委积的可怕景象。所谓人祸，主要系指兵祸——战争而言，这是破坏社会经济的一个最直接、最强大的力量。两晋南北朝时期特别是十六国分立时期，由内忧外患所引起的毁灭性战争是一次接一次地连续不断，每战必进行大规模的疯狂屠杀，其结果不能不是如马克思所说：一次毁灭性的战争就可以使一个国家在几百年内人烟萧条，并失去自己的全部文明。

天灾人祸在中国历史上之所以能屡次发生如此强烈的破坏作用，换言之，相同的原因造成相同的结果之所以屡次反覆，即每隔少则百余年、多则二三百年即以不等的规模和程度重复发生一次，表面上看来有如近代经济结构中常见的周期循环，即不断瓦解又不断重建的多次反复[19]，成为马克思所谓的一种东方社会的秘密：

……在东方各国，我们经常看到社会基础不动而夺取到政治上层建筑的人物和种族不断更迭的情形。①

这些自给自足的公社不断地按照同一形式把自己再生产出来，当它们偶然遭到破坏时，会在同一地点以同一名称再建立起来，这种公社的简单的生产机体，为揭示下面这个秘密提供了一把钥匙：亚洲各国不断瓦解、不断重建和经常改朝换代，与此截然相反，亚洲的社会却没有变化。这种社会的基本经济要素的结构，不为政治领域中的风暴所触动。②

中国不但具有这样的秘密，而且表现得非常典型：尽管经过了无数次的改朝换代，而"社会的基本经济要素的结构"却始终不变。这的确是东方各国的一个社会经济的秘密。但是一加分析就可以看出，中国之所以具有这种典型形态的秘密，其实并没有什么难解之处，它是由客观的经济规律所决定的：是在地主制经济制度下由小农制经济必然伴生的结果。关于中国自地主制经济确立以来，社会经济结构为什么成为小农制经济以及小农制经济所具有的先天弱点，已另有专文讨论③，这里从略。简单说是由于小农经济的基础非常薄弱，而又具有种种不可克服的先天弱点，特别是它本身的性质就在排斥生产资料的积聚、排斥协作与分工、排斥社会对自然的统治、排斥社会生产力的自由发展，这样，就使它既没有壮大自己的内在动力，也没有抵抗外来干扰的自卫力量，日日处在一种孱弱无力的状态之中，任何一点扰乱因素都可以打断它的经济平衡，使它不能按照原来的程序重新安排它的再生产，在这样的情况下，遂给天灾人祸的频繁发生提供了充分条件。因为不论是抵抗自然灾害，还是抵抗更强大的暴力——兵祸，都需要有组织的社会力量，绝不是一家一户的小农民所能为力，而小农民恰恰是分散的，无组织的。正是由于经济结构本身排斥了协作与联合，排斥了社会对自然的统治，才使天灾人祸不但容易发生，而且使它们的破坏力量显得格外强大，因为它们在发挥威力的过程中遇不到任何有组织的抵抗，一个一个的小农民在兵燹饥馑面前，都是无能为力地和毫无抵抗地在束手待毙。

灾荒饥馑对社会经济的破坏作用，不在兵祸以下，并且在多数的场合，

---

① 马克思：《中国记事》，《马克思恩格斯全集》第十五卷，第五四五页。

② 《资本论》第一卷，第三九六至三九七页。

③ 参见拙著：《中国经济史论丛》，生活·读书·新知三联书店出版；《中国古代经济史概论》，中国社会科学出版社出版，两书均有专章讨论。

天灾与人祸常常是互相纠结在一起的，即兵燹饥馑每每是相因而至：天灾带来人祸，人祸又造成灾荒，进而则是人祸促进天灾，天灾加重人祸，辗转促动，相激相荡，使破坏力量变得格外强大。这里分别就天灾和人祸说明其为害的具体情况。

（一）灾荒

灾荒包括水、旱、虫、蝗、冰雹等自然灾害和人为的灾荒两种。

中国是一个有名的多灾之国，自古以来关于水、旱、虫、蝗等自然灾害的记录，实充满了历代史乘，古人很早就从实际经验中认识到灾害的频繁发生实有一定的周期性，并与天象有一定的关系。据司马迁说："岁在金，穰；水，毁；木，饥；火，旱。……六岁穰、六岁旱、十二岁一大饥。"[1]《淮南子》说："三岁而一饥，六岁而一衰，十二岁而一康（注，王念孙曰：康之为言荒也，康、荒皆虚也。康、荒古字通）。"[2]《盐铁论》亦称："六岁一饥，十二岁一荒。"[3] 这都是说每三年必有一次小灾，六年一次中灾，十二年一次大灾。英国学者李约瑟（Joseph Needham）曾根据中国古人所总结的经验进行统计，说："中国每六年有一次农业失收，每十二年有一次大饥荒。在过去的二千一百多年间，中国共计有一千六百多次大水灾，一千三百多次大旱灾，很多时候旱灾及水灾会在不同地区同时出现。"[4]

尽管中国历史上灾害的总数大得惊人，但却没有一个时代能与两晋和南北朝时期相比，在这一时期内，各种严重的水、旱、虫、蝗等自然灾害是连年不断，仅据各朝正史所载粗略计之（按各朝关于灾荒记录，系始于晋武帝泰始九年，止于隋文帝开皇六年，即公元二七三年—五八六年），在三百一十三年当中，计有水灾一百八十三次，旱灾一百七十七次，蝗灾五十四次，虫灾三十二次，共四百四十六次（不包括风灾和雹灾），另有瘟疫五十二次。发生自然灾害的次数如此之多，实是惊人，已不仅年年有灾，而且常常是一年数灾。每次灾害都造成极其严重的后果，这里酌引数例，以略示其危害的严重性：

---

① 《史记》卷一百二十九，《货殖列传》。
② 《淮南子·天文训》。
③ 《盐铁论·水旱》。
④ 李约瑟是《中国科学技术史》一书的著者，此处引文系一九七四年五月二十九日香港《大公报》转载四月二十五日他在中文大学的讲演。

惠帝元康七年（公元二九七年）七月，秦、雍二州大旱，疾疫，关中饥，米斛万钱。因此氐、羌反叛，雍州刺史解系败绩，而饥疫荐臻，戎晋并困，朝廷不能振，诏听相卖鬻。其九月，郡国五旱。①

怀帝永嘉四年（公元三一〇年）五月，大蝗，自幽、并、司、冀至于秦、雍，草木牛马毛鬣皆尽。②

大兴三年（公元三二〇年）五月，徐州及扬州、江西诸郡蝗，吴民多饥死。③

时〔咸康二年（公元三三六年）〕众役烦兴，军旅不息，加以久旱，谷贵，金一斤直米二斗，百姓嗷然，无生赖矣。④

〔穆帝永和十年（公元三五四年）〕蝗虫大起，自华泽至陇山，食百草皆尽，牛马相啖毛，猛兽及狼食人，行路断绝。⑤

人为的灾荒，其对社会经济的直接破坏和对人口的大量毁灭，都远远超过自然灾害，因为人为的灾荒大都与战争有关，都是在干戈扰攘、焚毁屠杀之后，大部分人民非死则逃，即使偶有孑遗之民，非锋刃之余，即死丧之孤，老弱病残，势难进行正常生产，以致良田荒芜，野无耕稼，即所谓"诸夏纷乱，无复农者"，于是"人相食"的悲剧遂到处出现。这种情况以东晋和十六国时期为最严重。现从大量记载中选录以下数条，以概见其种种惨状：

〔永兴二年（公元三〇五年）〕贼盗蜂起，司、冀大饥，人相食。⑥

〔永兴三年（公元三〇六年）〕邺中饥，人相食，季龙宫人，被食略尽。⑦

时〔永嘉五年（公元三一一年）〕大饥，贼帅侯都等每略人而

① 《晋书》卷二十八，《五行志中》。
② 《晋书》卷二十九，《五行志下》。
③ 《宋书》卷三十三，《五行志四》。
④ 《晋书》卷一百六，《石季龙载记》。
⑤ 《晋书》卷一百一十二，《苻健载记》。
⑥ 《晋书》卷一百七，《石季龙载记下附冉闵载记》。
⑦ 《晋书》卷一百七，《石季龙载记下附冉闵载记》。

食之，藩、荟部曲多为所啖。①

时（愍帝朝）诸郡百姓饥馑，白骨蔽野，百无一存。②

[愍帝朝] 刘曜复攻长安，百姓饥甚，死者大半。③

[神鼎元年（公元四〇一年），焦朗说姚兴将姚硕德曰] 自武皇弃世，诸子竞寻干戈，德刑不恤，残暴是先，饥馑流亡，死者大半。④

沮渠蒙逊、秃发傉檀频来攻击，河西之民，不得农植，谷价涌贵，斗直钱五千文，人相食，饿死者千余口。姑臧城门昼闭，樵采路断。民请出城乞为夷虏奴婢者，日有数百。隆恐沮动人情，尽坑之，于是积尸盈于衢路，户绝者十有九焉。⑤

江南有远比北方为优越的自然条件：气候温和，雨量充沛，而又河网纵横，有方便的排灌条件，既可防旱，亦可防涝，故江南的自然灾害遂远比黄淮流域特别是中原和关中为少。东晋南北朝时期，江南没有遭受中原所遭受的那样酷烈的战祸，大部分时间社会是比较安定的，因而人为的灾荒亦远比北方为少。故总的说来，江南的社会经济是比较稳定的。但是江南并非世外桃源，如上文所指出，兵燹饥馑也频频发生，特别是在几次大动乱时期，人为灾荒也十分严重。这里也选录数例如下：

[隆安五年（公元四〇一年）] 九月，桓玄表至，逆旨陵上。其后玄遂篡位，乱京都，大饥，人相食，百姓流亡。⑥

[安帝] 元兴元年（公元四〇二年），孙恩寇临海，人众饿死，散亡殆尽。⑦

[元兴元年] 七月，大饥，人相食，浙、江东饿死流亡十六七，吴郡、吴兴户口减半，又流奔而西者万计。⑧

东郡既由兵掠，因以饥馑，死者甚众，三吴户口减半，会稽则

① 《晋书》卷六十三，《李矩传》。
② 《晋书》卷六十，《贾疋[20]传》。
③ 《晋书》卷八十九，《忠义·魏[21]允传》。
④ 《晋书》卷一百二十二，《吕隆载记》。
⑤ 《魏书》卷九十五，《略阳氏吕光传附隆传》。
⑥ 《晋书》卷十三，《天文志》。
⑦ 《晋书》卷十三，《天文志》。
⑧ 《宋书》卷二十五，《天文志三》。

十三四，临海、永嘉，死散殆尽，诸旧富室，皆衣罗縠、佩金玉，相守闭门而死。[①]

[和平二年（公元四六一年）]时三吴亦仍岁凶旱，死者十二三。[②]

梁末，侯景寇乱，京邑大饥，饿死者十八九。[③]

不论是自然灾害还是人为的灾荒，其对社会经济所造成的毁灭性的后果，究竟达到何等可怕的程度，可由下引一例十分形象地看出其具体情况：

[梁简文帝初立，侯景擅朝政]时江南大饥，江扬弥甚，旱蝗相系，年谷不登，百姓流亡，死者涂地。父子携手，共入江湖，或弟兄相要，俱缘山岳。芰实荇花，所在皆罄，草根木叶，为之凋残，虽假命须臾，亦终死山泽。其绝粒久者，鸟面鹄形，俯伏床帷，不出户牖者，莫不衣罗绮，怀金玉，交相枕藉，待命听终。于是千里绝烟，人迹罕见，白骨成聚，如丘陇焉。[④]

像这种惨绝人寰的景象并非偶然一见，更不是仅此一次，如上文所指出，在这一历史时期内，仅水、旱、虫、蝗等自然灾害，即达四百四十余次之多，而频繁发生的人为灾荒尚不在内。虽然不一定每次都是如此严重，但是大多数的灾荒都造成了人相食的结果，故实际上都与此大同小异，至多亦仅系程度之差，则灾荒对社会经济的破坏作用究竟有多大，已可不言而喻。中国历史上既然灾荒特别多，既然是三年一饥、六年一衰、十二年一荒，这就决定了社会的基本经济结构必然是反复地被破坏、被毁灭，又反复地在同一地点、以同一形式甚至以同一名称再建起来，因而使社会经济的总的发展情况成为踏步不前。这的确是中国历史的一个特点，或者说是一个秘密，找不到打开这个秘密的钥匙，就难于理解为什么中国社会经济长期陷于一种发展迟滞的状态中。

（二）兵祸

兵祸对于社会经济的破坏和对于人口的毁灭，其酷烈程度实远远超过灾

---

① 《魏书》卷九十七，《岛夷·桓玄传》。

② 《魏书》卷一百五之三，《天象志》。

③ 《陈书》卷二十六，《徐陵传附弟孝克传》。

④ 《南史》卷八十，《贼臣·侯景传》。

荒，而中国历史又恰恰是一部充满战争的历史，"争城以战杀人盈城""争地以战杀人盈野"的毁灭性战争史不绝书。从古代到近代，在各个朝代中，由于政权争夺、民族冲突、军阀混战、宗室内讧，以及宦官外戚之乱、权臣悍将之乱等等所引起的战争，其次数之多、规模之大、杀戮之惨、破坏之烈，都是同时期东西方国家所无或远远不能与之比拟的。中国在漫长的历史时期中，一直是承平时少，丧乱时多，尤其是在每一次改朝换代的时候，总要经过无数次的翻云覆雨，干戈扰攘，以致焚毁掳掠，屠城坑卒，烽火所至，肝脑涂地，鸡犬不留。除了这些争权夺利的战争以外，还有大小若干次的农民起义和农民战争。反抗的风暴越大，则镇压的手段愈毒，结果，残酷的镇压与疯狂的报复，使战争的破坏益为强烈。而且人祸与天灾向来是互相纠结的，由战争引起的人为灾荒，其危害之大已如上述，所谓"大兵之后，必有凶年"，在兵荒马乱、生民涂炭之际，必然是大饥馑和大瘟疫流行之时。这样，兵燹偕同灾荒，便把原来一个熙来攘往的繁华世界，顿时变成一个满目荒凉的无人之境，成为"白骨蔽野""城邑丘墟""野无耕稼""人烟断绝"，甚至"荆棘成林""豺狼满道""圜幅数千里，无鸡鸣狗吠之音"。两晋南北朝时期，不仅是这些历史现象的典型时期，而且是这些历史现象的登峰造极时期，因为这一时期的战争次数之多、种类之全、规模之大、为害之烈，所有以前和以后的任何一个时代，都远不能与之相比。

西晋末年的大乱，首先由晋之宗室内讧开始，即史所谓"八王之乱"，而这一次大乱的形成和在这时爆发，实有其深远的历史根源。简单说，早在东汉时期就由于州郡牧守掌握地方的政治、军事、财政大权并各拥强兵，遂给地方割据提供了条件，终于造成东汉末年的军阀混战和继之而来的三国鼎立。晋武帝篡魏之后，接着又统一了全国，他为了巩固自己的统治地位，不但没有改变东汉以来的制度，杜绝地方割据的根源，反而变本加厉，采取了古代分封诸侯的办法，大封亲族子弟二十余人为王，使之分别镇守重地，变郡为国，并依其分封等级，使其拥有数目不等的军队，所封各王在其封疆之内，拥有政治、军事、财政全权，可自己任用官吏，这实际上都是一个个独立王国，遂为他们实行地方割据或称兵倡乱提供了充分条件。

晋武帝死后，晋惠帝继位。惠帝愚昧痴呆，不通事故，遂由外戚杨骏辅政，皇后贾氏贪婪荒淫，狂暴专横，楚王玮遂起兵诛骏，并引汝南王亮执政。贾后教唆玮杀亮，继又以擅杀亮罪杀玮，于是赵王伦、齐王冏、成都王颖、河间王颙、长沙王乂、东海王越等起兵声讨。战端一开，又激起他们相互之间的矛盾，各引外援，互相砍杀。从晋惠帝永平元年（公元二九一年）起，至永兴三年（公元三〇六年）止，前后历时十五年，成为空前惨烈的一场大屠杀，加以饥馑荐臻，故所在涂地。这里引录下列数条记载，可略见其梗概：

[永宁元年（公元三〇一年）赵王伦篡位] 是年春，三王讨赵王伦，六旬之中数十战，死者十余万人。①

太安二年（公元三〇三年），成都［王］攻长沙［王］，于是公私饥困，百姓力屈。②

[永兴元年（公元三〇四年）春正月] 帝逼于河间王颙，密诏雍州刺史刘沈、秦州刺史皇甫重以讨之。沈举兵攻长安，为颙所败。张方大掠洛中，还长安。于是军中大馁，人相食。③

[八王之乱] 长沙王乂奉天子与机战于鹿苑，机军大败，赴七里涧而死者如积焉，水为之不流。④

[怀] 帝又密诏晞讨［东海王］越，晞复上表曰："……而[番] 滔、[毕] 邈等劫越出关，矫立行台，逼徙公卿，擅为诏令，纵兵寇抄，茹食居人，交尸塞路，暴骨盈野。遂令方镇失职，城邑萧条，淮豫之氓，陷离涂炭。……"⑤

在八王互相攻伐时，又都争引外援，以为臂助，结果不仅招致了北方各游牧部族的内侵，并且引起各族之间的互相仇杀，例如：

于时朝廷昏乱，盗贼蜂起。［王］浚为自安之计，结好夷狄，以女妻鲜卑务勿尘。……［成都王］颖表请幽州刺史石堪为右司马，以右司马和演代堪，密使演杀浚，并其众。演与乌丸单于审登谋之……，单于……乃此谋告浚，浚密严兵与单于围演。演持白旛诣浚降，遂斩之，自领幽州大营器械，召务勿尘率胡晋合二万人进军讨颖。……击败之，浚乘胜遂克邺城，士众暴掠，死者甚众。鲜

---

① 《晋书》卷二十八，《五行志中》。
② 《晋书》卷十三，《天文志》。
③ 《晋书》卷四，《惠帝纪》。
④ 《晋书》卷五十四，《陆机传》。
⑤ 《晋书》卷六十一，《荀晞传》。

卑大略妇女，浚命敢有挟藏者斩，于是沉于易水者八千人。黔庶荼毒，自此始也。①

[汲] 桑进军攻邺，以 [石] 勒为前锋都督，大败 [并州刺史东瀛公] 腾（东海王越之弟）将冯嵩，因长驱入邺，遂害腾，杀万余人，掠妇女珍宝而去。②

这样，遂由所谓"八王之乱"引起了游牧部族的交哄，一时所有北边、西北边和西边的几个游牧部族——匈奴、氐、羯、羌、鲜卑等族在西晋末年曾先后起兵，并进行了历史空前的大屠杀，历时长达一百三十余年之久，使整个北半部中国被破坏到荡然无存。

谚云"冰冻三尺，非一日之寒"，大乱虽猝发于一旦，而其造祸之端，实源远而流长，不但不是偶然，也不是突然，而是长期以来在民族矛盾的外衣掩盖下的阶级矛盾尖锐化的结果。关于这一段复杂的历史过程这里不做论述，仅简单指出这是自东汉以来一直在推行的一种错误政策的结果，从而造成一种特殊形式的阶级矛盾，即过去一直把一些习俗不同、言语不通的缘边各游牧部族迁之内地，杂居于汉人之中，"使宰牧之，与编户大同"，实际上既有官府吏胥的压榨，又有权门豪右的欺凌，他们[22]早已饮恨于心，待机而动，故一旦爆发，即势若倒海。西晋时江统对于这种引满待发的危急形势曾进行过十分中肯的分析，指出：

> 非我族类，其心必异，戎狄志态，不与华同。而因其衰弊，迁之畿服，士庶玩[23]习，侮其轻弱，使其怨恨之气，毒于骨髓。至于蕃育众庶，则坐生其心。以贪悍之性，挟愤怒之情，候隙乘便，辄为横逆。而居封域之内，无障塞之隔，掩不备之人，收散野之积，故能为祸滋扰，暴害不测。此必然之势，已验之事也。③

这个早已成熟了的"必然之势"，首先便由人数众多、势力较大的匈奴族发难，"八王之乱"一起，并州匈奴各部落首领遂共推刘渊为大单于，于晋惠帝永安元年（公元三〇四年）起兵割据，建国号曰汉，定都平阳，这是

---

①　《晋书》卷三十九，《王沈传附子浚传》。
②　《晋书》卷一百四，《石勒载记上》。
③　《晋书》卷五十六，《江统传》。

十六国大混乱的开端。永嘉四年（公元三一〇年），刘渊死，刘聪继位，次年，遣刘曜、石勒等攻洛阳，遂即展开了灭绝人性的大屠杀，其具体情况于下文详之。这一场巨大的祸乱本早在酝酿之中，危机的严重性和紧迫性已尽人皆见，如江统即曾明确指出：“今五部之众，户至数万，人口之盛，过于西羌。然其天性骁勇，弓马便利，倍于氐羌。若有不虞风尘之虑，则并州之域可为寒心。”[①] 果然，“并州之域”成了大乱的爆炸点。尽管人们在大声疾呼，而当局者则悠悠岁月，醉生梦死，当然也是由于积重难返，无能为力，只有坐视星星之火，成燎原之势。不久洛阳、长安相继陷落，怀帝、愍帝先后被杀，晋元帝仓惶南逃，于建武元年（公元三一七年）渡江，在江左重建了一个偏安的小朝廷。晋室南迁之后，整个中国北半部陷入一种混战局面，在各部族先后建立的十六个割据小王朝之间，足足互相砍杀了一百三十五年之久，成为中国古代人民的一次空前浩劫。这包括两个方面：一是它们与晋王朝之间的战争及其对汉族的大屠杀；二是各族相互之间所进行的无休止混战和互相屠杀。两者在性质上都是狂暴的和野蛮的，都是毫无意义的疯狂大屠杀。这种惨绝人寰的大屠杀实充满了这一历史时期的各代史乘，这里不准备一一缕述其具体情况，仅分别引述几条有代表性的记载，以略示其梗概：

> 永嘉五年（公元三一一年），[东海王越] 薨于项……还葬东海，石勒追及于苦县宁平城，将军钱端出兵拒勒，战死，军溃。……于是数十万众，勒以骑围而射之，相践如山。王公士庶死者十余万。[②]
>
> 廷尉监常炜上言：自顷中州丧乱，连兵积年，或遇倾城之败，覆军之祸，坑师沉卒，往往而然，孤孙茕子，十室而九。[③]
>
> [丕左丞相王] 永又檄州郡曰：姚苌残虐，慕容垂凶暴，所过灭户夷烟，毁发丘墓，毒遍存亡，痛缠幽显，虽黄巾之害于九州，赤眉之暴于四海，方之未为甚也。[④]
>
> [慕容] 冲毒暴关中，人皆流散，道路断绝，千里无烟。[⑤]

---

① 《晋书》卷五十六，《江统传》。
② 《晋书》卷五十九，《东海王越传》。
③ 《晋书》卷一百十，《慕容儁载记》。
④ 《晋书》卷一百十五，《苻丕载记》。
⑤ 《晋书》卷一百十四，《苻坚载记下》。

[隆和初（公元三六二年）]绰乃上疏曰：怀愍不逮，沦胥秦京，遂令胡戎交侵，神州绝纲。……自丧乱以来，六十余年，苍生殄灭，百不遗一，河洛丘墟，畿夏萧条，井堙木刊，阡陌夷灭，生理茫茫，永无依归，播流江表，已经数世。①

但是各族之间的互相仇杀，更是以百倍的疯狂在进行着，毫无意义地为屠杀而屠杀，例如：

自季龙末年，而闵……与羌胡相攻，无月不战，青、雍、幽、荆州徙户及诸氐、羌、胡、蛮数百余万，各还本土。道路交错，互相杀掠。……诸夏纷乱，无复农者。②

[冉闵之变]宣令内外六夷，敢称兵杖者斩之。胡人或斩关，或逾城而出者，不可胜数。令城内曰："与官同心者，住；不同心者，各任所之。"敕城门不复相禁。于是赵人百里内悉入城，胡、羯去者填门。闵知胡之不为己用也，班令内外，赵人斩一胡首送凤阳门者，文官进位三等，武职悉拜牙门。一日之中，斩首数万。闵躬率赵人诛诸胡、羯，无贵贱男女少长皆斩之，死者二十余万，尸诸城外，悉为野犬豺狼所食。屯据四方者，所在承闵书诛之。于时，高鼻多须至有滥死者半。③

[闵与石祇战于襄国]闵师大败……司空石璞等及诸将士死者十余万人。④

时，石季龙新死，其国大乱，遗户二十余万口渡河，将归顺，乞师救援。会衰已旋，威势不接，莫能自拔，皆为慕容儁及苻健之众所掠，死者咸尽。⑤

[石季龙死]冉闵杀石遵，又尽杀胡十余万人，于是中土大乱。⑥

[慕容冲起兵关中，与坚相攻]战于骊山，为冲所败……坚大怒，复遣领军杨定率左右精骑二千五百击冲，大败之，俘掠鲜卑万

① 《晋书》卷六十五，《孙楚传附绰传》。
② 《晋书》卷一百七，《石季龙载记下附冉闵载记》。
③ 《晋书》卷一百七，《石季龙载记下》。
④ 《晋书》卷一百七，《石季龙载记下附冉闵载记》。
⑤ 《晋书》卷九十三，《外戚·褚衰传》。
⑥ 《晋书》卷十三，《天文志》。

余而还。坚怒，悉坑之。①

初〔慕容〕晽乃密结鲜卑之众，谋伏兵请坚，因而杀之。……坚乃诛晽父子及其宗族，城内鲜卑无少长及妇女皆杀之。②

本来一次毁灭性的战争，就可以使一个国家丧失掉自己的全部文明，并在几百年内人烟萧条，这可以说是一条普遍规律。因为战争不仅毁灭了有形的物质文明，而且毁灭了作为主要生产力的人口，使社会经济丧失掉自我调整的力量，即丧失掉进行恢复重建工作的人手。所谓生民涂炭，虽然不一定都是倒在血泊之中，但是大兵之后必有凶年，兵燹饥馑和疾疫永远是相因而至，在"诸夏纷乱，无复农者"的情况下，饥馑是普遍的，人民甫逃锋刃，又罹灾荒，饥馑瘟疫在兵荒马乱之秋，同样具有毁灭性，造成人口的大量死亡有时不在战争以下。天灾人祸，一之已甚，今则多不胜数，"无月不战"，竟长达一百数十年之久，一切尽被毁灭，怎么能不丧失掉全部文明？进入南北朝时期之后，北方混战之局虽粗告结束，但国家仍然分裂，丧乱并未终止，只是程度上有所缓和而已。

第三节　人口的减耗和流亡

发生在两晋南北朝时期的巨大经济波动，其所造成的直接后果之一，是人口的大量减耗。其实中原人口的锐减早在东汉末年时即已开始，经过几十年的军阀混战和频繁发生的饥馑疾疫，特别是经过无数次的疯狂大屠杀，首先是中原和关中一带人民死亡殆尽，继而又扩大到淮河流域的广大地区，在三国鼎立之时，江淮之间为争战用兵之地，造成江淮之间数百里内空无人居。所以在曹魏统一了北半部中国之后，群雄混战之局虽已基本结束，而人庶则已死亡殆尽，社会经济更是凋敝不堪，土旷人稀，野无耕稼，以致荒芜遍地，田均无主，这正是司马朗向曹操建议恢复井田制度的根据所在。事虽未行，说明当时人口是十分稀少的。进入三国时期，在北方建立了曹魏王朝，整个北半部中国已经统一，但社会经济的凋敝之状却依然如故，人口稀疏之状亦依然如故，魏王朝对此深感忧虑，重臣如张绣、杜恕、陈群等曾反复申说：

---

① 《晋书》卷一百十四，《苻坚载记下》。
② 《晋书》卷一百十四，《苻坚载记下》。

"天下户口减耗，十裁一在"；"今大魏奄有十州之地，而承丧乱之弊，计其户口，不如往昔一州之民"；"今丧乱之后，人民至少，比汉文景之时，不过一大郡。"这些情况已俱见上文，说明终曹魏一代，所有黄淮流域的原来主要经济区的人口都已毁灭殆尽了。

正是在这种元气未复、残破不堪的废墟上，又袭来了时间更长、规模更大、破坏更烈的大混乱和大动荡，这就是以上两节所阐述的种种惨状。经过一百多年的疯狂大屠杀和频繁袭来的饥馑疾疫，把整个北方变成了一个阴森可怖的人间地狱，到处是"白骨横野"、"僵尸蔽地"，"千里无烟爨之气，华夏无冠带之人"，说明人民几乎要死光了。上文曾指出，在被毁灭的大量人口中不一定都是死在刀剑之下，但是如能幸免于锋刃，也早已远走高飞，另寻活路了。所以整个东晋十六国时期，是中国人民的一场空前浩劫，是人类历史上罕见的人口毁灭时期。因此，这时期割据政权虽然建立了十六七个之多，实际上都是小国寡民，户口寥寥，常常是虚置百官，假立名位，而又无民可治。例如前燕慕容王朝，其情况是：

> 时外则王师及苻坚交侵，兵事不息；内则晡母乱政……其尚书左丞申绍上疏曰："今之见户，不过汉之一大郡，而备置百官……虚假名位，废弃农业，公私驱扰，人无聊生。"①

北魏统一了北方之后，匈奴、氐、羯、羌、鲜卑与汉族之间以及它们相互之间的互相砍杀虽然已经终止，但社会荒凉之状，久久未能恢复，由魏初至太和（公元三八六—四七七年），虽已历时约百年之久，而土旷人稀之状并未有所改变。太和时期是北魏的鼎盛时期，正是在这个时期，北魏王朝根据当时地多人少、田业无主的客观情况，于太和九年（公元四八五年）颁布了均田令，实行计口授田。不管这个政策实行的结果如何，也不管它是否真正解决了土地问题，而能够实行这个制度，说明当时人口是稀少的，土地是相对过剩的。

北魏自孝昌以后，其自身也陷入混乱，兵连祸结，干戈不息，使本已凋敝不堪的北方社会，又遭到极为惨重的破坏，为害之烈，不下于十六国之乱。

---

① 《晋书》卷一百十一，《慕容晡载记》。

孝昌之际（公元五二五年左右），乱离尤甚，恒代而北，尽为丘墟，崤潼已西，烟火断绝，齐方全赵，死于乱麻，于是生民减耗，且将大半。①

这种人烟萧条之状，终北朝一代，始终没有得到恢复，到了这个时代的末期，依然如故：

［天平元年（公元五三四年）六月，敕曰］："……东南不宾，为日已久，先朝已来，置之度外。今天下户减半，未宜穷兵极武。"②

［天保七年（公元五五六年）］十一月壬子，诏曰："……丁口减于畴日，守令倍于昔辰，非所以驭俗调风，示民轨物。"…… 于是并省三州、一百五十三郡、五百八十九县、二镇、二十六戍。③

并省郡县，说明那里是空无民户，或民户极少，空设守令，不但徒滋纷扰，而且增加了政府开支。

江南地区本来就是一个人烟稀少的地区，初步开发主要是在汉末至三国时期，然得到开发的亦仅限于江东一隅，其余大部分地区都是人口稀疏，甚至有不少地方空无人居，以致大片沃土无人开辟利用，而为原始森林或榛莽荆棘所覆盖。晋武帝于太康元年（公元二八〇年）渡江灭吴之后，尽收其土地人民，而所增户籍实为数有限：

［太康元年］三月壬申，王濬以舟师至于建业之石头，孙皓大惧，面缚舆榇，降于军门。濬杖节解缚焚榇，送于京都。收其图籍，克州四，郡四十三，县三百一十三，户五十二万三千，吏三万三千，兵二十三万，男女口二百三十万。④

西晋的统治时期很短，当政不久即陷于内忧外患交相煎迫之中，开始了历史上罕见的空前大混乱，并为匈奴族所覆灭。晋元帝逃往江南建立了东晋

---

① 《魏书》卷一百六上，《地形志》。
② 《北齐书》卷二，《神武帝纪》。
③ 《北齐书》卷四，《文宣帝纪》。
④ 《晋书》卷三，《武帝纪》。

王朝，但这时的江南仍然是一个土旷人稀的地带。永嘉之乱虽然造成了人口的大量南移，尽管其绝对数目颇为可观，但分散之后，即为数有限，杯水车薪，远不足以增加江南人口的密度，终东晋一代，这种情况没有多大改变，直到东晋末叶的义熙年间（公元四一一年），仍大体如旧，这由下引记载，可以看出：

> 叡（晋元帝名）割有扬、荆、梁三州之土，因其故地，分置十数州及诸郡县，郡县户口，有至不满百者。①
>
> ［义熙中］毅上表曰：今江左区区，户不盈数十万，地不逾数千里。②

长江虽然有效地阻止了中原烽火的蔓延，但是江南也同样有其本身的内在矛盾，天灾人祸亦频繁发生，其所造成的破坏虽不若黄淮流域之甚，但也同样造成了人口的大量减耗，特别是前后几次发生的战乱，都毁灭了大量人口，造成了"城邑萧条，白骨涂地"。故终东晋一代，人口是稀少的。民人寡少，不仅兵源缺乏，影响国力，而且劳力缺乏，难以正常生产，以致耕作粗放，影响收获，并且使政府的赋调收入失去来源，故历届朝廷皆对此忧心忡忡，反复申论。例如：

> ［哀帝朝（公元三六二—三六五年）］又上疏陈便宜七事……其二，户口凋寡，不当汉之一郡，宜并官省职，令久于其事。③
>
> ［咸宁中（公元二七五—二八〇年）］时帝留心政事，诏访朝臣政之损益。咸上言曰："……夏禹敷土，分为九州，今之刺史，几向一倍。户口比汉，十分之一。"④
>
> ［太元中（公元三八〇年左右）］符坚败，朝廷欲镇靖北方……（波）上疏曰："……今政烦役殷，所在凋弊，仓廪空虚，国用倾竭，下民侵削，流亡相属，略计户口，但咸安（公元三七一

---

① 《魏书》卷九十六，《僭晋司马叡传》。
② 《晋书》卷八十五，《刘毅传》。
③ 《晋书》卷九十八，《桓温传》。
④ 《晋书》卷四十七，《傅玄传附子咸传》。

年）已来，十分去三。百姓怀浮游之叹，下泉兴周京之思。"①

　　其后在宋之元嘉和齐之永明之世，还曾出现过短暂繁荣，在三四十年之间，由于"兵车勿用，民不外劳，役宽务简，氓庶繁息"，"百姓无鸡鸣犬吠之警"。但是人口的增长仍然是很慢的，许多州郡常常是空无民户。例如：

　　弘农郡、东昌魏郡、略阳郡、北梓潼郡、广长郡、弍水郡、思安郡、宋昌郡、建宁郡、南泉郡、三巴郡、江陵郡、怀化郡、归宁郡、东槿郡、北宕渠郡、宋康郡、南汉郡、南梓潼郡、始宁郡、江阳郡、南部郡、南安郡、建安郡、寿阳郡、南阳郡、宋宁郡、归化郡、始安郡、平南郡、怀宁郡、新兴郡、南平郡、齐兆郡、齐昌郡、新化郡、宁章郡、邻溪郡、京兆郡、义阳郡、归复郡、安宁郡、东宕渠郡、宋安郡、齐安郡，凡四十五郡，荒，或无民户。②

　　永嘉之乱，中原鼎沸，民不聊生，人民只要没有被锋刃所屠戮和没有被饥馑疾疫所吞没，无不奔迸流移，仓惶逃命。古代是一个交通不便、音讯梗塞的时代，平时人们株守家园，不离乡井，对远方异域，殊为隔膜，一旦祸乱猝发，遂四散奔逃，各根据自己主观的和客观的可能条件，去投奔一个自认为安全的所在，故当时流民移动的方向是纵横交错，四面八方，但略为区分，亦可以看出有以下几个方面：

（一）汉中巴蜀区

　　当战乱猝发，长安失陷后，关中难民以逃往汉中为最方便，但难民增多后，即非汉中之地所能容纳，又不得不越过秦岭巴山，流入巴蜀。四川为天府之国，开发极早，土地肥沃，物产丰富，"果实所生，无谷而饱"，加以山川重阻，更是一个阻隔中原战火的天然屏障。自古以来，关中每遇荒歉，即移民就食蜀汉，这时很自然地就成为关中难民的庇护所：

　　[永嘉五年（公元三一一年）] 八月，刘聪使子粲攻陷长

---

① 《晋书》卷六十九，《刘隗传附孙波传》。
② 《南齐书》卷十五，《州郡志下》。

安……长安遗人四千余家奔汉中。①

[光迁梁州刺史]先是秦州人邓定等二千余家饥饿，流入汉中，保于城固。②

晋惠帝时，关西扰乱，频岁大饥，特兄弟率流人数万家，就谷汉中，遂入巴蜀。③

元康中，氐齐万年反，关西扰乱，频岁大饥，百姓及流移就谷，相与入汉川者数万家。……初，流人既至汉中，上书求寄食巴蜀，朝议不许，遣侍御史李苾持节慰劳，且监察之，不令入剑阁。至汉中，受流人货赂，反为表曰："流人十余万口，非汉中一郡所能振赡；东下荆州，水湍迅险，又无舟船。蜀有仓储，人复丰稔，宜令就食。"朝廷从之，由是散在益、梁，不可禁止。④

寻而梁州郡县，没于李特。永嘉中……其晋人流寓于梁、益者，仍于二州立南北二阴平郡。⑤

这些流散在巴、蜀各地的外来难民，都是赤手空拳，身无长物，除投靠当地的豪门大家等土著地主作佣工外，实别无生活之道，史称"流人布在梁、益，为人佣力"⑥，这是难民唯一可能的谋生之道。由于这些"佣力"之人都是投靠大家的庇户，而不是一个单纯的劳动力的出卖者，因而这些人实质上都是地主的"客"或"奴客"，这与江南的情况是大致相同的。

（二）江左区

这是难民奔逃最多的一路。前文曾指出，永嘉之乱发生后，中州人庶遂相率过江，流寓江左，史所谓"洛京倾覆，中州士女避乱江左者十六七"⑦，就是对这一现象的概述。中州范围包括甚广，原来系泛指黄河流域，包括中原和关中，即两个最古老的经济区，但这时所说的中州，连淮河流域——两

① 《晋书》卷五，《怀帝纪》。
② 《晋书》卷五十七，《张光传》。
③ 《魏书》卷九十六，《赉李雄传》。
④ 《晋书》卷一百二十，《李特载记》。
⑤ 《晋书》卷十四，《地理志》。
⑥ 《晋书》卷一百二十，《李特载记》。
⑦ 《晋书》卷六十五，《王导传》。

淮地区也包括在内，正是当时战乱波及的所有地方，故范围极广，流亡的人数也最多，其总的情况大体是：

> 自戎狄内侮，有晋东迁，中土遗甿，播徙江外，幽、并、冀、雍、兖、豫、青、徐之境，幽沦寇逆，自扶莫而裹足举首，免身于荆越者，百郡千城，流寓比室。人仁[24]鸿雁之歌，士蓄怀本之念，莫不各树邦邑，思复旧井。①
>
> 永嘉之乱……是时幽、冀、青、并、兖五州及徐州之淮北流人相率过江淮，帝并侨立郡县以司牧之。②
>
> 三国时，江淮为战争之地，其间不居者多数百里，此诸县并在江北淮南，虚其地，无复民户。吴平，民各还本，故复立焉。其后，中原乱，胡寇屡南侵，淮南民多南渡。成帝初，苏峻、祖约为乱于江淮，胡寇又大至，民南渡者转多，乃于江南侨立淮南郡及诸县。③

由于流寓在江东的人口甚多，东晋政府为了治理这些流民，遂于江南各地用流民原来所属的郡县旧名侨立郡县，借以稍安流民的乡思，即史所谓"侨立郡县以司牧之"。例如：

> 晋自中原散乱，元帝寓居江左，百姓之自拔南奔者，并谓之侨人，皆取旧壤之名，侨立郡县，往往散居，无有土著。……其无贯之人，不乐州县编户者，谓之浮浪人。④
>
> 永嘉之后，司州沦没……元帝渡江，亦侨置司州于徐，非本土也。后以弘农人流寓寻阳者，侨立为弘农郡。又以河东人南寓者，于汉武陵屏阴县界上明地侨立河东郡。⑤
>
> 惠帝之末，兖州阖境沦没石勒……是时遗黎南渡，元帝侨置兖州，寄治京口……后改为南兖州。⑥

① 《宋书》卷十一，《律志序》。
② 《晋书》卷十五，《地理志》。
③ 《宋书》卷三十五，《州郡志》。
④ 《隋书》卷二十四，《食货志》。
⑤ 《晋书》卷十四，《地理志》。
⑥ 《晋书》卷十四，《地理志》。

在东晋十六国时期，由于中州人口的大量南移，使江南土旷人稀的状况略有改变，这对江南经济的开发起了很大的促进作用。流寓江南的人民，由于摆脱了北方的兵祸，在生活上相对而言是安定的。但正如上文所指出，江南并不是世外桃源，它不仅直接间接受北方祸乱的影响，而且有其自身的矛盾，在几次大乱之后，同样是民不聊生，以致出现了人口倒流。例如：

[安帝]元兴元年（公元四〇二年）七月，大饥，人相食，浙江以东，流亡十六七，吴郡、吴兴户口减半，又奔流而西者万计。①

[天赐元年（公元四〇四年）]是秋，江南大乱，流民襁[25]负而奔淮北，行道相寻。②

（三）西北区

永嘉之乱发生后，中原关中之民亦多就近西行，沿河西走廊而投奔凉州。凉州远在西北边陲，非兵家必争之地，土旷人稀，畜牧自古为天下饶，亦可权作避难之所，故远走西北的人遂络绎不绝：

及京师陷……中州避难来者，日月相继，分武威置武兴郡以居之。③

永宁中（公元三〇二年左右），张轨为凉州刺史，镇武威。上表请合秦、雍流移人于姑臧西北，置武兴郡，统武兴、大城、乌支、襄武、晏然、新障、平狄、司监等县。④

（四）幽冀区

幽冀地在中州，本来不是一个避难的适宜地点，当永嘉之乱时，两州未

---

① 《晋书》卷十三，《天文志》。
② 《魏书》卷二，《太祖纪》。
③ 《晋书》卷八十六，《张轨传》。
④ 《晋书》卷十四，《地理志》。

免于难，故在南流人口中，幽冀之人逾淮渡江的亦不在少数。只因地近京洛，转徙较易，十六国之乱，起于并州，在中原祸乱还没有扩大之前，幽冀北连朔漠，非居冲要，暂时仍比较安定，当人们还不愿长途跋涉远走陌生之乡时，遂把幽冀权作庇托之所，虽去者不如奔他处者多，但为数亦颇可观：

> 属永嘉之乱，乃与父老议曰："今皇纲不振，兵革云扰……王彭祖先在幽蓟，据燕代之资，兵强国富，可以托也。"……乃与叔父隐率数千家，北徙幽州。①
>
> ［麟嘉元年（公元三一六年）］河东大蝗……平阳饥甚，司隶部人奔于冀州二十万户。②

（五）辽西鲜卑区

在中原纷乱时，司、冀、幽、并、兖、豫诸州难民逃往辽西鲜卑的人为数甚多，尤其是在晋元帝拜慕容廆为都督辽左杂夷流人诸军事、大单于、昌黎公之后，他修明政治，广揽人才，轻徭薄赋，人安其业，故流亡士庶相率归之，因而这一地区便成为仅次于巴蜀和江南的一个重要避难所：

> 时司、冀、并、兖州流人数万户在辽西，迭相招引，人不安业。③
>
> ［永嘉中浚据幽州］浚为政苛暴，将士贪残，并广占山泽，引水灌田，溃陷冢墓，调发殷烦，下不堪命，多叛入鲜卑。④
>
> 永嘉初，廆自称鲜卑大单于。……连岁寇掠，百姓失业，流亡归附者，日月相继。⑤
>
> 时二京倾覆，幽冀沦陷。廆刑政修明，虚怀引纳，流亡士庶，多襁负归之。廆乃立郡以统流人：冀州人为冀阳郡，豫州人为成周

---

① 《晋书》卷一百八，《慕容廆载记附高瞻传》。
② 《晋书》卷一百二，《刘聪载记》。
③ 《晋书》卷一百四，《石勒载记》。
④ 《晋书》卷三十九，《王沈传附子浚传》。
⑤ 《晋书》卷一百八，《慕容廆载记》。

郡，青州人为营丘郡，并州人为唐国郡。①

（六）襄颍区

襄、樊、汝、颍、南阳一带，亦多流人。这个地方为南北往来要冲，自古为兵家必争之地，故非安全避难之所，但在西北边患初起时，一时尚难波及，南逃流民不愿继续渡江，南走荆湘，往往即暂寓此境。难民中以河东诸县和弘农人为最多：

> 河东平阳、弘农、上党诸流人之在颍川、襄城、汝南、南阳者数万家。②
>
> 其先，安定人也。高祖衡，因后秦之乱，寓居襄阳，仕晋为建威将军，遂为襄阳著姓。③
>
> 五世祖恭仕后赵为河东郡守。后以秦、赵丧乱，乃率民南徙，居于汝、颍之间。④
>
> 河东汾阴人也。曾祖弘敞，值赫连之乱，率宗人避地襄阳。⑤

（七）荆湘区

中州流民逃往江南，一路是经襄樊南下，渡江而至荆湘。当时荆湘区仅次于江东，为难民奔赴麇[26]集之所：

> ［永宁中（公元三〇一年左右）领荆州］于时流人在荆州十余万户，羁旅贫乏，多为盗贼。⑥

荆湘流民不都是来自中原，后因李雄破蜀，兵乱相寻，巴蜀流人多出川

---

① 《晋书》卷一百八，《慕容廆载记》。
② 《晋书》卷一百，《王弥传》。
③ 《周书》卷四十四，《席固传》。
④ 《周书》卷二十二，《柳庆传》。
⑤ 《周书》卷三十八，《薛憕传》。
⑥ 《晋书》卷六十六，《刘弘传》。

东下，流寓荆湘：

> ［永兴元年（公元三〇四年）］雄遂克成都……蜀人流散，东下江阳，南入七郡。①
>
> 惠帝末……巴蜀流人散在荆湘者，与土人忿争，遂杀县令，屯聚乐乡。……于是益、梁流人四五万家，一时俱反，推杜弢为主。②
>
> 时巴蜀流人汝班、寒硕等数万家，布在荆湘间，而为旧百姓之所侵苦，并怀怨恨。③
>
> ［穆帝永和三年（公元三四七[27]年）］桓温平蜀，治江陵。……南通巴巫，东南出州治，道带蛮蜑，田土肥美，立为汶阳郡，以处流民。④

(八) 江州区

江州西接荆湘，东连三吴，亦为江南富饶之区，故也是流民群往奔赴的一个避难所在。由江陵至建康三千余里，其间各郡县多有流民散居，而以江州为聚散中心：

> 今大难之后，纲纪弛顿，自江陵至于建康，三千余里，流人万计，布在江州。⑤

(九) 岭南区

在东晋时，不仅北方是兵连祸结，丧乱多年，江南亦屡肇兵祸，特别是侯景之乱，其为害之烈，不下于中国北半部的"无月不战"，故江南人民多逃往岭南，中原百姓亦有从海道入广州者：

---

① 《晋书》卷一百二十一，《李雄载记》。
② 《晋书》卷四十三，《王戎传附从弟澄传》。
③ 《晋书》卷一百，《杜弢传》。
④ 《南齐书》卷十五，《州郡志》。
⑤ 《晋书》卷八十，《刘胤传》。

　　时〔咸康中（公元三三八年左右）〕东土多赋役，百姓乃从海道入广州。①

　　义熙末（公元四一八年），东海人徐道期流寓广州……为侨旧所陵侮。②

（十）高丽区

高丽距中原遥远，能远走高丽，当然就完全摆脱了中原的祸乱，尽管事实上不可能有大量流民东渡，但也不乏其人，例如：

　　自云本渤海蓚[28]人也，五世祖顾，晋永嘉中，避乱入高丽。③

　　从以上所述可以看出，中州流民逃亡避难的方向，可分为十路，说明当祸乱猝发时，整个北半部中国人民在兵荒马乱、战火纷飞之中，仓惶出走，四散奔逃，各循一条自认为方便之途，奔向一个自认为安全所在，故纵横交错，襁负塞途，成为中国历史上规模空前的一次人口大迁徙。迁徙的主要是中州人民，即黄淮流域广大地区的人民几乎全部处于奔进流移之中，否则就成为嗜血神祭坛上的贡品，倒在血泊之中了。流散的方向虽有十途，但是绝大部分难民则散居在江南各地。人口大迁徙是这一时期经济波动的一个直接结果，而这一结果本身又进而产生两个结果：结果之一，即前章所论述，由于北方人口的大量南移，促进了江南地区的开发，改变了江南的经济结构，使之从火耕水耨的粗耕农业，迅速地转变为精耕农业，从此便将全国的经济重心移到江南；结果之二，造成北方社会经济的彻底崩溃，甚至可以说丧失了自己的全部文明，所谓"诸夏纷乱，无复农者"和"千里无烟爨之气，华夏无冠带之人"，便是这种崩溃状况的具体写照。由于人口的死丧和流亡殆尽，不仅毁灭了社会经济的一切成就，而且斫丧了社会经济自我恢复和调整的机能，故在大乱终止之后仍久久未能恢复，因而呈现在人们眼前的基本情况，必然如下引记载所概述：

---

　　① 《晋书》卷七十三，《庾亮传附弟翼传》。
　　② 《宋书》卷五十，《康祖传》。
　　③ 《魏书》卷八十三下，《外戚·高肇传》。

自永嘉丧乱，百姓流亡，中原萧条，千里无烟，饥寒流陨，相继沟壑。①

〔慕容〕冲毒暴关中，人皆流散，道路断绝，千里无烟。②

---

① 《晋书》卷一百九，《慕容皝载记》。

② 《晋书》卷一百十四，《苻坚载记下》。

第四章　劳动制度与剥削关系

第一节　徭役劳动

(一) 徭役繁重的原因

晋至南北朝的劳动制度，基本上是过去长期以来传统制度的继续，在所有劳动制度的种类上、性质上和作用上，与过去各代都是大致相同的，即仍然是徭役劳动、雇佣劳动和奴隶劳动三大类。但是由于具体的历史条件不尽相同，故各种制度又各具有不同于过去的某种特点。如本卷第一章所指出，晋至南北朝时期，在时间上虽然是在秦汉之后，但是这一个历史发展阶段，却不是前一个阶段的自然延伸，更不是简单重复，我们曾概括地指出，这一时期是中国历史上国家大分裂和社会经济的大破坏时期；是人口特别是北方人口的大迁徙时期；是关中和中原两大古老经济区的彻底破坏和全国经济重心的南移时期；是奴隶制的大发展时期；是南北两地的土地制度发生不同变化的时期；是商品经济和货币经济的衰落时期。所有这一切，都直接间接影响到劳动制度，使各种形态的劳动不论在组织形态上和所起的作用上，都表现出或大或小的一些特点。

徭役劳动是强制劳动，系由拥有最高统治权的统治阶级——其集中代表是朝廷和它的执行者各级官府，以强制手段，征调被统治的人民去服无偿劳役，使之从事各项公家劳务，举凡营造或修缮皇家的各项建筑工程，如宫室、苑囿、宗庙、社稷、陵墓、台榭等等；政府各机关的公用建筑或政府举办的公共工程，如城池、官衙、廨舍、道路、桥梁、沟渠、堤堰等等；以及官府指定派遣的各项劳役，如官工制造、运输装卸、公田或官田的种植、官物兵器的缮造等等，所有官家的这些形形色色、大大小小的官差公役，无一不是借民力来完成。这种无偿劳役本来是古代农奴制度的残余，但是封建制度在其自身的经济规律支配之下，使领主对于农奴的剥削，有一个不能逾越的天然限制，这一限制就由封建制度对人们有生存保证这一形式表现出来，因而农奴所负担的劳役——不论是公田劳役还是其他各种形式的劳役，一般说来，是不很繁重的，或者说使用民力是有限度的，所以西周时的诗人还曾以此讴歌文王："经始灵台，经之营之，庶民攻之，不日成之，经始勿亟，庶民子来。"① "庶民"就是农奴，是唯一的土地耕作者，"经始灵台"，显然是服公田以外的徭役，"庶民"之所以"子来"，说明徭役本身是不繁重的。后人追忆这种轻徭薄赋的过去说："古者税民，不过什一，其求易供；使民不过三日，其力易足。民财内足以养老尽孝，外足以事上共税，下足以畜妻子极爱，故民说从上。"② 这说明在早期封建制度下，统治者在使用徭役劳动上，也体现着封建制度对人们的生存保证这一基本原则。随着封建制度本身的变化，到了东周时期这一切便都不存在了，这时地主制经济代替了领主制经济，在土地制度变化以后，地主对农民的剥削不同于领主对农奴的剥削，在其自身的经济规律支配之下，原来的那种天然限制现在已经不存在了，剥削可以残酷到过去不能达到的程度。关于这个问题，《中国封建社会经济史》第一卷已多所论述，这里从略。

总之，在典型的封建制度和农奴制度崩溃以后，徭役劳动更繁重了，这是由于继起的社会结构仍然是一种封建制度——变态封建制度，尽管它已经不是原来的典型封建制度了，但所有为封建统治制度服务的上层建筑，都还顽强存在，尤其是还有专制主义的政治制度与之相配合，使统治者可以凭借封建特权任意征调被统治人民服无偿劳役。所以封建制度的社会经济结构形态虽然改变了，而徭役劳动的剥削却更加残酷了。

这种情况至秦而进一步加剧，"至秦则不然，用商鞅之法，改帝王之制，除井田，民得买卖。……又加月为更卒，已复为正，一岁屯戍，一岁力役，三十倍于古"。师古注云："更卒，谓给郡县，一月而更者也。正卒，谓给中都官者也。率计今人一岁之中，屯戍及力役之事，三十倍多于古也。"③ 汉承秦制，建立了明确制度，《汉律》："更有三品，有卒更、有践更、有过更。古者正卒无常人，皆当送之，是为卒更。贫者欲雇更钱者，次直者出钱雇之，

---

① 《诗·大雅·灵台》。
② 《汉书》卷二十四上，《食货志》。
③ 《汉书》卷二十四上，《食货志》。

月二千，是为践更。天下人皆直戍边三月，亦各为更，律所谓徭戍也。虽丞
相子亦在戍边之调，不可人人自行三月戍，又行者出钱三百入官，官给戍者，
是为过更。此汉初因秦法而行之，后改为谪[1]，乃戍边一岁。"① 晋承汉制，
于平吴之后，即"制户调之式"，正式确定了人民的赋役负担："丁男之户，
岁输绢三匹，绵三斤，女及次丁男为户者半输，其诸边郡或三分之二，远者
三分之一。夷人输賨布，户一匹，远者或一丈。……男女年十六已上至六十
为正丁，十五已下至十三，六十一已上至六十五为次丁，十二已下六十六已
上为老小，不事。"②"不事"即免除赋役负担。这时赋轻役简，"天下无事，
赋税平均，人咸安其业而乐其事"。但不旋踵间即天下大乱，"及惠帝之后，
政教陵夷，至于永嘉，丧乱弥甚"③，全国陷入大混乱之中。

在这种"政教陵夷""丧乱弥甚"的情况下，其在徭役劳动方面所造成
的影响，主要是徭役劳动的供需关系严重失调，从而使南北各朝对于无偿劳
役的剥削格外残酷，所谓"徭役繁重""征调不已"的现象遂有增无减。

长期丧乱的直接后果之一，是人口锐减。这一现象早在东汉末年至三国
时期即已如此，永嘉之乱，更是中国人民特别是北半部中国人民的一次空前
浩劫，华北地区的广大人民非死则逃，以致户口大减，十存一二，能服役的
丁壮已所余无几了，这是应役人力大减的重要原因之一。江南地区比北方虽
略好一些，但江南却是一个尚未充分开发的土旷人稀地带，劳动人手十分缺
乏，可征调的人力本来有限，在中原大乱之后，虽有大量北方人口南流，又
都散居各地，不注户籍，除有不少人投靠当地土豪——"多庇大姓以为客"，
即"多为诸王公贵人左右佃客、典计、衣食客之类皆无课役"④ 外，都成为
无户籍的"浮浪人"——"其无贯之人，不乐州县编户者，谓之浮浪人"⑤。
终南朝一代，一直是户籍混乱，所谓"杂居舛正"，"不可检实"：

元帝大兴四年（公元三二一年），诏以流民失籍，使条名上有
司，为给客制度，而江北荒残，不可检实。⑥

永明元年（公元四八三年），刺史柳世隆奏："尚书符下土断条

① 《史记》卷一百六，《吴王濞列传》注引《正义》。
② 《晋书》卷二十六，《食货志》。
③ 《晋书》卷二十六，《食货志》。
④ 《隋书》卷二十四，《食货志》。
⑤ 《隋书》卷二十四，《食货志》。
⑥ 《南齐书》卷十四，《州郡志·南兖州》。

格，并省侨郡县，凡诸流寓，本无定憩，十家五落，各自星处，一县之民，散在州境，南至淮畔，东届海隅。今专罢侨邦，不省荒邑，杂居舛正，与先不异。"①

这样一来，使本来可以服役的人又大大地减少了。这是说江南并没有因流民的增多使徭役劳动力的供给有所增长，故供需关系的不相应，与北方是相同的。

造成徭役劳动力大减的另一个重要原因，是统治阶层及其追随者都是免役的。魏晋南北朝时期，门阀观念极重，出身门第，等级森严，上品寒门，判若泾渭。清代史学家赵翼曾评论此事说："六朝最重世族，其时有所谓旧门、次门、勋门、役门之类，以士庶之别，为贵贱之分，积习相沿，遂成定制。"② 寒门以上，不仅本身都是免役的，而且他们还有为数众多的"荫户"，即投靠他们而受其庇护的人，包括上文所谓诸王公贵人左右的佃客、典计、衣食客之类，这些人"皆无课役"。在汉时，"虽丞相子亦在戍边之调"，尽管事实上他可以出钱雇人代役，但是在原则上丞相子也不免役，而六朝时的"贵游子弟，无不熏[2]衣剃面，傅粉施朱，驾长檐车，跟高齿屐，坐棋[3]子方褥，凭班丝隐囊，列器玩于左右，从容出入，望若神仙"③。这些人都在过着养尊处优、腐朽透顶的寄生生活，不生产，当然就更不服役，而负担徭役的都是寒门以下的普通老百姓，所谓"编户齐民"或"编户属籍者"。贵族豪门是不"编户"的，故户籍实际上是赋役花名册，即史所谓"横调征求，皆出百姓"④。这种"百姓"，六朝时也叫作"露户役民"，这就更加名实相符了。所谓"露户役民"，实际上主要都是穷苦农民，南北两地，情形相同，这里引南朝一例：

山阴一县，课户二万，其民资不满三千者，殆将居半，刻又刻之，犹且三分余一。凡有资者，多是士人复除。其贫极者，悉皆露户役民。三五属官，盖惟分定，百端输调，又则常然。……一人被摄，十人相追；一绪裁萌，千蘖互起。蚕事弛，而农业废；贱取庸，

① 《南齐书》卷十四，《州郡志·南兖州》。
② 赵翼：《廿二史劄记·江左世族无功臣》。
③ 颜之推：《颜氏家训·勉学》。
④ 《南齐书》卷五，《废帝东昏侯纪》。

而贵取责。应公赡私，日不暇给，欲无为非，其可得乎？死则不惮，矧伊刑罚；身且不爱，何况妻子。是以前检未穷，后巧复滋，网辟徒峻，犹不能悛。窃寻民之多伪，实由宋季军旅繁兴，役赋殷重，不堪勤剧，倚巧祈优，积习生常，遂迷忘反。①

这是造成应役人口减少的又一原因，从而更加扩大了供需关系的不平衡。

在徭役劳动力的供给大量减少的情况下，而对于它的需要则在不断增长，南北两地的具体情况虽不尽相同，但徭役繁兴、征调不已，则是一致的。在北方，永嘉之乱以后，兵燹遍地，历时又在百年以上，所有关中、中原直到淮河流域的广大地区都被破坏殆尽，到处是城邑丘墟，烟火断绝，从通都大邑到州府县治，大都夷为平地，而这时乘乱崛起的小王朝则纷纷建立，政权确立后的一个急迫需要便是自营都邑，而宫室、苑囿、宗庙、社稷、官衙、廨舍、坊市、城隍等等，皆须平地而起，故必然都是土木大兴，征调万端。江南虽未经丧乱，但系草创，百废待兴，又权贵麋[4]集，争求兴建，使徭役的需求为之陡增。加以江南历届王朝，又大都政治黑暗，生活腐朽，昏君暴主，前后踵接，因而穷奢极欲，兴造不辍。总之，不论北朝或南朝，对于徭役劳动的需要是很大的。在供给大量减少，而需要却不断增加的情况下，增加剥削强度遂成为解决矛盾的主要办法，所有"一夫之士，十亩之宅，三日之徭，九均之赋"②的古训，早已抛之于九霄云外了。故不论北朝或南朝，徭役之繁重、追呼之急迫、吏胥之苛暴等等，常常达到骇人听闻的程度。这里用下引几条记载来说明徭役繁重的具体情况：

[世祖出镇历阳，沈亮行参征虏军事] 又启太祖陈府事，曰："伏见西府兵士，或年几八十，而犹伏隶，或年始七岁，而已从役。衰耗之体，气用湮微，儿弱之躯，肌肤未实，而使伏勤昏稚，骛苦倾晚，于理既薄，为益实轻。"……时营创城府，功课严促，亮又陈之曰："往始城宇，莫非造创，基筑既广，夫课又严，不计其劳，苟务其速，以岁月之事，求不日之成。比见役人，未明土作，闭鼓方休；呈课既多，理有不逮。至于息日，拘备关限，方涉暑雨，多有

---

① 《南齐书》卷四十六，《顾宪之传》。
② 《晋书》卷二十六，《食货志》。

死病；顷日所承，亦颇有逃逸。"①

其实不仅徭役本身对于编户齐民即一般穷苦老百姓是一种不堪忍受的沉重负担，而官府之征调，吏胥之勒索，更使得闾里骚然，民不堪命。关于役政的种种黑暗和人民祗应的种种惨状，可由下引几条记载看出：

[太元中] 又遗尚书仆射谢安书曰："……自军兴以来，征役及充运，死亡叛散，不反者众。虚耗至此，而补代循常，所在凋困，莫知所出。上命所差，上道多叛，则吏及叛者席卷同去。又有常制，辄令其家及同伍课捕，课捕不擒，家及同伍寻复亡叛，百姓流亡，户口日减，其源在此。又有百工医寺，死亡绝没，家户空尽，差代无所。上命不绝，事起或十年、十五年，弹举获罪无懈息，而无益实事，何以堪之？"②

江东民户殷盛，风俗峻刻，强弱相陵，奸吏蜂起，符书一下，文摄相续。又罪及比伍，动相连坐，一人犯吏，则一村废业，邑里惊扰，狗吠达旦。③

又梁兴以来，发人征役，号为三五，及投募将客，主将无恩，存恤失理，多有物故，辄刺叛亡。或有身殒[5]战场，而名在叛目，监符下讨，称为逋叛，录质家丁，合家又叛，则取同籍，同籍又叛，则取比伍，比伍又叛，则望村而取，一人有犯，则全村皆空。④

北朝的情况，与此相同，赢弱老小，肩负重役，种种惨状，有如下述：

[世宗朝议选边戍事] 翻[6]议曰："……自比缘边州郡官至……不识字民温恤之方，唯知重役残忍之法。……其赢弱老小之辈，微解金铁之工，少闲草木之作，无不搜营穷垒，苦役百端。自余或伐木深山，或耘草平陆，贩贸往还，相望道路。此等禄既不多，资亦有限，皆收其实绢，给其虚粟；穷其力，薄其衣，用其工，节其食；

---

① 《宋书》卷一百，《自序》。
② 《晋书》卷八十，《王羲之传》。
③ 《宋书》卷五十五，《谢方明传》。
④ 《南史》卷七十，《循吏·郭祖深传》。

绵冬历夏，加之疾苦，死于沟渎者，常十七八焉"。[①]

特别是负责征调徭役的经手官吏，大都是贪残酷烈之辈，他们口衔[7]王命，擅作威福，鱼肉乡民，无恶不作，其种种狂暴贪狠之状，可由下引一段记载略见梗概：

> 宋世元嘉中，皆责成郡县；孝武征求急速，以郡县迟缓，始遣台使，自此公役劳扰。太祖践阼，子良陈之曰："前台使督遄，切调恒闻，相望于道。及臣至郡，亦殊不疏[8]。凡此辈使人，既非祥慎勤[9]顺，或贪险崎岖，要求此役。朝辞禁门，情态即异，暮宿村县，威福便行。但令朱鼓裁完，钺矟微具，顾盼左右，叱咤自专。摘宗断族，排轻斥重，胁遏津埭，恐喝传邮。破岗水逆，商旅半引，逼令到下，先过己船。浙江风猛，公私畏渡，脱舫在前，驱令俱发，呵戾行民，固其常理。侮折守宰，出变无穷。既瞻郭望境，便飞下严符，但称行台，未显所督。先诃强寺，却摄群曹，开亭正榆，便振荆革。其次绛标寸纸，一日数至，征村切里，俄刻十催。四乡所召，莫辨枉直，孩老士庶，具令付狱。……万姓骇迫，人不自固。……值今夕酒谐肉饫，即许附申赦格，明日礼轻货薄，便复不入恩科。筐贡微阙，棰[10]挞肆情，风尘毁谤，随忿而发。……"[②]

在这种残酷的剥削和狂暴的压迫下，使饱经兵燹饥荒的孑遗之民，越发求生无路，于是遂不得不想尽一切办法来逃避徭役。恰好这时士族的免役特权为"露户役民"的逃避赋役开辟了一个方便之门。因当时所有皇亲贵族、达官显宦、士绅豪右等等，不但本身免除赋役，而且还有众多的"荫户"，即他们左右的佃客、典计、衣食客之类，"皆无课役"，于是一般不堪赋役负担的穷苦百姓，特别是由北方逃来的流亡人口，遂纷纷投靠大姓，以求庇护。史所谓"百姓遭难，流移此境，流民多庇大姓以为客"，这并不仅仅是由于流民逃到江南后，人地生疏，生活无着，才不得不投靠大姓，以觅一栖身噉饭之所，而逃避赋役，也迫使他们投奔权门。这是造成南朝奴隶制突出发展

---

① 《魏书》卷六十九，《袁翻传》。
② 《南齐书》卷四十，《竟陵文宣王子良传》。

的原因之一。虽然这个原因是间接的，但却是重要的，因赋役繁重，剥削残酷，在这里实起了为渊驱鱼的作用。如果没有或不能获得大姓的庇护，而身为编户属籍之民，当然就成为徭役征调的主要对象。当他们到了不堪忍受的时刻，而不得不设法逃避时，除了"窜避山湖"，去作"浮浪人"外，便是采取下策，用自残肢体的办法把自己造成残废，丧失劳动力，变为不能服役的废人：

> ［永明元年（公元四八三年）八月］又制：有无故自残伤者，补冶士。实由政刑烦苛，民不堪命，可除此条。①
>
> 建元初，为……山阴令。县旧订滂民，以供杂使。颐言之于太守闻喜公子良曰："窃见滂民之困，困实极矣。役命有常，只应转竭，蹙迫驱催，莫安其所。险者或窜避山湖，困者自经沟渎尔。亦有摧臂斫[11]手，苟自残落，贩佣贴子，权赴急难。每至滂使发动，遵赴常促，辄有柤杖被录，稽颡阶垂，泣涕告哀，不知所振。"②
>
> ［永明四年（公元四八六年）］子良又启曰："……东郡使民，年无常限，在所相承，准令上直，每至州台，使命切求悬急，应充猥役，必由穷困，乃有畏失严期，自残躯命，亦有断绝手足，以避徭役，生育弗起，殆为恒[12]事。"③

北朝的情况与江南稍异。经过长期丧乱之后，王公贵族和权门豪右，纷纷随晋室南渡而逃往江南，新来的统治者都是外族，没有可以投靠的庇护者。不过这时正是佛教盛行的时候，北朝尤盛于南朝，由通都大邑到穷乡僻壤，各地寺院林立，逃役者遂纷纷皈依沙门，以逃避征调，到北魏时臻于极盛，僧尼大众多至二百余万人：

> 正光已后，天下多虞，工役尤甚，于是所在编户，相与入道，假募沙门，实避调役，猥滥至极。自中国之有佛法，略而计之，僧尼大众二百万矣，其寺三万有余，一至于此，识者所以叹息也。④

---

① 《宋书》卷三，《武帝纪》。
② 《南齐书》卷四十一，《周颙传》。
③ 《南齐书》卷四十，《竟陵文宣王子良传》。
④ 《魏书》卷一百一十四，《释老志》。

（二）北朝和南朝徭役劳动的主要项目

徭役本包含兵役和一般无偿劳役两个内容，兵役不在讨论范围之内，概从略。这里所讨论的仅限于后者，系指统治阶级利用国家机器——即利用所掌握的政治权力，强制被统治的人民从事各种无偿劳役。由于统治权是绝对的，特别是在专制主义的政治制度确立以后，统治者的权力在原则上是没有约束的，他可以按照主观意图为所欲为，因而处于无权地位的编户齐民服各种劳役也是无条件的，只有服从的义务，没有反抗的权利，统治者苟有所需，便可以任意征调。于是徭役的范围遂极为广泛，几乎是无所不包，但其中最主要的项目，则是大规模的土木营建和各种公共工程。

在中国北半部建国的十六国和继起的北魏王朝，原都是经济和文化落后的游牧部族，永嘉之后，他们乘中原大乱之机，纷纷崛起，在华北各地先后建立了十几个小王朝。他们首先遇到的一个紧急课题，是必须从速建立一个发号施令的首都，以作为自立为王的标志。而经过长期丧乱，在漫天烽火之中早已把大大小小的城邑夷为平地，史所谓"城邑丘墟""烟火断绝"，就是对这种大破坏的确切写照。所以每一个小朝廷都必须在废墟瓦砾堆上兴建新的都城，营造与王朝地位相应的宫室、苑囿、宗庙、社稷、城隍、坊市以及朝廷百官的衙署廨舍等等，因而必然都要大兴土木，征调万端，鸠料施工，纷纭扰攘。其次，所有这些新兴的统治者，虽然都是出身于经济和文化落后的游牧部族，社会地位低下，生活贫困艰苦，但是他们早已在艳羡汉族的物质文明，特别是艳羡汉族统治者的奢侈享受，他们一朝得志，便要依样施行，故这些新的统治者不仅追求增多营建数量，而且追求营建质量，力求辉煌富丽，雄伟绝伦，从而需要征调更多的人力，这又大大加重了徭役负担。据历朝史籍所载，规模较大的工程主要有以下几项：

1. 宫室苑囿的营造

这是各种徭役中的一个重要项目，因王朝一旦建立之后，新统治者便迫不及待地赶营宫室。此项工程，不但规模巨大，而且限期短促，故应役人数动达数十万人。由于工役沉重，待遇菲薄，督责鞭笞，急如星火，以致百姓失业，死亡相继，成为服役人的一种苦难，其具体情况有如下述：

季龙志在穷兵……兼盛兴宫室，于邺起台观四十余所，营长安、洛阳二宫，作者四十余万人。……兼公侯牧宰，竞兴私利，百姓失业，十室而七。①

[建武十一年（公元三四五年）]季龙子义阳公鉴时镇关中，役烦赋重……以石苞代镇长安，发雍、洛、秦、并州十六万人城长安未央宫……又发诸州二十万人修洛阳宫。②

时[建武十三年（公元三四七年）]沙门吴进言于季龙曰："胡运将衰，晋当复兴，宜苦役晋人，以厌其气。"季龙于是使尚书张群发近郡男女十六万，车十万乘，运土筑华林苑及长墙于邺北，广长数十里。……乃促张群以烛夜作。起三观四门，三门通漳水，皆为铁扉。暴风大雨，死者数万人。③

《魏书》记此事较详，谓此役"扰役黎元，民庶失业，得农桑者，十室而三。船夫十七万人，为水所没，为虎所害，三分之一。课责征士，五人车一乘，牛二头，米各十五斛，绢十匹；诸役调有不办者，皆以斩论。穷民率多鬻子以充军制，而犹不足者，乃自经于道路，死者相望，犹求发无已"④。其种种残酷狂暴之状，于此可见一斑。

熙立，杀定，年号光始。筑龙腾苑，广袤十余里，役徒二万人。起景云山于苑内，基广五百步，高十七丈。又起逍遥宫、甘露殿，连房数百，观阁相交。凿天河渠，引水入宫。又为妻苻氏凿曲光海、清凉池。季夏盛暑，不得休息，暍死者大半。⑤

其他各个小朝廷大兴土木营建宫室的情况，大都类此，不一一列举。当修建这些巨大工程时，正是华北各地干戈扰挠、"无月不战"的时候，人民在兵荒马乱之中已经是救死不遑，又加上如此沉重的赋役负担，更是求生无路。政府抽取丁壮虽名为"五丁取三，四丁取二"，实际上被抽去的丁壮已不

① 《晋书》卷一百六，《石季龙载记上》。
② 《晋书》卷一百六，《石季龙载记上》。
③ 《晋书》卷一百六，《石季龙载记上》。
④ 《魏书》卷九十五，《羯胡石勒传附虎传》。
⑤ 《魏书》卷九十五，《徒何慕容廆传附熙传》。

下于十分之七，故"得农桑者，十室而三"，而又以严刑督责，"役调不办，皆以斩论"，以致自经于道路，"死者相望"，不甘束手待毙的人便只有远走高飞，另寻生路，所以这也是促成北方人口大量南移的原因之一。

北魏等北朝诸政权继起于十六国大混乱大破坏之后，其时虽然广大的中原地区已被严重破坏，人烟稀少，荒凉满目，但拓跋王朝等在修建宫室方面并不后人，营造规模亦同样宏伟巨大，其著者如：

[天赐三年（公元四〇六年）] 六月，发八部五百里内男丁筑㶟南宫，门阙高十余丈；引沟穿池，广苑囿，规立外城，方二十里，分置市里，经涂洞达。①

[泰常六年（公元四二一年）三月] 发京师六千人筑苑，起自旧苑，东包白登，周回四十余里。②

[天平二年（公元五三五年）八月] 甲午，发众七万六千人营新宫。③

[天保九年（公元五五八年）八月] 先是，发丁匠三十余万营三台于邺下……至是三台成。④

后齐乾明元年（公元五六〇年）春，旱。先是发卒数十万，筑金凤、圣应、崇光三台，穷极侈丽，不恤百姓。⑤

[大象元年（公元五七九年）二月] 发山东诸州兵，增一月功，为四十五日役，起洛阳宫。常役四万人，以迄于晏驾，并移相州六府于洛阳，称东京六府。⑥

2. 营造陵墓

营造陵墓向来是历代帝王的一件大事，大都是在帝王生前甚至在即位之初即开始修建，例如秦始皇，"初即位，穿治郦山，及并天下，天下徒送诣七十余万人"⑦，所建陵墓，穷侈极丽。史称："死，葬乎骊山，吏徒数十万人，

---

① 《魏书》卷二，《太祖纪》。
② 《魏书》卷三，《太宗纪》。
③ 《魏书》卷十二，《孝静帝纪》。
④ 《北齐书》卷四，《文宣帝纪》。
⑤ 《隋书》卷二十二，《五行志上》。
⑥ 《周书》卷七，《宣帝纪》。
⑦ 《史记》卷六，《秦始皇本纪》。

旷日十年，下彻三泉，合采金石，冶铜锢其内，漆涂其外，被以珠玉，饰以翡翠，中成观游，上成山林。"① 后世帝王后妃的陵墓虽不及此，然亦只是程度之差，如刘曜不过是乘乱而起、窃据一隅的一个小朝廷，他为他的父亲和妻子所造坟墓，竟可与秦始皇墓前后媲美：

[光初五年（公元三二二年）] 曜将葬其父及妻，亲如粟邑以规度之，负土为坟。其下周回二里，作者继以脂烛；怨呼之声，盈于道路。游子远谏曰："……今二陵之费，至以亿计；计六万夫，百日作，所用六百万功。二陵皆下锢三泉，上崇百尺，积石为山，增土为阜，发掘古塚，以千百数；役夫呼嗟，气塞天地，暴骸原野，哭声盈衢。臣窃谓无益于先皇先后，而徒丧国之储力。……"曜不纳。②

3. 营建城池

高城深池在古代是重要的防御手段，又是统治者发号施令的神经中枢，因而古人常把建城与立国作为同义语，认为倾城就是倾国，所以修建城隍就成为历代帝王的一件大事。自古以来历代的大小城池——自帝王都邑到州府县治，都是由代表最高统治权的朝廷根据其自身统治的需要，有计划、有目的地修建起来的。关于这个问题的详细说明，可参阅拙著《中国古代城市在国民经济中的地位和作用》一文③。这个时期各王朝所修建之城，以重修旧城为多，但在特殊情况下——为了便于统治，亦有新建。例如：

[景明二年（公元五〇一年）] 九月丁酉，发畿内夫五万五千人筑京师三百二十三坊，四旬而罢。④

时 [兴和二年（公元五四〇年）] 后齐神武作宰，发卒十余万筑邺城，百姓怨思。⑤

[武定元年（公元五四三年）八月] 是月，齐献武王召夫五万

---

① 《汉书》卷五十一，《贾山传》。
② 《晋书》卷一百三，《刘曜载记》。
③ 《中国经济史论丛》上，生活·读书·新知三联书店出版，第三三〇页。
④ 《魏书》卷八，《世宗纪》。
⑤ 《隋书》卷二十二，《五行志上》。

于肆州北山筑城，西自马陵戍，东至土隥，四十日罢。①

保定初（公元五六一年），以孝宽立勋玉璧，遂于玉璧置勋州，仍授勋州刺史。……汾州之北，离石以南，悉是生胡，抄掠居人，阻断河路。孝宽深患之，而地入于齐，无方诛剪。欲当其要处置一大城，乃于河西征役徒十万，甲士百人，遣开府姚岳监筑之。②

是岁［后齐河清二年（公元五六三[13]年）］，发卒筑轵关。③

在北朝末叶时，曾一再重修长城，这是各种土木工程中一项最巨大的工程，其征调役夫之多，非任何其他项目所能比，实是"露户役民"的一项沉重负担：

［天保六年（公元五五五[14]年）］是年，发夫一百八十万人筑长城，自幽州北夏口至恒州，九百余里。④

后齐天保九年（公元五五八年）夏，大旱。先是，大发卒筑长城四百余里。⑤

［大象元年（公元五七九年）六月］发山东诸州民修长城。⑥

4. 官工艺和军器制造

供皇室御用的各种工艺品制造和供应军需的兵器制造，是官工业的两大部门，其所用工匠都是以徭役方式由民间征调而来，凡注籍匠户的编户齐民，都必须按期到官府指定的官设工场或作坊中服无偿劳役。各种工匠服官役的具体办法，与过去历代相同，都是被强制征调而来。制作有程，督责甚严，所受待遇，无异囚徒，其中确有不少匠人系"徒刑徒配之"，可知役本身即具有苦役性质，若遇到残忍狂暴的统治者，还时有被杀害的危险，例如赫连勃勃就是这样一个暴徒。关于工匠的服役情况，这里举下列诸例：

---

① 《魏书》卷十二，《孝静帝纪》。
② 《周书》卷三十一，《韦孝宽传》。
③ 《隋书》卷二十二，《五行志上》。
④ 《北齐书》卷四，《文宣帝纪》。
⑤ 《隋书》卷二十二，《五行志上》。
⑥ 《周书》卷七，《宣帝纪》。

[建武六年（公元三四〇年）] 季龙又下书曰："前以丰国、渑池二冶初建，徙刑徒配之，权救时务，而主者循为恒法，致起怨声。"①

[汉兴四年（公元三四一年）] 又以郊甸未实，都邑空虚，工匠械器未充盈，乃徙傍郡户三丁已上，以实成都，兴尚方御府，发州郡工匠以充之。②

[天兴元年（公元三九八年）正月] 徙山东六州及徙何、高丽杂夷三十六万、百工伎巧十万余口，以充京师。③

[天赐中（公元四〇七年左右）] 清河王绍之乱，太宗在外，使夜告同，令收合百工伎巧，众皆响应奉迎。④

[正始三年（公元五〇六年）] 三月己巳，以戎旅大兴，诏罢诸作。⑤

[天统四年（公元五六八年）十二月] 甲申诏：细作之务及所在百工悉罢之。⑥

高祖受禅，于时王业初基，百度伊始，征天下工匠，纤微之巧，无不皆集。孝慈总其事，世以为能。⑦

各种军需用品，数量庞大，种类繁多，因而各种兵器制造工业都是大规模，被征调服役的工匠实远比其他各种官工业为众多，其对工匠的监督管制也远比其他官工业中的工匠为严厉和暴虐：

[建武八年（公元三四二年）] 季龙志在穷兵……又敕[15]河南具两师之备，并、朔、秦、雍，严西讨之资，青、冀、幽州，三五发卒，诸州造甲者五十万人。⑧

[凤翔元年（公元四一三年）] 又造五兵之器，精锐尤甚。既成，呈之，工匠必有死者。射甲不入，即斩弓人；如其入也，便斩

① 《晋书》卷一百六，《石季龙载记上》。
② 《晋书》卷一百二十，《李雄载记》；《魏书》卷九十六，《李雄传附寿传》。
③ 《魏书》卷二，《太祖纪》。
④ 《魏书》卷三十，《安同传》。
⑤ 《魏书》卷八，《世宗纪》。
⑥ 《北齐书》卷八，《后主纪》。
⑦ 《隋书》卷四十六，《苏孝慈传》。
⑧ 《晋书》卷一百六，《石季龙载记上》。

铠匠。……凡杀工匠数千，以是器物莫不精丽。①

[大统中（公元五四三年左右）领同州夏阳县二十七屯监]又于夏阳诸山置铁冶，复令善为冶监，每月役八千人，营造军器，亲自督课，兼加慰抚，甲兵精利，而皆忘其劳苦焉。②

5. 各项杂役

除了上述各项大规模建筑工程和需人力较多的工程项目外，一些零星劳役见于记载的，还有运输、筑路、造桥、伐木、穿池、筑防、筑堰等等。例如：

[建武六年（公元三四〇年）]季龙将讨慕容皝，令司、冀、青、徐、幽、并、雍兼复之家，五丁取三，四丁取二，合邺城旧军，满五十万，具船万艘，自河通海，运谷豆千一百万斛于安乐城，以备征军之调。③

时[建武九年（公元三四三年）]石宣淫虐日甚，而莫敢以告。领军王朗言之于季龙曰："今隆冬雪寒，而皇太子使人斫伐宫材，引于漳水，功役数万，士众吁嗟，陛下宜因游观而罢之也。"季龙如其言。④

[永兴中（公元五三二年）]又诏与肥如侯贺护持节循察并、定二州及诸山居杂胡、丁零……同东出井陉，至巨鹿，发众，四户一人，欲治大岭山通天门关。又筑坞于宋子，以镇静郡县。护疾同得众心，因此使人告同筑城聚众，欲图大事。太宗以同擅征发于外，槛车征还，召群官议其罪。皆曰：同擅兴事役，劳扰百姓，宜应穷治，以肃来犯。太宗以同虽专命，而本在为公，意无不善，释之。⑤

[太平真君六年（公元四四五年）十一月]发冀州民造浮桥于碻磝津。⑥

---

① 《晋书》卷一百三十，《赫连勃勃载记》。
② 《周书》卷三十五，《薛善传》。
③ 《晋书》卷一百六，《石季龙载记上》。
④ 《晋书》卷一百六，《石季龙载记上》。
⑤ 《魏书》卷三十，《安同传》。
⑥ 《魏书》卷四下，《世祖纪下》。

［兴安二年（公元四五三年）二月］乙丑，发京师五千人穿天渊池。[①]

［世宗初］迁司州牧。嘉表请于京四面筑防三百二十，各周一千二百步，乞发三正复丁，以充兹役，虽有暂劳，奸盗永止。诏从之。[②]

［兴和三年（公元五四一年）冬十月］己巳，发夫五万人筑漳滨堰，三十五日罢。[③]

晋和南朝的各种徭役大致与北方各朝相同，但各朝史籍具体记载殊少，无从列举，只知南朝人民的徭役负担远比北朝人民为沉重。这种情况，实由来已久，故早在西晋初年，淮南相刘颂即向甫经建立的西晋王朝力陈役政之弊，建议应乘新王朝初建之际，与民更始，减轻力役，以苏民困。他说："昔魏武分离天下，使人役居户，各在一方，既事势所须，且意有曲为，权假一时，以赴所务，非正典也。然逡巡至今，积年未改。百姓虽身丁其困，而私怨不生，诚以三方未悉荡并，知时未可以求安息故也，是以甘役如归，视险若夷。至于吴平之日，天下怀静，而东南二方六州郡兵，将士武吏，戍守江表，或给京城运漕，父南子北，室家分离，咸更不宁。又不习水土，运役勤瘁，并有死亡之患，势不可久。此宜大见处分，以副人望。魏氏错役，亦应改旧。此二者各尽其理，然后黔首感恩怀德，讴吟乐生，必十倍于今也。自董卓作乱以至今，近出百年，四海勤瘁，丁难极矣。六合浑并，始于今日，兆庶思宁，非虚望也。然古今异宜，所遇不同，诚亦未可以希遵在昔，放息马牛。然使受百役者不出其国，兵备待事其乡，实在可为。纵复不得悉然，然为之苟尽其理，可静三分之二，吏役可不出千里之内。但如斯而已，天下所蒙，已不訾矣。"[④] 但是西晋王朝的运祚[16]很短，不旋踵间国家又陷于空前的大分裂，西晋王朝亦随之倾覆，从此兵连祸结，烽火遍地，一切改革都无从谈起了。

晋元帝逃往江南后，虽在江东重建了一个偏安一隅的东晋王朝，但那时江南还没有充分开发，基本上仍是一个土旷人稀的地带，劳动人手极端缺乏，

---

① 《魏书》卷五，《高宗纪》。

② 《魏书》卷十八，《广阳王建闾传附嘉传》。

③ 《魏书》卷十二，《孝静帝纪》。

④ 《晋书》卷四十六，《刘颂传》。

而王朝建立后一切都必须从头做起，百废待举，兴造百端，在在都需要征调民力。而民力本极有限，加以王公贵人和一切贵游子弟又都是免役的，而且还有大批受其庇护的所谓"荫户"，也都是不役的，结果，"横调征求，皆出百姓"。这些不能免役的"露户役民"的负担格外沉重了，于是被征丁壮纷纷逃役，或"窜避山湖"，或"自经沟渎"，甚至"摧臂斫手，苟自残落"，"断绝手足，以避徭役"。由于男丁不足，连妇女也得服役，惟服役的具体情况不见记载，只知在梁大同七年（公元五四一年）"十一月丙子，诏停在所役使女丁"①。可知在没有下诏停止之前，服役女丁是为数不少的。

关于各项徭役的具体记载虽不多，但仅就几项可考的工程来看，其规模之大，耗费之多，都是惊人的。例如：

> 时〔天监九年（公元五一○年）〕魏降人王足陈计，求堰淮水，以灌寿阳。……发徐、扬人，率二十户取五丁以筑之，假绚节，都督淮上诸军事，并护堰作。役人及战士，有众二十万，于钟离南起浮山，北抵巉石，依岸以筑土，合脊于中流。十四年（公元五一五年），堰将合，淮水漂疾，辄复决溃。或谓江淮多有蛟，能乘风雨决坏崖岸，其性恶铁；因是，引东西二冶铁器，大则釜鬵，小则锸锄，数千万，沉于堰所，犹不能合，乃伐树为井干，填以巨石，加土其上。缘淮百里内，冈陵木石，无巨细，必尽负。担者肩上皆穿，夏日疾疫，死者相枕，蝇虫昼夜声相合。高祖愍役人淹久，遣尚书右仆射袁昂、侍中谢举，假节慰劳之，并加蠲复。是冬，又寒甚，淮、泗尽冻，士卒死者十七八，高祖复遣赐以衣袴。……十五年（公元五一六年）四月，堰乃成，其长九里，下阔一百四十丈，上广四十五丈，高二十丈，深十九丈五尺，夹之以隄，并树杞柳，军人安堵，列居其上。其水清洁，俯视居人坟墓，了然皆在其下。……至其秋八月，淮水暴长，堰委坏决，奔流于海。②

另一巨大的筑堰工程是于淮上筑浮山堰，以遏淮水：

---

① 《梁书》卷三，《武帝纪》。
② 《梁书》卷十八，《康绚传》。

[天监] 十二年（公元五一三年）四月，建康大水。是时大发卒筑浮山堰，以遏淮水，劳役连年。①

先是大发卒筑浮山堰，功费巨亿，功垂就而复溃者数矣。百姓厌役，吁嗟满道。②

另一个巨大工程项目，是因吴兴郡屡遭水灾，拟发吴郡、吴兴、义兴三郡民丁，凿渠以泻洪水于浙江：

[武帝] 常以户口未实，重于劳扰。吴兴郡屡以水灾失收，有上言当漕大渎，以泻浙江。中大通二年（公元五三〇年）春，诏遣前交州刺史王弁假节，发吴郡、吴兴、义兴三郡民丁就役。太子上疏曰："伏闻当发王弁等上东三郡民丁，开漕沟渠，导泄震泽，使吴兴一境，无复水灾。……今征戍未归，强丁疏少，此虽小举，窃恐难合。吏一呼门，动为民蠹。又出丁之处，远近不一，比得齐集，已妨蚕农。……且草窃多伺候民间虚实，若善人从役，则抄盗弥增，吴兴未受其益，内地已罹其弊。……"高祖优诏以喻焉。③

坑冶业——采矿冶金业，也是一种沉重的徭役负担，凡郡县有矿可采，皆以徭役方式征调民力进行，并将役人注入户籍，世代相沿，永无免役之日，这是长期以来的一种虐民之政。各种坑冶皆系如此，见于记载的有"银民"：

元嘉初，为始兴太守。三年（公元四二六年），遣大使巡行四方，并使郡县各言损益。豁因此表陈三事。……其二曰：郡领银民三百余户，凿坑采砂，皆二三丈，功役既苦，不顾崩压，一岁之中，每有死者。官司检切，犹致逋违，老少相随，永绝农业，千有余口，皆资他食。岂唯一夫不耕，或受其饥而已？所以岁有不稔，便致甚困。④

各种官工业中的工匠，都是只应官差的徭役劳动，大都注入户籍，世代

① 《隋书》卷二十二，《五行志上》。
② 《隋书》卷二十二，《五行志上》。
③ 《梁书》卷八，《昭明太子传》。
④ 《宋书》卷九十二，《良吏·徐豁传》。

服役，如冶铸工业中的冶工、锻工等，便都是在官设各种金属冶炼锻造工业中服无偿劳役：

> ［敦举兵反，明帝］于是下诏曰："……顽凶相奖，无所顾忌，擅录冶工，辄割运漕。……"①
>
> 弱冠为会稽王司马道子骠骑参军主簿。时农务顿息，末役繁兴，弘陈之曰："……伏见南局诸冶，募吏数百，虽资以廪赡，收入甚微；愚以为若回以配农，必功利百倍矣。然军器所需，不可都废。今欲留铜官大冶及都邑小冶各一所，重其功课，一准扬州，州之所取，亦当无乏，余者罢之。……又欲二局田曹，各立典军，募吏依冶募比例，并听取山湖人。"②
>
> ［景据寿春，多所征求］又以台所给仗，多不能精，启请东冶锻工，欲更营造，敕并给之。③

官工业中的各项工艺品制造，其所用工匠[17]，也都是由民间征调而来，轮番赴役：

> 吕文度，会稽人，宋世为细作金银库吏，竹局匠。④
> ［建武元年（公元四九四年）十一月］丁亥，诏：细作、中署材官、车府，凡诸工可悉开番假，递令休息。⑤

此外，在东晋时期，有关于征调人力助运军粮的记载，系因一时特殊情况，粮运不继，遂向王公已下临时借用若干人帮助漕运。这当然不是要使王公本人来服役，而是从他们众多的奴仆中借用若干而已。史称：

> ［咸和］六年（公元三三一年），以海贼寇抄，运漕不继，发王公以下余丁，各运米六斛。⑥

---

① 《晋书》卷九十八，《王敦传》。
② 《宋书》卷四十二，《王弘传》。
③ 《梁书》卷五十六，《侯景传》。
④ 《南齐书》卷五十六，《倖臣·吕文度传》。
⑤ 《南齐书》卷六，《明帝纪》。
⑥ 《晋书》卷二十六，《食货志》。

穆帝之时，频有大军，粮运不继，王公以下十三户共借一人，助度支运。[①]

第二节　雇佣劳动

雇佣劳动是出现很早的一种劳动制度，早在春秋后期即已见诸记载，到战国时就已经很普遍了，这是在土地制度变化以后而必然出现的一种社会现象。

如《中国封建社会经济史》第二卷所阐述，从战国到西汉年间，商品经济和货币经济都有了显著的也可以说是突出的发展，不仅国内外商业十分繁荣，而且出现了一些大型的工矿企业，特别是"采铁石、鼓铸、煮盐"以及炼铜、铸钱等工业都非常发达。我们曾根据文献记载和近年来出土文物的实际资料，说明了这些企业的具体情况，并从理论上分析了这些企业的性质，请参见前文。大体上在汉武帝实行禁榷制度——包括均输、平准在内的盐铁酒酤官营——以前，这些大型企业，都是以生产商品和以营利为目的的私营企业，所用的工人都是工资劳动者。这是在同一资本指挥下，在同一劳动场所，生产同种商品的含有资本主义性质的商品生产。这样一种巨大的经济变化，在欧洲的历史上是发生在十四世纪下半叶。马克思明确指出："雇佣工人阶级是在十四世纪下半叶产生的，它在当时和后一世纪内只占居民中很小的一部分。"[②] 中国则早在春秋后期即已有了关于"佣"的记载，到战国时期已经相当普遍了。但是这样的发展没有能继续下来，在经济本身的内在矛盾和外来的打击和阻碍，特别是在抑商政策的压抑和禁榷制度的扼杀下，到西汉武帝以后，这个刚刚萌生的一点资本主义因素便被窒息了。由东汉起，商品经济和货币经济便一直在走下坡路，在各个方面都是一种退步衰颓的趋势，而货币经济更是一落千丈地逆转了。

我们知道魏晋南北朝时期，是国家的大分裂和社会经济的大动荡时期，在长期的大破坏之中，商品经济更容易遭受破坏，故首当其冲地遭到毁灭性的打击，以致成为"钱货无所周流"。北朝如此，南朝亦不过程度之差。总

---

① 《晋书》卷二十六，《食货志》。
② 《资本论》第一卷，第八〇六页。

之，长期以来特别是从战国到西汉时期所逐步取得的一切成就，这时都荡然无存了。本来雇佣劳动制度到这一时期已经有了上千年的历史，但是劳动力市场不是比过去更扩大，正相反，而是比过去大大地缩小了。所以从这个时期雇佣劳动的性质上也可以明显看出，雇佣劳动制是衰微到若有若无了，不论北朝或南朝，所有雇佣劳动都是一些服务性工作和一些零星劳役，而不是受雇于工农业中从事商品生产。从这一点来看，也可以证明这一时期的商品经济是极度衰落了。

在整个晋至南北朝时期，使用于工农业生产中的雇佣劳动很少见于记载，从北朝的情况来看，有史籍可考的，主要都是"佣书"，即代人抄写文书或为僧侣抄录经卷，做一般服务性工作，如"佣保"，亦不多见。仅有的几条记载，酌引如下：

> 景伯生于桑乾，少丧父，以孝闻。家贫，佣书自给。①
>
> ［亮］年十岁，常依季父幼孙居。家贫，佣书自业。②
>
> 慕容白曜之平东阳，见俘，入于平城，充平齐户。后配云中为兵……遂留寄平城，以佣书为业。③
>
> 家贫好学，昼耕夜诵，佣书以养父母。④
>
> 聪敏过人，笃志坟典，昼则佣书以自资给，夜则读诵，终夕不寝。……芳常为诸僧佣写经论，笔迹称善，卷值以一缣，岁中能入百余匹，如此数十年，赖以颇振。⑤
>
> ［运父均，仕梁为义阳郡守］年十五而江陵灭，运随例迁长安。其亲属等多被籍，而运积年为人佣保，皆赎免之。⑥

从上引记载可以看出，几乎所有雇佣劳动都是用于佣书，佣书是文字抄写工作，根本不是一般的体力劳动，就是佣保也是一种家务劳动性质的服务工作，也不是一般的体力劳动，亦即不是生产活动，在工农业生产中却看不到有使用雇佣劳动的痕迹。其实这一情况的造成是不难理解的，因为就手工

---

① 《魏书》卷四十三，《房法寿传附族子景伯传》。

② 《魏书》卷六十六，《崔亮传》。

③ 《魏书》卷九十一，《术艺·蒋少游传》。

④ 《魏书》卷六十七，《崔光传》。

⑤ 《魏书》卷五十五，《刘芳传》。

⑥ 《周书》卷四十，《颜之仪传附乐运传》。

业生产来看，这时商品经济既很不发达，而一些小手工业者进行一点简单加工，当然不需要、也不可能雇用工人；就农业生产来看，这时正是奴隶制大发展时期（详见下文），所谓"耕当问奴，织当问婢"，已是当时社会的普遍现象，凡需要使用别人劳动力之处，一般都是使用奴隶，不用说王公贵人之家是奴婢成群，就是一般普通百姓，稍有一点余力的无不拥有数目不等的奴隶。例如北齐颜之推在安排家计时，就做了这样的规划：

> 常以为二十口家，奴婢盛多，不可出二十人，良田十顷，堂室才蔽风雨，车马仅代杖策，蓄财数万，以拟吉凶急速，不齿此者，以义散之，不至此者，勿非道求之。①

商品经济既然非常不发达，社会的主要生产部门只有农业，而农业生产大都在使用奴隶劳动，一些养活不起奴隶的贫穷小农民，自然都是自耕而不需要雇人代耕，所以连过去常见的"佣耕"也少见了。

南朝的雇佣劳动，基本情况大致与北朝相同，但就其性质来看，显然是以体力劳动为主，不像北朝那样多用于"佣书"。南朝各史记载，皆泛称"佣赁"或"佣力"，可知其劳动范围是较广的，除了做各种服务性工作外，也从事于工农业生产活动。这里先将有关记载择其要者，引录于下，然后再据以分析其含义：

> 家极贫窘，冬无衣被，昼则佣赁，夜烧砖甓，昼夜在山，未尝休止。②
>
> 昼则佣赁，夜则诵书。③
>
> 少丧母，元嘉初，父又丧亡；家贫力弱，无以营葬。兄弟二人，昼则佣力，夜则号感。乡里并哀之，乃各出夫力助作砖[18]。④
>
> 家贫，无产业，佣力以养继母。……母亡，负土成坟。亲戚或共赙助，微有所受，葬毕，佣赁，倍还先直。⑤

---

① 颜之推：《颜氏家训·止足》。
② 《晋书》卷八十八，《孝友·吴逵传》。
③ 《晋书》卷八十八，《孝友·王延传》。
④ 《宋书》卷九十一，《孝义·王彭传》。
⑤ 《宋书》卷九十一，《孝义·郭世道传》。

子原平，字长泰，又禀至行，养必己力。性闲木功，佣赁以给供养。性谦虚，每为人作匠，取散夫价。主人设食，原平自以家贫，父母不办有肴味，唯餐[19]盐饭而已。若家或无食，则虚中竟日，义不独饱，要须日暮作毕，受直归家，于里中买籴，然后举爨。……父亡，哭踊痛绝，数日方苏。以为奉终之义，情礼所毕，营圹凶功，不欲假人。本虽智巧，而不解作墓，乃访邑中有营墓者，助人运力，经时展勤，久乃闲练。又自卖十夫，以供众费。窀穸之事，俭而当礼；性无术学，因心自然。葬毕，诣所买主，执役无懈，与诸奴分务，每让逸取劳。主人不忍使，每遣之，原平服勤，未曾暂替。所余私夫，佣赁养母；有余，聚以自赎。本性智巧，既学构冢，尤善其事；每至吉岁，术者盈门。原平所赴，必自贫始，既取贱价，又以夫日助之。①

经荒饥馑，系以疾疫，父母兄弟嫂及群从小功之亲，男女死者十三人。……亲属皆尽，唯逵夫妻获全。家徒壁立，冬无被袴。昼则庸赁，夜则伐木烧砖，此诚无有懈倦。……期年中，成七墓，葬十三棺。……送终之事，亦俭而周礼。逵递取邻人夫直，葬毕，众悉以施之。逵一无所受，皆佣力报答焉。②

[达之] 义兴人也。嫂亡，无以葬，自卖为十夫客，以营冢椁。③

在上引几条记载中，有几个费解的名词需要加以说明，因为恰恰是这个名词，反映出当时雇佣劳动的一些具体制度。

在古代，雇佣的形式主要有三种：一是长时间雇佣，即长年受雇于一个固定的雇主，相当于后世的所谓长工，他们的"日佣"——工资也都是按年计算，但是支付办法则根据习惯分期支付（后世多分三节支付）；二是临时雇佣，做一天工，付一天工资，相当于后世的所谓短工；三是一些有技术的工匠——独立小手工业者，由于不能或无力在自己的家内独立生产，也不能开设作坊店铺，只能携带一点简单工具走街串巷，沿门求雇，在雇主的原料上进行某种技术加工，然后计件获得工资。这种形式的雇佣，早在东周时期

① 《宋书》卷九十一，《孝义·郭世道传》。
② 《宋书》卷九十一，《孝义·吴逵传》。
③ 《南齐书》卷五十五，《孝义·吴达之传》。

即已出现，如《周礼》称："太宰以九职任万民……九曰间民。注云：间民，无常职，转移执事。"①孙诒让释之云："疏云：间民谓民无事业者，转移为人执事者。……此民无常职事，转徙无定，与人为役，故谓之间民。……江永云：间民，佣力之人，执事于农工商贾圃牧虞衡之家，转徙无常……若今之佣赁者也。"②这种"间民"战国时亦叫作"流佣"，相当于后世的"零工""散匠"。

在上引《王彭传》中有："乡里并哀之，各出夫力助作砖"；《郭世道传》中有："既取贱价，又以夫日助之。"这里"夫力"和"夫日"两个名词的含义是相同的，都是指出卖一个劳动日的劳动力而言。所谓"夫力"，就是一夫之力；所谓"夫日"，就是一夫一日之力。《郭世道传》中有："又自卖十夫，以供众费……葬毕，诣所买主，执行无懈"；《吴达之传》中有："自卖为十夫客，以营冢椁。"十夫就是十个劳动日工资，郭原平和吴达之两人都是由于葬埋亲属的急迫需要，向雇主预支十天的工资，以应急需，于事毕之后便到"买主"——雇主处"执役无懈"，即用劳动力偿还预支之款。郭原平是一个有技术的木匠，由于贫穷不能自己开设作坊，自行生产成品出售，以获得利润，只能转徙无定，去做到处受人雇用加工的"间民"——散匠，故只能计件受酬，所以说他"为人作匠，取散夫价。""散夫价"就是散匠所得的计件工资。《郭世道传》又称："葬毕，诣所买主，执役无懈，与诸奴分务，每让逸取劳，主人不忍使，每遣之，原平服勤，未曾暂替。"与奴隶在一起操作，显然都是生产劳动，主要当为农业劳动，可知南朝的所谓"佣赁""佣力"，与北朝的"佣书"是不尽相同的。

第三节　奴隶劳动

（一）晋南北朝时期奴隶制度突出发展的原因及其对社会经济特别是南朝经济所产生的深远影响

我们在《中国封建社会经济史》的前两卷中，曾反复论述了中国古代奴隶制度的一些特点，其特点之一是它的产生时间非常早——早在原始社会向

---

① 《周礼·太宰》。
② 孙诒让：《周礼正义》卷二。

阶级社会的转变时期,《礼运》把这个时期确定在由"大同"向"小康"的过渡时期——传说古史的夏初。在考古发现还没有得到新的证据以前,不妨暂定为奴隶制度的上限。产生时间早并不是特点,特点在它存在的时间非常长,长到贯串了全部历史,直到近代仍然残存着,在过去的各个历史时代中,不但没有一个明显的中断时期,可以作为奴隶制度的下限,正相反,而是一直在继续发展着,特别是自东周以后,更是一代胜过一代地在不停地发展着,有时还特别兴旺,晋南北朝时期就是这样一个很突出的例证。

奴隶制度的这个看来似乎很奇怪的特点,如综合观察历史发展的全部过程,就马上可以看出,这个特点的形成,实际上一点也不奇怪,它是伴随着土地制度的变革而必然出现的一个社会现象。在以土地自由买卖为基础的土地私有制度确立之后,土地兼并问题便必然跟着出现,而土地占有的两极化就成了一个永远不能改变的铁则。一般农民于土地被兼并而丧失了生产资料之后,除了如董仲舒所说"或耕豪民之田,见税什五"与"亡逃山林,转为盗贼"两条出路外,另外还有两条出路:一是去作佣工,即出卖劳动力,变成一个工资劳动者;二是卖身为奴,由于当时社会上还没有足够多和足够大的工商企业来提供就业机会,把从农村游离出来的失业者吸收到工商业中,在供需关系完全不相适应的情况下,雇工找不到雇主。结果,一般生活无着、走投无路的破产农民,为饥寒所迫,不得已只好卖身为奴,或投靠豪门作变相的奴隶。所以从东周起,即从土地制度变革起或者更具体地说从土地私有制度确立起,奴隶制度已不再是古代奴隶制度的残余,也不是旧制度的死灰复燃,而是在新的社会经济结构和新的经济规律支配之下,一种有新来源的新奴隶制度。它的不断发展,而且一代胜过一代,就是由这个新的来源促成的。可见从东周起,那时不但不是古代奴隶制度的下限,而恰恰是新的奴隶制度的上限,从这时起开始了一个新的历史行程。所以东周的奴隶比西周多,秦汉的奴隶又比东周多,到了这一时期——晋南北朝时期,奴隶制的发展又远远超过过去任何一代。这时不但官私的奴隶数量非常庞大,民间畜奴之风非常普遍,而且除了真正的男女奴婢外,还有为数更为庞大的半奴隶和名非奴隶而实为奴隶者,这些人名目繁多,身分和待遇也不尽相同,其具体情况当于后文详之。

造成这时期奴隶制突出发展的原因,除了固有的两个因素——俘虏和罪没外,这时期的特殊情况为奴隶制的大发展提供了极为充沛的来源。这个所谓特殊情况,正是这一时期历史发展的总情况,即在永嘉之乱以后,整个中国北半部陷入长期混乱之中，兵燹遍地，人们如果不死于锋镝，又未能逃往外乡，则在漫天烽火之中，被掳掠为奴的必不在少数。此外还有一些锋刃之余的孑遗之民，即使幸免于难[20]，亦同样是"生理茫茫，永无依归"，为饥寒所迫并为了安全而卖身投靠于权门，从而扩大了奴隶队伍。后来北魏兴起之后，战乱虽渐停止，而社会经济已凋敝不堪，社会的普遍贫穷又为奴隶队伍的扩大提供了条件。

这时期奴隶制的突出发展主要是在江南，南朝统治区没有遭受中国北部那样大的破坏，就东晋和南朝的全部历史来看，其间虽然也出现过几次兵祸与灾荒，但大都为期不长，范围不广，与中原的长期丧乱迥然不同，比较而言，江南基本上是安定的。其次，江南的自然条件远比北方为优越，到这时期刚刚在开发之中，仍有广大地区还是地广人稀、没有得到充分开发的处女地，是一个容易谋生的所在。故在中原大乱之后，江南遂成为北方人民一个理想的避难所，于是中州人民遂蜂拥[21]过江，成为中国历史上一次规模空前的人口大迁徙，其具体情况，已见上文。司、冀、幽、并、兖、豫、青、徐等州，距江南遥远，难民又都是在兵荒马乱和刀光剑影的威逼下仓惶南逃的，兵匪遍地，跋涉千里，即使原属富有之家，也不可能携带家私逃难，迨历尽艰辛抵达江南后，已两手空空，身无长物，大都成为"生理茫茫"，栖托无所。许多人在走投无路的绝望情况下，遂不得不卖身投靠：卖身是直接卖身为奴，所有王公贵人、地方上的豪门巨族以及一般富有之家所拥有的大批奴婢，皆由此而来。投靠不是卖身，而是为了获得富贵权势之人的庇护，充当其依附人——成为他的扈从徒隶，供其驱遣役使，以其服役的种类不同，而有种种不同的名称，如客、佃客、衣食客、部曲、门生义故等等，其具体情况当于下文详之。这些人名义上虽然不是奴隶，待遇上也可能微有不同，但实际上则与奴隶相差无几。这种半奴隶或者说含有奴隶性质的人之所以特别多，是因为这种投靠办法是对双方有利的。在主人方面，不支付奴隶身价，却获得大量与奴隶相同的劳动力，又由于这些人还多少有一点人身自由，不仅仅是一个"会说话的工具"，因而劳动效率一般比奴隶为高；在依附人方面，一旦能投靠势家，托庇有所，不仅生活有了保障，而且可以在主人的荫庇下逃避赋役，于是这种人遂在当时——特别是南朝的奴隶队伍中占了一个很大的比重。由上引文所谓"流民多庇大姓以为客"，可知当时过江难民投靠大姓的人数之多。又如：

> 时江左初基，法禁宽弛，豪族多挟藏户口，以为私属。①
> 刁氏素殷富，奴客纵横，固吝山泽，为京口之蠹。②

这时期官私拥有的大批奴隶在使用上比过去更加广泛。例如从战国到秦汉，官私奴婢的数量是很大的，是生产上的一支重要力量，但他们并不都是用在生产上，至少不是全部用在生产上，由下引两条记载来看，可知官奴婢也有不从事生产活动的：

> 百姓或无斗筲之储，官奴累百金；黎民昏晨不释事，奴婢垂拱遨游也。③
> ［贡］禹又言："诸官奴婢十万余人，戏游无事，税良民以给之，岁费五六巨万。"④

私人畜养的大批奴婢，也不都是全用于生产，还有供家庭役使的，另外用以炫耀富有、排场，也是动机之一，这由下引一条记载可以证明：

> ［霍光秉政，王仲翁为光禄大夫给事中］仲翁出入，从仓头庐儿，下车驱门，传呼甚宠。⑤

奴婢成群，一呼百诺，是富贵人的一种享受，故董仲舒说："身宠而载高位，家温而食厚禄，因乘富贵之资力……是故众其奴婢，多其牛羊，广其田宅，博其产业，务此而亡已。"⑥但是到了东晋南北朝时期，情形就不同了，因为这时期不论南朝和北朝，都是人口稀少、劳动力极端缺乏的时期，而权贵豪门的门阀等级观念又非常严格，一般王公贵人和所有士族以上的"贵游子弟"，无不轻视劳动，对于一切生产活动特别是农田工作，不但不肯付一举手、一投足之劳，而且根本不屑一顾，完全如颜之推所说：

---

① 《晋书》卷四十三，《山涛传附孙遐传》。
② 《晋书》卷六十九，《刁协传附子彝传》。
③ 《盐铁论·不足》。
④ 《汉书》卷七十二，《贡禹传》。
⑤ 《汉书》卷七十八，《萧望之传》。
⑥ 《汉书》卷五十六，《董仲舒传》。

晋中兴而渡江，本为羁旅，至今八九世，未有力田，悉资俸禄而食耳。假令有者，皆信僮仆为之，未尝目观起一拨土，耘一株苗，不知几月当下，几月当收。①

这样，生产任务就进一步落在奴隶的肩上了，所以不论在南朝或北朝，奴隶是主要的生产者。在南朝，社会上广泛流传着"耕当问奴，织当访婢"②的谚语；在北朝，亦有"俗谚云：耕则问田奴，绢则问织婢"③。这说明社会的两个主要生产部门——耕与织，主要是由男女奴婢来负担的。这种主要使用奴隶劳动力来进行的农田、纺织等生产活动，在南北各朝的史籍中有颇多记载。这里先看南朝的情况。确如颜之推所说，晋自中兴渡江以来，所有大小各色地主，"未有力田"者，一切生产活动"皆信僮仆为之"，"未尝目[22]观起一拨土，耘一株苗"，都在"熏衣剃面，傅粉施朱"，都是"从容出入，望若神仙"。总之，除了个别人外，一般都是养尊处优、不事生产的：

[建元中（公元四八一年左右），为豫章内史] 悰治家富殖，奴婢无游手，虽在南土，而会稽海味无不毕致焉。④

[永明五年（公元四八七年）] 遇疾，遗言曰："……三处田勤作，自足供衣食。力少，更随宜买粗猥奴婢充使，不须余营生周旋。"⑤

[之横] 遂与僮属数百人，于芍陂大营田墅，遂致殷积。⑥

北朝的情形与此相同，从王公贵人到民间各色地主，所占有的男女奴婢，都是要从事耕植和纺绩等生产活动的。例如：

[咸阳王] 禧性骄奢，贪淫财色……由是昧求货贿，奴婢千数，田业盐铁，遍于远近，臣吏僮隶，相继经营。⑦

---

① 颜之推：《颜氏家训·涉务》。
② 《宋书》卷七十七，《沈庆之传》。
③ 《魏书》卷六十五，《邢峦传》。
④ 《南齐书》卷三十七，《虞悰传》。
⑤ 《南齐书》卷三十八，《萧景先传》。
⑥ 《梁书》卷二十八，《裴邃传附兄子之横传》。
⑦ 《魏书》卷二十一上，《咸阳王禧传》。

大圜深信因果，心安闲放，尝言之曰："……果园在后，开窗以临花卉；蔬圃居前，生檐而看灌畎。二顷以供饘粥，十亩以给丝麻。侍儿五三，可充纴[23]织；家僮数四，足代耕耘。"①

于此可见，两晋南北朝时期的奴隶制比过去有了很大的发展，而南朝的奴隶制又远比北朝为发达，所有江南的土地经营和由此促进的广大江南地区的开发，主要都是仰赖于奴隶劳动。上文已经论述了发生这一变化的原因和由此造成的后果，这里再着重指出一点，即南朝奴隶制的突出发展，并在深度上和广度上都超过以往任何时代，是由于这时奴隶的供给与需要适逢其会地完全相适应，特别是当需要量非常巨大时，而供给量恰恰是非常充足的。上文曾指出，过去江南地区之所以长期得不到开发，人力缺乏是一个主要原因，因开发江南的原始山林沼泽，没有庞大的人力是办不到的，而江南却长期以来处于一种土旷人稀的状态，没有经过改善的原始自然环境，使人们以定居江南为畏途，尽管北方早已是"土地小狭，民人众"，大家宁肯拥挤在这里过一种日益艰难的生活，而不肯远涉江南，定居"宽乡"。永嘉之乱后，中原民庶在兵燹饥馑的煎熬下和屠杀死亡的威胁下，不能再瞻前顾后，只有仓惶南逃，渡江避难。这样一来，遂使江南的人口陡增，并且在短时间之内就散居在江南各地，而来者仍络绎不绝，有增无已，以致江南各王朝不得不在原来没有人居或居民不多的地方，"侨立郡县以司牧之"。侨立郡县的不断增多，说明流民在不断增长，这给南朝奴隶队伍的不断扩大，提供了一个生生不已的源泉。

上文已指出，北方难民流入江南后，都是两手空空，身无长物，为生活所迫，不得不或者卖身，或者投靠，此外即别无生活之道，因而奴隶劳动力的供给遂极为充沛。这样一来，使长期以来不能解决的劳动力缺乏问题，这时突然解决了。当奴隶由于有了新的来源，从而使供给非常充沛时，同时正存在着对奴隶劳动力的迫切需要。且不说过去广大江南地区不能开发的主要障碍，这时已经清除，使大规模的开发工作成为可能，仅从地主的土地经营一方面来看，就正在需要大量的奴隶。当所谓"晋中兴"——即渡江南逃并在江东偏安后，晋王室的王公贵族达官显宦亦随之渡江，寓居江南，他们凭借着封建特权，乘江南广大地区大都仍为无主之田时，遂纷纷"抢占田土"，

---

① 《周书》卷四十二，《萧大圜传》。

"封略山湖"，"名山大川，往往占固"，而土著的豪门巨室亦不甘落后，遂使江南的土地兼并大为发展。他们由这种方式封占的山林原野，往往都是跨州越县，幅员动则数十里乃至数百里，这是过去任何时代的土地兼并都不能与之相比的。这种土地兼并，在方式上和性质上也显然与过去不同，即主要不是通过买卖程序来占有别人的有主之田，而大都是在荒野无人之区封占无主的山林原野、沼泽湖泊。由这样的方式形成的大地产，在经营的方法上也不能采用过去传统的办法，即把大地产分割成小块耕地，然后招租承佃，那种自古以来"或耕豪民之田，见税什伍"的租佃办法，这时在江南是无法采用的，因为在土旷人稀的地方，根本没有或者没有足够多的佃农来"或耕豪民之田"，结果，只能使用奴隶劳动力来进行大规模的种植园式的农田经营。大地产的面积既非常广阔，如不能化整为零，而必须统一经营，则所需劳动人手必然是大量的，恰好这时奴隶劳动力的充分供给，完全可以适应这一迫切需要，结果，在奴隶劳动力的供给与需要完全相适应的客观形势下，在南朝出现了使用奴隶经营的大型"latifundia"[24]型的大种植园经济，其性质上与古罗马的种植园基本相同，但在规模上却远远过之。

关于南朝大种植园的具体情况，这里以刘宋时谢灵运的一个庄园为例，来看一看这种"latifundia"型的大种植园的规模和经营方式。首先看一看这个种植园是通过什么方式形成的：

> 灵运因父祖之资，生业甚厚。奴僮既众，义故门生数百。凿山浚湖，功役无已。寻山陟岭，必造幽峻，岩障千重，莫不备尽。登蹑常著木履，上山则去前齿，下山去其后齿。尝自始宁南山伐木开径，直至临海。从者数百人。临海太守王琇惊骇，谓为山贼，得知是灵运，乃安。又要琇更进，琇不肯。灵运赠琇诗曰："邦君难地崄，旅客易山行。"在会稽亦多徒众，惊动县邑。①

这是"抢占田土""封略山湖"的一个具体写照。奴隶主带领着大批奴隶——奴僮、义故门生等，在原始的荒山野岭、空旷无人之处，开辟——占据了一个巨大的园地。园的范围从始宁南山开始，直至临海，这个园的直径究有多长，史未明言，但知是跨州越县，则其距离短亦有百余里，长当有二

---

① 《宋书》卷六十七，《谢灵运传》。

三百里，其面积之大，实足惊人。这样一块大地产，不是化整为零，分别出租，而是使用奴隶，统一经营。园内有山、岭、川、湖、沼泽、平原，水陆交错，沟渠纵横。大田则有陆田、水田、果园、菜畦、药圃、花坞，种植的有竹、树、花、草；畜养的有家畜、麋鹿、鸡鸭、鸣禽；田中则麦浪滚滚，黍稷离离，稻谷飘香，桑麻弥[25]望；此处是百花争艳，彼处是硕果垂枝。园中有鱼可捕，有兽可猎，"岩障千重"，可资登临，徜徉水滨，可资垂钓。总之，经营的范围是农、林、牧、副、渔无所不包，亦即"养生送死之具靡不皆育"，故一切生活所需，皆无待外求。这样的大种植园当然要使古罗马的"latifundia"为之黯然失色了。这里选录几段谢灵运自己的描述，庄园的幅员四至：

其居也，左湖右江，往渚还汀，面山背阜，东阻西倾，抱含吸吐，款跨纤萦，绵联邪亘，侧直齐平（自注：往渚还汀，谓四面有水，面山背阜，亦谓东西有山，便是四水之里也。抱含吐吸，谓中央复有川。款跨纤萦，谓边背相连带。纤回处谓之邪亘，平正处谓之侧直）。近东则上田下湖，西溪南谷，石墕石滂，闵硎黄竹，决飞泉于百仞，森高薄于千麓，写长源于远江，派深悠于近渎（自注：上田在下湖之水口，名为田口，下湖在田之下，下处并有名山川。西溪、南谷分流，谷郭水畎入田口。西溪水出始宁县西，谷郭是近山之最高峰者。……入西溪之里，得石墕，以石为阻，故谓为墕。石滂在西溪之东，从县南入九里，两面峻峭数十丈，水自上飞下，比至外溪封磴十数里，皆飞流迅激，左右岩壁，绿竹闵硎在石滂之东溪，逶迤下注良田，黄竹与其连，南界莆中也）。近南则会以双流，萦以三洲，表里回游，离合山川，嵝崩飞于东峭，槃傍薄于西阡，拂青林而激波，挥白沙而生涟（自注：双流谓剡江及小江，此二水同会于山南，便合流注下。三洲在二水之口，排沙积岸，成此洲涨，表里合是其貌状也。嵝者谓回江岑，在其山居之南界，有石跳出，将崩江中，行者莫不骇栗。槃者是故治之所在……并带青林而连白沙也）。近西则杨宾接峰，唐皇连纵，室壁带溪，曾孤临江，竹绿浦以被绿，石照涧而映红，月隐山而成阴，木鸣柯以起风（自注：杨中、元宾，并小江之近处，与山相接也。唐皇便从北出室石，室在小江口南岸，壁，小江北岸，并在杨中之下。壁高四十丈，色赤，故曰照涧而映红。曾山之西，孤山之南，王子所经始，并临江，皆被以绿竹。山高月隐，便谓为阴；鸟集柯鸣，便谓为风也）。近北则二巫结湖，两智通沼，横石判尽，休周分表，引修堤[26]之逶迤，吐泉流之浩漾，山巘下而回泽，濑石上而开道［自注：大小巫湖，中隔一山……两智皆长溪，外智出山之后四五里许，里智亦隔一山，出新塚。横山、野舍之北面，常石、野舍之西北。巫湖旧唐，故曰修堤；长溪甚远，故曰泉流。常石巘（阙）故曰下巘而回泽。里智漫石数里，水从上过，故曰濑石上而开道。休山东北周里山，在休之南，并是北边］。

园田的种植与经营：

田连冈而盈畴，岭枕水而通阡。阡陌纵横，塍埒交往。导渠引流，脉散沟并。蔚蔚丰秋，苾苾香秔，送夏早秀，迎秋晚成。兼有陵陆，麻麦粟菽。候时觇节，递蓺递孰，供粒食与浆饭，谢工商与衡牧。生何待于多资，理取足于满腹。……水草则萍、藻、蕴、荽、藋、蒲、芹、苏、荇、蒹、蓱[27]、蘩、薤、荇、菱、莲。虽备物之偕美，独扶渠之华鲜。播绿叶之郁茂，含红敷之缤翻。……《本草》所载，山泽不一。蠡、桐是别，和、缓是悉，参核六根，五华九实。二冬并称而殊性，三建异形而同出。水香送秋而擢蓓，林兰近雪而扬猗。卷栢万代而不殒，伏苓千岁而方知。映红葩于绿蒂[28]，茂素蕤于紫枝。既住年而增灵，亦驱妖而斥疵。其竹则二箭殊叶，四苦齐味。水石别谷，巨细各汇。既修竦而便娟，亦萧森而蓊蔚。……其木则松柏檀栎桐榆……。卑高沃堵，各随所如。干合抱以隐岭，抄千仞而排虚。……植物既载，动类亦繁。……鱼则……锦烂云鲜，唼藻戏浪……鸟则……晨凫朝集，时鷪山梁。海鸟违风，朔禽避凉……春秋有待，朝夕须资。既耕以饭，亦桑贸衣。艺菜当者，采药救颓。自外何事，顺性靡违。……北山二园，南山三苑。百果备列，乍近乍远。罗行布棵，迎早候晚。猗蔚溪涧，森疏崖巘。杏坛、棕园、橘林、栗圃。桃李多品，梨枣殊所。枇杷林檎，带谷映渚。楂梅流芬于回峦，楟柿被实于长浦。畦町所艺，含蕊[29]借芳，蓼蕺葰荠，荮菲苏姜[30]。绿葵眷节以怀露，白薤感时而负霜。寒葱摽倩以陵阴，春藿吐苕以近阳。……寻名山之奇药，越灵波而慭辕。采石上之地黄，摘竹下之天门。撷曾岭之细辛，拔幽洞之溪荪。访钟乳于洞穴，讯丹阳于红泉（自注：此皆住年之乐，即近山之所出，有采拾，欲以消病也)。①

像这样规模巨大的庄园，谢灵运不止一个，据载他"在会稽亦多徒众，惊动县邑"，知他在会稽也有这样"惊动县邑"的大庄园。既然"山湖川泽，皆为豪强所专"②，"名山大川，往往占固"③，则这种大种植园型的大庄园，自必比比皆是，种植的种类和经营方式，亦必大同小异。例如：

> 灵符家本丰，产业甚广。又于永兴立墅，周回三十三里，水陆地二百六十五顷，含带二山。又有果园九处。④

这样性质的大种植园，必然都是一种统一的生产单位，其经营方式只能是在一个主人的命令下使用大批奴隶，不能将地产分割，分别招租承佃，租佃办法是不可能有这样的规模和这样的经营方式的。

这种现象的出现原是很奇特的，从社会经济自然发展的历史程序来看，可以说这是一种返祖现象，是在古代的奴隶制度早已没落之后，不但又重新出现了奴隶制经济，而且还达到古代奴隶制所没有达到的水平。姑且不说奴隶的数量和畜奴的普遍程度非古代所能比，由奴隶制大种植园所代表的这种高度发达的奴隶制经济，更是古代所不能有，连罗马帝国的大种植园，相形之下亦望尘莫及。然而这一现象却又不是历史的倒退，而且所起的作用还是积极的，特别是在南朝，由于奴隶制的大发展和奴隶制大种植园经济的出现，加速了江南经济区的开发，并且使土地兼并也起了与过去不同甚至是相反的作用。因为奴隶劳动力的使用与大地产的形成是互为条件的，正是由于有了充沛的奴隶劳动力可资利用，才使大地产的形成成为必要和可能，否则封略山湖川泽就无用了。结果长期无人开发利用的山林原野，现在通过豪门、权贵等特权阶级的"封略""占固"并使用了奴隶劳动力来经营，从而加速了

① 《宋书》卷六十七，《谢灵运传》引《山居赋》。
② 《宋书》卷二，《武帝纪》。
③ 《宋书》卷六，《孝武帝纪》。
④ 《宋书》卷五十四，《孔季恭传附弟灵符传》。

江南的开发，进而又促成了全国经济重心的南移，所以它对历史发展的影响是深刻的和巨大的。

（二）官私奴婢及其来源

晋南北朝时期的奴隶制与过去历代基本相同，官家和私人都占有大量奴隶，凡为官家所有者为官奴隶，属于私人所有者为私奴隶。但是官私奴隶的来源却不尽相同，因为私人所有的奴隶，主要是由购买而来，不管卖身的人是自卖还是被掠卖，都是通过买卖程序使自由人（所谓良民）沦为奴隶的，这是私人获得男女奴隶的主要途径，其他途径则是次要的。官奴婢的来源与此不同，即主要不是来自购买，而是由另外两个途径获得：一是战争俘虏，二是犯罪没官。这个时期的官有奴隶，以得之于战争俘虏者为最多，因为两晋南北朝时期是一个战争频繁的时代，特别是在十六国时期，几个不同民族的小朝廷之间，经常在进行着无休止的战争，它们相互之间除了进行疯狂的大屠杀外，便是互相掳掠对方的士卒和人民，并把这些俘虏一律编入奴籍。这是形成官奴婢的主要来源，而尤以十六国和北朝为甚。有关的记载很多，这里仅引数例如下：

> ［皇兴二年（公元四六八年），白曜定齐地］后乃徙二城民望于下馆，朝廷置平齐郡怀宁、归安二县以居之，自余悉为奴婢，分赐百官。①
>
> ［太和四年（公元四八〇年）六月丁卯］以绸[31]、绫、绢、布百万匹及南伐所俘，赐王公已下。②
>
> ［太和五年（公元四八一年）夏四月］壬子，以南俘万余口，班赐群臣。③
>
> ［永平元年（公元五〇八年）］十有二月己未，邢峦克悬瓠……俘萧衍卒三千余人，分赐王公已下。④
>
> ［熙平元年（公元五一六年）三月］壬辰，以硖石俘虏分赐百寮。⑤

---

① 《魏书》卷五十，《慕容白曜传》。
② 《魏书》卷七上，《高祖纪上》。
③ 《魏书》卷七上，《高祖纪上》。
④ 《魏书》卷八，《世宗纪》。
⑤ 《魏书》卷九，《肃宗纪》。

孝昌初（公元五二五年），从行台萧宝寅讨破宛州，俘其民人为奴婢。①

自江左及中州递有巴、蜀，多恃险不宾，太祖平梁益之后，令所在抚慰，其与华民杂居者，亦颇从赋役。然天性暴乱，旋至扰动，每岁命随近州镇出兵讨之，获其生口以充贱隶，谓之"压獠"焉。然为商旅往来者，亦资以为货，公卿逮于民庶之家，有獠口者多矣。②

［魏恭帝元年（公元五五四年）冬十月，伐江陵，十一月］辛亥，进攻城，擒梁元帝，杀之，并虏其百官及士民以归，没为奴婢者十余万，其免者二百余家。③

南朝的情况基本上与北朝相同，但是晋和南朝的战争远不及北方为多，因而掳掠战俘为奴的事自不像北朝那样多，故史籍中记载甚少，其实这不过只是程度之差而已，苟有战乱，亦皆大掠军民为奴。例如晋武帝平吴之后，即掳来大量生口，以后也不乏其例：

［太康二年（公元二八一年）三月］赐王公以下吴生口，各有差。④

［安帝朝］桓玄篡位，义旗以三月二日扫定京都，诛之。玄之宫女及逆党之家子女妓妾，悉为军赏。东及瓯越，北流淮泗，皆人有所获。⑤

犯罪没入为官奴婢，是自古以来的传统制度，这时南北各朝皆沿袭此制，刑律中亦有明文规定，有时犯罪人子女亦可自请没官为奴婢，以赎罪刑。总之，罪没是官奴婢的一个重要来源。例如：

时（永嘉中）廷尉奏，殿中帐吏邵广盗官幔三张，合布三十

---

① 《魏书》卷二十三，《魏兰根传》。
② 《周书》卷四十九，《异域上·獠传》。
③ 《周书》卷二，《文帝纪下》。
④ 《晋书》卷三，《武帝纪》。
⑤ 《晋书》卷二十八，《五行志中》。

四，有司正刑弃市。广二子，宗年十三，云年十一，黄幡挝登闻鼓乞恩，辞求自没为奚官奴，以赎父命。①

[梁律]其谋反、降叛、大逆已上皆斩，父子同产男，无少长皆弃市，母妻姊妹及应从坐弃市者，妻子女妾同补奚官为奴婢，资财没官。②

[兴安二年（公元四五三年）]十有二月，诛河间郑氏为贼盗者，男年十五以下为生口，班赐从臣各有差。③

[武定三年（公元五四五年）春正月]丁未，齐献武王请于并州置晋阳宫，以处配没之口。④

[天统五年（公元五六九年）二月]诏应宫刑者，普免为官口。⑤

综上所述，可知官奴婢的来源是不很充沛的，而尤以南朝为甚，因南朝战争不多[32]，致使以战俘为奴的一个主要来源因之枯竭，其他来源就更为数有限了。因此，南朝的官奴婢恐远比北朝为少，故史籍中有关记载也很少。在南北各朝代中，官家究竟占有多少男女奴隶，实无从考见。这时不论在南朝或北朝，关于官奴隶从事生产活动的具体记载很少，其主要用途是朝廷用以颁赏，并且在赏赐财物中还是一个重要项目，有时与金、银、绢、帛、牲畜、粮谷等并列，多数情况仅奴婢一项，说明把奴隶作为财货，价值是比较高的。这种赏赐的记载，在北朝各史中连篇累牍，而南朝则不多见，这也可以证明南朝的官奴婢是为数不多的。北朝的官奴婢虽多于南朝，但每次用以赏赐的数目却又不多，即使被赏赐的人是立有战功或者是帝后的亲戚近倖，而被赏给的数目亦极为有限，一般是三五人或十数人，百人以上的已寥寥可数，数百人以上的更是绝无仅有了。由此可以推知，即使在北朝，官家掌握的男女奴隶也是为数不多的。这里先看南朝的情况：

[太祖朝]丁父忧。新安郡送故丰厚，奉终礼毕，余悉颁之亲

---

① 《晋书》卷七十五，《范汪传附叔坚传》。
② 《隋书》卷二十五，《刑法志》。
③ 《魏书》卷五，《高宗纪》。
④ 《魏书》卷十二，《孝静帝纪》。
⑤ 《北齐书》卷八，《后主纪》。

戚，一无所留。太祖闻而嘉之，赐奴婢六人。①

[太建初（公元五六九年）欧阳]纥平，高宗嘉之，赐奴婢十人，米五百斛。②

北朝的情况与此不同，朝廷经常用奴隶作赏赐，故有关记载甚多，其中以战功行赏的为最多，其次是皇帝皇妃用以赏赐亲戚或宠臣，但数目都不大，例如：

[登国六年（公元三九一年）]车驾于是北伐，大破蠕蠕。赏先奴婢三口，牛马羊五十头。③

赫连屈子弟文陈之曾孙也。天兴二年[33]（公元三九九年），文陈父子归阙，太祖嘉之，以宗女妻焉，赐奴婢数十口，拜为上将军……从驾讨和龙，以功赐奴婢十七户。④

[始光四年（公元四二七年）]及克统万……至京论功，以顺为给事黄门侍郎，赐奴婢十五户，帛千匹。⑤

[世祖朝]从讨和龙，战功居多，迁殿中尚书，赐奴婢六十口。⑥

[世祖朝]从征凉州，既平，赐奴婢四十口。⑦

[太和中]与阳平王颐等出漠，北击蠕蠕，大获而还，高祖嘉其勋，赐奴婢十口。⑧

[高祖朝]暄前后从征，及出使检察，三十余许度，皆有克己奉公之称。赏赐衣服二十具，彩绢十匹，绸绢千余段，奴婢十口。⑨

诸如此类的记载充满北方各朝的史乘，这里不一一列举，这些文献都反

---

① 《宋书》卷八十二，《沈怀文传》。
② 《陈书》卷二十六，《徐陵传附子俭传》。
③ 《魏书》卷三十三，《李先传》。
④ 《魏书》卷三十，《宿石传》。
⑤ 《魏书》卷十六，《李顺传》。
⑥ 《魏书》卷三十，《豆代田传》。
⑦ 《魏书》卷三十一，《于栗磾传附子洛拔传》。
⑧ 《魏书》卷五十八，《杨播传》。
⑨ 《魏书》卷四十二，《尧暄传》。

映同一问题，即北朝用奴隶赏赐是非常频繁的，是官奴婢的主要用途。由于官家掌握的奴婢数目并不很大，故每次赏赐的数目都很微小，以皇帝名义褒赏有功，不过三五人或十几人，说明这是出于不得已。但也有个别的特殊情况，即被赏赐的人功勋很大或者与帝后有特殊关系，一次赏赐在百人以上、甚至数百人，这当然是少有的例外了。如：

[太祖朝] 频从车驾北伐，济谋功居多。赏赐奴婢百口，马牛数百，羊二十余口。①

[肥事太祖为将] 善策谋，勇冠诸将，每战常为士卒先。前后征讨，未尝失败，故每有大难，令肥当之。南平中原，西摧羌寇，肥功居多。赏赐奴婢数百口，畜物以千计。②

[高祖朝] 遇与抱嶷并为文明太后所宠，前后赐以奴婢数百人，马牛羊他物称是。二人俱号富室。③

齐天保元年（公元五五○年）五月己未，封帝为中山王，邑一万户……奉绢三万匹，钱一千万，粟二万石，奴婢三百人，水碾一具，田百顷，园一所。④

朝廷既有官奴，必有专设机构负责管理，南北各朝的奴官官制完全相同，都是沿袭旧制，尚方、长徒、奚官都管辖奴隶，而奚官则为专设机构，如上文所引邵广子宗云"求自没为奚官奴以赎父命"，即为明证。这里从南北两方史籍中各引一例：

[光初三年（公元三二○年）曜] 将亲讨 [句] 渠知…… [光禄大夫游] 子远曰："……今死者不可追，莫若赦诸逆之家老弱没奚官者，使迭相抚育，听其复业，大赦，与之更始，彼生路既开，不降何待。"⑤

[大明三年（公元四五九年）七月] 辛未，大赦天下，尚方、

① 《魏书》卷三十三，《张济传》。
② 《魏书》卷二十六，《长孙肥传》。
③ 《魏书》卷九十四，《阉官·王遇传》。
④ 《魏书》卷十二，《孝静帝纪》。
⑤ 《晋书》卷一百三，《刘曜载记》。

长徒、奚官奴婢老疾者，悉原放。①

　　私奴隶的情况与上述官奴隶的情况大不相同。我们所谓晋南北朝时期奴隶制比过去各代有了更大的发展，主要系指私人奴隶而言，这时期不论南朝或北朝，上自王公贵族，下至庶民百姓，无不畜有为数众多的男女奴隶，而且基本上都是用在生产上，成为这个时期社会经济各个生产部门中的主要生产力，不再像过去那样，大部分奴隶是用以"夸矜势能之荣使"，即为了一呼百诺，"传呼甚宠"。所以这个时期社会经济结构中的奴隶制经济成分占了一个很大的比重，特别是在南朝，奴隶劳动力是开发江南经济区的一个主要力量。通过一种特殊形式的土地兼并——即通过以使用奴隶劳动力为主的大型种植园的形式，而逐步扩大了开发范围，在不断地"封略山湖""抢占田土"的推进下，有组织、有领导地筚路蓝缕[34]，以启山林，得以深入到江南腹地，从而变原始的山林原野而成为多种经营的大种植园。这个现象的出现看来是很特殊的，因为这个时期是在变态封建制度和地主制经济早已确立之后，忽然又出现了名副其实的奴隶制经济，所以表面上看来是很奇特的，但是实际上则又是很自然的，因为这是在客观经济规律支配之下以铁的必然性而自然发展成的。正是在这样一种客观的经济规律支配之下，社会上遂畜奴成风，不仅一般广有田产、家业殷富的王公贵人、达官豪右都畜有大批奴婢，就是一般庶民百姓也多有畜奴，故奴隶的多少，就成了一家财力大小的一个直接标志。这种情况南朝又远比北朝为甚。这里可以先看一看晋和南朝达官贵人的畜奴情况：

　　　　[崇诛] 有司簿阅崇，水碓三十余区，仓头八百余人，他珍宝货赇田宅称是。②
　　　　[永嘉中为大将军、大都督，督青、徐、兖、豫、荆、扬六州诸军事] 晞出于孤微，位至上将，志颇盈满，奴婢将千人，侍妾数十，终日累夜，不出庭户，刑政苛虐，纵情肆欲。③
　　　　[侃] 媵妾数十，家僮千余，珍奇宝货，富于天府。④

①《宋书》卷六，《孝武帝纪》。
②《晋书》卷三十三，《石苞传附子崇传》。
③《晋书》卷六十一，《荀晞传》。
④《晋书》卷六十六，《陶侃传》。

就王敦求广州，敦不许。会广州人背刺史郭讷，迎机为刺史，机将奴客门生千余人入广州。①

及苏峻作乱，潭时守吴兴，又假节征峻。孙氏……仍尽发其家僮，令随潭助战。②

子遁……遁弟畅……次弟弘……并历显职……以货殖为务。有田万顷，奴婢数千人，余资称是。③

义熙八年（公元四一二年），[弘微叔父] 混以刘毅党见诛，妻晋陵公主改适琅邪王练。……混仍世宰辅，一门两封，田业十余处，僮仆千人……高祖受命，晋陵公主降为东乡君。…… [元嘉] 九年（公元四三二年），东乡君薨，资财巨万，宅十余所。又会稽、吴兴、琅邪诸处，太傅司空琰时事业，奴僮犹有数百人。④

[大明末（公元四六四年），前废帝即位，兴宗说太尉沈庆之行废立] 兴宗曰："……且公门徒义附并三吴勇士，宅内奴僮，人有数百。"⑤

既然奴隶是社会的主要生产力，故一般庶民百姓之家只要稍有资力，亦必罄其所有，尽量多买奴婢，以供家庭和生产的必需劳力，如上引南齐萧景先在遗言中所嘱：要力田勤作，以供衣食，"力少，更随宜买粗猥奴婢充使，不须余营生周旋"。⑥ 这样，便形成了奴耕婢织的一种小农业与小手工业紧密结合的小农制经济，使历来的小农制经济这时又新添了一点新的内容。尽管庶民百姓多数是不富有的，每家每户所能畜养的奴婢数目是不多的，但是这一阶层的人数是众多的，他们所占有的奴婢总数则是庞大的，故曾多次被政府征调私人家奴为兵，可知民间的私奴实为数可观。这里亦酌引数例如下：

其兄弟皆早亡，抚养孤遗，慈爱闻于州里，田宅奴婢尽推与之。⑦

---

① 《晋书》卷一百，《王机传》。
② 《晋书》卷九十六，《烈女·虞潭母孙氏传》。
③ 《晋书》卷六十九，《刁协传附子彝传》。
④ 《宋书》卷五十八，《谢弘微传》。
⑤ 《宋书》卷五十七，《蔡廓传附子兴宗传》。
⑥ 《南齐书》卷三十八，《萧景先传》。
⑦ 《晋书》卷九十一，《儒林·徐苗传》。

惠帝末，妖贼刘伯根起于东莱之惤[35]县，弥率家僮从之。①

[元帝朝] 出为征西将军，都督兖、豫、幽、冀、雍、并六州诸军事，假节，加散骑常侍……调扬州百姓家奴万人为兵，配之以散骑。②

性至孝，少孤贫，常自炊爨以养母。平北将军王敦闻之，遗其二婢，辟为从事中郎。③

庾翼将北伐…… [充] 假节，领扬州刺史，将军如故。先是，翼发江、荆二州编户奴以充兵役，士庶嗷然，充复欲发扬州奴以均其谤。后以中兴时已发三吴，今不宜复发，而止。④

[大同九年 （公元五四三年）] 二月甲戌，使江州民三十家出奴婢一户，配送司州。⑤

十六国和北朝虽长期在战乱之中，而王公贵族亦同样大畜奴婢，也是少则数百，多则千余，田业盐铁，无所不营。例如：

坚以关中水旱不时，议依郑、白故事，发其王侯已下及豪望富室僮隶三万人，开泾水上原，凿山起堤，通渠引渎，以溉冈卤之田，及春而成，百姓赖其利。⑥

崇……征[36]为中散，稍迁尚书三公郎。家资富厚，僮仆千余。⑦

正始初 （公元五〇四年），拜中散，出为太原太守，加镇远将军，坐事免。椿僮仆千余，园宅华广，声妓自适，无乏于时。⑧

禧性骄奢……昧求货贿，奴婢千数，田业盐铁，遍于远近，臣吏僮隶，相继经营。⑨

[宗之孙玮] 武定中 （公元五四六年左右），豫州征西府长史。

---

① 《晋书》卷一百，《王弥传》。
② 《晋书》卷六十九，《戴若思传》。
③ 《晋书》卷六十二，《祖逖传附兄纳传》。
④ 《晋书》卷七十七，《何充传》。
⑤ 《梁书》卷三，《武帝纪》。
⑥ 《晋书》卷一百十三，《苻坚载记上》。
⑦ 《魏书》卷七十七，《高崇传》。
⑧ 《魏书》卷九十三，《恩幸·王叡传附子椿传》。
⑨ 《魏书》卷二十一上，《咸阳王禧传》。

诸中官皆世衰，唯赵黑及宗之后家僮数百，通于士流。①

[帝欲收光] 犹豫未决。会丞相府佐封士让密启云，光……家藏弩甲，奴僮千数。②

北方民间畜奴远不及江南，这一方面是由于在永嘉丧乱之后，北半部中国长期在兵荒马乱之中，广大人民非死则逃，有力畜奴之家大大减少了；另一方面，在门阀等级观念支配下，北朝政府禁止庶民畜奴，如在北魏和平元年（公元四六〇年）曾明令"禁止四品以下，不得衣绸帛，庶人不得畜奴婢，乘车马"。③ 这样一来，私人奴婢遂为之大减，有资格畜奴的只限于有一定官阶品秩的人，故史籍有关记载，亦寥寥可数。如：

次弟务早丧，修哀伤之……爱育孤侄，同于己子。及将异居，奴婢田宅，悉推与之。④

善家素富，僮仆数百人。兄元信，仗气豪侈，每食方丈，坐客恒满，弦歌不绝。而善独供己率素，爱乐闲静。⑤

上文已指出，通过买卖程序是私人获得奴隶的主要途径，尽管不是唯一的途径。基于上文阐述过的种种原因，人们不得已而卖身为奴，所以自卖——即自愿卖身是私奴隶的主要来源，而尤以江南为最普遍，因为北方难民逃到江南各地后，人地生疏，生活无着，除了一部分能投靠当地的豪门权贵受其庇护外，卖身为奴就成了许多人的一种生活出路，当然这是一条可悲的出路，其情可愍，故有时可获得赦免：

太元中（公元三八六年前后），仲堪致书于 [谢] 玄曰："胡亡之后，中原子女鬻于江东者，不可胜数，骨肉星离，荼毒终年，怨苦之气，感伤和气。"⑥

---

① 《魏书》卷九十四，《阉官·张宗之传附孙玮传》。
② 《北齐书》卷十七，《斛律金传附子光传》。
③ 《魏书》卷九十九，《私署凉州牧张寔传附祚传》。
④ 《魏书》卷四十五，《裴骏传附子修传》。
⑤ 《周书》卷三十五，《薛善传》。
⑥ 《晋书》卷八十四，《殷仲堪传》。

中原子女鬻于江东之所以非常多，是因为江南这时正需要大量奴隶，从下引记载可以看出卖身是很方便的：

> ［王育］少孤贫，为人佣，牧羊。每过小学，必歔欷流涕。时有暇，即折蒲学书，忘而失羊，为羊主所责，育将鬻己以偿之。①

在北方，一般豪门权贵所畜养的大批奴隶，除少数系得之于朝廷赏赐外，一般权门的私有奴婢大都是由购买而来，使人"骨肉星离，荼毒终年"，以致"怨苦之气，感伤和气"，故北朝各届政府常为此下令赦免：

> ［后秦弘始元年（公元三九九年）］班命郡国，百姓因荒自卖为奴婢者，悉免为良人。②
> ［和平四年（公元四六三年）八月］壬申，诏曰："前以民遭饥寒，不自存济，有卖鬻男女者，尽仰还其家。"③
> ［延昌四年（公元五一五年）］九月乙巳，皇太后亲览万机，诏曰："若因饥失业，天属流离，或卖鬻男女以为仆隶者，各听归还。"④

除了自卖人身，从而成为私奴婢的主要来源外，还有一个为数不小的来源是被人掠卖，其中有些是劫掠少数民族，转卖内地。例如：

> 后每为［慕容］魔掠其种人，卖于中国。［武］帝愍之，又发诏，以官物赎还，下司、冀二州，禁市夫余之口。⑤
> 会建威将军阎粹说并州刺史东瀛公腾，执诸胡于山东，卖充军实。腾使将军郭阳、张隆虏群胡，将诣冀州，两胡一枷。勒时年二十余，亦在其中。……既而卖与茌平人师懽[37]为奴。……每耕作于野，常闻鼓角之声。⑥

① 《晋书》卷八十九，《忠义·王育传》。
② 《晋书》卷一百十七，《姚兴载记上》。
③ 《魏书》卷五，《高宗纪》。
④ 《魏书》卷九，《肃宗纪》。
⑤ 《晋书》卷九十七，《四夷·夫余传》。
⑥ 《晋书》卷一百四，《石勒载记上》。

从祖弟敬伯夫妻，荒年被略卖江北，达之有田十亩，货以赎之，与之同财共宅。①

扶南人黠惠知巧，攻略傍邑不宾之民为奴婢，货易金银彩帛。②

获得奴隶的另一方式，是直接用暴力劫掠，南北均不乏其例，而尤以北朝将吏为甚，他们每于权力所及，劫掠良民为奴。例如：

卫辰潜通符坚，坚以为左贤王。……后掠坚边民五十余口为奴婢，以献于坚，坚让归之。③

宋泰始初（公元四六五年），青州陷魏，峻年八岁，为人所略，至中山，中山富人刘实愍峻，以束帛赎之。④

皇兴初（公元四六七年），有同郡二人并被掠为奴婢，后诣光求哀，光乃以二口赎免。⑤

丽因平贼之势，枉掠良善七百余人。世宗嘉其功，诏有司不听追检。⑥

［御史中尉崔］亮于是奏劾峦在汉中掠良人为奴婢。⑦

（三）半奴隶或准奴隶等私附人口的增多

南北朝的庞大奴隶队伍中，各种半奴隶或准奴隶等私附人口占了一个很大的比重，而尤以南朝为甚，即上引文所谓："时江左初基，法禁宽弛，豪族多挟藏户口，以为私附。"⑧ 其中名目繁多，种类不一，如：杂户、隶户、僮隶、客、佃客、衣食客、僮客、门生、义故、部曲等等，多不胜举。这些人名义上不是奴隶，他们没有把自己的人身完全卖给主人，主人自然就不能完全占有他们；但是实质上他们是主人可以任意驱使的奴仆，其与奴隶的不同，

---

① 《南齐书》卷五十五，《孝义·吴达之传》。
② 《南齐书》卷五十八，《扶南国传》。
③ 《魏书》卷九十五，《刘虎传附卫辰传》。
④ 《梁书》卷五十，《文学·刘峻传》。
⑤ 《魏书》卷六十七，《崔光传》。
⑥ 《魏书》卷十九上，《济阴王传附丽传》。
⑦ 《魏书》卷六十五，《邢峦传》。
⑧ 《晋书》卷四十三，《山涛传附孙遐传》。

不过是五十步与百步之差罢了。因为他们虽然没有卖身，但为了要得到主人的庇护，而自愿投靠了主人，换言之，自愿以人身依附关系为代价来换取豪族的庇护，从而成为豪族的"挟藏户口"，即史所谓："流民多庇大姓以为客。"豪族之所以乐于"挟藏户口"，招纳"私附"，是由于通过这种方式，既可以获得大批无偿劳动力，使之服劳役——从事于各种生产的和非生产的活动，也可以使之服兵役——作护卫、随从以至当兵打仗，用以壮大自己的实力，特别是在地方上的声势；一般人——特别是北方流人之所以乐于投靠豪门，甘作豪族的"私附"，因为一旦投靠有所，能成为豪族的"私附"，即各种形式的"挟藏户口"或"荫户"，不但生活有了保障——没有卖身而衣食有着，而且可以逃避徭役、兵役和赋税，并摆脱了官府吏胥的追呼骚扰和凌辱勒索。总之，这对双方都是有利的，故这一类半奴隶或准奴隶的队伍，遂因之日益庞大。

北朝不见有这种"私附"，各种杂户、隶户、僮隶等均为官有，大都由罪没或俘虏而来，这是承继魏晋以来的传统制度：

> 诸宫奴婢、商人、胡户、杂户、歌舞人、见鬼人、滥得富贵者，将万数，庶姓封王者百数，不复可纪。①
>
> 盗贼及谋反、大逆、降叛、恶逆、罪当流者，皆甄一房，配为杂户。②
>
> 自魏晋相承，死罪其重者，妻子皆以补兵。魏虏西凉之人，没入，名为隶户。魏武入关，隶户皆在东魏；后齐因之，仍供厮役。建德六年（公元五七七年），齐平，后帝欲施轻典于新国，乃诏：凡诸杂户，悉放为百姓，自是无复杂户。③

由于此类僮隶户近似奴隶，故朝廷亦经常用以赏赐臣下。例如：

> 建国时，将家归附，昭成嘉之……从征卫辰，以功赐僮隶三十户。④

---

① 《北齐书》卷八，《幼主纪》。
② 《隋书》卷二十五，《刑法志》。
③ 《隋书》卷二十五，《刑法志》。
④ 《魏书》卷二十四，《许谦传》。

[太祖朝] 从征伐诸国，破二十余部，以功，赐奴婢数十口，杂畜数千。从征卫辰，破之，赐僮隶五千户。①

太宗即位，拜散骑常侍……赐僮隶五十口。②

从征凉州，以功赐隶户一百。③

世祖贵异之，常从征伐，出入卧内，每有平殄，辄以功赏赐僮隶，前后数百人，布帛以万计。④

佛教寺院中亦有隶户，称为僧祇户、寺户或佛图户，供佛寺内洒扫厮役之用，并耕种寺院占有的土地，所谓"营田输粟"，有如佃户：

[高宗朝] 昙曜奏，平齐户及诸民有能岁输谷六十斛入僧曹者，即为僧祇户，粟为僧祇粟。至于俭岁，赈给饥民。又请：民犯重罪及官奴，以为佛图户，以供诸寺扫洒，岁兼营田输粟。高宗并许之。于是僧祇户粟及寺户遍于州镇矣。⑤

南朝豪族大姓的"挟藏户口"，名目繁多，其中以"客"为最常见，人数也最多。客是一种"私附"户口，是投靠豪族大姓以求庇护的人，不是自卖或被掠卖而完全失去人身自由的奴隶，常常见于记载的所谓客、佃客、衣食客等皆属此类。这原是法律承认的一种"荫户"，并非都是"挟藏户口"。晋初"制户调之式"，同时也规定了各品秩应有各种客的数目：

及平吴之后……又制户调之式：……又得荫人以为衣食客及佃客，品第六已上得衣食客三人，第七第八品二人，第九品及举辇、迹禽……命中武贲武骑一人。其应有佃客者，官品第一第二者佃客无过五十户，第三品十户，第四品七户，第五品五户，第六品三户，第七品二户，第八品第九品一户。⑥

[东晋之制] 都下人多为诸三公贵人左右佃客、典计、衣食客

---

① 《魏书》卷三十，《王建传》。
② 《魏书》卷三十四，《王洛儿传》。
③ 《魏书》卷三十七，《司马楚之传》。
④ 《魏书》卷三十四，《卢鲁元传》。
⑤ 《魏书》卷一百十四，《释老志》。
⑥ 《晋书》卷二十六，《食货志》。

之类，皆无课役。官品第一第二，佃客无过四十户，第三品三十五户，第四品三十户，第五品二十五户，第六品二十户，第七品十五户，第八品十户，第九品五户。其佃谷皆与大家量分。其典计，官品第一、第二，置三人，第三、第四，置二人，第五、第六及公府参军、殿中监、监军、长史、司马、部典督、关外侯、材官、议郎已上，一人，皆通在佃客数中。官品第六已上，并得衣食客三人，第七、第八，二人，第九品及举辇、迹禽、前驱、由基、强[38]弩、司马、羽林郎、殿中冗从、武贲、武骑，各一人。客皆注家籍。①

这一类的客或佃客等既然没有卖身，其身份地位和所受待遇，自然就不能与真正的奴婢相同，有些还是由奴隶于被赦免之后而上升为客的。例如：

[隆安三年（公元三九九年），以为扬州刺史] 元显……又发东土诸郡免奴为客者，号曰乐属，移置京师，以充兵役。东土嚣然，人不堪命，天下苦之矣。②

但是事实上客与奴的区别并不很大，因两者所服的劳役是基本相同的，所受的待遇也是基本相同的，所以也和奴隶一样可用于赏赐。例如：

[惠帝] 乃遣使册赠侍中、光禄大夫，加金章紫绶，进爵为侯，赐墓田一顷，客十户，祠以少牢。③

正由于两者的区别不大，而被役使的性质又大致相同，故客常常被称为"僮客"或"奴客"。这一类的记载很多，这里仅酌引数则为例：

[大兴四年（公元三二一年）五月] 庚申，诏曰："昔汉二祖及魏武，皆免良人。武帝时，凉州覆败，诸为奴婢，亦皆复籍，此累代成规也。其免中州良人遭难为扬州诸郡僮客者，以备征役。"④

① 《隋书》卷二十四，《食货志》。
② 《晋书》卷六十四，《会稽王道子传附子元显传》。
③ 《晋书》卷八十九，《忠义·嵇绍传》。
④ 《晋书》卷六，《元帝纪》。

建元初（公元三四三年），安西将军庾翼，北伐石季龙，大发
僮客，以充戎役。①

[隆安三年（公元三九九年）仲堪为桓玄所杀]子简之载丧下
都，葬于丹徒，遂居墓侧。义旗建，率私僮客随义军蹑桓玄。②

[淡]太尉侃之孙也。……家累千金，僮客百数，淡终日端拱，
曾不营问。③

建元元年（公元四七九年），骠骑谘议沈宪等坐家奴客为劫，
子弟被劾。④

这些僮客或奴客也像奴隶那样，要从事各种生产的和非生产的劳动，供
主人多方使役和左右驱使：

有奴客者，类多役使，东西分散，住家者少。其有停者，左右
驱驰，动止所须，出门甚寡，典计者在家，十无其一。⑤

在权贵豪门的"挟藏户口"中，门生义故是另一种"私附"，名义上与
奴客不同，但实际上又差别不大，因为他们也是投靠在豪族门下，去作豪家
的宿卫、随从，同样要服劳役，有时还要服兵役，故豪家大姓的门生义故之
多亦动以千计。例如：

就王敦求广州，敦不许。……机遂将奴客门生千余人入广州。⑥

这里将奴客与门生分别列举，足证奴客与门生的身份地位是不相同的，
称为门生，显然比奴客的等级高一些，所受的待遇好一些。从下引记载又可
以看出，门生与奴客虽然有别，但是实际上仍是奴客队伍中的一个组成部分：

[兴宗说太尉沈庆之行废立曰]且公门徒又附并三吴勇士宅内

---

① 《晋书》卷九十四，《隐逸·翟汤传》。
② 《晋书》卷八十四，《殷仲堪传》。
③ 《晋书》卷九十四，《隐逸·陶淡传》。
④ 《南齐书》卷三十九，《陆澄传》。
⑤ 《宋书》卷四十二，《王弘传》。
⑥ 《晋书》卷一百，《王机传》。

奴僮，人有数百。①

　　自混亡，至是九载，而室宇修整，仓廪充盈，门徒业使，不异平日，田畴垦辟，有加于旧。②

豪门大姓招纳大批门生义故的目的，一是把他们当作奴隶使用，使之服劳役；二是使他们充当个人宿卫，是一种子弟兵的性质：

　　灵运因父祖之资，生业甚厚。奴僮既众，义故门生数百。凿山浚湖，功役无已。③

　　怀珍北州旧姓，门附殷积，启上门生千人充宿卫，孝武大惊。召取青、冀豪家私附，得数千人，士人怨之。④

有些门生是富贵人家子弟，他们投靠权贵豪族名下作门生，是企图通过这样的方式与权贵建立私人关系，以便能受到他的赏识提拔，得以转入仕途；而豪家亦愿借此来炫耀自己的权势地位。这样的门生显然与奴客不同，不但不参加劳动，而且都是鲜衣华服，招摇过市，声势赫赫：

　　［湛之］贵戚豪家，产业甚厚。室宇园池，贵游莫及。伎乐之妙，冠绝一时。门生千余人，皆三吴富人之子，姿质端妍，衣服鲜丽，出入行游，涂巷盈满。泥雨日，悉以后车载之。⑤

这样的高级门生不是人人可得的，要取得这个资格，要使用大宗贿赂，有时这种贿赂竟高达"少者至万，多者千金"，说明作这样的门生是不易的。例如：

　　太宗泰始中（公元四六八年左右）……时欲北讨，使勃还乡里募人，多受货贿。上怒，下诏曰："沈勃……自恃吴兴土豪，比门义

---

① 《宋书》卷五十七，《蔡廓传附子兴宗传》。
② 《宋书》卷五十八，《谢弘微传》。
③ 《宋书》卷六十七，《谢灵运传》。
④ 《南齐书》卷二十七，《刘怀珍传》。
⑤ 《宋书》卷七十一，《徐湛之传》。

故，胁说士庶，告索无已。又辄听募将，委役还私，托注病叛，遂有数百。周旋门生，竞受财货，少者至万，多者千金，考计赃物，二百余万。"①

部曲本来不是奴隶，也不是一般的劳动者，而是私人的家兵或直属个人私募的部队，系或由将帅、或由豪族自行招募。将帅或豪族不仅是这些士兵的长官，而且是这些士兵的主人，彼此之间有某种意义的人身依附关系。所以作为某人的部曲，实质上无异于主人的奴仆，不仅要替主人当兵打仗，而且要供主人驱使，服主人所指定的一切劳役。将帅私募部曲，直接可以壮大自己的实力，这是野心家借以扩大势力的一种手段，故常因此引起朝廷的疑忌，而力图加以制止。例如：

时领军王玄谟大将有威名。……初玄谟旧部曲犹有三千人，废帝颇疑之，彻配监者。玄谟太息深怨，启留五百人岩山营墓。事犹未毕，少帝欲猎，又悉唤还城。②

初喜东征……及平荆州，恣意剽虏，赃私万计……乃赐死。……喜未死一日，上与刘勔、张兴世、齐王诏曰："……其统军宽慢无章，放恣诸将，无所裁检，故部曲为之致力。……"③

宋泰始以来，内外频有贼寇，将帅已下，各募部曲，屯聚京师。安民上表陈之，以为"自非淮北常备，其外余军，悉皆输遣，若亲近宜立随身者，听限人数"。上纳之，故诏断众募。④

俄有敕[39]遣 [蔡] 征收募兵士，自为部曲。征善抚恤，得物情，旬月之间，众近一万。⑤

地方上的权贵豪门和一般仕宦富贵之家，也往往自行招募部曲，拥有家兵，这一方面是为了供作宿卫，防御盗匪；另一方面，也为了壮大自己在地方上的势力，便于夸耀邻里，武断乡曲。由此扩而大之，就会成为地方割据

---

① 《宋书》卷六十三，《沈演之传附勃传》。
② 《宋书》卷五十七，《蔡廓传附子兴宗传》。
③ 《宋书》卷八十三，《吴喜传》。
④ 《南齐书》卷二十七，《李安民传》。
⑤ 《陈书》卷二十九，《蔡征传》。

的基础，这由下引两条记载可略见其梗概：

> 广州人周灵甫有家兵部曲，［孔］熙先以六十万钱与之，使于广州合兵。①

> 泰始初，徐州刺史薛安都反，青州刺史沈文秀应之。时州治东阳城，善明家在郭内，不能自拔。伯父弥之诡说文秀求自效，文秀使领军主张灵庆等五千援安都。弥之出门，密谓部曲曰："始免祸坑矣。"行至下邳，起义背文秀。善明从伯怀恭为北海太守，据郡相应。善明密契收集门宗部曲得三千人，夜斩关奔北海。②

豪族大姓之所以能拥有大批部曲，而一般"露户役民"——庶民百姓之所以乐于投靠，应募去甘当家兵，是因为政治黑暗，剥削残酷，赋役繁重，民不聊生，如能托庇豪门，多少可以暂免贪残。所以部曲队伍的不断扩大，南朝历届政府的残酷压榨，实起着为渊驱鱼的作用：

> 朝廷擢用勋旧，为三陲州郡，不顾御人之道，唯以贪残为务。迫胁良善，害甚豺狼，江、湘人尤受其弊。……及被任用，皆募部曲。而扬、徐之人，逼以众役，多投其募，利其货财。③

> ［建元二年（公元四八〇年）］玩之上表曰："……又四镇戍将，有名募实，随才部曲，无辨勇懦，署位借给，巫媪比肩，弥山满海，皆是私役。行货求位，其涂甚易，募役卑剧，何为投补？坊吏之所以尽，百里之所以单也。④

> 高祖任职者，皆缘饰奸谄，深害时政。琛遂启陈事条封奏曰："……郡不堪州之控总，县不堪郡之衰削，更相呼扰，莫得治其政术，惟以应赴征敛为事。百姓不能堪命，各事流移，或依于大姓，或聚于屯封，盖不获已而窜亡，非乐之也。"⑤

---

① 《宋书》卷六十九，《范晔传》。
② 《南齐书》卷二十八，《刘善明传》。
③ 《南史》卷七十，《郭祖深传》。
④ 《南齐书》卷三十四，《虞玩之传》。
⑤ 《梁书》卷三十八，《贺琛传》。

部曲除了服兵役外，也从事各种生产劳动。例如：

> ［孝秀］为建安王别驾。倾之，遂去职归山，居于东林寺。有田数十顷，部曲数百人，率以力田，尽供山众，远近归慕，赴之如市。①

以上说明了两晋南北朝时期的奴隶制为什么能突出地发展以及它是怎样发展起来的。我们曾指出，这个发展不是古代奴隶制的死灰复燃，使一个早已死亡了的奴隶制又枯木逢春；也不是以古代奴隶制已经达到的发展水平为基础又有了新的增长。这时期的奴隶，其形成有它自己具体的历史条件，又有它自身独具的经济规律，它的形成和发展，是受它自身经济规律支配的，所以它的出现并不奇怪。我们又曾着重指出，这个新的奴隶制主要是在南朝发展起来的，换言之，有待开发的江南处女地是这种新奴隶制的主要活动舞台。这时期江南的土地兼并问题是特殊的，而使用奴隶和半奴隶劳动力是造成这种特殊性的一个决定因素，没有这种特殊形式的奴隶制，就不可能有那种形式的土地制度，正是这两个因素的密切结合，形成了古罗马大种植园型的奴隶制经济，从而使地主制经济的结构形态发生了变化——暂时打断了地主制经济的正常发展程序。当然，这个总的发展过程是不可能长期被打断的，所以上述的变化仅限于一个特定的历史时期，而不可能长期延续下来，也就是那种形式的奴隶制经济不可能长期存在。南北朝以后，历史发展的总过程又回到原来的轨道上，又受着地主制经济的总的运动规律的约束。

---

① 《梁书》卷五十一，《处士·张孝秀传》。

第五章　土地制度与土地问题

第一节　官田及其利用

（一）官田的来源和南北两朝的占有情况

两晋南北朝时期的土地制度，从总的发展趋势来看，基本上仍是战国以后土地制度的继续——在地主制经济的结构内土地私有制度的继续。土地的占有形式和秦汉时代相同，大体上仍是官田和私田两大类：凡属于政府所有（包括皇室私有和官家公有）的各种可耕地和山林原野川泽湖沼等无主荒地，均属公田或官田范畴；凡属于私人（从王公贵族到庶民百姓）所有的耕地、林园、庄宅、牧场等等，均列入私田目中。

本来在"溥天之下，莫非王土"这一基本封建统治原则之下，全国的所有土地都是属于代表最高统治权的皇帝所有，其中除直接属于皇帝个人和皇室成员所有外，其余则属于为最高统治者实施统治的政府所有。所以这个最高的统治者也是最高的所有者，这个在原则上占有全国土地的最高所有者，根据封建的礼法制度，将其所有土地以采邑形式分封诸侯，诸侯再以份地形式分给直接生产者农奴，由诸侯到农奴他们所占有的土地，只是土地的使用权，而不是土地的所有权。如《中国封建社会经济史》第一卷所指出，随着典型封建制度的崩溃，土地制度遂发生了根本性的变化，私有土地制度代替了世袭领地制度和计口授田的井田制度，通过土地买卖（不论是强制的还是自由的）使大片可耕土地变为私人所有。当然买卖程序并不是个人获得私有地产的唯一途径，其他如霸占、抢夺、强买、赏赐、赠予等等也可以把一定数量的土地变为私人所有。但是不管通过哪一种途径，都是从一国土地的总面积中分割出一部分，完全由私人占有。结果，官田所占的份额遂相对缩小，不但不再是占有一国土地的全部，而且还随着土地私有制度的不断发展而不断缩小，缩小到只占全部土地中的很小一部分，有时连皇帝的私田也必须通过购买才能获得。由于官田所占的比重并不很大，数量有限，故皇室的私田与政府的官田常常混淆在一起，如皇室的宫室、苑囿、猎场、禁地等等便都是在使用公田。大体上用于农业生产的土地始略有区分：其由少府主管的田，则是皇帝私田；由大司农或其他农官主管的田，则是属于政府公有的官田。

在私有土地制度的前提下，私人占有了土地，就占有了土地的绝对所有权或完全所有权，不再像典型封建制度时期那样，只占有土地的使用权。所谓绝对所有权或完全所有权，就是于买得这一块土地之后，不允许除所有者本人以外的任何人再占有这块土地，这就是马克思所说："土地所有权的前提是，一些人垄断一定量的土地，把它作为排斥其他一切人的、只服从自己个人意志的领域。"[1] 所以土地的所有权一旦属于个人，它就具有排斥其他一切人（包括法人）再来占有的作用，使这块土地只服从于自己个人的意志。这个"其他一切人"也包括最高统治者及其政府在内，不论是皇帝或政府，除罪没外不能任意占有已属于私人所有的土地。

一般说，这时官田的来源与过去历代基本相同，一是山林原野川泽湖沼等等不能由私人占有的荒地，这些土地向来是属于公家所有，不允许私人占据，历代相沿，成为定制；二是前朝统治阶级的遗产，一旦改朝换代，所有前代王朝的皇族贵戚王公显宦们的家产田业均为后来的征服者所没收，遂将大量私田变为官田；三是罪没，不论官民，于犯罪之后，将犯人的全部财产充公；四是逃亡或户绝之田，特别是在大乱之后，广大人民非死则逃，以致大片良田，鞠为茂草，昔日膏腴之壤，今则荒芜满目，因无人耕垦，只有尽归政府所有，诚如三国时仲长统所说，"今者土广民稀，中地未垦，其地有草者，尽曰官田"[2]。这是形成大量官田的一个重要来源。

除了这些历代相沿的固有途径外，又由于南北两朝各自不同的具体历史条件，官田的占有方式不仅各有其不同的特点，并且沿着不同的轨道趋向不同的发展方向。

首先来看北朝的情况。中原和关中本是中国开发最早的两个主要经济区，经过数百千岁的生聚繁衍，这个以黄河流域为中心的中国北半部早已人稠地

---

① 《资本论》第三卷，第六九五页。
② 《后汉书》卷七十九，《仲长统传》。

狭，在土地私有制度确立之后，全部土地中的绝大部分都是个人所有的私产，随着农业生产技术的进步，都各自在这些私有的地产上以各种经营方式在进行着精耕细作的农业生产，从而成为主要的粮食产地和全国的经济重心。在人口繁庶、经济兴旺的情况下，不言而喻，私有土地在土地总额中所占的比重不仅是很大的，而且还在不断扩大，官田所占的比重则在不断缩小。这种发展趋势一直在缓慢地但却是累进地发展着，于是"土地小狭，民人众"的矛盾遂愈来愈尖锐，亦即人口对土地的压力愈来愈大，因而对于增加耕地的要求亦愈来愈迫切，这除了尽可能缩小官田所占的比重外，遂不得不尽力扩大开发范围，使可耕地面积向外延伸。延伸的方向很自然地是从黄河流域向南扩展到淮河流域，所以在秦汉之际还是遍地沼泽原野的两淮地区，到了汉代便都相继得到开发，逐渐发展成为一个新兴的精耕农业区，这样一来，使整个中国北半部——由关中、中原直到两淮，连接成一个整体，进一步充实了这个全国经济重心的内容。在这个广阔的经济区域内，私人占有的土地制度和个体经营的农业生产，是社会经济结构的基本核心。

但是进入晋南北朝时期，就发生了天翻地覆的大变化，经过长时间的大屠杀和毁灭性的大破坏之后，整个北半部中国几乎被夷灭成大片焦土，人庶死丧流亡之后，原来由私人所有的良田这时都荒芜了。这里不妨就三个主要经济区分别回顾一下被破坏的具体情况。首先看关中区：关中是秦统一六国的经济基础，有郑国白渠之饶，膏腴沃壤，亩号一金，天下财富，什居其六，但这时经过慕容冲等"毒暴关中"之后，整个关中地区"人皆流散，道路断绝，千里无烟"。① 不言而喻，几乎所有熟田都变成了荒田，亦只能由政府没入为官田。中原是重灾区，遭受的破坏最为严重，动乱的时间也最为长久，史称"自永嘉丧乱，百姓流亡，中原萧条，千里无烟，饥寒流陨，相继沟壑"②；"自丧乱以来，六十余年，苍生殄灭，百不遗一，河洛丘墟，函夏萧条，井堙木刊，阡陌夷灭"；③ 以及所谓"诸郡白骨蔽野，百无一存"④。诸如此类的记载，都是在说明"苍生殄灭"殆尽了，当人口减少到"百不遗一"时，可知耕地的百分之九十以上都已变成黄茅红蓼之野了，这些无主之田，当然都要化私为公。两淮地区虽然不是混战的主要逐鹿场，但也同样遭受到

---

① 《晋书》卷一百十四，《苻坚载记下》。
② 《晋书》卷一百九，《慕容皝载记》。
③ 《晋书》卷五十六，《孙楚传附孙绰传》
④ 《晋书》卷六十，《贾疋[1]传》。

惨重破坏："永嘉中，石勒亦寻渡淮，百姓死者十有其九。"① 结果，两淮地区也同样有百分之九十以上的耕地变成了荒田。后来北魏王朝虽然统一了北方，使长达一百多年的漫天烽火得以熄灭，而土旷人稀之状，却久久未能改观，被破坏殆尽的社会经济事实上已难于恢复，因为不止是破坏有形的物质财富，而且斫[2]丧了社会的生机和元气。这包括：①毁灭了百分之九十以上的人口，也就是毁灭了百分之九十以上的劳动生产力，从而使大片土地荒芜化；②在所谓"井堙木刊，阡陌夷灭"之后，也就是水道井渠被堙塞、森林树木被砍光，从而破坏了自然的生态平衡，造成大面积的水土流失。这一时期水旱天灾之所以特别严重、特别频繁，便是这一现象的直接后果，从而使大片土地沙漠化。所以尽管北魏王朝取得了一百多年的社会安定和充分的休养生息的机会，而社会经济的残破凋敝[3]之状仍迟迟未能好转，就是由于社会经济已经丧失了自我调整的内在机能。后来连这一点喘息机会也没有能保持住，中叶以后，又陷于大混乱之中，使疮痍未复的社会经济又进一步遭受破坏。结果，又加重了土地的荒芜程度。总之，在长江以北的北半部中国，由黄河流域到淮河流域，由于"苍生殄灭，百不遗一"，大量耕地成为无人利用的荒田，以致不得不化私为公，这是在土地私有制度已经确立了七百多年之后，现在又倒转了历史发展的方向，成为这一时期在土地制度方面表现出来的一个很大特点。

江南的情况与北朝大不相同，从土地制度的发展趋势来看，与北朝的情况恰好相反，总的发展趋势是化公为私，而不是化私为公，换言之，是私有土地的大发展，并通过一种特殊形式的土地兼并，把大片原来没有开发和无人利用的山林川泽丘陵原野等无主荒田占为己有，从而形成许多幅员广阔、规模巨大的私人大地产，并且采取了不同于过去历来相沿的经营方式，出现了许多如本卷第四章所阐述的那种奴隶制大种植园型的大地产。这是南朝土地制度表现出来的一个很大特点，与北朝的情况是迥然不同的。

前文曾不断指出，江南经济区是一个长期以来没有得到开发的地区，直到这时不久以前的三国时期，由于孙吴在江东割据，才使长江下游以太湖区为中心的江左一隅得到初步开发，其余的广大地区由于人口稀少，劳动力缺乏，而仍然处于无人利用的原始状态，少数土著人民大都还过着"渔猎山伐"的原始采集经济生活。在这种土旷人稀、农业生产方法落后、农业生产

---

① 《晋书》卷二十九，《五行志下》。

也不是生活的主要来源的情况下，人们对土地的占有欲是不强烈的。

永嘉之乱对江南产生了两个直接而又十分重大的影响：一是晋元帝逃往江南，在江左重建了晋王朝之后，晋室的王公贵戚豪门士族也都相率过江，他们在江南立定脚跟后，看到江南各地到处都是无主荒田，便都凭借着封建特权，本着过去兼并土地的经验，立刻伸出贪婪之手，纷纷"抢占田土""封略山湖"，一个个都像前章所述的谢灵运那样，率领着大批奴客和门生义故，"凿山浚湖，功役无已"，登山涉水，探远寻幽，以圈占跨州越县、幅员数十里乃至数百里的大地产。二是永嘉之乱造成中原人庶的大量南流，江南人口陡然增多之后，一方面给江南的开发提供了充沛的劳动力来源，解决了过去无法解决的一个老大难问题，使过去无法利用的山林川泽丘陵原隰等荒地现在都开辟成为良田，变无用为有用，这样便陡然提高了土地的使用价值；另一方面，北方难民大量流入江南后，同时也带去了先进的生产技术，从而大大提高了土地的生产力，使土地成为重要的生息手段，所以同时也就提高了土地的交换价值，使之成为人人要争取获得的对象。

当外来的权贵在凭借着封建特权纷纷抢占土地时，原来当地的土豪大姓自亦不甘落后，亦纷纷急起直追。这些人原都是地方上的真正主宰，平时暴虐同里，武断乡曲，奴客纵横，爪牙众多，对于抢占各地的荒原野岭，更能捷足先登，左右逢源，不仅外来的权贵不敢与之抗衡，就是新建的晋王朝，也因基础不固，外有强敌，在惊魂甫定、力量未充之际，还需要地方势力的支持，不敢触动这些地头蛇的利益。于是这股抢占田土的狂潮便一直是波涛滚滚。由于江南有待开发的地区很广，故终南朝一代，这种抢占之风一直在继续之中。

没有经过合法授予、没有通过买卖程序而获得的无主之田，在原则上应属于政府所有，是朝廷的一笔自然财富，如果被私人占去一份，政府就减少了一份，所以"封略山湖"不仅是非法的，而且是与政府的利益直接冲突的。事实上这种抢占之风已如火如荼，并且是愈演愈烈，跨州越县的大地产和奴隶制的大种植园已到处可见，这说明政府的权利正在日益加速地被蚕食，损失自然是越来越大，结果，促使政府不得不采取对策，于是到刘宋朝便下令禁止：

先是山湖川泽，皆为豪强所专，小民薪采渔钓，皆责税直，至是［义熙十年（公元四一四年）］禁断之。①

这个法令并没有收到预期的效果，拥有特权的既得利益阶级谁也不肯放慢抢占山林的进度，他们有办法使法令成为具文，结果是言之谆谆，听之藐藐。所以到了孝武帝大明初（公元四五七年），又加严了禁令，并具体规定出依官品大小"占山"的限额：

> 大明初，［希］为尚书左丞。时扬州刺史西阳王子尚上言："山湖之禁，虽有旧科，民俗相因，替而不奉，燔[4]山封水，保为家利。自顷以来，颓弛日甚，富强者兼岭而占，贫弱者薪苏无托，至渔采之地，亦又如兹。斯实害治之深弊，为政所宜去绝，损益旧条，更申恒制。"有司检壬辰诏书："占田护泽，强盗律论，赃一丈以上，皆弃市。"希以"壬辰之制，其禁严刻，事既难遵，理与时弛。而占山封川，渐染复滋，更相因仍，便成先业，一朝顿去，易滋嗟怨。今更刊革，立制五条。凡是山泽，先常燔爈[5]种养竹木杂果为林芿（古仍字，意为草不割。谓陈草根不芟，新草又生，相因仍），及陂湖江海鱼梁鳅[6]紫场，常加工修作者，听不追夺。官品第一、第二，听占山三顷；第三、第四品，二顷五十亩；第五、第六品，二顷；第七、第八品，一顷五十亩；第九品及百姓，一顷。皆依定格，条上资簿。若先已占山，不得更占；先占阙少，依限占足。若非前条旧业，一[7]不得禁。有犯者，水土一尺以上，皆计赃，依常盗律论。除咸康二年壬辰之科。"②

禁令虽然规定得很具体，也很严厉，但是特权阶级仍然是阳奉阴违，毫无实效，由刘宋王朝之三令五申，可知禁令的约束力是不大的，遇到有不畏权势的强项令，执法如山，也能收效于一时，但人去法弛，转瞬又故态复萌。例如：

> 会稽多诸豪右，不遵王宪，又幸臣近习，参半宫省，封略山湖，

---

① 《宋书》卷二，《武帝纪》。
② 《宋书》卷五十四，《羊玄保传附兄子希传》。

妨民害治，兴宗皆以法绳之。①

　　太守孟𫖮……为灵运所轻。……会稽东郭有回踵湖，灵运求决以为田，太祖令州郡履行。此湖去郭近，水物所出，百姓惜之。𫖮坚决不与。灵运既不得回踵，又求始宁岯嵊湖为田，𫖮又固执。灵运与之构仇。②

　　[大明七年（公元四六三年）]秋七月丙申，诏曰："前诏：江海田池，与民共利，历岁未久，浸以弘替，名山大川，往往占固。有司严加检纠，申明旧制。"③

　　宋以后，这一类封山占田现象仍继续存在，禁令亦不停颁发，可知王公贵族等特权阶级是能够使禁令无效的。例如宋以后的齐、梁王朝又频繁地颁发此项禁令：

　　[永明中（公元四八七年前后）]时司徒竟陵王于宣城、临成、定陵三县界立屯，封山泽数百里，禁人樵采。④

　　[大同七年（公元五四一年）十一月]又诏曰："……凡是田桑废宅没入者，公创之外，悉以分给贫民，皆使量其所能，以受田分。如闻顷者豪家富室多占取公田，贵价僦税，以与贫民，伤时害政，为蠹已甚。自今公田悉不能假与豪家，已假者，特听不追。其若富室给贫民种粮共营作者，不在禁例。"……十二月，壬寅，诏曰："……又复公私传、屯、邸、冶，爰至僧尼，当其地界，止应依限守视，乃至广加封固，越界分断水陆采捕，及以樵苏，遂致细民措手无所。凡自今有越界禁断者，禁断之身，皆以军法从事。若是公家创内，止不得辄自立屯，与公竞作，以收私利。至百姓樵采，以供烟爨者，悉不得禁，及以采捕，亦勿诃问！若不遵承，以死罪结正。"⑤

----

① 《宋书》卷五十七，《蔡廓传附弟兴宗传》。
② 《宋书》卷六十七，《谢灵运传》。
③ 《宋书》卷六，《孝武帝纪》。
④ 《南史》卷三十五，《顾觊之传附孙宪之传》。
⑤ 《梁书》卷三，《武帝纪》。

法至死罪，不可谓不严，而王公权贵仍置若罔闻，例如在甫颁上述禁令的武帝朝，临川静惠王之子正德竟"自征虏亭至于方山，悉略为墅。蓄奴僮数百，皆黥其面"①。说明王公权贵豪门大姓之占夺公田，在整个南朝一代一直在继续之中。

从以上所述可以看出，南北两地土地制度的发展趋势不仅是不同的，而且是相反的。本来在土地私有制度确立以后，土地制度的正常发展趋势，是私有土地的比重逐渐加大，而公有土地的比重则逐渐缩小，也就是逐步地但却是不停地通过各种途径把公田变为私田，特别是在土地兼并不断发展的情况下，这种变化进程还是不慢的。总之，不断地化公为私，是发展的正常趋势。到了这一历史时期，南北两地都轶出了历史发展的正常轨道。在北朝，由于上述的种种原因，出现了倒流现象，本来都是私人早已占有的世业，是私人世代种植的良田，这时都变成了无主荒田，而不得不由政府收管，于是遂由个人私产变成了公有之田，这与历来的发展方向显然是相反的。在南朝，这时正如火如荼地进行着公田的私有化，本来应由公家占有的那些山林川泽丘陵原隰等无主之田，却纷纷被私人封略抢占而化公为私，并且占有的比重又在迅速加大。这与总的发展方向虽然是一致的，但也同样轶出了正常轨道，因为形成私有土地的途径虽有种种，但是买卖（包括少量的赏赐、赠予等）程序是获得土地的主要途径。南朝的私人大地产虽然也有得之于买卖的，但却是不多见的，当然也不是主要的，其中绝大部分都不是通过买卖程序获得的，因而南朝的土地兼并不同于历来的土地兼并，这在土地制度史上，发展方向虽然不是逆转的，但却是特殊的。总之，南北两地的土地制度，都各有其不同的特点。

这种不同方向的发展，反映了南北两地经济结构和经济状况的不同，并对社会经济造成了不同的结果。在北朝，有主之田变为无主之田，标志着大地的荒芜化和沙漠化，是整个社会经济的倒退，是黄河流域和淮河流域两大经济区的彻底衰落。在南朝，通过特权阶级的"封略山湖""抢占田土"，通过他们的"凿山浚湖，功役无已"，使无主之田变为有主之田，使开发的范围迅速扩大，从而促进了江南社会经济的发展，改变了火耕水耨、饭稻羹鱼的落后状态，并取代了北方经济区的传统地位，得以完成中国历史上一次巨大变革——全国经济重心的南移。所以南朝土地制度的变革，其影响是极为

① 《南史》卷五十一，《梁临川静惠王宏传附子正德传》。

深远的。

（二）两晋和南北朝对官田的利用

西晋王朝的运祚[8]虽不长，但社会经济却有过一段短暂的恢复时期，即随着国家的统一和政局的稳定，社会经济经过从东汉末年以来的长期丧乱而严重破坏之后，又逐渐有所恢复，并有了一定程度的繁荣，同时一度被打乱了的土地私有制度又在沿着固有的轨道继续发展。不言而喻，土地私有制度的伴生物——土地兼并也必然随之而起。在土地兼并又恢复了过去迅猛发展之势的情况下，官田会通过各种渠道而不断地化为私田，也就是官田所占的份额是在不断缩小，因而朝廷对于自己所占有的为数不多的一点官田，自然就要格外珍惜，不能允许私人任意侵占。由下引两条记载可以看出，擅占官田是违法的：

> 泰始初（公元二六五年），封祁侯。憙上言："故立进令刘友、前尚书山涛、中山王睦、故尚书仆射武陔各占官三更稻田，请免涛、睦等官，陔已亡，请贬谥。"诏曰："法者，天下取正，不避亲贵，然后行耳，吾岂将枉纵其间哉？然案此事，皆是友所作，侵剥百姓，以缪惑朝士，奸吏乃敢作此。其考竟友，以惩邪佞！涛等不二其过者，皆勿有所问。"①
>
> ［泰始中］司隶校尉李憙复上言，骑都尉刘尚为尚书令裴秀占官稻田，求禁止秀。诏又以秀干[9]翼朝政，有勋绩于王室，不可以小疵掩大德，使推正尚罪，而解秀禁止焉。②

用于赏赐，是西晋王朝所占官田的一项主要用途。过去历代王朝向来都是用田宅、奴婢、布帛、金钱等赏赐臣下，用以褒奖有功，或用以表示亲幸，在货币经济衰落之后，特别是在贵金属黄金退出流通之后，赏赐遂主要为实物，而赏赐土地更被视为是价值最高的重赏，被赐予的人当然都是与最高统治者有特殊关系或有勋劳的人。例如：

---

① 《晋书》卷四十一，《李憙传》。
② 《晋书》卷三十五，《裴秀传》。

泰始九年（公元二七三年）卒……赐茔田百亩。①

咸宁三年（公元二七七年），求入朝，因乞骸骨。赐衮冕之服，诏曰："骞，元勋旧德，统义东夏，方弘远绩，以一吴会；而所苦未除，每表恳切，重劳以方事。今听留京城，以前太尉府为大司马府，增置祭酒二人，帐下司马、官骑、大军鼓吹，皆如前，亲兵百人，厨田十顷，厨园五十亩，厨士十人。……"②

［太康中（公元二八五年）］告老逊位，乃下诏曰："……给厨田十顷，园五十亩，钱百万，绢五百匹……以称吾崇贤之意焉。"③

［元康中（公元二九五年），从讨叛氐，战死］追赠[10]平西将军，赐钱百万，葬地一顷，京城地五十亩为第，又赐王家近田五顷。④

太宗世，琅邪王悦亦莅官清正，见知。……泰始中为黄门郎，御史中丞。上以其廉介，赐良田五顷。⑤

官田的另一重要用途，是作为各级官吏俸禄的一部分，以其官秩之大小，分配给数目不等的土地，称为菜田、公田或禄田，有固定的官田佃户，土地的收入即作为官吏的俸禄。官吏秩满离任，晋以立夏日为断，在立夏日以前去职，公田收获物归新来的继任者，立夏日以后去职，则公田的收获物仍归前人。西晋的官制对此有明确规定：

诸公及开府位从公者，品秩第一，食奉日五斛。……元康元年（公元二九一年），给菜田十顷，骑十人；立夏后不及田者，食奉一年。

特进……食奉日四斛。……元康元年，给菜田八顷，田驺八人；立夏后不及田者，食奉一年。

光禄大夫……食奉日三斛。……惠帝元康元年，始给菜田六顷，田驺六人。

三品将军，秩中二千石者……菜田、田驺，如光禄大夫诸卿。

---

① 《晋书》卷九十，《良吏·鲁芝传》。
② 《晋书》卷三十五，《陈骞传》。
③ 《晋书》卷三十六，《卫瓘传》。
④ 《晋书》卷五十八，《周处传》。
⑤ 《宋书》卷九十二，《良吏·王歆之传附王悦[11]传》。

尚书令，秩千石……元康元年（公元二九一年），始给菜田六
顷，田驺六人。

太子太傅、少傅……惠帝元康元年……给菜田六顷，田驺
六人。①

东晋和继起的南朝仍沿袭职田之制，对地方官的职田亦有明确规定，据
东晋初应詹所陈，其制如下：

[明帝朝]迁使持节、都督江州诸军事、平南将军、江州刺史。
詹将行，上疏曰："……都督可课佃二十顷、州十顷、郡五顷、县三
顷。皆取文武吏医卜，不得挠乱百姓。三台九府，中外诸军，有可
减损，皆令附农。……然后重职之俸，使禄足以代耕。"②

以为彭泽令。在县，公田悉令种秫谷，曰："令吾常醉于酒，足
矣。"妻子固请种秔（按：秔，《南史》作粳），乃使二顷五十亩种
秫，五十亩种秔。③

观此，可知县令的职田确为三顷，故潜能使二顷五十亩种植酿酒之资，
仅以所余五十亩种植家人养生之物。但也有个别特殊情况，地方官的职田远
超过规定的数目。例如：

[太元中（公元三八五年前后），序镇洛阳]帝遣广威将军河南
太守杨佺期、南阳太守赵睦，各领兵千人隶序。序又表求故荆州刺
史桓石生府田百顷，并谷八万斛给之，仍戍洛阳，卫山陵也。④

东晋以后，宋、齐、梁、陈各王朝都一直在沿袭这个制度，故各朝史籍
中屡见此类记载，这里仅引数例如下：

---

① 《晋书》卷二十四，《职官志》。
② 《晋书》卷七十，《应詹传》。
③ 《晋书》卷九十四，《隐逸·陶潜传》。
④ 《晋书》卷八十一，《朱序传》。

［永初二年（公元四二一年）］二月戊申，制中二千石加公田一顷。①

大明元年（公元四五七年）二月己亥，复亲民职公田。②

［泰始三年（公元四六七年）］冬十月辛丑，复郡县公田。③

［升明元年（公元四七七年）八月］丁卯，原除元年以前逋调，复郡县禄田。④

［天监二年（公元五○三年）］出为义兴太守。……在郡所得公田奉秩八百余石，昉五分督一，余者悉原，儿妾食麦而已。⑤

高祖善之，征为东阳太守。……民赋税不登者，辄以太守田米助之。⑥

　　可见在江南各朝，官田的用途之一是作为官吏的职田或禄田，成为官俸的一个重要组成部分，只是在方法上微有改动。原来在两晋时期，系以立夏日为前后任官吏应否获得本年收获的分界线，到宋元嘉时改为以芒种为断："时郡县禄田以芒种为断，此前去官者，则一年秩禄皆入后人。始以元嘉末为改此科，计月分禄。长之去武昌郡，代人未至，以芒种前一日解印绶。"⑦ 这是阮长之为了表示自己的清高，乘代人未到，故意于芒种前一日解印绶，以便把自己应得的一年秩禄让与后人。

　　地主制经济的剥削，本来就具有领主制经济不能达到的残酷程度，在这种经济结构内，官有土地中的职田或禄田的剥削又具有特殊的残酷性，这不一定是由于临时占有职田的都是贪官污吏，而是由这个制度自身所具有的经济规律所决定的。因为：①职田的地租收入是该管官吏俸禄的一部分或大部分，也就是该官吏主要的或唯一的收入来源，把剥削率提高一分，则官吏的收入即增加一分，于是对官佃的剥削遂非常残酷；②官吏对禄田的占有只限于在职期间，而这个期间又甚为短促，三年考成，黜陟随其后，故向有官衙如传舍之说，印绶一解，官俸即止，如适在立夏或芒种之前，连本年收入亦

① 《宋书》卷三，《武帝纪下》。
② 《宋书》卷六，《孝武帝纪》。
③ 《宋书》卷八，《明帝纪》。
④ 《宋书》卷十，《顺帝纪》。
⑤ 《南史》卷四十九，《任昉传》。
⑥ 《梁书》卷五十三，《良吏·伏暅传》。
⑦ 《南史》卷七十，《阮长之传》。

尽归后人，这样，必都乘其在位之日极尽其腧削之能事，决"不余力而让财"。在必要和可能条件两皆具备的情况下，这类官田的剥削遂非常残酷，有时把佃农剥削到无法生存的地步，其种种残酷情况，由下引记载可略见一二：

> 泰始四年（公元二六八年），傅玄上便宜五事，其一曰："耕夫务多种，而耕暵不熟，徒丧功力而无收。又旧兵持官牛者，官得六分，士得四分，自持私牛者，与官中分。施行来久，众心安之。今一朝减，持官牛者，官得八分，士得二分；持私牛及无牛者，官得七分，士得三分。人失其所，必不欢乐。臣愚以为，宜佃兵持官牛者，与四分，持私牛，与官中分，则天下兵作欢然悦乐，爱惜成谷，无有损弃之忧。"①

> 元嘉初，为始兴太守。三年（公元四二六年），遣大使巡行四方，并使郡县各言损益。豁因此表陈三事，其一曰："郡大田，武吏年满十六，便课米六十斛，十五以下至十三，皆课米三十斛，一[12]户随丁多少，悉皆输米。且十三岁儿，未堪田作，或是单迥，无相兼通，年及应输，便自逃逸，既遏接蛮俚，去就益易。或乃断截支体，产子不养，户口岁减，实此之由。谓宜更量课限，使得存立。"②

"与官中分"，剥削率已高达百分之五十，如使用官牛，竟高达百分之八十，即使是使用私牛，亦下于百分之七十，佃农一年辛苦，仅得全部收获物的三成，实不足以维持最低限度的生活，则"人失其所"，就成为必然的结果了。剥削竟然包括不成丁的十三岁儿童，自然要造成"年及应输，便自逃逸"，甚至"断截支体，产子不养"了。

赈济贫穷是官田的另一重要用途，这是历代王朝用以缓和矛盾、防止动乱的一个社会政策，这时期江南各朝皆奉行不替。这里据宋、齐、梁、陈各朝史籍中的有关记载酌引数例如下：

> 宋：[太初元年（公元四五三年），劭即位]博访公卿，询求治道，薄赋轻徭，损诸游费。田苑山泽，有可弛者，假与贫民。③

---

① 《晋书》卷四十七，《傅玄传》。
② 《宋书》卷九十二，《良吏·徐豁传》。
③ 《宋书》卷九十九，《元凶劭传》。

[孝建二年（公元四五五年）八月] 丙子，诏曰："诸苑禁制绵远，有妨肆业，可详所开弛，假与贫民。"①

齐：[永明十一年（公元四九三年）八月癸未] 诏曰："……御府诸署池田邸冶，兴废沿事，本施一时，于今无用者，详所署省。公宜权禁，一以还民，关市征赋，务从优减。"②

[建武元年（公元四九四年）十一月甲戌] 诏省新林苑，先是民地，悉以还主，原责本直。③

梁：[天监七年（公元五〇八年）] 九月丁亥，诏曰："薮泽山林，毓材是出，斧斤之用，比屋所资。而顷世相承，并加封固，岂所谓与民同利，惠兹黔首？凡公家诸屯戍见封熂者，可悉开常禁。"④

[天监] 十六年（公元五一七年）春正月辛未，诏曰："朕务承天休，布兹和泽。尤贫之家，勿收今年三调。其无田业者，所在量宜赋给。"⑤

[天监] 十七年（公元五一八年）春正月丁巳朔，诏曰："……凡天下之民，有流移他境，在天监十七年正月一日以前，可开恩半岁，悉听还本，蠲课三年。……若流移之后，本乡无复居宅者，村司三老及余亲属，即为诣县，占请村内官地官宅，令相容受，使恋本者还有所托。"⑥

[大同七年（公元五四一年）十一月丁丑] 又诏曰："……凡是田桑废宅没入者，公创之外，悉以分给贫民，皆使量其所能，以受田分。"⑦

陈：[太建二年（公元五七〇年）] 秋八月甲申，诏曰："顷年江介褫[13]负相随，崎岖归化，亭候不绝，宜加恤养，答其诚心。……州郡县长明加甄别，良田废村，随便安处。"……又诏曰："……有能垦起荒田，不问顷亩多少，依以蠲税。"⑧

---

① 《宋书》卷六，《孝武帝纪》。
② 《南齐书》卷四，《郁林王纪》。
③ 《南齐书》卷六，《明帝纪》。
④ 《梁书》卷二，《武帝纪》。
⑤ 《梁书》卷二，《武帝纪》。
⑥ 《梁书》卷二，《武帝纪》。
⑦ 《梁书》卷三，《武帝纪》。
⑧ 《陈书》卷五，《宣帝纪》。

[太建] 十一年（公元五七九年）三月丁未，诏淮北义人率户归国者，建其本属旧名，置立郡县，即隶近州，赋给田宅，唤订一无所预。①

屯田是两晋一贯奉行的政策，因晋王朝是依靠屯田兴起的一个政权，司马氏之所以能在军事上和政治上取得最后胜利，并登上皇帝宝座，邓艾在两淮屯田的成功实起了重大的作用。建国之后，晋王朝[14]对屯田仍十分重视，特别是驻军之处如有荒田可资利用，即特设农官，以课督屯垦，如晋定官制，"州置刺史……荆州又置监佃督一人"。② 监佃督即主管屯田之官。元帝尤留意于此："元帝为晋王，课督农功……使军各自佃作，即以为廪。"③ 及永嘉之乱，中原鼎沸，元帝仓惶南逃，偏安江东，行装甫卸，惊魂未定，就遇到三吴大饥，一时征调无所，运漕不至，严重缺乏的军需民食，威胁着晋王室的生存，于是遂不得不诉诸行之有效的屯田政策，兴复农官，使军民佃作，以应急需，一时朝议纷纷，竞陈其利。例如：

[大兴[15]] 二年（公元三一九年），三吴大饥，死者以百数。……百官各上封事，后军将军应詹表曰："军兴已来，征战运漕，朝廷宗庙，百官用度，既已殷广，下及工、商、流寓、僮仆，不亲农桑而游食者，以十万计。不思开立美利，而望国足人给，岂不难哉？……故有国有家者，何尝不务农重谷？近魏武皇帝用枣祗、韩浩之议，广建屯田，又于征伐之中，分带甲之士，随宜开垦，故下不甚劳，而大功克举也。间者，流人奔东吴，东吴今俭，皆已还反，江西良田，旷废未久，火耕水耨，为功差易。宜简流人，兴复农官，功劳报赏，皆如魏氏故事：一年中与百姓，二年分税，三年计赋税以使之。公私兼济，则仓盈庾亿，可计日而待也。"又曰："……今中州萧条，未蒙疆理，此兆庶所以企望。寿春一方之会，去此不远，宜选都督有文武经略者，远以振河、洛之形势，近以为徐、豫之藩镇，绥集流散，使人有攸依，专委农功，令事有所局。赵充国农于金城，以平西零，诸葛亮耕于渭滨，规抗上国。今诸军自不

---

① 《陈书》卷五，《宣帝纪》。
② 《晋书》卷二十四，《职官志》。
③ 《晋书》卷二十六，《食货志》。

对敌，皆宜齐课。"①

是时（明帝初）天下凋弊，国用不足，诏公卿以下诣都，坐论时政之所先。峤因奏军国要务。……其三曰："诸外州郡将兵者，及都督府，非临敌之军，且田且守。又先朝使五校出田，今四军五校有兵者，及护军所统外军，可分遣二军出，并屯要处。缘江上下，皆有良田，开荒须一年之后即易。且军人累重者在外，有樵采蔬食之人，于事为便。"……议奏，多纳之。②

在朝廷的大力号召督劝下，州郡县等地方官尤其是拥兵将领，在迫切需要的驱使下，均在其辖境之内，利用山林原野和无主荒地，大兴屯田之利，这里仅酌引数例，以见一斑：

[元帝朝，卓镇襄阳] 方散兵使大佃，而不为备。③
[永和中，羡北镇淮阳] 屯田于东阳之石鳖。④
时征西将军庾亮以石勒新死，欲移镇石头，为灭贼之渐。事下公卿，谋议曰："……昔祖士稚在谯，佃于城北，虑贼来攻，因以为资，故豫安军屯，以御其外。谷将熟，贼果至；丁夫战于外，老弱获于内，多持炬火，急则烧谷而走。……"⑤

除了使兵士于驻在之地且守且耕外，西晋时曾以官奴隶代兵士屯田："咸宁元年（公元二七五年）十二月，诏曰：……今以邺奚官奴婢著新城，代田兵种稻，奴婢各五十人为一屯，屯置司马，使皆如屯田法。"⑥ 这可能是由于特殊情况，而暂以官奴婢代田兵种稻，后来未再实行，故有关记载亦仅一见，可知不是一个确定制度。关于官田租重的情况已见上文，军屯虽不收租，而劳役的剥削亦同样沉重，官家为了增加收入，常力求扩大屯种的面积，这样，既加重了田兵的负担，又降低了土地的单位面积产量，晋初的傅玄曾力陈

① 《晋书》卷二十六，《食货志》。
② 《晋书》卷六十七，《温峤传》。
③ 《晋书》卷七十，《甘卓传》。
④ 《晋书》卷七十五，《荀崧传附子羡传》。
⑤ 《晋书》卷七十七，《蔡谟传》。
⑥ 《晋书》卷二十六，《食货志》。

其弊：

> 泰始四年（公元二六八年），玄上便宜五事……其四曰："古以步百为亩，今以二百四十步为一亩，所觉过倍。近魏初课田，不务多其顷亩，但务修其功力，故白田收至十余斛，水田收数十斛。自顷以来，日增田顷亩之课，而田兵益甚，功不能修理，至亩数斛已还，不足以偿种。非与曩时异天地，横遇灾害也，其病正在于务多顷亩，而功不修耳。"①

晋以后，宋、齐、梁、陈各王朝，对于屯田亦极为重视，在其统治区域内，凡有可资利用的山林原野和荒闲无主的土地而由政府没入为官田，即尽量以屯田方式加以开发利用，该地区如有堙塞废弃的沟渠堤堰可以修复的，亦由政府出力为之开凿疏浚，以灌溉公私田畴。这里先看刘宋朝的情况：

> ［义熙八年（公元四一二年）］十一月己卯，公至江陵，下书曰："……近因戎役，来涉二州，践境亲民，愈见其瘼，思欲振其所急，恤其所苦。凡租税调役，悉宜以见户为正。州郡县屯田池塞，诸非军国所资，利入守宰者，今一切除之。"②
>
> 高祖将伐羌，先遣修之复芍陂，起田数千顷。③
>
> 芍陂良田万余顷，堤塌久坏，秋夏常苦旱。义欣遣谘议参军殷肃循行修理。有旧沟引淠水入陂，不治积久，树木榛塞。肃伐木开榛，水得通注，旱患由是得除。④
>
> 元嘉十六年（公元四三九年），世祖镇襄阳，以为抚军录事参军、襄阳令。襄阳有天门堰，良田数千顷，堰久决坏，公私废业。世祖遣秀之修复，雍部由是大丰。⑤
>
> 泰豫元年（公元四七二年），明帝崩，攸之与蔡兴宗并在外藩，同预顾命。……乃以攸之为镇西将军、荆州刺史，加都督。聚敛兵

---

① 《晋书》卷四十七，《傅玄传》。
② 《宋书》卷二，《武帝纪中》。
③ 《宋书》卷四十八，《毛修之传》。
④ 《宋书》卷五十一，《宗室·长沙景王道怜传附子义欣传》。
⑤ 《宋书》卷八十一，《刘秀之传》。

力，养马至二千余匹，皆分赋逻将士，使耕田而食，廪财悉充仓储。①

现役兵士是屯田的主要劳动力，他们服劳役与服兵役系轮番更替——即所谓"耕战递劳"，此外还有例行休假，这样，一年之中有三番轮换。因期限短促，奔驰道路，遂成为兵士的一项沉重负担，世祖孝建中，张永曾提出改革意见，为朝廷所采纳：

[世祖孝建二年（公元四五五年）]召入为尚书左丞。时将士休假，年开三番，纷纭道路。永建议曰："臣闻开兵从稼，前王以之兼隙，耕战递劳，先代以之经远。当今化宁万里，文同九服，捐金走骥，于焉自始。伏见将士休假，多蒙三番，程会既促，装赴在早。故一岁之间，四驰遥路，或失遽春耕，或违要秋登，致使公替常储，家阙旧粟，考定利害，宜加详改。愚谓交代之限，以一年为制，使征士之念，劳未及积，游农之望，收功岁成。斯则王度无骞，民业斯植矣。"从之。②

除了以兵士屯田外，刘宋时亦兼用民屯，即招募各地流徙不定的无地农民实行屯种，管理、分配等照军屯办法办理：

弱冠为会稽王司马道子骠骑参军主簿。时农务顿息，末役繁兴，弘以为宜建屯田，陈之曰："近面所谘立屯田事，已具简圣怀。南亩事兴，时不可失，宜早督田畯，以要岁功。……伏见南局诸冶，募吏数百，虽资以廪赡，收入甚微，愚谓若回以配农，必功利百倍矣。……又欲二局田曹，各立典军，募吏依冶募比例，并听取山湖人。此皆无损于私，有益于公者也。"③
朗上书曰："……今自江以南，在所皆穰，有食之处，须官兴役，宜募远近能食五十口一年者，赏爵一级。不过千家，故近食十

① 《南史》卷三十七，《沈庆之传附攸之传》。
② 《宋书》卷五十三，《张茂度传附子永传》。
③ 《宋书》卷四十二，《王弘传》。

万口矣。使其受食者，悉令就佃淮南，多其长帅，给其粮种。凡公私游手，岁发佐农，令堤湖尽修，原陆并起。……淮以北悉使南过江，东旅客尽令西归。"①

萧齐王朝运祚不长，由于不断用兵，深感兵食不足，军国虚乏，故对于屯田亦极为重视。特别是由于南北长期对立，江淮之间，大片良田，鞠为茂草，应充分加以利用，既可以助军国之需，又大有利于百姓，一时朝议纷纷，多表陈其事：

　　[建元中（公元四八○年左右）]上遣使入关参虏消息，还，敕崇祖曰："卿视吾是守江东而已邪？所少者食，卿但努力营田，自然平殄残丑。"敕崇祖修治芍陂田。②
　　冲之造《安边论》，欲开屯田，广农殖。建武中（公元四九六年），明帝使冲之巡行四方，兴造大业，可以利百姓者；会连有军事，事竟不行。③
　　是时（建武中）连年虏动，军国虚乏。孝嗣表立屯田，曰："……窃寻缘淮诸镇，皆取给京师，费引既殷，漕运艰涩，聚粮待敌，每若（苦）不周，利害之基，莫此为急。臣比访之故老，及经彼宰守，淮南旧田，触处极目，陂遏不修[16]，咸成茂草，平原陆地，弥望尤多。今边备既严，戍卒增众，远资馈运，近废良畴，士多饥色，可为嗟叹。愚欲使刺史二千石，躬自履行，随地垦辟，精寻灌溉之源，善商肥确之异，州郡县戍主帅以下，悉分番附农。今水田虽晚，方事菽麦二种，益是北土所宜，彼人便之，不减粳稻。开创之利，宜在及时。所启允合，请即使至徐、兖、司、豫，爰及荆、雍，各当境规度，勿有所遗。别立主曹，专司其事，田器耕牛，台详所给，岁终言殿最，明其刑赏。此功克举，庶有弘益，若缘边足食，则江南自丰，权其所饶，略不可计。"④

① 《宋书》卷八十二，《周朗传》。
② 《南齐书》卷二十五，《垣崇祖传》。
③ 《南齐书》卷五十二，《文学·祖冲之传》。
④ 《南齐书》卷四十四，《徐孝嗣传》。

这是一篇推广屯田政策的说明书，它既说明了屯田的重要性，又提出了实施的具体办法，《南齐书》曾予以很高的评价，并以当时由于政治黑暗和军旅不息，以致未能贯彻而深为惋惜："史臣曰：……屯田之略，实重战守；若夫克国耕殖，用殄羌戎，韩浩、枣祗，亦建华夏，置典农之官，兴大佃之议，金城布险，峻垒绵壃，飞刍挽[17]粒，事难支继。一夫不耕，或钟饥馁。缘边戍卒，坐甲千群，故宜尽收地利，因兵务食。缓则躬耕，急则从战。岁有余粮，则红食可待。前世达治，言之已详。江左以来，不暇远策，王旅外出，未尝宿饱，四郊婴守，惧等松乌。县兵所救，经岁引日，凌风泭水，转漕艰长。倾窖底之储，尽仓敖之粟，流马木牛，尚深前弊，田积之要，唯在江淮。郡国同兴，远不周急。故吴氏列戍南滨，屯农水右，魏氏淮北大佃，而石横（按：《晋书·食货志》作'横石'）开漕，皆辅车相资，易以待敌。孝嗣当蹙境之晨，荐希行之计，王无外略，民困首领，观机而动，斯议殆为空陈，惜矣！"①

梁、陈两朝，已属季世，运祚既短，兵争又多，故同样是"当蹙境之晨"，同样是"王无外略，民困首领"，基本上是一个衰颓消亡之世，但是屯田之策，迄未中断，各地戍军将帅和州郡守令，多留意于此，每于辖境之内开置屯田，励农积谷，以充储备，兼济民食，公私赖之。这里仅酌引数例如下，不一一论述：

[天监元年（公元五〇二年），拜安西将军、荆州刺史] 时军旅之后，公私空乏，憺厉精为治，广辟屯田，减省力役，存问兵死之家，供其穷困，民甚安之。②

[天监中] 出为竟陵太守，开置屯田，公私便之。迁为游击将军……北梁秦二州刺史，复开创屯田数千顷，仓廪盈实，省息边运，民吏获安。③

[普通四年（公元五二三年）从军北伐] 是冬，始修芍陂。④

[中大通] 六年（公元五三四年），转使持节督豫、淮、陈、颖、建、霍、义七州诸军事，豫州刺史。豫州积岁寇戎，人颇失业。

---

① 《南齐书》卷四十四，《徐孝嗣传论》。
② 《梁书》卷二十二，《始兴忠武王憺传》。
③ 《梁书》卷二十八，《裴邃传》。
④ 《梁书》卷二十八，《裴邃传》。

夔乃帅军人于苍陵立堰，溉田千余顷，岁收谷百余万石，以充储备，兼济贫人，境内赖之。[①]

[太建六年（公元五七四年）诏]："仍出阳平仓谷，拯其悬罄，并充粮种，劝课士女，随近耕种，石鳖等屯，适意修垦"。[②]

分裂割据的十六国和继起的北魏王朝都建国于黄、淮流域的广大地区内，这个区域原是自古以来开发最早的精耕农业区，经过数百千岁的生聚繁衍，早在秦汉以前就已经是一个人稠地狭之区，这是说所有可资利用的土地包括山林原野，早已开发殆尽，其中的绝大部分土地都已是人民的私产，无主荒田已经基本上不存在了。但是经过这一时期的长期丧乱和惨重破坏之后，人民非死则逃，原来的有主之田，现在都变成了无主之田。孑遗之民，百不遗一，也就是百分之九十的良田已鞠为茂草。在人烟稀少、荒芜极目的情况下，这些无主荒田只能由政府收管，于是北方各朝政府所拥有的官田，实际[18]比南方各代王朝为多，因而政府自可以任意利用，而取之不竭。官田的利用方式基本上与南朝相同或大同小异，主要用途有以下几项：

（1）宫室苑囿。十六国的统治者，大都凶残狂暴，杀人如麻，而生活则又穷奢极欲，追求豪华，一旦窃取到政权，便大兴土木，营造宫室苑囿，设置山林川泽等搜猎禁地，其规模之大、面积之广、占地之多，更远非江南各朝所能望其项背。有关情况前章业已论述，这里从略。

在这些小朝廷的统治者中，像石季龙、慕容熙那样昏愚狂暴的人实比比皆是，他们本都是在漫天烽火之中称兵割据，侥幸一时，成功之后，不思经国安邦之略，而沉溺于荒淫糜烂之中，滥用民力财力以盛营宫室苑囿，故其覆亡，皆指日可待。元魏进入中原时，系在长期丧乱之后，战火虽已相继熄灭，而遗留下的则是一个土旷人稀的荒凉世界，到处都是无主之田，可以随意使用，故在初入中原时，亦常将被征服的土地圈占为苑囿。例如：

[天兴二年（公元三九九年）]二月丁亥朔，诸军同会，破高车杂种三十余部……以所获高车众起鹿苑，南因台阴，北距长城，东包白登，属之西山，广轮数十里，凿渠引武川水注之苑中，疏为

---

① 《梁书》卷二十八，《夏侯亶传附弟夔传》。
② 《陈书》卷五，《宣帝纪》。

三沟，分流宫城内外。又穿鸿雁池。①

后来北魏在中原建国后，社会秩序已渐趋安定，农业亦开始在慢慢恢复，北魏王朝因将早年在各地圈占的苑囿猎场和封禁的山林川泽，先后弛禁，听民耕垦樵采，或即赐予贫民。例如：

[太武帝朝]上谷民上书言，苑囿过度，民无田业，乞减大半，以赐贫人。弼览见之，入欲陈奏，遇世祖与给事中刘树棋[19]，志不听事。弼侍坐良久，不获申闻。乃起，于世祖前捽树头，掣下床，以手搏其耳，以拳殴其背，曰："朝廷不治，实尔之罪!"世祖失容，放棋曰："不听奏事，实在朕躬，树何罪？置之!"弼具状以闻。世祖奇弼公直，皆可其所奏，以丐百姓。②

跃表罢河西苑封，与民垦殖。有司执奏："此麋鹿所聚，太官取给，今若与民，至于奉献时禽，惧有所阙。"诏曰："此地若任稼穑，虽有兽利，事须废封。若是山涧，虞禁何损？寻先朝置此，岂苟借斯禽，亮亦以俟军行薪蒸之用。其更论之。"跃固请宜以与民，高祖从之。③

[皇兴四年（公元四七〇年）]十有一月，诏弛山泽之禁。④

[延兴三年（公元四七三年）]十有二月庚戌，诏：关外苑囿，听民樵采。⑤

[太和十一年（公元四八七年）八月]辛巳，罢北山苑，以其地赐贫民。⑥

(2) 化耕地为牧场。元魏原是一个经济和文化落后的游牧部族，在他们初入中原时，还没有改变他们原来的生产和生活方式，面对广阔无垠的荒芜原野，首先想到的一种利用方式，是把这些无主荒地变为牧场。例如在孝文

---

① 《魏书》卷二，《太祖纪》。
② 《魏书》卷二十八，《古弼传》。
③ 《魏书》卷三十七，《司马楚之传附子跃传》。
④ 《魏书》卷六，《显祖纪》。
⑤ 《魏书》卷七上，《高祖纪上》。
⑥ 《魏书》卷七下，《高祖纪下》。

帝迁都洛阳之后，便将洛阳附近的广大地区辟为马场。洛阳本三河地带之中心，王畿千里，为自古以来的主要精耕农业区，这时自石济以西、河内以东，拒黄河南北千里为马牧场，继又扩展于河东，以河阳一带为牧场，畜马二百余万匹，牛驼半之，每岁仍从河西徙戎马十万匹于并州。其他类此牧场，所在多有，其具体情况已详述于本卷第二章中，这里从略。

（3）实行计口授田。元魏虽是一个落后的游牧部族，但却羡慕汉族的农业文化，故在中原定鼎后，即大力推进汉化，包括改变原来的生产方式，提倡耕稼，奖励农桑，并在汉族士大夫的怂恿和协助下，恢复了中国传统的重农典礼（如耕籍田）以为倡导。儒家经生向来鼓吹古代的井田制度，现在既有取之不尽的荒田，具有恢复古代田制的条件，故魏王朝初叶曾对其本族和新附之民实行过计口授田，后来虽然没有继续实行，但在初叶不失为对公田的一种利用方式，后来的均田制仍含有这种田制的成分：

[天兴元年（公元三九八年）二月]诏给内徙新民耕牛，计口授田。[①]

[天兴元年]既定中山，分徙吏民及徒何种人、工伎巧十万余家以充京都，各给耕牛，计口授田。[②]

[永兴五年（公元四一三年）秋七月]奚斤等破越勤倍泥部于跋那山西，获马五万匹，牛二十万头。徙二万余家于大宁，计口受田。……八月癸丑，奚斤等班师。甲寅，帝临白登，观降民，数军实。……置新民于大宁川，给农器，计口受田。[③]

（4）赏赐。用土地行赏本来是官田利用的一个重要项目，过去历代王朝都在实行这个制度，成为私人地产的来源之一。这时期南朝亦通行这个制度，但北朝却不多见。因为把土地作为重要财物用以褒赏有功，必在农业已有所恢复、土地又成为重要的收入来源，从而成为人们争欲获得的财货时。如荒地仍触处皆是，成为绝对过剩，以致土地本身没有多大的交换价值，用于赏赐是得不到预期的目的的。但如遇特殊需要，也有以田宅行赏的事例，如：

---

① 《魏书》卷二，《太祖纪》。
② 《魏书》卷一百十，《食货志》。
③ 《魏书》卷三，《太宗纪》。

"［皇兴五年（公元四七一年）八月壬午］高丽民奴久等相率来降，各赐田宅。"① 大量以土地行赏，主要是在北朝的末叶，特别是到北齐、北周时，以土地行赏即屡见记载。例如：

帝赐提婆晋阳之田，光言于朝曰："此田，神武以来，常种禾饲马，以拟寇难，今赐，无乃阙军务也。"帝又以邺清风园赐提婆租赁之，于是官无菜，赊买于人，负钱三百万，其人诉焉。光曰："此菜园赐提婆，是一家足，若不赐提婆，便百官足。"由是祖穆积怨。②

曾祖洪隆，河东太守，以隆兄洪祚尚魏文帝女西河公主，有赐田在冯翊，洪隆子麟驹徙居之，遂家于冯翊之夏阳焉。③

及齐神武败于沙苑，果乃率其宗党归阙。太祖嘉之，赐田宅奴婢牛马衣服什物等。④

周太祖一见季才，深加优礼……赐宅一区，水田十顷，并奴婢牛羊什物等。谓季才曰："卿是南人，未安北土，故有此赐者，欲绝卿南望之心。"⑤

初，侠尝遇沉顿，大司空许国公文贵……并来伺候侠。侠所居第屋，不免风霜。贵等还，言之于帝，帝矜其贫苦，乃为起宅，并赐良田十顷，奴隶耕牛粮粟，莫不备足，缙绅咸以为荣。⑥

世宗初，除咸阳郡守。政存简惠，甚得民和。世宗闻其能，赐田园于郡境。宾既羁旅归国，亲属在齐，常虑见疑，无以取信，乃于所赐田内，多莳竹木，盛购堂宇，并凿池沼以环之，有终焉之志。朝廷以此知无二焉。⑦

［建德初（公元五七二年）］从柱国李穆平轵关等城，赏布帛三百匹，粟三百石，田三十顷。⑧

自［兄］君赐及宗室等为曹策所害，犹殡梁州，至是，表请迎

---

① 《魏书》卷七上，《高祖纪上》。
② 《北史》卷五十四，《斛律金传附子光传》。
③ 《周书》卷三十五，《薛端传》。
④ 《周书》卷三十六，《裴果传》。
⑤ 《隋书》卷七十八，《艺术·庾季才传》。
⑥ 《周书》卷三十五，《裴侠传》。
⑦ 《周书》卷三十七，《裴文举传附高宾传》。
⑧ 《周书》卷二十九，《伊娄穆传》。

丧归葬，高祖许之。……仍赐田二百顷。①

[大象]二年（公元五八〇年），逊以老病辞，诏许之。……又于郡赐田十顷。②

仕周为礼部上士……奉诏修定五礼，书成，奏之，赐公田十二顷，粟百石。③

（5）赈济贫民。在农业已逐渐恢复，土地已成为主要生产资料时，使生活无着的无地农民获得少量土地，是安定民生、防止动乱的一项重要的社会政策，故历代王朝经常以公田假贷贫民或赋予贫民，历久相沿，成为传统，这时期南北两朝均在实行这个制度。南朝情况，已见上文，关于北朝情况，这里仅引数例，以概其余：

世祖引允与论刑政，言甚称旨。因问允曰："万机之务，何者为先？"是时多禁封良田，又京师游食者众，允因言曰："臣少也贱，所知唯田，请言农事。古人云，方一里则为田三顷七十亩，百里则田三万七千顷。若勤（按：勤，《北史》作劝）之，则亩益三升；不勤，则亩损三升。方百里，损益之率，为粟二百二十二万斛，况以天下之广乎！若公私有储，虽遇饥年，复何忧哉。"世祖善之，遂除田禁，悉以授民。④

[太和十一年（公元四八七年）八月]辛巳，罢北山苑，以其地赐贫民。⑤

[正始元年（公元五〇四年）]十有二月丙子，以苑牧公田，分赐代迁之户。⑥

[延昌二年（公元五一三年）]闰二月辛丑，以苑牧之地赐代迁民无田者。⑦

天保初（公元五五〇年），除济北太守，恩信大行。富者禁其

① 《周书》卷四十六，《孝义·杜叔毗传》。
② 《周书》卷四十五，《儒林·乐逊传》。
③ 《隋书》卷五十六，《宇文敬传》。
④ 《魏书》卷四十八，《高允传》。
⑤ 《魏书》卷七下，《高祖纪下》。
⑥ 《魏书》卷八，《世宗纪》。
⑦ 《魏书》卷八，《世宗纪》。

奢侈，贫者劝课周给。县公田多沃壤，伯谦咸易之以给人。①

[大象二年（公元五八〇年）六月] 庚辰，罢诸鱼池及山泽公禁者，与百姓共之。②

（6）官吏职田。这个制度在北朝实行较晚，直到北魏中叶的太和九年（公元四八五年），因实行均田制度——"下诏均给天下民田"，才规定了州郡县各级地方官的职田，其他非宰民之官，则不给公田：

> 诸远流配谪[20]、无子孙及户绝者，墟宅桑榆，尽为公田，以供授受。……诸宰民之官，各随地给公田：刺史十五顷，太守十顷，治中别驾各八顷，县令郡丞六顷。更代相付，卖者坐如律。③

公田租入，为在职官吏所有，当即为各宰民之官的俸禄。"更代相付"未具体说明办法，不知是否与南朝的制度相同，即前后任官吏以立夏日或芒种日为断。但是公田的剥削率却比南朝为轻。孝昌二年（公元五二六年）规定："税京师田租，亩五升；借赁公田者，亩一斗。"④

（7）屯田。早在十六国时期，各个割据的小朝廷，虽干戈不休，"无月不战"，但因丧乱之际，民废农业，兵食不足，征调无由，遂不得不师魏武故技，实行屯田。例如石季龙于建武四年（公元三三八年）因"谋伐昌黎"，"使典农中郎将王典率众万余，屯田于海滨"。⑤ 不久于建武六年（公元三四〇年），"自幽州东至白狼，大兴屯田"。⑥ 北魏王朝对屯田尤为重视，因在当时客观条件限制之下，它深知这是行之有效的足食足兵之策，是剪灭群雄割据、取得最后胜利的可靠保证。当它进入中原时，面对的乃是一个土旷人稀的荒凉世界，民废农业，粮无来源，遂不得不大兴屯田，以救急需。无主荒田既触处皆是，戍军所至便可以分出一部分兵力，就地屯垦，边戍边耕，饱而后战。其后南北对峙，江淮之间成为边界，双方驻守大军，而漕运艰难，也不

---

① 《北史》卷三十二，《崔鉴传附兄孙伯谦传》。
② 《周书》卷八，《静帝纪》。
③ 《魏书》卷一百十，《食货志》。
④ 《魏书》卷一百十，《食货志》。
⑤ 《晋书》卷一百六，《石季龙载记上》。
⑥ 《晋书》卷一百六，《石季龙载记上》。

得不依靠屯田，以补充粮运，故两淮一带星罗棋布地出现了许多军屯或民屯。北朝史籍中此类记载甚多，这里择要举例：

太祖定中国，接丧乱之弊，兵革并起，民废农业。方事虽殷，然经略之先，以食为本。使东平公仪垦辟河北，自五原至于楫阳塞外为屯田。①

自徐、扬内附之后，仍世经略江淮，于是转运中州，以实边镇，百姓疲于道路。乃令番戍之兵营起屯田。②

[太和] 四年（公元四八〇年），虎子上表曰："……今江左未宾，鲸鲵待戮，自不委粟彭城，以强丰沛，将何以拓定江关，扫一衡霍？窃维在镇之兵，不减数万，资粮之绢，人十二匹[21]，即自随身，用度无准，未及代下，不免饥寒。……徐州左右，水陆壤沃，清、汴通流，足盈激灌，其中良田，十万余顷，若以兵绢市牛，分减戍卒，计其牛数，足得万头，兴力公田，必当大获粟稻……且耕且守，不妨捍边，一年之收，过于十倍之绢，暂时之耕，足充数载之食。……匪直戍士有丰饱之资，于国有吞敌之势。……"高祖纳之。③

[太和] 十二年（公元四八八年），诏群臣求安民之术，有司上言：……又别立农官，取州郡户十分之一以为屯民，相水陆之宜，断顷亩之数，以赃赎杂物市牛科给，令其肆力。一夫之田，岁责六十斛，甄其正课，并征戍杂役。……帝览而善之，寻施行焉。④

[太和中] 值朝廷有南讨之计，发河北数州田兵二万五千人，通缘淮戍兵，合五万余人，广开屯田八座，奏绍为西道六州营田大使，加步兵校尉。绍勤于劝课，频岁大获。⑤

[正始元年（公元五〇四年）] 九月丙午，诏缘淮南北所在镇戍，皆令及秋播麦，春种粟稻，随其土宜，水陆兼用，必使地无遗利，兵无余力，比及来稔，令公私俱济也。⑥

---

① 《魏书》卷一百十，《食货志》。
② 《魏书》卷一百十，《食货志》。
③ 《魏书》卷四十四，《薛野睹传附子虎子传》。
④ 《魏书》卷一百十，《食货志》。
⑤ 《魏书》卷七十九，《范绍传》。
⑥ 《魏书》卷八，《世宗纪》。

时［大统中（公元五三六年左右）］欲广置屯田，以供军费，乃除司农少卿，领同州夏阳县二十屯监。①

［西魏废帝］二年（公元五五三年），授大都督……兴州刺史。先是兴州氐反，自贵至州，人情稍定。贵表请于梁州置屯田，数州丰足。②

［北齐］废帝乾明中（公元五六○年），尚书左丞苏珍芝议修石鳖等屯，岁收数万石，自是，淮南军防粮廪充足。孝昭皇建中，平州刺史稽晔建议开幽州督亢旧陂，长城左右营屯，岁收稻粟数十万石，北境得以周赡。又于河南置怀义等屯，以给河南之费。自是，稍止转输之劳。③

［北齐武成帝河清三年（公元五六四年）］诏：缘边城守之地，堪垦食者，皆营屯田，置都使子使以统之。一子使当田五十顷，岁终考其所入，以论褒贬。④

从上引几例中已可以充分看出，从十六国至整个北朝时期，对于屯田一直是非常重视的，自北边塞外，至江淮之间，军屯民屯，星罗棋布，而以军屯为主，不论缘边或内地，凡其地"堪垦食者，皆营屯田"。因而兴置之多，规模之大，成效之著，非南朝所能比。其所以对屯田如此重视，说明：①中国北半部"接丧乱之弊，兵革并起，民废农业"的情况非常严重，特别是自然的生态平衡被严重破坏之后，斫丧了经济自我调整的生机，以致在漫长的北朝时期农业没有恢复起来，使军需国用不能仰赖于正常的赋税收入；②在大破坏之后，中国北半部由一个地狭人稠的富庶之区，随着人口的死丧逃亡，成为一个土旷人稀之境，由于劳动生产力的大量毁灭，使农业的恢复更为困难。这样，大兴屯田，实是一种救急之道。既然"经略之先，以食为本"，足食足兵，舍此莫由，所以大兴屯田不是由于北朝统治者具有非凡的韬略，而是为客观的经济形势所决定，不得不尔。

---

① 《周书》卷三十五，《薛善传》。
② 《周书》卷十九，《宇文贵传》。
③ 《隋书》卷二十四，《食货志》。
④ 《隋书》卷二十四，《食货志》。

第二节　私有土地与土地兼并

（一）晋初的土地兼并与西晋的占田制度

晋和南北朝时期虽然是中国历史上空前的大混乱时期，但是土地制度却仍在沿着固有的发展轨道，迂回曲折地继续前进，多次的和长期的大混乱和大破坏并没有改变历史发展的方向，也没有改变社会经济结构的基本性质。社会经济结构之所以能经历多次强烈的震撼冲击而始终不变，就是由于作为封建社会经济结构基础的土地制度没有改变。以土地自由买卖为主要来源的土地私有制度，在其自身的客观经济规律没有改变、也不存在可以引起改变的任何条件这一总的前提之下，不管社会经济遭受了多么惨重的破坏，也不管所受到的外力冲击震荡是多么强烈，都不会发生任何变化。即使在黄淮流域的主要经济区经过长期丧乱，已被破坏成千里无烟，榛莽遍地，原来的良田沃土由于土地的主人死丧流徙而成为无主荒田，仍然没有人敢于轻易触动早已确立的私有土地制度。三国时，曹操采纳枣祗、韩浩的建议，实行军士屯田，就是表明土地的原来所有权是不改变的，官兵屯田只是临时占用，也就是把无人利用的荒田暂时由政府借用，一旦原主人归来，仍物归原主。这是说早已确立的私有土地制度，不是人的主观意志可以改变的，更不是法令所能取消的。

土地兼并的发展趋势在大混乱之中虽曾一度停顿，但到晋王朝统一全国之后，又恢复了固有的发展势头。本来东汉末年到三国初年的大动乱，主要就是由日益严重的土地兼并所促成，但是动乱并不能改变土地的私有制度，当然也不能改变土地兼并的继续发展。所以在西晋王朝建立之后，虽然取得了全国统一，但是基础并不雄厚，结果成为一个短命王朝，真正的太平安定时期还不到四十年，尽管如此短促，表面上也出现过短暂的虚假繁荣，其情况已见前文。由于出现了所谓"世属升平"的社会环境和"荷锸赢粮，有同云布"的经济回升，才给土地兼并创造了条件，于是土地兼并的狂澜遂又立即高涨起来，一般王公贵族、权右豪门、富商大贾等等各种财富所有者，都争先恐后地纷纷抢占土地。例如：

[张辅，武帝朝] 初补蓝田令，不为豪强所屈。时强弩将军庞宗，西州大姓……故僮仆放纵，为百姓所患。辅绳之，杀其二奴，又夺宗田二百余顷，以给贫户，一县称之。①

[贾] 谥谮太子于后曰："太子广买田业，多畜私财以结小人者，为贾后故也。"②

[戎] 性好兴利，广收八方园田水碓，周遍天下。③

[崇诛] 有司簿阅崇，水碓三十余区，仓头八百余人，他珍宝货贿田宅称是。④

仅此数例，已可看出晋初土地兼并的严重程度。其次从上引诸例又可以看出，私人地产除个别豪强霸占民产者外，主要是由购买而来，即使是太子之尊，身为国之储贰，其所有土地也是由"广买"而来，他如王戎"周遍天下"的园田水碓，都是从"八方""广收"的结果。至于石崇乃是晋初有名的豪富，他本是功臣之后，家富于财，作荆州刺史时，竟又"劫远使商客，致富不资"，史称其"财产丰积，室宇宏丽。后房百数，皆曳纨绣，珥金翠。丝竹尽当时之选，庖膳穷水陆之珍。与贵戚王恺、羊琇之徒以奢靡相尚。恺以粕澳釜，崇以蜡代薪。恺作紫丝布步障四十里，崇作锦步障五十里以敌之。崇涂屋以椒，恺用赤石脂。崇、恺争豪如此"。⑤ 这样一个家有金穴的人当不乏买田之资，实无须[22]采用任何非法手段。至于通过不正当途径以获得地产的人，也不是完全没有，如上引"不为豪强所屈"的张辅能没收强弩将军庞宗之田二百余顷，可知庞宗之田不是通过合法程序获得的。当然自由买卖并不是形成私人地产的唯一途径，如上文所指出，朝廷赏赐、侵占公田，特别是后来南朝时期一般权贵豪门的"封略山湖"，圈占公有的山林原野以形成跨州越县的大地产，成为南朝土地兼并的一个很大的特点，但在西晋时期，通过买卖程序，还是形成私人地产的主要途径。

当时土地兼并进行得如此迅猛，不能不引起西晋统治者的严重关切，因为西晋王朝是乘大混乱之机夺取到政权的，它对不久之前才被镇压下去的黄

---

① 《晋书》卷六十，《张辅传》。
② 《晋书》卷五十三，《愍怀太子传》。
③ 《晋书》卷四十三，《王戎传》。
④ 《晋书》卷三十三，《石苞传附子崇传》。
⑤ 《晋书》卷三十三，《石苞传附子崇传》。

巾起义记忆犹新，这次起义是什么原因所造成，司马氏更是十分了然，对此种种仍不免心有余悸。面对这个日益表面化的潜在威胁，实不能等闲视之，不能不采取一些防患于未然的措施。尽管根本解决的办法是没有的，但却不妨采取一些扬汤止沸的治标办法，暂时遏制一下土地兼并的狂热势头。这就需要认真地考虑一下历史的经验和教训：过去西汉末年曾实行过限田制，虽然限额规定得很高，对当时的既得利益阶级做了很大的让步，而仍然在他们的破坏阻挠之下，使限田令成为一纸具文，没有产生任何效果，结果西汉王朝终于被土地兼并的狂澜所卷没。继起的王莽政权根据主观臆想，企图彻底改变土地制度，以便能从根本上消灭土地兼并，于是他倒转历史车轮，想在土地私有制度早已确立之后，以人为的力量使之倒退到井田时代。这既悖谬着历史发展方向，又抵触着客观经济规律，故不旋踵便遭到毁灭性失败。在这种明显的经验教训的基础上，晋室的统治者于盱衡古今、权量轻重之后，深知土地兼并不能任其泛滥，而王莽的覆辙又不能再蹈，只好把西汉未曾实行的限田制加以修改补充，权作为弥缝补救之策，虽明知不能彻底解决土地问题，亦企图借以缓和一下阶级矛盾，使土地兼并不致完全成为脱缰之马，任其横冲直撞，刹住了发展势头，就可以延缓危机的爆发。于是在平吴胜利、全国统一之后，立即颁发了占田令：

及平吴之后，有司又奏："诏书：'王公以国为家，京城不宜复有田宅。今未暇作诸国邸，当使城中有往来处，近郊有刍藁之田。今可限之，国王公侯，京城得有一宅之处。近郊田，大国田十五顷，次国十顷，小国七顷。城内无宅城外有者，皆听留之。"又制户调之式：丁男之户……男子一人占田七十亩，女子三十亩。其外丁男课田五十亩，丁女二十亩，次丁男半之，女则不课。……其官品第一至于第九，各以贵贱占田，品第一者占五十顷，第二品四十五顷，第三品四十顷，第四品三十五顷，第五品三十顷，第六品二十五顷，第七品二十顷，第八品十五顷，第九品十顷。而又各以品之高卑荫其亲属，多者及九族，少者三世。宗室、国宾、先贤之后及士人子孙亦如之。而又得荫人以为衣食客及佃客，品第六已上得衣食客三人，第七第八品二人，第九品及举辇、迹禽、前驱、由基、强弩、司马、羽林郎、殿中冗从武贲、殿中武贲、持椎斧武骑武贲、持钣冗从武贲、命中武贲武骑一人。其应有佃客者，官品第一第二者佃客无过五十户，第三品十户，第四品七户，第五品五户，第六品三户，第七品二户，第八品第九品一户。①

从这个法令所含有的精神实质来看，它既没有解决土地问题的必要条件，也没有解决土地问题的起码要求，因为：第一，它既不是要计口授田，也不是要平均土地，只是规定一个占田的最高限额而已。不要求改变现有的土地制度，也不要求改变实际的占有情况，这就是说它对各人的既得利益完全不触动，实际的占田数如已超过法令规定的限额，政府并不没收其超过部分，实行夺此予彼；如占田不足限额，政府也没有予以补足限额的义务。第二，实际上这个法令对既得利益阶级做了更大的让步，因为王公贵族的占田额，比汉代规定的限田额又大大放宽了，师丹向汉哀帝建议的最高限是三十顷，而这个法令规定的最高限则为五十顷，此外还规定了荫庇亲属的范围以及佃客衣食客等依附农的数目，把围绕着私有土地制度的封建特权又进一步扩大了。第三，王公贵族除以官品大小贵贱可占田五十顷至十顷外，还可以在京城近郊另占十五顷到七顷，而一般平民，丁男之户，男丁一人才能占七十亩，女子三十亩，余丁少者仅二十亩，官民相比有天渊之别，可见占田令本身就是土地兼并的一种表现，并且给土地兼并提供了法律保证。

总之，占田令事实上是一个无补实际的纸上谈兵，不可能产生任何积极效果，而且根本也没有给予这个法令从容实施的时间，因为这个法令颁布之后不久，大乱即起，从此兵连祸结，干戈扰攘，大半个中国遭受到毁灭性破坏，成为"神州萧条，鞠为茂草，四海之内，人迹不交"。② 在这样一种兵荒马乱、人不聊生的情况下，不仅土地兼并的浪潮会自然终止，而一切土地问题，这时都提不上日程了。

（二）东晋和南朝的私有土地与特殊形态的土地兼并

永嘉之乱，晋元帝渡江南逃，在江东重建了晋王朝。黄淮流域的广大北方人民以及许多王公权贵等封建特权阶级和富商大贾土豪乡绅等财富所有者，亦随之流寓江南。这时的江南方在开发之中，过去由于人口稀少，劳力不足，以致大片土地还是一种山林原野的榛莽状态，基本上都是些未经开发和无人

① 《晋书》卷二十六，《食货志》。
② 《晋书》卷六十九，《戴若愚传附弟邈传》。

利用的无主荒原。但是江南各地的自然条件本甚优越，这些荒地一经开发，便是适于种植的膏腴沃壤。这时期的特殊历史条件造成了人口的大量南流，人口陡增之后，遂给急待开发的江南荒原提供了充足的劳动人手，使开荒成为可能，而北方先进生产技术的引进，又促成了农业生产的迅速发展，从而一方面使一些十分落后的地区，改变了渔猎山伐的原始生产和生活方式，进入以农业文化为主的发展阶段；另一方面，使一些原来虽有农业而仍停滞在火耕水耨的粗耕阶段的地方，迅速转变为精耕农业；两者的共同结果，首先是提高了土地的使用价值，接着便提高了土地的交换价值。作为生产资料的土地，这时已不止是主要的生活来源，而成为一个重要的生息手段，是产生财富的源泉。地主阶级——不论是外来的权贵，还是土著的豪门，他们都有兼并土地的丰富经验和充分力量，他们深知能生息的土地对他们意味着什么，他们更知道自己的财富是从何而来。司马迁曾强调，人之趋利，若水之就下，"不召而自来，不求而民出之"，于是一般有权、有势、有钱的人便将他们的贪婪之手一齐伸向土地，争先恐后地去抢占山林原野湖沼丘陵等原来的无主之田，也就是名义上应归朝廷占有的所谓公田或官田。关于权贵豪门之"封略山湖"、抢占公田的情况，上文已多所论述，兹不赘。总之，化公为私，是这时期南朝形成私人地产的一个重要途径，也是南朝土地兼并的一大特点。在整个东晋和南朝时期，广占荒田、"封略山湖"之风一直在继续之中，并且是愈演愈烈，由此而形成的私人地产是愈来愈大，因而这一类记载在东晋和南朝各代史籍中遂连篇累牍，多不胜举。如果这种广占荒田的运动不是发生在人口稀疏之区，那么即使所抢占的都是荒田，而造成的土地过度集中亦必然要影响一般人民的生活。例如巴蜀原是一个开发很早、地狭人稠的地方，与这时江南的情况大不相同，如权贵占田过多，小民即生活无着：

　　[李雄时] 每朝有大议，雄辄令豫之。班以古者垦田均平，贫富获所，今贵者广占荒田，贫者种殖无地，富者以己所余而卖之，此岂王者大均之义乎？雄纳之。①

　　在中原大乱之时，蜀地亦未能幸免，人民不断死徙流亡，故亦同样有大量私人地产变为无主荒田，成为权贵抢占的对象，这与江南无人或人少地区

---

　　① 《晋书》卷一百二十一，《李班载记》。

之"封略山湖"，在性质上是不相同的。

东晋和继起的宋、齐、梁、陈四朝，权贵们"封略山湖""广占荒田"之风甚炽，这种特殊形式的土地兼并，其形成方式大都像上文所述的谢灵运那样，率领着成百上千的奴僮和义故门生等，"凿山浚湖，功役无已，寻山陟岭，必造幽峻，岩嶂千重，莫不备尽"①。这是一种大规模的开荒活动，通过这样的方式，常常把幅员数十里乃至数百里的荒无人烟的山林湖沼丘陵原隰，圈围成一块跨州越县的大地产，这成为江南各朝大地产形成的主要方式，即大都是圈占无主荒田，而不是兼并有主私田。所以南朝的土地兼并虽然进行得十分迅猛，但却没有产生过去历代土地兼并必然产生的那些后果。

这种形式的土地兼并，虽与过去历代的土地兼并在性质上有所不同，但也另有其本身的矛盾：其一是与朝廷之间的利害冲突，因为这种形式的土地兼并，主要是圈占公田，即把原来应属于朝廷所有的荒地占为私有，私人多圈占一分，朝廷即损失一分，所以权贵们所圈占的虽都是无主荒田，实际上这些荒田原则上也是有主的，被私人圈占则直接损害了公家利益，东晋以后，随着圈占之风日炽，朝廷遂不得不屡颁禁令，企图能将此风煞住。其二是这种土地兼并超过一定限度后，也妨害了人民的利益，因荒地原可公用，若尽被权贵豪门所占，则一般人民不仅"种殖无地"，而且"樵苏无所"，这也是历届王朝三令五申加以禁止的一个借口。所以尽管矛盾的性质与过去不同，而另一种性质的矛盾还是不断发生的。

同时，山林川泽等无主荒田是有限的，经过王公权贵和土著豪门的不停止的抢占之后，大片土地已为捷足先登者所占有，迟来后到者要想获取土地，便只有两途可循：

其一是凭借权势，占夺别人已占之田。例如：

> ［咸和四年（公元三二九年）］约以左右数百人奔于石勒……勒将程遐说勒曰："……且约大引宾客，又占夺乡里先人田地，地主多怨。"于是勒……遂杀之②。
>
> 潘妃放恣，威行远近。父宝庆与诸小，共逞奸毒，富人悉诬为罪，田宅资财，莫不启乞，或云寄附隐藏，复加收没③。

---

① 《宋书》卷六十七，《谢灵运传》。
② 《晋书》卷一百，《祖约传》。
③ 《南史》卷五，《齐废帝东昏侯纪》。

其二，购买，即通过正常的买卖程序获得地产。霸占侵夺虽然可以直接扩大个人的地产，但这是一个不正当的途径，既为"清议"所不许，也为"王法"所不容，遇到一个不畏豪强的强项令，就会绳之以法，如上引祖约就是由于占夺别人田产，构成被杀的罪状之一。后来者既已不能再封略山湖，又不能恣意抢夺，唯一可循的途径便是购买，所以在东晋和南朝时期，经过一番抢占公田的狂飙之后，正常的土地买卖便逐渐抬头，例如上引李班所述，"今贵者广占荒田，贫者种殖无地，富者以己所余而卖之"，就是土地买卖的一例，"种殖无地"的农民只有通过购买，才能获得土地，这成为形成私人地产的一个重要途径。这里可以再举数例，来进一步证明这种情况：

> [元嘉中] 迁国子祭酒、司徒左长史。坐启买人田，不肯还直，尚书左丞荀赤松奏之曰："……延之唯利是视，轻冒陈闻，依傍诏恩，拒捍余直，垂及周年，犹不毕了，昧利苟得，无所顾忌。……请以延之讼田不实，妄干天听，以强凌弱，免所居官。"诏可。①

> 从祖弟敬伯夫妻，荒年被略卖江北，达之有田十亩，货以赎之，与之同财共宅。②

> 帝明审有吏才……罢世祖所起新林苑，以地还百姓；废文帝所起太子东田，斥卖之。③

> [天监] 十一年（公元五一二年），迁中书令，加员外散骑常侍。时高祖于钟山造大爱敬寺，骞旧墅在寺侧，有良田八十余顷，即晋丞相王导赐田也。高祖遣主书宣旨，就骞求市，欲以施寺。骞答旨云："此田不卖，若敕取，所不敢言。"酬对又脱略，高祖怒，遂付市评田价，以直逼还之。④

> [勉] 尝为书诫其子崧曰："……闻汝所买姑孰田地，甚为墝卤，弥复何安。"⑤

---

① 《宋书》卷七十三，《颜延之传》。
② 《南齐书》卷五十五，《孝义·吴达之传》。
③ 《南齐书》卷六，《明帝纪》。
④ 《梁书》卷七，《太宗王皇后传》；《南史》卷二十二，《王昙首传附曾孙骞传》。
⑤ 《梁书》卷二十五，《徐勉传》。

可见在东晋和整个南朝时期，通过土地买卖以形成私人地产的事实虽已大量存在，但在全部私有土地中所占的比重还是不大的，也就是说，"封略山湖"，化公田为私田，是私人大地产的主要来源，因而东晋和南朝时期的土地兼并，主要是兼并无主之田，而不是兼并有主之田，他们通过"凿山浚湖""伐木开径"，把荒山野岭、川泽原隰等无人之区开辟为可资耕稼的农田。所以这时的土地兼并，实际上主要就是开荒，这与过去历代的土地兼并在性质上是大不相同的，因而它对社会经济所起的作用和所产生的影响就完全不同了。虽然这时的土地兼并在形式上同样造成了"富者田连阡陌"，但是这种田连阡陌的形成过程却与过去不同，过去的田连阡陌，是以"贫者无立锥之地"为条件的，换言之，富者之所以能田连阡陌，是通过各种途径——主要是通过买卖程序——把许许多多的"贫者"——小生产者——所占有的少量土地合并起来。到了东晋和南朝时期——在一定的时间内和一定的空间内出现了一个历史变局，尽管土地制度的基本原则——土地私有并没有改变，它的必然伴生物土地兼并，仍然在照旧进行，但是由于受着特殊的历史条件和地理条件的制约，私有土地的形成过程和土地兼并的方法都与过去有了显著的不同，即由于这时的土地兼并不是兼并有主之田，所以在这种地产形成的过程中，虽然也有损害人民利益的一面，但基本上不是对直接生产者（小农民）的生产资料的剥夺，因而就不会产生过去那种形式的土地兼并必然要产生的结果，所以它进行得虽然十分迅猛，却没有像过去那样造成严重的社会问题，更没有成为社会动乱的根源。这是南朝时期土地兼并问题所表现出来的一个巨大特点。

地主制经济的特点之一是在其自身经济规律支配下，对农民的剥削具有特殊的残酷性，从而造成农民的普遍贫穷，以致农民没有能力来与土地结合，没有力量来佃耕大块土地，而残酷的剥削也使农民不敢多佃土地，因佃耕越多，所受的剥削越重。结果在土地的所有权高度集中的情况下，土地的经营单位反而在极度分散，成为一种小块土地所有制，即普通所谓小农制经济。但是在南朝时期，土地的经营方式发生了与过去大不相同的变化，并且是以前和以后任何历史时代都没有出现过的又一个历史变局，即不再是小土地经营，而是使用奴隶劳动的大种植园经济的出现。由于权贵豪门所圈占的土地，大部分是山林原野等无主荒田，都是在地广人稀之处，或者是荒野无人之区，这些地方没有多少自由农民来承佃地主的土地，故地主不能实行过去一般的租佃办法，把大地产分割为零星小块，三亩、五亩、十亩、八亩地分租给农民，只有保持完整的地产，使用各种形式的奴隶和半奴隶劳动力来进行大种植园式的经营，也就是随着地权的集中，经营单位亦同样集中，如上引谢灵运《山居赋》所自述的情况，就是这种大地产经营的典型。那种形式的大种植园，只能使用奴隶劳动来进行"latifundia"[23]式的经营，租佃办法是不适用的和不可能的。这是南朝时期土地兼并所表现出来的第二个巨大特点。

此外，过去的土地兼并及其伴生的小农制经济，从长期看，是社会经济发展迟滞的总根源，特别是商品经济不能正常发展的一个严重障碍；从短期看，是造成社会动乱的一个直接导火线，特别是历次的农民起义，没有一次不是与土地问题有关。只有南朝时期的土地兼并，不但没有过去那些不可避免的消极作用，而且有加速江南的开发和发展农业生产的积极作用。对山林原野等无主荒田的圈占开发，使过去无人利用的荒原变成耕地，圈占的荒地越多，开发的范围越大，通过这样的途径，使过去的渔猎山伐的原始地带，迅速跨进了农业阶段，若干地区还从粗耕农业进入精耕农业，结果使江南地带成为一个新兴的经济区，终于取代了北方古老经济区的地位而成为全国的经济重心。总之，这时南朝的土地兼并所产生的后果和影响都是积极的。

尽管东晋和南朝的土地兼并大都是由"封略山湖""固吝川泽"而来，但这是有限制的，上文已指出，这种情况受着一定的时间和一定的空间的制约，就是说这种性质的土地制度和这种形式的土地兼并，只能出现在一定的历史时期和一定的地理范围内，这些客观条件一改变，上述情况就跟着改变了。因为山林川泽等无主荒田不是无限的，也不是到处都存在的，而王公权贵——即企图圈占的人是众多的，而且是不断增长的，固定不变的供给不能满足不断增长的需要，用不了很长时间，经过一番抢占之后，即原有荒田被一些捷足先登者占去之后，后来者就得不到这样的机会了，因而那种由抢占公田来形成私产的土地兼并就无法进行了，于是这种特殊形态的土地兼并就逐渐失去这种特殊性，使历史的发展又逐渐回到固有的轨道上来，原来的老问题又开始出现了。这时不仅在地主之间因你争我抢必然要引起纠纷，而且荒田尽被豪强占去之后，使小民"耕殖无地"和"樵苏无所"，使地主与农民之间的矛盾亦日益尖锐，结果如上文所指出，"山湖川泽，皆为豪强所专，小民薪采渔钓，皆责税直"，"豪家富室多占取公田，贵价僦税，以与贫民，伤时害政，为蠹已甚"。特别是在开发较早、人烟稠密的州郡，王公权贵占有的土地过多，使一般平民完全得不到生存依据，则这时的土地兼并就失去了过去的积极作用，而转向于消极方面，与历来的土地兼并没有多大的分别了。这由下引记载可以看出：

晋自中兴以来，治纲大弛，权门并兼，强弱相凌，百姓流离，不得保其产业。[1]

时晋纲宽弛，威禁不行，盛族豪右，负势凌纵，小民穷蹙，自立无所。[2]

[大明二年（公元四五八年）] 二月丙子，诏曰："政道未著，俗弊尚深，豪侈兼并，贫弱困窘，存阙衣裳，没无敛槽，朕甚伤之。"[3]

是时 [建元初（公元四八〇年左右）]，员外郎刘思效表陈说言曰："宋自大明以来，渐见凋敝……贵势之流，货室之族，车服伎乐，争相奢丽，亭池第宅，竞趋高华，至于山泽之人，不敢采饮其水草。贫富相辉，捐源尚末。"[4]

可见在南朝时期土地兼并所表现出来的一些特殊情况，并没有改变土地制度的发展方向，也没有触动土地私有的基本原则，上述种种，不过是在土地制度整个发展过程中的一个短暂的回流而已。

第三节　北魏的均田制度

（一）北魏实行均田制度的历史背景

北魏拓跋氏崛起朔漠，在整个北半部中国，即原来开发最早的经济区，建立了中国历史上第一个非汉族的统一王朝。但是当它们进入中原时，它自己还是一个在经济上和文化上都十分落后的游牧部族，而中原已是一个开发了的农业地区，或者说早已是一个以农业经济为基础并已有了高度发展的文明社会。所以当拓跋族开始在中原建国时，它认识到不能以其落后的氏族制

---

① 《宋书》卷二，《武帝纪》。
② 《宋书》卷四十二，《刘穆之传》。
③ 《宋书》卷六，《孝武帝纪》。
④ 《南齐书》卷五十四，《顾欢传》。

度，来统治一个经济和文化都已有高度发展的地区，客观形势迫使它不得不放弃其原来十分落后的生产和生活方式，接受汉族的农业文化，即实行全盘汉化。当然这个基本政策的确立，也是有一定的认识转变过程的，当它初入中原，还没有认清客观形势时，也曾想保持自己传统的游牧生活，故一度把许多无主荒田开辟为牧场，其情况已见上文。不过很快它就认清了形势，知道这种逆转历史车轮的办法是行不通的，要在中原立足，就必须把农业作为国民经济的基础，完全放弃自己传统的游牧生活。特别是从统治的需要出发，必须足食足兵，因粟不多，则兵不强；兵不强，则战不胜。这是历代统治者从长期实践中总结出来的宝贵经验，拓跋氏从自己的实际斗争中也深知这是它剪灭群雄、克平天下的依据，所以它在准备逐鹿中原、诸事方在草创之际，便确定了奖励农业的基本政策：

> ［太祖］天兴初（公元三九八年），制定京邑，东至代郡，西及善无，南极阴馆，北尽参合，为畿内之田；其外四方四维置八部帅以监之，劝课农耕，量较收入，以为殿最。又躬耕籍田，率先百姓。自后比岁大熟，匹中八十余斛。是时戎车不息，虽频有年，犹未足以久赡矣。[①]

当时的地方守令亦颇能贯彻朝廷的意图，注意安抚离散，劝课农桑，以促进农业的恢复。例如：

> ［太祖朝］衮清俭寡欲，劝课农桑，百姓安之。[②]
> 皇始初（公元三九六年），出为广平太守。恂招集离散，劝课农桑，民归之者千户。[③]

但是当拓跋氏[24]进入中原时，正是在中原的农业经济遭到了毁灭性的破坏之后，其种种惨状，上文已多所论述。简单说，当时的基本情况是耕地破坏了，耕者死丧流亡了，这就是北魏王朝在中原建立后首先面临的一个紧急课题，即这时还不是如何发展农业的问题，而是如何恢复农业的问题。北魏

---

① 《魏书》卷一百十，《食货志》。
② 《魏书》卷二十四，《张衮传》。
③ 《魏书》卷八十八，《良吏·张恂传》。

王朝对此采取了以下几项措施，而这些措施并不是临时性的弥缝补缀的权宜之策，乃是作为建国的根本大计提出来的。这主要是以下几种：

1. 奖励农业

劝农务本，原是中国的传统政策，在历代史籍中，这一类诏令文告是汗牛充栋，多不胜数，而地方上循良守令劝课农桑的事迹更是史不绝书，但是北魏时期此类诏令文告却不是例行的官样文章，也不是奉行故事的一般号召，而是拓跋氏的非汉族政权能否在中原大地上立足的关键。客观的形势迫使拓跋氏于进入中原之后，不能不放弃其落后的生产和生活方式，改营农业经济，但事与愿违，偏偏在这时新王朝所面临的却是一个土地荒芜、人烟稀少的凋敝社会，一句话，农业已经被彻底破坏了。按照拓跋氏的传统生产和生活方式，本可以把这些无主荒田用于牛羊马牧，像一度实行过的那样，但是这样做是倒转了中国历史发展的方向，那肯定是不能在中国的大地上站稳脚跟的，所以从长远的立国大计来考虑，实不能不把国家的基础放在农业经济上，这样，就必须全力以赴地把破坏殆尽的农业尽快地恢复起来，决不能坐等农业的自然恢复，故励农政策遂成为北魏王朝——特别是前期——一个根本性的战略措施。从历次颁发的诏令来看，可知朝廷对于这个政策的推行，是雷厉风行的。例如：

> 太宗永兴中（公元四〇九年左右），频有水旱……神瑞二年（公元四一五年），又不熟，京畿之内，路有行馑。……于是敕有司劝课留农者曰："……教行三农，生殖九谷；教行园圃，毓长草木；教行虞衡，山泽作材；教行薮牧，养畜鸟兽……"自是民皆力勤，故岁数丰穰，畜牧滋息。①
>
> ［太延元年（公元四三五年）］十有二月甲申，诏曰："……劝农平赋，宰民之所专急；尽力三时，黔首之所克济。……自今以后，亡匿避难，羁旅他乡，皆当归还旧居，不问前罪。"②
>
> ［太平真君四年（公元四四三年）］六月庚寅，诏曰："……牧守之徒，各厉精为治，劝课农桑，不听妄有征发，有司弹纠，勿有所纵。"③

---

① 《魏书》卷一百十，《食货志》。
② 《魏书》卷四上，《世祖纪上》。
③ 《魏书》卷四下，《世祖纪下》。

真君中，恭宗下令修农职之教，此后数年之中，军国足用矣。①

初，恭宗监国……其制有司课畿内之民，使无牛家以人牛力相贸，垦殖锄耨。其有牛家与无牛家一人种田二十二亩，偿以私锄功七亩，如是为差，至于小、老无牛家种田七亩，小、老者偿以锄功二亩。皆以五口下贫家为率。各列家别口数，所劝种顷亩，明立簿目。所种者于地首标题姓名，以辨播殖之功。又禁饮酒、杂戏、弃本估贩者。垦田大为增辟。②

[太安元年（公元四五五年）六月]癸酉，诏曰："……今遣尚书穆伏真等三十人，巡行州郡，观察风俗。入其境，农不垦殖，田亩多荒，则徭役不时，废于力也。……诸如此比，黜而戮之。"③

[延兴三年（公元四七三年）二月癸丑]诏牧守令长，勤率百姓，无令失时。同部之内，贫富相通，家有兼牛，通借无者，若不从诏，一门之内终身不仕。守宰不督察，免所居官。④

太和元年（公元四七七年）春正月辛亥，诏曰："今牧民者，与朕共治天下也。宜简以徭役，先之劝奖，相其水陆，务尽地利，使农夫外布，桑妇内勤。若轻有征发，致夺民时，以侵擅论。民有不从长教，惰于农桑者，加以罪刑。"……三月丙午，诏曰："去年牛疫，死伤太半，耕垦之利，当有亏损。今东作既兴，人须肄业。其敕在所督课田农，有牛者加勤于常岁，无牛者倍庸于余年。一夫制治田四十亩，中男二十亩。勿令人有余力，地有遗利。"⑤

以上所引，系从建国之初到高祖朝实行均田制以前，历届朝廷所颁发的劝农诏书，这些敕令可充分反映出北魏王朝对恢复农业的重视和决心，特别是恭宗和高祖还提出一些促进农业发展的具体办法，如强使有牛家与无牛家实行人、牛力换工，"若不从诏"，即有牛不借、不与无牛家换工，则罚其家"一门之内终身不仕"。守宰不尽职、不监督施行，则"免所居官"。在高祖太和元年的诏书中，除了再次强调人、牛力互助换工的办法外，对于没有土

---

① 《魏书》卷一百十，《食货志》。
② 《魏书》卷四下，《恭宗纪》。
③ 《魏书》卷五，《高宗纪》。
④ 《魏书》卷七上，《高祖纪上》。
⑤ 《魏书》卷七上，《高祖纪上》。

地的农民，则给以定量土地，"一夫制治田四十亩，中男二十亩"，这是要把每一个能生产的劳动力都安置在土地上，以尽量开发无法利用的荒田，减少土地的荒芜程度，不使"人有余力，地有遗利"，这已是实行均田制的前奏了。

2. 增加农业劳动力

北魏王朝在努力恢复农业时，另一个亟待解决的问题，是农业劳动力的严重不足问题。

永嘉之乱所造成的一个直接后果，是丧失了大部、有些地方甚至是全部的农业劳动力。在人民非死则逃之后，过去熙来攘往的人稠地狭之区，现在都成为千里无烟的无人之境了。劳动力的被毁灭，比耕地的被破坏要严重得多，因夷灭的阡陌、堙塞的井渠可以修复，而被毁灭了的人力则不易补充，缺乏或根本没有劳动力，则迫切期待恢复的农业，就完全成为画饼。

无疑，这是当时北魏王朝所面临的一个不易解决的尖锐矛盾，尽管一方面当时的客观形势要求农业必须尽快恢复，这既是经济的迫切需要，也是政治的迫切需要；另一方面，一开始就遇到一个严重障碍，能不能在这个矛盾上打开一个缺口，是励农政策能不能贯彻、甚至能不能迈开第一步的关键。道理很简单，即古代的农业生产主要是手工劳动，直接从事农业生产的劳动力的多寡，是与农业生产力的大小成正比例的。所以能不能获得充足的劳动力，便是农业能不能恢复的决定因素。

很显然，这个矛盾不能由坐等人口的自然繁殖来获得解决，即使在统一了中国北部之后，取得了社会秩序的长期安定，寰宇之内不再有鸡鸣犬吠之警，孑遗之民可以重整家园，休养生息，而人口的自然繁殖仍然是一个缓慢过程，不能适应当时必须迅速恢复农业的急迫需要。北魏王朝对于这个问题，采取治标办法，即从现有人口中搜索、招徕能够直接从事生产的成年人口，特别是其中的丁男、丁女。其具体办法主要有以下两个方面，而两者都是立竿见影地收到了效果。

第一，移民。移民是一种救急办法，从人口多的地方特别是从境外把成年人口移到人口稀少的地方，立刻就缓和了劳力不足的问题，并且在达到经济目的的同时，也达到了政治目的，故自太祖建国以来，屡次大举移民，如进军中原后，徙中原、辽东、辽西等地居民于代，平定了后燕，又徙河北、河南、山东、山西等地居民以及徒何、高丽等族，以充京师，移民迁来后，皆给耕牛，实行计口授田：

[天兴元年（公元三九八年）正月辛酉］徙山东六州民吏及徒何、高丽杂夷三十六万，百工伎巧十万余口，以充京师。……二月，诏给内徙新民耕牛，计口受田。①

这是在征服胜利之后，把被征服的人民强制迁徙到京师，这一方面增加了劳动力，另一方面充实了京师，可收到强干弱枝的政治效果。徙百工伎巧之人，说明拓跋氏于战争胜利之后，不仅需要获得劳动人手以恢复农业，而且需要熟练工匠来提高他们十分落后的手工业生产技术，增辟他们过去所没有的生产部门。给予耕牛，计口授田，更是一个能达到多种目的的有效办法。首先，使迁来的移民都生活有着；其次，充分利用了无人利用的大片荒田，从而加速了土地的开发，减少了土地的荒芜程度；最后，使外来的新民都成了编户之民，一举增加了国家的赋税来源。所谓"给内徙新民耕牛，计口受田"，更充分说明移来的"新民"，都是能直接从事生产的壮年劳动力。太祖以后，这个政策一直在继续，后来多次移民，情况大都相同，其中多数移民是战争俘虏。例如：

[永兴五年（公元四一三年）七月己巳］奚斤等破越勤倍泥部落于跋那山西，获马五万匹，牛二十万头，徙二万余家于大宁，计口授田。②
[始光三年（公元四二六年）十有一月］戊寅，帝率轻骑二万，袭赫连昌，壬午，至其城下，徙万余家而还。③
[太延元年（公元四三五年）二月庚子］诏长安及平凉民徙在京师，其孤老不能自存者，听还乡里。④

上举三条记载，前两条所移之民都是战争俘虏，太延元年的一次移民目的非常明显，即只要壮丁，不要老弱。表面上是"皇恩浩荡"，优恤孤寡，使"孤老不能自存者，听还乡里"，实际上则是在挑选壮年劳动者，至于长安、平凉的壮丁被抓走，那些孤老如何自存，那就不加过问了。

———————————

① 《魏书》卷二，《太祖纪》。
② 《魏书》卷三，《太宗纪》。
③ 《魏书》卷四上，《世祖纪上》。
④ 《魏书》卷四上，《世祖纪上》。

第二，清查隐漏户口。户籍混乱，实由来已久，这时南北两地都有大量的隐漏户口，虽然造成的原因不尽相同，但是混乱的程度则不相上下。在江南，一般小农民为了逃避沉重的赋役负担，多投靠大姓为其荫户，而王公权贵又"各以品之高卑，荫其亲属，多者及九族，少者三世，宗室、国宾、先贤之后及士人子孙亦如之，而又得荫人以为衣食客及佃客"①，从而造成了各种名称的奴隶或半奴隶式的隐漏户口。户籍所不载，即征调所不及。北方的情况与此大同小异。在长期战乱期间，大量人口除被杀戮者外，能逃跑的则四散奔逃，而尤以渡江南逃者为最多，遗留下来的孑遗之民，在兵荒马乱、弱肉强食的情况下，亦很难独立生存，不得不投靠权贵豪门以求庇护，结果，他们不仅丧失掉自由，而且也丧失了仅有的一点土地，同时也就不再是编户之民了。故早在北魏进入中原以前，户籍已十分混乱，漏户甚多，出现所谓"百室合户，千丁共籍"，这样，所谓户籍，不过是实际户数的百分之一、甚至千分之一，这不仅使农业生产中的劳动力为之大减，而且使政府失去大量的财政收入。这种情况在十六国时期已相当严重，例如：

> ［慕容德］尚书韩诺上疏曰："二寇逋诛，国耻未雪，关西为豺狼之薮，扬越为鸱鸮之林，三京社稷，鞠为丘墟，四祖园陵，芜而不守。……而百姓因秦晋之弊，迭相荫冒，或百室合户，或千丁共籍，依托城社，不惧熏烧，公避课役，擅为奸究，损风毁宪，法所不容。但检令未宣，弗可加戮。今宜隐实黎萌，正其编贯，庶上增皇朝理物之明，下益军国兵资之用。……"德纳之，遣其车骑将军慕容镇率骑三千，缘边严防，备百姓逃窜。以诺为使持节……巡郡县隐实，得荫户五万八千。②

北魏王朝在中原建国后，承长期丧乱之弊，整个统治区的实际人口本来就很少，而又户籍混乱，隐漏甚多，初年曾拟有所厘改，但习已久，相沿成俗，绝非普通行政命令所能奏效：

> 先是禁网疏阔，民多逃隐。天兴中（太祖朝），诏采诸漏户，

---

① 《晋书》卷二十六，《食货志》。
② 《晋书》卷一百二十七，《慕容德载记》。

令输纶绵。自后诸逃户占为细茧罗縠者甚众。于是杂营户帅遍于天下，不隶守宰，赋役不周，户口错乱。始光三年（公元四二六年），诏一切罢之，以属郡县。①

北魏在实行均田制和三长制以前，华北农村中往往都是数十家或数百家合为一户，这种集体户大都是由同族之人纠结而成，是一种变相的大家族，由族中的头面人物来作统率，称为族长或宗主，即这种集体户的头人，其具体情况，可由下引记载看出：

旧无三长，惟立宗主督护，所以民多隐冒，五十、三十家方为一户。②

［李］显甫，豪侠知名，集诸李数千家于殷州西山，开李鱼川，方五六十里居之，显甫为其宗主。③

琇年九岁，［父］馥谓之曰：汝祖东平王有十二子，我为嫡长，承袭家世，今年已老，属汝幼冲，讵堪为陆氏宗首乎？④

家素富，在乡多有出贷求利，元忠焚契免责，乡人甚敬之。……及葛荣起，元忠率宗党作垒以自保，坐于大槲树下，前后斩违命者凡三百人。⑤

宗党就是纠结在一起的宗族全体，李元忠是统率全族的宗主。他"前后斩违命者凡三百人"，这一方面说明宗主的权力之大，另一方面说明全族人数之多。这样多的人合为一户，可知户口的隐漏情况是十分严重的，这不仅影响了农业生产，而更直接地减少了政府的税收，于是在给事中李冲的建议下，配合着租调制度的改革，实行了三长制，即以邻长、里长、党长为直接管理户籍、赋役的基层民政人员，以补郡县守令之不足：

魏初不立三长，故民多荫附。荫附者，皆无官役，豪强征敛，

① 《魏书》卷一百十，《食货志》。
② 《魏书》卷五十二，《李冲传》。
③ 《北史》卷三十三，《李灵传》。
④ 《魏书》卷四十，《陆琇传》。
⑤ 《北史》卷三十三，《李灵传附曾孙元忠传》。

倍于公赋。［太和］十年（公元四八六年），给事中李冲上言："官准古，五家立一邻长，五邻立一里长，五里立一党长，长取乡人强谨者。……其民调，一夫一妇帛一匹，粟二石。民年十五以上未娶者，四人出一夫一妇之调；奴任耕，婢任绩者，八口当未娶者四，耕牛二十头当奴婢八。其麻布之乡，一夫一妇布一匹，下至牛，以此为降。……"①

原来的税制是"九品混通"，"户调帛二匹，絮二斤，丝一斤，粟二十石，又入帛一丈二尺，委之州库，以供调外之费。至是，户增帛三匹，粟二石九斗，以为官司之禄，后增调外帛满二匹。所调各随其土所出"②。租粟高达二十二石九斗，显然不是个体小农户应纳之数，而系以集体大户为征收对象。可见三长制的实行，同时也是一次税制改革。

这个建议是清查隐漏户口的一个有效办法，故立即为朝廷所采纳，并收到了效果：

书奏，诸官通议，称善者众。高祖从之，于是遣使者行其事。乃诏曰："……邻里乡党之制，所由来久。欲使风教易周，家至日见，以大督小，从近及远，如身之使手，干之总条，然后口算平均，义兴讼息。……自昔以来，诸州户口，籍贯不实，包藏隐漏，废公罔私。富强者并兼有余，贫弱者糊口不足。赋税齐等，无轻重之殊；力役同科，无众寡之别。虽建九品之格，而丰境之土未融；虽立均输之楷，而蚕绩之乡无异。致使淳化未树，民情偷薄。朕每思之，良怀深慨。今革旧从新，为里党之法，在所牧守，宜以喻民，使知去烦即简之要。"初，百姓咸以为不若循常，豪富并兼者尤弗愿也。事施行后，计省昔十有余倍。于是海内安之。③

上引《食货志》说："书奏，诸官通议，称善者众"，实际上，书奏之后，称不善者亦众，那些代表豪富并兼者利益的诸官，对李冲的建议曾坚决反对。原来"文明太后览而称善，引见公卿议之。中书令郑羲、秘书令高祐

① 《魏书》卷一百十，《食货志》。
② 《魏书》卷一百十，《食货志》。
③ 《魏书》卷一百十，《食货志》。

等曰：'冲求立三长者，乃欲混天下一法。言似可用，事实难行。'羲又曰：'不信臣言，但试行之，事败之后，当知愚言之不谬。'……咸称方今有事之月，校比民户，新旧未分，民必劳怨，请过今秋，至冬闲月，徐乃遣使，于事为宜。冲曰：'……若不因调时，百姓徒知立长校户之勤，未见均徭省赋之益，心必生怨。宜及课调之月，令知赋税之均。既识其事，又得其利，因民之欲，为之易行。'著作郎傅思益进曰：'民俗既异，险易不同，九品差调，为日已久，一旦改法，恐成扰乱。'太后曰：'立三长，则课有常准，赋有恒分，苞荫之户可出，侥幸之人可止，何为而不可？'群议虽有乖异，然惟以变法为难，更无异义。遂立三长，公私便之。"① 可见斗争还是很激烈的，但反对派的意见显然与朝廷的要求相左，故遭到文明太后的驳斥，朝廷力排众议，希望通过此举解决两大难题：一是"课有常准，赋有恒分"；二是"苞荫之户可出，侥幸之人可止"，使无法稽查的户籍，初步得到清理。虽然苞荫之户不一定尽出，但侥幸之人的行险侥幸确受到了遏止。这一切都给均田制的实行准备了必不可少的前提条件，否则户籍不清，计口授田是不可能实行的。

（二）均田制度的内容和实行情况

历来的财政收入，主要是来自土地和户口，即按亩征收、按户征收和按人征收一直是赋税的三大来源，其中户口竟居其二，如户口大量隐漏，则政府税收即三失其二，这正是上文所述朝廷力排众议、坚决实行三长制的动机之一。但实行三长制还不是最有力的措施，只有按现有人口确数计口授予土地，才能使更多苞荫隐漏之户被搜刮出来，注入国家户籍，因为不注籍就得不到土地，换言之，只有用经济力量才能战胜宗主的权威，才能把"百室合户、千丁共籍"的合成集体户，拆散为一家一户，同时也就由逃税户变为纳税户，这是实行均田制所要达到的目的之一。

三长制实行后，原来的苞荫隐漏之户和外逃之户又纷纷回到了旧庐，而各人原有地产早已数易其主，于是执旧契以争产权者有之，假冒原主以强索人田者有之，强宗豪右又乘机肆其欺凌，地痞恶棍亦乘机进行讹诈，以致纠纷迭起，争讼纷纭，农村社会秩序因之骚然。把旧的产权取消，重新按实际人口计口授田，也就是各人土地重新分配，则一切土地纠纷皆迎刃而解，这是一种快刀斩乱麻的办法，李安世的均田建议，主要就是从这个角度出发的。

---

① 《魏书》卷五十三，《李冲传》。

他说：

> 时民困饥流散，豪右多有占夺，安世乃上疏曰："臣闻量地画野，经国大式，邑地相参，致治之本。井税之兴，其来日久，田莱之数，制之以限，盖欲使土不旷功，民罔游力，雄擅之家，不独膏腴之美，单陋之夫，亦有顷亩之分，所以恤彼贫微，抑兹贪欲，同富约之不均，一齐民于编户。窃见州郡之民，或因年俭流移，弃卖田宅，漂居异乡，事涉数世，三长（按：三长，《册府元龟》引此作'子孙'）既立，始返旧墟，庐井荒毁，桑榆改植，事已历远，易生假冒；强宗豪族肆其侵凌，远认魏晋之家（按：家，《册府元龟》引此作'冢'），近引亲旧之验。又年载稍久，乡老所惑，群证虽多，莫可取据，各附亲知，互有长短。两证徒具，听者犹疑，争讼迁延，连纪不判。良畴委而不开，柔桑枯而不采；侥幸之徒兴，繁多之狱作，欲令家丰岁储，人给资用，其可得乎？愚谓今虽桑井难复，宜更均量，审其径术，令分艺有准，力业相称，细民获资生之利，豪右靡余地之盈，则无私之泽，乃播均于兆庶，如阜如山，可有积于比户矣。又所争之田，宜限年断，事久难明，悉属今主，然后虚妄之民，绝望于觊觎，守分之士，永免于凌夺矣。"高祖深纳之，后均田之制，起于此矣。[①]

李安世的上疏，是一个划分历史时期的重大事件，由此开始的均田制度，不管后来实行的结果是否符合理想，但在整个土地发展史上却是一股不小的回流，激起的波澜亦相当壮阔。它并没有改变土地制度，但却在一定时期内遏止了土地兼并的狂潮，虽没有把它消灭，但却大大缩小了它的活动范围，这是自春秋战国以后土地私有制度确立以来，第一次——也是唯一的一次暂时打断了土地私有制度的历史进程，使土地兼并的滚滚洪流暂时平静下来，成为涓涓细流。原来在三国时期司马朗曾向曹操做过类似的建议——即恢复井田式的计口授田，曹操不纳；李安世的建议，北魏孝文帝元宏却"深纳之"，两者都是在大乱之后的土旷人稀世代，都是要通过计口授田来加速荒田的开发利用，以恢复久被破坏的农业。但是前后两个形式相似的建议，在本

---

① 《魏书》卷五十三，《李孝伯传附兄子安世传》。

质上却又有很大的不同：司马朗的建议是要彻底改变土地制度，即彻底否定土地私有制度，他企图把历史车轮倒转回来，完全恢复到西周时期的井田制度。这不仅与历史发展的方向相悖谬，而且与客观经济规律相抵触，用这种开历史倒车的办法来解决土地问题，显然是不可能的，曹操对司马朗的建议不加理睬，是完全正确的。李安世的建议与此不同，他是在完全肯定私有土地制度的前提下，丝毫不去触动现有的土地制度和人们的实际占有，只是为了把大片无主荒田利用起来，使被清理出来的苞荫隐漏之户有田可耕，以及使无法判决的地产纷争，通过土地的重新分配，使"所争之田"，"悉属今主"。所以均田制在性质上不是革命性变革，不是改变土地制度，更不是夺富予贫式的平均分配，这是说它对既得利益阶级是完全不触动的。变法的目的并不复杂，只是针对大乱之后的特殊情况，通过户籍的清理来充分利用荒田，以加速农业发展而已。由于李安世的建议既符合当时的客观情况，又符合北魏统治者的主观要求，于是这个建议被采纳，遂于太和九年（公元四八五年）十月，正式颁布了均田令：

　　冬十月丁未，诏曰："朕承乾在位，十有五年，每览先王之典，经纶百氏，储畜既积，黎元永安。爰暨季叶，斯道陵替，富强者并兼山泽，贫弱者望绝一廛，致令地有遗利，民无余财，或争亩畔以亡身，或因饥馑以弃业，而欲天下太平，百姓丰足，安可得哉。今遣使者循行州郡，与牧守均给天下之田，还受以生死为断，劝课农桑，兴富民之本。"①

《魏书·食货志》记载了均田制的全部内容，现将其主要之点逐段摘引并说明如下：

　　九年，下诏均给天下民田：
　　诸男夫十五以上，受露田四十亩（《通典》引此有注"不栽树者谓之露田"），妇人二十亩，奴婢依良。丁牛一头受田三十亩，限四牛。所授之田率倍之，三易之田再倍之，以供耕作及还受之盈缩。
　　诸民年及课则受田，老免及身没则还田。奴婢、牛随有无以

---

① 《魏书》卷七上，《高祖纪上》。

还受。

诸男夫受露田四十亩，妇人二十亩，是根据太和元年（公元四七七年）的规定加以修改而成。元年规定："一夫制治田四十亩，中男二十亩"，现在把中男改为丁女，是为了配合税制，新税制规定一夫一妇帛一匹，粟二石，中男不课，故受田亦以一夫一妇为主，即以一夫一妇的小农户为耕作单位和纳税单位。可知北魏王朝对发展农业经济的远景规划是小农制经济。一夫一妇共受露田六十亩，"所授之田率倍之"，则为田一百二十亩，如所受为三易之田，则再倍之，共一百八十亩，对于一夫一妇的小农户来说，是一个颇为不小的数目，这还只是指露田而言，桑田尚未计算在内。奴婢依良，即奴婢受同等数目的土地。奴婢有了自己的土地，也就有了自己的经济，这时奴隶身份实际上已经不存在了，于是不动声色地解放了奴隶。解放奴隶，是为了解放劳动力，这对荒地的开发和农业的恢复都起了很大的促进作用。当这时期的南朝各种名称不同和等级不同的奴隶正在大量增长、许多使用奴隶劳动的大种植园正纷纷出现时，北朝却沿着一个相反的方向走着一条不同的道路，并创造出一段崭新的历史。所以不管均田制实行的最后结果如何，仅就形成这样一种经济结构形态和趋向这样一个发展方向而言，这在中国历史上——特别是在中国土地史上也是一个划分时代的重大事件。

"丁牛一头受露田三十亩，限四牛"。如家有四牛，则受田一百二十亩，这样，一夫一妇最多可有露田三百亩，应是一个小康之家了。通过这样一种土地授受，把一切人力和畜力都动员到土地上来，则荒田的迅速开发，农业的迅速恢复和发展，都必然会收到效果。

倍田是为了使土地休耕和还受时用以调剂多寡，可知这是一种预备田。如所授之田为一易或再易之田，率倍之，如为三易之田，则再倍之，实际上这种倍田也与露田一样，是可以直接用于耕种之田。后来北齐继续实行均田制度时，即规定："一夫受露田八十亩，妇四十亩，奴婢依良人。……丁牛一头，受田六十亩，限止四牛。"[1] 并不是北齐时授田比北魏多一倍，而是把倍田与露田合并在一起来计算的。

"民年及课则受田，老免及身没则还田"，说明丁男、丁女和奴婢被授予的露田，只有使用权，而无所有权，使用权亦仅限能从事生产劳动的丁壮时

---

[1] 《隋书》卷二十四，《食货志》。

期，小、老、死亡均不能占有土地，已受田者，老免身没则交还政府，另行分配他人。可见均田制的计口授田与古代井田制的计口授田是大不相同的。井田制中的农奴所得的份地，虽然被授予的也只是使用权，而不是所有权，但只要农奴没有背叛封建礼法，这种使用权是可以世代相传的，不仅老免身没不还，而且子孙可以世袭，可见均田制是在私有土地制度的基础上，进行了部分的改革——一次相当重大的改革。

> 诸桑田不在还受之限，但通入倍田分。于分虽盈，［没则还田］（按：此四字系衍文），不得以充露田之数，不足者以露田充倍。
>
> 诸初受田者，男夫一人给田二十亩，课莳余，种桑五十树，枣五株，榆三根。非桑之土，夫给一亩，依法课莳榆、枣。奴各依良。限三年种毕，不毕，夺其不毕之地。于桑榆地分杂莳余果及多种桑榆者不禁。
>
> 诸应还之田，不得种桑榆枣果，种者以违令论，地入还分。诸桑田皆为世业，身终不还，恒从见口。有盈者无受无还，不足者受种如法。盈者得卖其盈，不足者得买所不足。不得卖其分，亦不得买过所足。

这里首先规定了桑田、露田、倍田三者相互之间的关系。桑田不还受，老免身没不还，可以由子孙世袭，故又称世业。但继承人"恒从见口"——即以现口为准，如继承之数已足定额，即不再授予，超出定额的盈余部分可继续保有不还，故称"有盈者无受无还"。不足定额的可自行买所不足，但不能买过所足；有盈余的可将多余的部分卖掉，但不能卖掉应得份额。可见均田制是允许土地买卖的，但只能在一定的范围之内进行，买与卖都不能超过各人应得之数，否则就是违法的。不言而喻，这一类的土地买卖，必然都是在官府的监督下进行的。

露田是种大田作物的，倍田是供露田作休耕之用的机动田，故露田可充倍田，倍田不能充露田，桑田可充倍田，亦不能充露田。这就是法令所谓："诸桑田不在还受之限，但通入倍田分。于分虽盈，不得以充露田之数，不足者以露田充倍。"因倍田也是要还受的，而桑田则不还受，故亦不能以倍田充桑田。总之，倍田不足可用桑田充，也可以用露田充，但却不能反过来以倍田充露田，也不能以倍田充桑田。

北魏王朝在均田令中，特别分给每人一部分土地限期植树，并指定在桑田内至少要种植桑树五十株及枣榆杂果等树，这个政策是寓意很深远的：首先，古人虽然不了解自然生态平衡的意义和作用，但是从实践经验中，特别是从严酷的教训中，知道长期丧乱对大自然的破坏造成了多么严重的后果，在所谓"井堙木刊，阡陌夷灭"之后，大地裸露，水土流失，以致水、旱、虫、蝗等自然灾害遂频繁发生，而每一次这样的灾害，无不给人们带来毁灭性的苦难。通过大规模的植树造林，以减轻枯旱、风沙和霖涝的威胁，古人已从生活实践中认识到这些关系——实际上这些关系是不难认识的。其次，家庭纺织业自古以来就是小农制经济的重要支柱，故男耕女织一直是历久相沿的传统，古人给小农民勾画的生产和生活的结构形态是："五亩之宅，树之以桑，五十者可以衣帛矣。"① 所以自古以来，一直是家家树桑，家家织帛。但在长期丧乱之后，树木都被砍光烧尽了，这不仅破坏了农民的耕地，使良田鞠为茂草；而且破坏了农民的家庭副业，断绝了衣着来源。衣食两缺，饥寒荐臻，结果便成了一切灾难祸害的根源。现在每人分配给定量桑田——种树之田，并且在所受土地中还占了一个不小的比重，说明用于植树种桑的面积是很大的。每人所得的桑田二十亩，"皆为世业，身终不还"，说明桑田所植树木完全归个人所有。人们分到桑田后，限制在三年之内遍植桑、枣、榆、果，如到期不能完成任务，即收回其所分之田，说明北魏王朝把植树造林是当作一个紧急任务来全力推行的。这样，便于改变自然生态的同时，恢复了农民的家庭纺织业，也就是恢复了男耕女织传统的生产和生活方式。

> 诸麻布之土，男女及课，别给麻田十亩，妇人五亩，奴婢依良。皆从还受之法。

不适于种桑的地方，则给麻田十亩，妇人五亩，不分良贱，授予同等数目的土地。桑田为世业，照例麻田也应当为世业，而法令规定"皆从还受之法"，显然是出于疏忽，后来北齐在继续实行均田法时，对此即做了修正，明确规定："每丁给永业二十亩为桑田，其中种桑五十根，榆三根，枣五根，不在还受之限。非此田者，悉入还受之分。土不宜桑者，给麻田，如桑

---

① 《孟子·梁惠王》。

田法。"①

> 诸有举户老小癃残无授田者，年十一已上及癃者各授以半夫田，年逾七十者不还所受，寡妇守志者虽免课亦授妇田。诸还受民田，恒以正月。若始受田而身亡，及卖买奴婢牛者，皆至明年正月乃得还受。
>
> 诸土广民稀之处，随力所及，官借民种莳。役有土居者（《册府元龟》和《通典》此句作"后有来居者"，疑是），依法封授。

这都是在实际进行均田过程中处理一些特殊问题的有关规定，如对缺乏劳动力的老小癃残和寡妇守志者的授田办法，平时的土地还受时间，奴婢、牛买卖后过户还受办法以及在土广民稀之处官借民力时封授土地的办法。

> 诸地狭之处，有进丁受田而不乐迁者，则以其家桑田为正田分，又不足不给倍田，又不足家内人别减分。无桑之乡准此为法。乐迁者听逐空荒，不限异州他郡，唯不听避劳就逸。其地足之处，不得无故而移。

均田制实行的前提条件是地广民稀，政府必须掌握足够多的土地，才能按法令规定的标准授田，如果是地狭人稠，则均田制就无法贯彻了。因为按照规定，丁男应受露田四十亩，倍田四十亩，三易之田再倍之，即为一百二十亩，外加桑田二十亩，共为一百四十亩。在地狭之处，土地不敷按规定授予，达到成丁受田年龄的人又不乐迁往宽乡，到异州他郡去逐空荒，则只有将应受的份额减少，首先以其家桑田为正田（露田）分，即把桑田并入正田，共为四十亩，这并不是取消了桑田，而是把露田减少了一半，又不足，不给倍田，即只有露田桑田共四十亩，又不足，则将其家内人应得份额再酌量减少。这实际上已经把均田制的根本精神破坏了。并且所谓"地狭之处"，不一定是专指人口的密度太大，使土地变为相对狭小，而是由于大部分土地已被权贵豪门等兼并之家占有，又不能触动他们的既得利益，则可供均田的土地就大大减少了，这也使该处成为"地狭之处"。政府既不能把合法受田的

---

① 《隋书》卷二十四，《食货志》。

人都迁往空荒之处，便只有把各人应得份额一减再减了。

除上引者外，均田令中还有一些细则规定：

> 诸民有新居者，三口给地一亩，以为居室，奴婢五口给一亩。男女十五以上，因其地分，口课种菜五分亩之一。
>
> 诸一人之分，正从正，倍从倍，不得隔越他畔。进丁受田者恒从所近。若同时俱受，先贫后富。再倍之田，放此为法。诸远流配谪无子孙及户绝者，墟宅、桑榆尽为公田，以供授受。授受之次，给其所亲；未给之间，亦借其所亲。
>
> 诸宰民之官，各随地给公田，刺史十五顷，太守十顷，治中、别驾各八顷，县令、郡丞六顷。更代相付。卖者论如律。①

所谓"诸一人之分，正从正，倍从倍，不得隔越他畔"，是说正田、倍田、再倍田各有不同的作用，应清楚分开，不得互相混杂。对进丁受田的人应授予近处之田，在同时受田人当中，应先贫后富，优先授予穷人。对宰民之官各随地给公田，给予的系代俸的职田，其有关情况在上文讨论官田利用节中已经阐述过了，这与计口授予农民的露田和桑田是完全不同的，其使用权仅限于该官吏在职期间，卸任后即移交后人，故云"更代相付"。此种公田皆征调民力耕种，只能牧应得之租，不能买卖。

（三）均田制度实行的结果

在土地私有制度已经确立了七八百年之后，忽然由一个入主中原的拓跋氏王朝，改变过去历代王朝谁也不敢触动的土地制度，姑不论均田制实行的最后结果是成功还是失败，仅仅做这样大胆的尝试，就已影响了历史发展的方向，暂时打断了私有土地制度及其伴生物土地兼并几百年来一脉相承的发展。因此，均田制在中国历史上特别是在中国土地制度史上实是一件意义重大的大事，所以在均田令颁布以后，立即引起强烈的反响，不论在当时或后世，都有称赞肯定的，乃至被誉为一代宏观，这里仅引三例如下：

> 伟哉，后魏孝文帝之为人君也！真英断之主乎！井田废七百年，

---

① 以上引文，均见《魏书》卷一百十，《食货志》。

一旦纳李安世之言，而行均田之法。国则有民，民则有田，周、齐不能易其法，隋、唐不能改其贯，故天下无无田之夫，无不耕之民。口分世业，虽非井田之法，而得三代之遗意。始者，则田租户调以为赋税，至唐祖开基，乃为定令，曰租、曰调、曰庸，有田则有租，有家则有调，有身则有庸。岁役二旬，不役则收其资，役多则免调，过役则俱免，无伤于民矣。舍租调之外而求，则无名，虽无道之世亦不为。自太和至开元，三百年之民，抑何幸也！①

夹漈郑氏言：井田废七百年，至后魏孝文，始纳李安世之言，行均田之法。……或谓井田之废已久，骤行均田，夺有余以予不足，必致烦扰，以兴怨谤言，不知后魏何以能行。然观其立法，所受者露田，诸桑田不在还受之限，意桑田必是人户世业，是以栽植桑榆其上，而露田不栽树，则似所种者皆荒闲无主之田；必诸远流配谪无子孙及户绝者，墟宅桑榆，尽为公田，以供授受；则固非尽夺富者之田以予贫人也。又令：有盈者无受无还，不足者受种如法，盈者得卖其盈，不足者得买所不足，不得卖其分，亦不得买过所足，是令其从便买卖，以合均给之数，则又非强夺之以为公田，而授无田之人，与王莽所行异矣。此所以稍久而无弊欤？②

后魏虽起朔漠，据有中原，然其垦田均田之制，有足为后世法者。……其制：男夫十五以上受露田四十亩，妇人二十亩。民年及课则受田，老免及身没则还田。诸桑田不在还受之限。男夫人给田二十亩，课莳余，种桑五十树，枣五株，榆三根。非桑之土，夫给一亩，依法课莳榆枣，限三年种毕，不毕，夺其不毕之地。于是有口分、世业之制，唐时犹沿之。嗟乎！人君欲留心民事，而创百世之规，其亦运之掌上也已。宋林勋作《本政》之书，而陈同父以为必有英雄特起之君，用于一变之后，岂非知言之士哉。③

从以上所引三条文献来看，可知后世学者对均田制的评价是很高的。如果确能像法令所规定的那样都得到贯彻，真正做到"天下无无田之夫，无不耕之民"，即凡能耕者都能得到足够的可耕之田，则是把七百年来未能解

---

①　《通志·食货略》。
②　《文献通考》卷二，《田赋考》。
③　顾炎武：《日知录》卷十，《后魏田制》。

决——事实上是不可能解决的土地问题，一举解决了，至少是把土地兼并的狂澜刹住了，据此，我们在上文也加以肯定，说这是一个划分历史时期的重大事件，顾炎武也是从这个角度出发，说这是"创百世之规"，并把北魏孝文帝誉之为"英雄特起之君"。但是均田制的实质究竟如何？它能不能真正解决土地问题？此外，在法令颁布之后，是否确已全面推行？或者虽已推行，是否在执行中出过偏差，致使制度走了样，即出现豪强官吏互相串通，以强凌弱，致使黎庶怨嗟？诸如此类的问题，都需要进一步研究。

首先应当指出，均田制并不是要平均土地，因为它不是要夺多予少，使原来土地占有的不均变为均，因而在本质上它不是要改变土地制度，而只是针对当时客观存在的特殊情况，提出一种比较有效的解决办法。其所以比较有效，是因为通过这种授田办法，可以把大量荒闲无主的公田充分利用起来，从而可以迅速减少土地的荒芜程度，并加速农业的恢复，同时还在一定程度上缓和了阶级矛盾，使"望绝一廛"的贫苦农民多少获得了一点生产资料，尽管不可能像朝廷希望的那样，达到"储畜既积，黎元永安"，但却可以稍减"地有遗利，民无余财"的弊病。其次是均田制多少解决了一些土地纠纷，把互争不让的产权诉讼勾销，不致再因"争亩畔以亡身"，使农村社会秩序安定，有利于农业生产。最后就是通过授田，检括出隐漏户口，从而增加了财政收入。但是所有这一切，都是一些治标性质，并不是从根本上改革土地制度，既然土地制度不改变，则由此制度派生的土地问题，当然就不可能根本解决。

[25]有种种迹象表明，均田制并没有全面推行，至少有若干地方并未实行，这由下引韩麒麟的表陈时务疏中可以看出一点端倪：

> 太和十一年（公元四八七年），京都大饥，麒麟表陈时务曰："……今京师民庶，不田者多，游食之口，三分居二。盖一夫不耕，或受其饥，况于今者，动以万计。故顷年山东遭水，而民有馁终；今秋京都遇旱，谷价踊贵。实由农人不劝，素无储积故也。……自承平日久，丰穰积年，竞相矜夸，遂成侈俗。车服第宅，奢僭无限；丧葬婚娶，为费实多；贵富之家，童妾袨服；工商之族，玉食锦衣。农夫饣甫糟糠，蚕妇乏短褐。故令耕者日少，田有荒芜。谷帛罄于府库，宝货盈于市里；衣食匮于室，丽服溢于路。饥寒之本，实在于斯。愚谓凡珍玩之物，皆宜禁断，吉凶之礼，备为格式，令贵贱有别，民归

朴素。制天下男女，计口受田。宰司四时巡行，台使岁一按验。勤相劝课，严加赏赐。数年之中，必有盈赡。虽遇灾凶，免于流亡矣。"①

韩麒麟是魏之重臣，官居冠军将军、给事黄门侍郎、齐州刺史、假魏昌侯。表上于太和十一年（公元四八七年），系在均田令颁布二年之后，所陈时务又直接与农事有关。实行均田，在当时是一件震动朝野、轰动遐迩的大事，身为重臣兼地方官的韩麒麟何以对刚刚颁布并正在实行中的均田制竟一无所知？但是从他的奏疏全文来看，又确似连听都没有听到过，所以才针对着当时侈靡成风、农业凋敝的情况，提出"制天下男女，计口受田"，并提出施行和检察办法："台使岁一按检，勤加劝课，严加赏赐。"殊不知他的建议，都已包括在均田令中，并于两年前就已正式颁布施行了，他何以一字不提？此外，在一般的情况下，政府要推行任何新制度，都是先以京师一带为试点，取得经验后再向全国推广，绝不会是边远地方走在前面，京师反而落后，现在的实际情况是京师"不田者多"，而且是"游食之民，三分居二"。其后在太和十六年（公元四九二年）的一个劝农诏书中又说，"京师之民，游食者众"，② 证明韩麒麟的话是不错的。这些为数众多的"不田者"或"游食者"不可能都是工商业者，因为这时的工商业是不发达的，从"魏初至于太和，钱货无所周流"。③ 这些"不田者"也不可能是有田不耕的人，因为只要有田可耕，谁也不肯抛弃自己的田园，去到处流浪，甘作游食之民。正是由于这些人都没有土地，无田可耕，所以韩麒麟才建议"制天下男女，计口受田"。

即使有些地方表面上遵照法令，实行授田，权贵豪门每每凭借权势，上下其手，把瘠土荒畴分给百姓，而良田沃壤则尽归权门。这样，名为均田，实系兼并，这种情况尤以边远地方为甚，从下引文献中可略见一斑：

怀又表曰："景明以来，北蕃连年灾旱，高原陆野，不任营殖，唯有水田，少可菑亩。然主将参僚，专擅腴美，瘠土荒畴给百姓，因此困敝，日月滋甚。诸镇水田，请依地令，分给细民，先贫后富。若分付不平，令一人怨讼者，镇将以下连署之，官各夺一时之禄，

① 《魏书》卷六十，《韩麒麟传》。
② 《魏书》卷七下，《高祖纪下》。
③ 《魏书》卷一百十，《食货志》。

四人以上，夺禄一周。北镇边蕃，事异诸夏，往日置官，全不差别沃野，一镇自将以下八百余人，黎庶怨嗟，今日烦猥。……”时细民为豪强凌压，积年枉滞，一朝见申者，日有百数。①

景明时是在太和九年（公元四八五年）颁布均田令十五年以后，缘边地方虽曾照令分田，而腴美尽为主将参僚专擅，百姓所受尽为瘠土荒畴，公然凌压细民，致黎庶怨嗟。像这样的事例，实所在多有，这与均田制的原意完全相左了。源怀在均田令颁布已十五六年之后，仍请以地令分田，并主张以严法随其后，可知均田令并未真正实行，豪强兼并还一直在继续。

总之，北魏均田制究竟实行到什么程度，取得了多大效果，虽不易确定，但我们必须看到，北魏王朝在推行均田制度时，还怀有一定的政治目的。因拓跋氏系以一个文化落后的少数民族，在具有高度文明的汉族地区建立了政权，为了便于统治，不得不改变自己的生产和生活方式，并极力汉化，重用汉人，以适应被统治汉族的固有习俗和传统。当时正是儒家学说盛行即所谓“经学昌盛”时期，朝廷上下，标榜师古，政府因应形势，颁布冠冕堂皇的均田令，也包含有迎合汉族士大夫的复古思潮的用意。后者囿于儒家的传统观念，对之加以夸张藻饰，大事渲染，后世又转相因袭，遂异口同声地誉为一代宏规，以其“得三代之遗意”，故“周齐不能易其法，隋唐不能改其贯”。事实上虽然均田制对豪强地主的占有土地有一定的抑制，从而暂时地遏止了土地兼并的进一步发展，但高祖以后，均田制就渐成有名无实，形同具文，土地兼并已照旧在进行，土地仍是频繁地在买进卖出，虽仍有依法授田，但已成变相兼并，这里引下列四条记载，来分别反映这些情况：

禧性骄[26]奢……昧求货贿，奴婢千数，田业盐铁遍于远近，臣吏僮隶，相继经营。世宗颇恶之。②

[遥] 坐遣子析户，分隶三县，广占田宅，藏匿官奴，障吝陂苇，侵盗公私，为御史中尉王显所弹，免官。③

[熙平中，道迁卒] 夬性好酒，居丧不戚，醇醪肥鲜，不离于

---

① 《魏书》卷四十一，《源贺传附子怀传》。
② 《魏书》卷二十一上，《咸阳王禧传》。
③ 《魏书》卷八十九，《酷吏·崔暹传》。

口，沽买饮噉，多所费用，父时田园，货卖略尽，人间债负，数犹千余匹。①

　　时初给民田，贵势皆占良美，贫弱咸受瘠薄，隆之启高祖，悉更反易，乃得均平。②

① 《魏书》卷七十一,《夏侯道迁传附子夬传》。
② 《北史》卷五十四,《高隆之传》。

第六章　农　业

第一节　垦田及水利

（一）两晋和南朝时期的水利建设

1. 西晋的重农政策与兴修水利

整个两晋南北朝时期，虽然是一个大动乱时期，但是先后各个王朝，不论是汉族的统治者还是非汉族统治者，对于农业都极为重视，即使是在长期的干戈扰攘之中，只要能获得一点哪怕是不太长的间歇时间，人民能稍获苏息，得以荷锸南亩，政府便奖劝农桑，并兴办一些有利于农业生产的基本建设，连那些运祚[1]短促的、割据一隅的小王朝，亦都力求在它们的统治区域内，能耕稼不废，有望来秋。它们越是东征西讨，越是干戈云扰，就越发感到足食足兵的重要性。因食不足，则兵不强；兵不强，则战不胜。那些互争雄长的小朝廷对此是有切身体会的，所以尽管是在兵荒马乱的战争年代，农业生产亦在见缝插针，能断断续续地、甚至是星星点点地继续着，有时还多少有一些发展，出现过农村兴旺的短暂繁荣。

西晋初年本是在前后两次社会经济的大动荡之间，但也在政治上，出现了一个短暂的太平时期；在经济上，出现了一个短暂的繁荣时期，其具体情况前已论述。这个结果的取得，不是得之于农业的自然恢复，而是西晋王朝在其短促的统治时期内，采取了与过去历代王朝大致相同的一些有利于农业发展的积极措施，从而使长期以来遭到严重破坏的社会经济得以恢复。

首先，西晋王朝一开始就全力以赴地实行励农政策，其办法从一般性的号召，到行政奖励和法令制裁，几种方式，同时并用。所谓一般号召，包括按时举行历代相沿的躬耕典礼，由皇帝亲耕籍田[2]，以为表率，其次是频繁颁发劝农诏书，以为督课。例如：

> 及晋受命，武帝欲平一江表。……是时，江南未平，朝廷厉精于稼穑。［泰始］四年（公元二六八年）正月丁亥，帝耕藉田。庚寅，诏曰：“使四海之内，弃末反本，竞农务功，能奉宣朕志，令百姓劝事乐业者，其唯郡县长吏乎！先之劳之，在于不倦；每念其经营职事，亦为勤矣。其以中左典牧种草马赐县令长相及郡国丞，各一匹。”①
>
> ［泰始四年春正月］丁亥，帝耕于藉田。戊子，诏曰“…… 方今阳春养物，东作始兴，朕亲率王公卿士，耕藉田千亩。”②
>
> 《礼》：孟春之月，乃择元辰，天子亲载耒耜，措之于参[3]保，介之御间，帅三公九卿诸侯大夫躬耕帝藉。……及武帝泰始四年，有司奏：“耕祠先农，可令有司行事。”诏曰：“夫国之大事，在祀与农，是以古之圣王，躬耕帝藉，以供郊庙之粢盛，且以训化天下。近世以来，耕藉止于数步之中，空有慕古之名，曾无供祀训农之实，而有百官车徒之费。今修千亩之制，当与群公卿士躬稼穑之艰难，以率先天下。……”于是乘舆御木辂以耕，以太牢祀先农。③

这虽然只是一种形式，但在古代的封建社会中，这种典礼实具有很大的号召力和示范作用，古人也确实是把它看作是“国之大事”，即所谓“国之大事，在祀与农”，故朝廷以此督劝，臣下亦频繁陈请，以防懈怠：

> ［泰始中，拜度支尚书］预乃奏立藉田，建《安边论》，处军国之要。又作人排新器，与常平仓，定谷价，较盐运，制课调，内以利国，外以救边者，五十余条，皆纳焉。④

除由皇帝亲耕籍田，以为倡导，作为励农政策的重要一环外，复屡下劝农诏书，朝廷以此督劝，臣下亦纷纷献策，上下交融，朝议盈庭，实为当时

① 《晋书》卷二十六，《食货志》。
② 《晋书》卷三，《武帝纪》。
③ 《晋书》卷十九，《礼志》。
④ 《晋书》卷三十四，《杜预传》。

的头等要政，这种炽热情况，可由下引记载看出：

[泰始] 五年（公元二六九年）春正月癸巳，申戒郡国计吏、守相、令、长，务尽地利，禁游食商贩。①

[咸宁末（公元二八〇年）] 迁司徒左长史。时帝留心政事，诏访朝臣政之损益，咸上言曰："……泰始开元以暨于今，十有五年矣，而军国未丰，百姓不赡，一岁不登，便有菜色者，诚由官众事殷，复除猥滥，蚕食者多，而亲农者少也。……一夫不农，有受其饥，今之不农，不可胜计；纵使五稼普收，仅足相接，暂有灾患，便不继赡。以为当今之急，先并官省事，静事息役，上下用心，唯农是务也。"②

朝廷的劝农诏书，臣下的劝农条陈，并不都是照例颁发的官样文章，政府为了切实"课督农功"，遂以各地方的农业是否兴旺，作为考核地方官成绩的标准，并明确规定出赏罚之制，以"勤加赏罚，黜陟幽明"，使守土官吏不致阳奉阴违，把朝廷诏令视为具文：

[泰始五年] 十月，诏以司隶校尉石鉴所上汲郡太守王宏勤恤百姓，遵化有方，督劝开荒五千余顷，遇年普饥，而郡界独无匮乏，可谓能以劝教，时同功异者矣。其赐谷千斛，布告天下。③

泰始初，[宏] 为汲郡守，抚百姓如家，耕桑树艺，屋宇阡陌，莫不躬自教示，曲尽事宜，在郡有殊绩。司隶校尉石鉴上其政术。武帝下诏称之曰："朕惟人食之急，而惧天时水旱之运，夙夜警戒，念在于农。虽诏书屡下，敕厉殷勤，犹恐百姓废惰，以损生植之功。而刺史二千石、百里长吏，未能尽勤，至使地有遗利，而人有余力。每思闻监司纠举能不，将行其赏切，以明沮劝。今司隶校尉石鉴上汲郡太守王宏勤恤百姓，导化有方，督劝开荒五千余顷，而熟田常课，顷亩不减。比年普饥，人不足食，而宏郡界独无匮乏，可谓能

---

① 《晋书》卷三，《武帝纪》。
② 《晋书》卷四十七，《傅玄传附子咸传》。
③ 《晋书》卷二十六，《食货志》。

矣。其赐宏谷千斛，布告天下，咸使闻知。"①

在嘉奖王宏劝农有方、政绩卓著的同时，规定了赏罚之制，以农政之兴废，为地方官殿最黜陟之标准：

[泰始中，司徒石] 苞奏，州郡农桑，未有赏罚之制，宜遣掾属循行，皆当均其土宜，举其殿最，然后黜陟焉。诏曰："农殖者，为政之本，有国之大务也。虽欲安时兴化，不先富而后教之，其道无由。而至今，四海多事，军国用广，加承征伐之后，屡有水旱之事，仓库不充，百姓无积。古者，稼穑树艺，司徒掌之。……今司徒位当其任，乃心王事，有毁家纾国，乾乾匪躬之志。其使司徒督察州郡播殖，将委事任成，垂拱仰办。……"②

[泰始中] 诏以比年饥馑，议所节省。攸奏议曰："臣闻先王之教，莫不先正其本。务农重本，国之大纲。当今方隅清穆，武夫释甲，广分休假，以就农业。然守相不能勤心恤公，以尽地利。昔汉宣叹曰：'与朕理天下者，惟良二千石乎！'勤加赏切，黜陟幽明，于时翕然，用多名守。计今地有余美，而不农者众。加附业之人，复有虚假，通天下谋之，则饥者必不少矣。今宜严敕州郡，检诸虚诈害农之事，督实南亩，上下同奉所务，则天下之谷，可复古政，岂患于暂一水旱，便忧饥馁哉？考绩黜陟，毕使严明，畏威怀惠，莫不自厉。……宜申明旧法……不夺农时，毕力稼穑，以实仓廪。则荣辱礼节，由之而生，兴化反本，于兹为盛。"③

元帝为晋王，课督农功，诏二千石长吏，以入谷多少为殿最。其非宿卫要任，皆宜赴农。使军各自佃作，即以为廪。④

从上引文献可以清楚地看出，西晋王朝的励农政策，并不是照抄历代王朝陈陈相因的重农诏书，也不是空喊重农务本的老生常谈，而是严肃认真地发展农业，不仅频繁不已地在颁发励农诏书，以课督农功，并明白规定了赏

---

① 《晋书》卷九十，《良吏·王宏传》。
② 《晋书》卷三十三，《石苞传》。
③ 《晋书》卷三十八，《齐献王攸传》。
④ 《晋书》卷二十六，《食货志》。

罚黜陟制度，地方官吏的考绩主要以入谷多少为殿最，这样一来，地方长吏对朝廷诏令自不得不注意奉行。为了认真推行重农政策，专靠一般的号召、鼓励是远远不够的，还必须有确实可靠的物质保证，兴修水利便是贯彻这个政策的物质保证。因为水是农作物的命脉，所以改变自然干旱状态的引水灌溉，就成为发展农业生产的首要条件，有了防旱排涝的水利设施，才能旱涝保收，亦才能使农业生产获得可靠的物质保证，只有这样，所谓励农政策方免为徒托空谈。特别是朝廷明确规定了守土官吏的赏罚黜陟以入谷多少为殿最，他们为了自己的升降荣辱，自然要留心农田水利事业，这说明西晋时期大兴水利的高潮，就是在这个基础上掀起来的。

本来司马氏政权的建立就是与大兴水利有密切关系的。我们知道早在晋宣帝司马懿执政期间，即大力垦辟两淮一带的无主荒田以为屯田，并开凿河渠以溉公私田畴，从而迅速取得了食足、兵强、战胜强敌的效果，巩固了西晋的统治地位。如邓艾屯田寿春，沟通两淮，就是在执行"宣帝广田积谷，为兼并之计"的战略部署。武帝当政后更锐意推行这一"广田积谷"的农战政策，例如泰始中，"有灭吴之志，以羊祜为都督荆州诸军事"，祜守襄阳，分"戍逻"之半，"分以屯田八百余顷，大获其利。祜之始至也，军无百日之粮，及至季年，有十年之积"。[1] 统一之后，各地守土长吏或大军屯戍所在，其地凡有水源可资利用，遂都纷纷就地开凿新渠或修整旧渠，一时蔚然成风，成为这个短暂的太平时期能在经济上出现繁荣景象的重要原因。这时期开凿或修复的灌溉渠道，遍及全国各地，其中比较重要的，如：

[泰康中，杜预镇荆州] 又修邵信臣遗迹，激用滍、淯诸水，以浸原田万余顷，分疆刊石，使有定分，公私同利，众庶赖之，号曰"杜父"。[2]

[泰康中，刘颂] 除淮南相。……旧修复芍陂，年用数万人，豪强兼并，孤贫失业，颂使大小勤力[4]，计功受分，百姓歌其平惠。[3]

潞河车箱渠，是魏时开凿，至西晋又大加扩充修整的一项巨大水利工程，流经蓟西、昌平、渔阳、潞县，"凡所润含四五百里，所溉田万有余顷"，

---

① 《晋书》卷三十四，《羊祜传》。
② 《晋书》卷三十四，《杜预传》。
③ 《晋书》卷四十六，《刘颂传》。

《水经注》有详细记载，这里择要引述于下：

> 鲍丘水入潞，通得潞河之称矣。高梁水注之。水首受㶟水于戾陵堰，水北有梁山……水自堰枝分，东经梁山南，又东北径刘靖碑北。其词云：魏使持节都督河北道诸军事、征北将军、建城乡侯、沛国刘靖、宇文恭，登梁山以观源流，相㶟水以度形势，嘉武安之通渠，美秦民之殷富，乃使帐下丁鸿督军士千人，以嘉平二年（公元二五〇年）立遏于水（按：遏即堨），导高梁河，造戾陵遏，开车箱渠。……长岸峻固，直截中流，积石笼以为主遏……依北岸立水门，门广四丈，立水十丈。山水暴发，则乘遏东下，平流守常，则自门北入，灌田岁二千顷，凡所封地，百余万亩。至景元三年（公元二六二年）辛酉，诏书以民食转广，陆废不赡，遣谒者樊晨更制水门，限田千顷，刻地四千三百一十六顷，出给都县，改定田五千九百三十顷。水流乘车箱渠，自蓟西北径昌平东，尽渔阳、潞县，凡所润含四五百里，所灌田万有余顷。高下孔齐，原隰底平，疏之斯溉，决之使散，导渠口以为涛门，洒滮池以为甘泽，施加于当时，敷被于后世。晋元康四年（公元二九四年），君少子骁骑将军平乡侯弘，受命使持节监幽州诸军事，领护乌丸[5]校尉、宁朔将军，遏立积三十六载，至五年（公元二九五年）夏六月，洪水暴出，毁损四分之三，剩北岸七十余丈，上渠车箱，所在漫溢。追惟前立遏之勋，亲临山川，指授规略，命司马、关内侯逢恽，内外将士二千人，起长岸，立石渠，修立遏，治水门；门广四丈，立水五尺，兴复载利通塞之宜，准遵旧制，凡用功四万有余焉。诸部王侯不召而自至，裋[6]负而事者，盖数千人。《诗》载"经始勿亟"，《易》称"民忘其劳"，斯之谓乎！于是二府文武之士，感秦国思郑渠之绩，魏人置豹祀之义，乃遐慕仁政，追述成功，元康五年十月十一日刊石立表，以纪勋烈，并记遏制度，永为后式焉，事见其碑辞。①

其他规模较小或地方性的小型水利灌溉工程也很多，其中有些溉渠不知兴建于何代，到西晋时仍在继续发挥作用，这里各举一例，以概其余：

---

① 郦道元：《水经注》卷十四，《鲍丘水》。

扶风郡郿县，成国渠首受渭。①

[元] 帝践祚，出补晋陵内史，在郡甚有威惠。……时所部四县并以旱失田。闿乃立曲阿新丰塘，溉田八百余顷，每岁丰稔。葛洪为其颂。计用二十一万一千四百二十功，以擅兴造免官。后公卿并为之言曰："张闿兴陂溉田，可谓益国，而反被黜，使臣下难复为善。"帝感悟，乃下诏曰："……仓廪国之大本，宜得其才。今以闿为大司农。"②

西晋时期正是水碓普遍应用和设置时期。水碓是用水力发动的一种农产品加工器械。一般王公权贵和民间的地主豪门纷纷在濒[7]临河流水渠之处设置水碓，这说明：①农业生产在普遍发展，地主豪门的土地收获物数量很大，需要使用水力机械来进行加工；②各地可以设置水碓的河流渠道，交错纵横，有充沛的水力资源可资利用，所以水碓设置之多，实反映河渠分布之广。虽然设碓之河不一定都是运河，但实以濒渠建闸为较便，而长川大河反而是不易截流的。至于杜预所造的连机碓，其结构和功能如何，均不见记载，但系一种经过改良革新的水碓则是无疑的，结构必比普通水碓为复杂，效能亦必远在一般水碓之上：

[戎] 性好兴利，广收八方园田水碓，周遍天下。③

[崇诛] 有司簿阅崇水碓三十余区，仓头八百余人，他珍宝货贿田宅称是。④

《晋诸公赞》曰：征南杜预作连机碓。⑤

[王隐《晋书》曰]：刘颂为河内太守。有公主水碓三十余区，所在遏塞，辄为侵害，颂表上封，诸民获便宜。⑥

《晋阳秋》曰：给陈留王碓一区。⑦

---

① 《晋书》卷十四，《地理志·雍州》。
② 《晋书》卷七十六，《张闿传》。
③ 《晋书》卷四十三，《王戎传》。
④ 《晋书》卷三十，《石苞传附子崇传》。
⑤ 《太平御览》卷七百六十二。
⑥ 《太平御览》卷七百六十二。
⑦ 《太平御览》卷七百六十二。

[王隐《晋书》曰]：卫瓘为太子少傅，诏赐园田、水碓，不受。①

王浑表曰：洛阳百里内旧不得作水碓，臣表上，先帝听臣立碓，并挽得官地。②

[王隐《晋书》曰]：邓攸去石勒投李矩，借水碓舂于城东。③

杜预除了发明连机碓外，上引《杜预传》说他"又作人排新器"，史文仅此一句，再无其他进一步说明，不知此人排新器构造如何，做何用途。但这一记载是与"奏立藉田""兴常平仓""定谷价"等重要农政并列的，可知此人排新器必系一种排灌机械，特制此人排是为当时大兴水利服务的。后汉时杜诗曾做过水排，三国时又有人改做人排，原都是为炼铁炉鼓风之用，亦可用于排灌，王桢释之云："水排，韦囊吹火也。后汉杜诗，为南阳太守，造作水排，铸为农器，用力少而见功多，百姓便之。注云：冶铸者为排吹炭，令激水以鼓之也。《魏志》曰：朝暨，字公至，为乐陵太守，徙监冶谒者。旧时冶作马排，每一熟石，用马百匹，更作人排，又费工力，暨乃因长流水为排，计其利益，三倍于前，由是器用充实。……以今稽之……其制当选湍流之侧，架木立轴，作二卧轮，用水激转下轮，则上轮所周弦索通缴轮前旋鼓掉枝，一例随转，其掉枝所贯，行桄因而推挽卧轴左右攀耳，以及排前直木，则排随来去，扇[8]冶甚速，过于人力。"④ 杜预的人排新器，大概就是与此大同小异的一种排灌机械，是把后汉的水排和三国时的人排加以改造革新而成的。

2. 东晋和南朝的水利建设

东晋和南朝都是在江南立国，江南本为多雨、多水之区，平时雨量充足，大江大河又流贯境内，各地湖泊众多，河网纵横，与华北干旱区的情况实完全不同，所以在一般的情况下，江南各地对于开凿河渠、实施人工灌溉的需要是不大的。但是事实上江南各地的情况差异很大，缺水地方也是很多的，在雨量不足和水流不达的地方，同样受着干旱的威胁，这是江南的一些地区也经常出现灾荒饥馑的一个原因，甚至有若干次灾荒饥馑的严重程度，并不

① 《太平御览》卷七百六十二。
② 《太平御览》卷七百六十二。
③ 《太平御览》卷七百六十二。
④ 王桢：《农书》卷十九，《农器图谱》十四。

在北方以下。如要从根本上解除这个威胁，除了兴修水利，以便能有效地进行排洪防旱外，实别无良策，这使南朝历届政府不得不留心于农田水利事业。其次，江淮之间，是南北对峙的边防重地，其间大军屯戍，军需浩大，飞刍挽粟，时感匮乏，如何开发荒田，就地屯种，是早已行之有效的战略部署，魏、晋两代都是实施这一政策的成功者。但是根据经验，要在两淮地区实行屯田，首先就必须开凿新渠或修复旧渠。所以在两淮各地兴修水利，就成为南朝各届政府和守土官吏的当务之急。因此，南朝各代的史籍中，有关的记载非常多，而尤以刘宋朝为盛，其著者如：

> ［成帝朝］出为镇军将军、会稽内史、加散骑常侍。句章县有汉时旧陂，毁废数百年。愉自巡行，修复故堰，溉田二百余顷，皆成良业。①

东晋王朝偏安江左后，力量薄弱，基础不固，内忧外患，纷至迭乘，而权臣悍将又屡次称兵倡乱，以致干戈扰攘，灾荒频仍，朝廷日在风雨飘摇、挣扎图存之中，对农田水利的基本建设自无暇过问，故史籍记载，亦寥寥可数。到刘宋时期，中央政府的统治地位已渐趋稳固，宋武帝刘裕还有北上进军、收复中原之志。同时期拓跋魏已统一了北方，亦在厉兵秣马[9]，进窥两淮，有渡江南伐之意。在这样一种客观形势下，刘宋王朝不得不讲求农战政策，力求足食足兵，俾能外抗强敌，内固疆宇，于是农田水利事业不仅提上了日程，而且摆在重要地位。萧齐继之，奉行不替，如上文引述南齐高帝萧道成对垣崇祖说："卿视吾是守江东而已邪？所少者，食。卿但努力营田，自然平殄残丑。敕崇祖修治芍陂田。"② 这一语道破了江南各王朝重视农田水利的目的所在。正是在这样一种客观形势要求之下，不论江南江北，凡有田可垦，有陂可复，无不亟亟兴建：

> ［晋安帝义熙中（公元四一一年左右）］高祖将伐羌，先遣修之复芍陂，起田数千顷。③
> 芍陂良田万余顷，堤堰久坏，秋夏常苦旱。义欣遣谘议参军殷

---

① 《晋书》卷七十八，《孔愉传》。
② 《南齐书》卷二十五，《垣崇祖传》。
③ 《宋书》卷四十八，《毛修之传》。

肃循行修理。有旧沟引淳水入陂，不治积久，树木榛塞。肃伐木开榛，水流通注，旱患由是得除。①

元嘉五年（公元四二八年），转征虏将军，领宁蛮校尉，雍州刺史，加都督。……及至襄阳，筑长围，修立堤堰，开田数千顷，郡人赖之富赡。②

元嘉十六年（公元四三九年），世祖镇襄阳，以为抚军录事参军、襄阳令。襄阳有六门堰，良田数千顷，堰久决坏，公私废业。世祖遣秀之修复，雍部由是大丰。③

排潦也是兴建水利工程的重要目的之一，刘宋朝为疏导吴兴一带的水道壅塞，以解决该地区频繁发生的水患，曾计划兴建一项重要水利工程，虽然后来因政治原因，“功竟不立”，但政府对此项工程进行了实地考察，并做出了施工的周详计划，足证刘宋王朝对水利的重视：

［元嘉］二十一年（公元四四四年），加散骑常侍，进号中军将军。明年，濬上言：“所统吴兴郡，衿带重山，地多污[10]泽，泉流归集，疏决迟壅，时雨未过，已至漂没。或方春辍耕，或开秋沈稼，田家徒苦，防遏无方。彼邦奥区，地沃民阜，一岁称稔，则穰被京城，时或水潦，则数郡为灾。顷年以来，俭多丰寡，虽赈赉周给，倾耗国储，公私之弊，方在未已。州民姚峤比通便宜，以为二吴、晋陵、义兴四郡，同注太湖，而松江沪渎壅噎不利，故处处涌溢，浸渍成灾。欲从武康纻[11]溪开漕谷湖，直出海口，一百余里，穿渠浛必无阂滞。自去践行量度，二十许载。去十一年大水，已诣前刺史臣义康欲陈此计，即遣主簿盛昙泰随峤周行，互生疑难，议遂寝息。既事关大利，宜加研尽，登遣议曹从事史虞长孙与吴兴太守孔山士同共履行，准望地势，格平高下，其川源田历，莫不践校，图画形便，详加算考，如所较量，决谓可立。寻四郡同患，非独吴兴，若此浛获通，列邦蒙益。不有暂劳，无由永晏。然兴创事大，图始当难。今欲且开小漕，观试流势，辄差乌程、武康、东迁三县近民，

① 《宋书》卷五十一，《宗室·长沙景王道怜传附子义欣传》。

② 《宋书》卷四十六，《张邵传》。

③ 《宋书》卷八十一，《刘秀之传》。

即时营作。若宜更增广，寻更列言。昔郑国敌将，史起毕忠，一开其说，万世为利。峤之所建，虽则刍荛，如或非妄，庶几可立。"从之。①

在这个兴修水利的高潮时期，州郡地方官吏为贯彻政府的政策，多在其辖境之内，修建规模大小不等的水利工程，有许多这样的陂塘堤堰为正史所不载，往往在数百年之后为后人所发现，对其埋塞荒废之迹加以疏导修整，使它发挥固有的作用。例如唐德宗朝，于頔"出为湖州刺史，因行县，至长城方山，其下有水，曰西湖，南朝疏凿，溉田三千顷，久埋废。頔命设堤塘以复之，岁获秔稻蒲鱼之利，人赖以济"。②史称"南朝疏凿"，不知确属何代，惟刘宋元嘉年间是南朝的鼎盛时期，也是兴修水利的高潮时期，西湖能溉田三千顷，规模不能说小，故此湖疏凿于元嘉年间的可能性最大。这时期修建的其他农田水利工程见于记载的，尚有：

[元嘉二十二年（公元四四五年）] 是冬浚淮，起湖塾废田千余顷。③

[元嘉二十二年，世祖出为抚军将军、雍州刺史，沈亮为南阳太守] 郡界有古时石塌，芜废岁久，亮签世祖修治之。……又修治马人陂，民获其利。④

这个政策在整个刘宋一代一直是在贯彻执行之中，元嘉之后，农田水利工程仍兴建不辍，其著者如：

[大明中（公元四六〇年左右）] 入为丹阳尹。山阴县土境褊狭，民多田少，灵符表徙无资之家于余姚、鄞、鄮三县界，垦起湖田。上使公卿博议。……上违议从其徙民，并成良业。⑤

[宋明帝朝] 除宁朔将军、涟口戍主。山图遏涟水，筑西城，

① 《宋书》卷九十九，《二凶·始兴王濬传》。
② 《旧唐书》卷一百五十六，《于頔传》。
③ 《南史》卷二，《宋文帝纪》。
④ 《宋书》卷一百，《自序》。
⑤ 《宋书》卷五十四，《孔季恭传附弟灵符传》。

断虏骑路，并以溉田。^①

南齐运祚短促，当政时间不过二十年左右，君多昏暴，吏多贪残，政治腐败，庶务废弛，刘宋朝掀起的农田水利高潮，至齐而衰歇不振，仅在齐初尚拟继续前朝政策，不久即行中断，无人过问。实则齐初建置，亦微不足道，见于记载的仅有：

> 齐国建，上欲置齐郡于京邑。议者以江右土沃，流民所归，乃治瓜步，以怀慰为辅国将军、齐郡太守。上谓怀慰曰："齐邦是王业所基，吾方以为显任，经理之事，一以委卿。"怀慰至郡，修治城郭，安集居民，垦废田二百顷，决沈湖灌溉。^②
> [建元三年（公元四八一年）]上表曰："京尹虽居都邑，而境壤兼跨，广袤周轮，几将千里；菀原抱隰^[12]，其处甚多，旧遏古塘，非唯一所；而民贫业废，地利久芜。近启遣五官殷沵、典签刘僧瑗到诸县循履，得丹阳、溧阳、永世等四县解并村耆辞列，堪垦之田，合计荒熟有八千五百五十四顷，修治塘遏，可用十一万八千余夫，一春就功，便可成立。"上纳之，会迁官，事寝。^③

终南齐一代，仅在初叶，有刘怀慰垦废田二百顷，决沈湖灌溉，至于竟陵文宣王计划在丹阳、溧阳一带修治塘遏，垦荒熟田八千五百余顷，仅系建议，并未实行，此外即无可述。进入梁代后，又开始由低潮转入高潮，兴修水利之风忽又炽热起来。梁王朝在位期间^[13]仅次于宋，历时五十五年，为南朝中运祚较长的一朝，其内部虽然也是矛盾重重，天灾人祸——特别是兵祸又十分严重，但是对农田水利事业却非常重视，由中央或地方修建了不少水利工程，其著者如：

> [天监十三年（公元五一四年）]是岁作浮山堰。^④
> [天监]十三年，徙为左卫将军。是冬，高祖遣太子右卫率康

---

① 《南齐书》卷二十九，《周山图传》。
② 《南齐书》卷五十三，《良政·刘怀慰传》。
③ 《南齐书》卷四十，《竟陵文宣王子良传》。
④ 《梁书》卷二，《武帝纪》。

绚督众军作荆山堰。明年，魏遣将李昙定大众逼荆山，扬声欲决堰。诏假义之节，帅太仆卿鱼弘文、直阁将军曹世宗、徐元和等救绚。军未至，绚等已破魏军。①

[普通四年（公元五二三年），从军北伐] 是冬，始修芍陂。②

[普通六年（公元五二五年）] 夏五月己酉，筑宿预堰，又修曹公堰于济阴。③

[大通二年（公元五二八年）二月] 是月，筑寒山堰。④

中大通二年（公元五三〇年），除都督南北司、西豫、豫四州诸军事、南北司二州刺史，余并如故。庆之至镇，遂围悬瓠，破魏颍州刺史娄起、扬州刺史是云宝于溱水，又破行台孙腾、大都督侯进、豫州刺史尧雄、梁州刺史司马恭于楚城。罢义阳镇兵，停水陆转运，江、湘诸州，并得休息。开田六千顷，二年之后，仓廪充实。⑤

总观梁之一代，虽不断兴修水利，增垦田亩，但大都规模狭小，影响不大，故比齐则过之，比宋则不如。梁以后继起的陈王朝运祚仅三十年左右，已接近南朝的尾声，陈霸先当政仅三年，后继无人，其后诸帝[14]大都荒淫侈靡，醉生梦死，陈王朝[15]经济凋敝[16]，政教陵夷，社会因之动荡，庶政因之废弛，农田水利事业自然就无人过问了。

（二）十六国和北朝的水利建设

十六国时期，本是中国历史上空前的大混乱时期，经过长时间的战争之后，所有黄河流域和淮河流域的广大地区都被破坏到几乎荡然无存，到处白骨蔽野，千里无烟。由于丁壮大都已死徙流亡，几乎丧失了全部农业劳动力，加上"井堙木刊，阡陌夷灭"，破坏了自然生态平衡，从而斩[17]丧了农业恢复的生机，所以整个十六国时期，是农业经济被严重破坏的时期。

但是，这些狂暴的征服者也知道农业是人们的衣食之源，他们不仅同样

---

①《梁书》卷十八，《昌义之传》。
②《梁书》卷二十八，《裴邃传》。
③《梁书》卷三，《武帝纪》。
④《梁书》卷三，《武帝纪》。
⑤《梁书》卷三十二，《陈庆之传》。

需要由农业来提供养生之物，而且从实际斗争经验中知道要在中原大地上立足——维持各自的小朝廷，就必须改变他们原来的生产和生活方式，全盘接受汉族的农业文化，这是他们所面临的、不以人们意志为转移的客观形势。所以这些游牧部族，经过一阵互相讨伐、互相屠杀之后，不得不冷静下来，各在自己征服侵占的区域之内，来安排一下生产和生活，特别需要从战略的角度来通盘筹划自己的立国基础，以使自己有充足的力量能割据一方，而立于不败之地。总之，客观形势迫使他们必须权衡一下：自己如何才能进可以攻，退可以守。于是粟多、兵强、战胜的简单逻辑，他们自己也能体会出来，因而讲求足食、足兵之道就会成为自然结论。所以在这些游牧部族之间，虽然干戈不休，但在各自的辖境之内，实不能不设法安定农村，恢复农业生产。当然在这样的情况下所恢复的农业，只能是粗放经营，因为游牧民族即使为形势所迫不得不转向农业，他们对于水利的作用却没有什么认识，没有人工灌溉的习惯，自然就不会耗费巨大的人力、财力去修建水利工程。所以在十六国的历史文献中，很少有关于兴修水利的记载，只有在汉化程度较深的前秦境内，并在苻坚的统治期间，修建过大规模的水利工程：

[前秦苻坚建元十三年（公元三七七年）] 坚以关中水旱不时，议依郑白故事，发其王侯已下及豪望富室僮隶三万人，开泾水上源，凿山起堤，通渠引渎，以溉冈卤之田。及春而成，百姓赖其利。①

坚率步骑二万讨姚苌于北地……仍断其运水之路……苌军渴甚，遣其弟镇北尹买率劲卒二万决堰，窦冲[18]率众败其军于鹳雀渠，斩尹买及首级万三千。②

上文已指出，拓跋魏虽也是一个兴起于朔漠的游牧部族，但是他们于进入中国之后，汉化的进程很快，为时不久，即放弃了他们原来的生产和生活方式，全盘接受了汉族的农业文化。它的统治区域的中心是黄河中下游地带，而这里破坏得最为惨重，所谓"中原萧条，千里无烟"，就是指这个地方而言。北魏王朝已深切了解到农业是社会经济的基础，是国富兵强的首要条件，故把恢复和发展农业作为国之大事。但要迅速地恢复农业，首先就必须兴修

① 《晋书》卷一百十三，《苻坚载记上》。
② 《晋书》卷一百十四，《苻坚载记下》。

水利。故北魏时期，是北朝兴修水利的高潮时期，从中央政府到守土官吏，对于垦辟荒田，修凿河渠，均予以很大注意。大抵从北魏初年开始，这个高潮即已兴起，其中比较重要的一些水利工程，计有：

[太平真君] 五年（公元四四四年），以本将军为薄骨律镇将。至镇，表曰："臣蒙宠出镇，奉辞西藩，总统诸军，户口殷广。又总[19]勒戎马，以防不虞，督课诸屯，以为储积，夙夜惟忧，不遑宁处。以今年四月末到镇，时以夏中，不及东作，念彼农夫，虽复布野，官渠乏水，不得广殖。乘前以来，功不充课，兵人口累，率皆饥俭，略加检行，知此土稼穑艰难。夫欲育民丰国，事须大田。此土乏雨，正以引河为用；观旧渠堰，乃是上古所制，非近代也。富平西南三十里有艾山，南北二十六里，东西四十五里，凿以通河，似禹旧迹。其两岸作溉田大渠，广十余步，山南引水，入此渠中。计昔为之，高于水不过一丈，河水激急，沙土漂流，今日此渠高于河水二丈三尺。又河水浸射，往往崩颓，渠溉高悬，水不得上，虽复诸处按旧引水，水亦难求。今艾山北河中有洲渚，水分为二；西河小狭，水广百四十步。臣今求入来年正月，于河西高渠之北八里，分河之下五里，平地凿渠，广十五步，深五尺，筑其两岸，令高一丈，北行四十里，还入古高渠；即循高渠而北，复八十里，合百二十里，大有良田。计用四千人，四十日功，渠得成讫。所欲凿新渠口河下五尺，水不得入。今求从小河东南岸斜断，到西北岸，计长二百七十步，广十步，高二丈，绝断小河，二十日功，计得成毕，合计用功六十日，小河之水，尽入新渠，水则充足，溉官私田四万余顷。一旬之间，则水一遍，水凡四溉，谷得成实，官课常充，民亦丰赡。"诏曰："卿忧国爱民，知欲更引河水，劝课大田。宜便兴立，以克就为功，何必限其日数也？有可以便国利民者，动静以闻。"①

北魏王朝中叶以后，政府对于农田水利事业，益为致力，各地荒田的垦辟和水利的开发，日益众多，其中重要的，如：

---

① 《魏书》卷三十八，《刁雍传》。

[太和十二年（公元四八八年）] 五月丁酉，诏六镇云中河西及关内六郡，各修水田，通渠溉灌。①

[太和十三年（公元四八九年）八月] 戊子，诏诸州镇有水田之处，各通溉灌，遣匠者所在指授。②

[太和中，除持节平南将军，怀州刺史] 是时河南富饶，人好奉遗，文秀一无所纳，卒守清贫。然为政宽缓，不能禁止盗贼；而大兴水田，于公私颇有利益。③

[宣武帝朝] 出为燕郡太守。……敦课农桑，垦田成倍。④

[肃宗朝] 转平北将军、幽州刺史。范阳郡有旧督亢渠，径五十里，渔阳燕郡有故戾陵诸堰，广袤三十里，皆废毁多时，莫能修复。时水旱不调，民多饥馁，延儁[20]谓疏通旧迹，势必可成，乃表求营造。遂躬自履行，相度水形，随力分督，未几而就，溉田百万余亩，为利十倍，百姓至今赖之。⑤

北魏时，除新修了许多灌溉渠道外，由前代遗留下来并不断加以修整，仍能继续发挥作用的，计有：雍州咸阳郡池阳县，有郑白渠；司州林虑郡共县，有卓水陂；殷州南赵郡广阿县，有大陆陂；幽州燕郡蓟县，有戾陵陂；范阳郡范阳县，有梁门陂；郑州许昌郡扶沟县，有龙州陂；鄢陵县有蔡泽陂、深陂、三门陂；新汲县有鸭子陂；梁州阳夏郡雍丘县，有白杨陂；徐州彭城郡吕县，有明星陂；龙城县，有龙汉赤唐陂；南兖州陈留郡谷阳县，有阳都陂；广州（襄城）定陵郡北舞阳县，有木陂；襄城郡繁昌县，有阳城陂；颖州汝阴、弋阳二郡陈留县，有高塘陂；西恒农、陈南二郡胡城县，有燋丘、雉鲖二陂神庙；东郡、汝南二郡济阳县，有石历陂；北荆州汝北郡东汝南县，有黄陂、隔陂；扬州新蔡郡固始县，有大城陂；雍州京兆郡霸城县，有安昌陂。⑥ 于此可见北魏一代在各地修建的水利工程之多。后来北魏王朝虽然分裂，但后继的小朝廷对水利建设并未放松，新渠的开凿和旧渠的修整，仍屡见记载。例如：

---

① 《魏书》卷七下，《高祖纪下》。
② 《魏书》卷七下，《高祖纪下》。
③ 《魏书》卷六十一，《沈文秀传》。
④ 《魏书》卷四十七，《卢玄传附道将传》。
⑤ 《魏书》卷六十九，《裴延儁传》。
⑥ 《魏书》卷一百六，《地形志》。

司州魏尹郡邺县，天平中（公元五三五年左右），决漳水为万金渠，今世号天平渠。①

[永熙中（公元五三三年左右）出为南荆州刺史]憝于州内开立陂渠，溉稻千余顷，公私赖之。②

范阳涿人也。……除本州平北府长流参军。说刺史裴儁[21]按旧迹修督亢陂，溉田万余顷，民赖其利。修立之功，多以委之。③

[大统中（公元五三七年左右）]太祖以泾、渭溉灌之处，渠堰废毁，乃命祥修造富平堰，开渠引水，东注于洛。功用既毕，民获其利。④

[保定]二年（公元五六二年）春正月壬寅，初于蒲州开河渠，同州开龙首渠，以广灌溉。⑤

河清三年（公元五六四年），转使持节都督幽、安、平、南北营、东燕六州诸军事、幽州刺史。……天统元年（公元五六五年）……诏加行台仆射。美以北虏屡犯边，须备不虞，自库堆戍东拒于海，随山屈曲二千余里，其间二百里中，凡有险要，或斩山筑城，或断谷起障，并置立戍逻五十余所。又导高梁水北合易京，东会于潞，因以灌田。边储岁积，转漕用省，公私获利焉。⑥

以上所述，系北魏一代及其后继周、齐两朝对水利建设的大概情况。综合观之，可知北朝在水利建设的成就上，实大大超过南朝。北朝的统治者原来都是游牧部族，本缺乏人工灌溉的传统，由于锐意要恢复和发展农业，反而对兴修水利特别重视，上述种种，没有政府的大力推动是办不到的。南朝是汉族统治区，汉族本有兴修水利、实行灌溉的悠久历史，也有凿渠筑堰的丰富经验，这时之所以相对落后，江南自然条件优越，需要不像北方那样迫切，固然是一个原因，而政治腐败、人谋不臧，恐是造成落后的主要原因。

北朝的最后一朝是隋王朝，它的运祚虽短——首尾合计才三十七年，但

---

① 《魏书》卷一百六，《地形志》。
② 《北齐书》卷二十二，《李元忠传附憝传》。
③ 《北齐书》卷二十二，《卢文儁传》。
④ 《周书》卷二十，《贺兰祥传》。
⑤ 《周书》卷五，《武帝纪上》。
⑥ 《北齐书》卷十七，《斛律金传》。

是能量却极大，它于统一了全国之后，立即开始了多方面经营——所谓功役繁兴，大兴水利，是其中一个方面，开凿大运河又是其中的最著者，其情况已见上文，开凿溉渠，亦多可述。例如：

　　开皇初（公元五八一年）……奏请决杜阳水，溉三畤原，既为卤之地数千顷，民赖其利。①

　　［开皇中，除兖州刺史］先是，兖州城东沂、泗二水合而南流，泛滥大泽中，胄遂积石堰之，使决，令西注，陂泽尽为良田；又通转运，利尽淮海，百姓赖之，号为薛公丰兖渠。②

第二节　农业生产技术与经营管理

（一）农田的耕作

1. 南朝的土地利用与耕作方法

　　上文曾一再指出，江南地区长期以来是没有得到充分开发的经济落后地区，即使有农业，也是极为粗放的初期农业。到了西汉时期，这种状况没有多大改变，不用说闽越一带还是一个原始的榛莽少人之区，像淮南王刘安所描述，其地"非有城郭邑里也"，人"处溪谷之间，篁竹之中"，"深林丛竹，林中多蝮蛇猛兽，夏月暑时，呕泄霍乱之症相随属"③。虽然不一定到处都这样可怕，都这样不适于人居，但是这个毒蛇猛兽出没之区的农业不发达则是无疑的。长江下游的江左一带是开发较早的地区，但比诸其他更落后的地方，亦只是程度之差，农业生产同样是落后的。总之，整个江南地区的农业一直停滞在粗耕阶段上，直到汉末，基本情况没有什么改变。

　　这种粗放农业的耕作方法，一直是火耕水耨，终两汉时期，这种原始的耕作方法没有改变，有关情况已俱见前文，这里从略。

　　总之，这种火耕水耨的原始耕作方法，自古以来直到汉末，是江南一带大田耕作的唯一方法。顾名思义，这种耕作方法包含着两个内容：一是火耕，

---

① 《隋书》卷四十六，《元晖传》。
② 《隋书》卷五十六，《薛胄传》。
③ 《汉书》卷六十四，《严助传》。

二是水耨。火耕就是常说的烧草种田，这原是古代改造荒原、开辟耕地的一种简便易行的办法，因为要把草木繁茂、榛莽丛生的荒野开辟为适宜种植谷物的耕地，而又没有便利的生产工具，简单粗笨的木器石器，没有多大翻地起土、剪除荆棘林莽的力量，于是放火焚烧就成为唯一可行的办法。江南地区，气候温暖，雨量充足，山丘原野更是林竹丛生，草木茂盛，要把这种毒蛇猛兽出没的林莽荒原开辟为耕地，只有用大火焚烧，才能"荜路蓝缕，以启山林"，此外即别无有效办法。故火耕之法，是容易理解的，具体的实行办法也可以不言而喻。但是"水耨"的具体办法，就不很清楚。本来耨是除草的意思，中耕除草是农田管理的一个重要环节，但如何在水中除草、怎样除法，还有待研究。《史记》中关于火耕水耨的解释有两说，一加分析就可以发现，两种解释均有可疑之点：

张守节《正义》：言风草下种，苗生大而草生小，以水灌之，则草死而苗无损也。耨，除草也。

应劭曰：烧草下水种稻，草与稻并生，高七八寸，因悉芟去，复下水灌之。草死独稻长，所谓火耕水耨也。

注疏家都是些"四体不勤、五谷不分"的书生，没有生产经验，也没有参观过实际操作，闭门注疏，难免有望文生义之嫌。按照张守节的解释，稻作是撒种直播法，不是插秧。在下种之前，先把杂草烧去，即所谓"风草下种"，意谓因风纵火，然后下种。因杂草已被烧光，下种后自然是稻种先生，烧后的杂草再生必后于秧苗，造成"苗生大而草生小"，苗与草高低不等，这时"以水灌之"，秧苗高，露出水面，可以正常生长，而草因短小，灌水后水没草顶，遂被淹死烂掉，故云"草死而苗无损也"。这是说水耨就是利用苗与草生长得快慢高低有别，使水只淹死草而不淹死苗，用以达到除草的目的。这样，简单说，水耨就是用水淹草的意思。但是这样的解释，是不符合生产的实际情况的，因杂草的生活力和适应性是很强的，长势也是很旺的，古人早就用"如火如荼"来形容其蓬勃旺盛之貌。烧去的杂草并未除根，其再生之势不一定慢于稻苗，有些杂草则快于稻苗，灌水之后，如水不灭顶，则草、苗俱旺；如水深灭顶，则草、苗皆死，水耨的结果是草、苗俱除了，这显然是不符合水耨的本来作用的。

应劭的解释是："烧草下水种稻"，同样是指采取撒种直播法，但灌水的先后却与张守节的解释不同，《正义》的解释是烧草后即下种，待"苗生大而草生小"时，才"以水灌之"，这实际上是旱播，要在出苗后并长到一定高度时才灌水。应劭的解释是：烧草后随即下水，在水田中播种，使"草与稻并生"，等稻苗长到七八寸高时，就连苗带草全部芟去，再下水灌之，结果，草被淹死，稻独生长，达到除草的目的，这才是名符其实的"所谓火耕水耨也"。这种解释完全是毫无根据的想象之词，错误是十分明显的。因为第一，苗长到七八寸高时与草一同芟去，这是任何地方、任何时代从来没有、也不可能有的一种作物栽培方法，草可芟去，为什么连苗也芟去？这是不可解的。第二，苗、草芟去后，"复下水灌之"，这是为了除草，据说下水后则"草死苗独长"，事实上这是完全不可能的，如灌水不深，则苗、草俱长；水深灭顶，则苗、草俱死。所以应劭的解释是完全错误的。

在古人对于火耕水耨的许多说明中，只有后魏贾思勰《齐民要术》的解释为符合实际。《齐民要术》是我国现存最早和比较完整的一部古农书，它把自古以来到北朝后期为止的农业生产技术和经营管理经验进行了系统的科学总结，它"采捃经传，爰及歌谣，询之老成，验之行事。起自耕农，终于醯醢，资生之业，靡不毕书"。① 书凡九十二篇，分为十卷，论述的范围非常广泛，从土地耕作、作物栽培到田间管理、产品加工等各个方面，曾分别论述了谷物、菜蔬、瓜果、林木以及许多特种作物的栽培方法，包括浸种、育种、施肥、中耕、轮栽、病虫害防治等各个环节，此外还详细论述了有关畜牧、酿造等方面的技术和经验。贾思勰是北方人，他所总结的主要是黄河流域特别是中原一带的农业生产技术和经验，但也吸收了江淮地区的经验，其对火耕水耨的解释，主要就是在介绍江淮地区的水稻种植技术和管理经验：

> 稻，无所缘，唯岁易为良。选地，欲近上流（地无良薄，水清则稻美也）。三月种者，为上时；四月上旬为中时；中旬为下时。先放水；十日后，曳陆轴十遍（遍数唯多为良）。地既熟，净淘种子（浮者不去，秋则生稗），渍。经五宿，漉出，内草篅（市规反）中裹之。复经三宿，牙生。长二分，一亩三升，掷。三日之中，令人驱鸟。稻苗长七八寸，陈草复起，以镰侵水芟之，草悉脓死。稻苗渐长，复须薅（拔草曰薅，薅，虎高切）；薅讫，决去水，曝根令

---

① 《齐民要术·序》。

坚。量时水旱而溉之。将熟，又去水。霜降获之（早刈，米青而不坚；晚刈，零落而损收）。北土高原，本无陂泽，随逐隈曲而田者，二月，冰解地干，烧而耕之，仍即下水，十日，块既散液，持木斫平之。纳种如前法。既生，七八寸，拔而栽之（既非岁易，草稗俱生，芟亦不死，故须栽而薅之）。溉灌收刈，一如前法。①

《齐民要术》是一部很难读的书，前人已指出，"其所引古书奇字，或不得其音，或不得其义"，《四库全书总目提要》也说这部书是"文词古奥"。现有西北农学院石声汉教授，折衷诸家注疏，旁考有关典籍，对是书进行了校勘整理，并做了注释和今译。通过下引一段译文，更可以充分理解上引原文的确切含义：

> 稻不要什么特殊条件（缘），只要每年换田就好了。选地，要靠近上游。不论地好地坏，总之水清就长得好。三月种，是上等时令；四月上旬是中等时令；四月中旬便是最迟了。先将水放干；十天之后，用陆轴拖十遍，遍数越多越好。地熟之后，将稻种淘净，浮的不除掉，秋天就生成稗子。用水泡着。过了五夜，漉出来，放在草篮（篅音 chuán[22]）中保温保湿。再经过三夜，芽就出来了。芽有二分长时，一亩地播种三升种子。播种之后，三天之内，要有人守着赶鸟。稻秧有七至八寸长时，已死的（陈）杂草又长起来了，用镰刀就水面以下（侵）割掉，草全泡坏死了。稻苗慢慢长大，再要薅（拔草叫薅）；薅完，放掉水，让太阳把根晒硬。依天时的水旱，估量着灌些水。稻子快熟时，又放掉水。霜降时收获。割得太早，米绿色，不坚实；太晚，落粒，会减损收成。北方高原本来没有蓄水的陂和塘，只随地势低洼些的地方（隈曲）作成稻田的，二月间，解冻了，地面干了，烧过耕翻，随即放水进去；十天后，土块都泡散化开（散液），用木作的"斫"打平。像上面的方法下种。秧苗生出，有七八寸长后，拔起来栽过，因为不是每年换田，草和稗子生出来的很多，芟也芟不死，只有栽了秧之后来薅。浇灌和收

---

① 《齐民要术》卷二，《水稻第十一》。

割，都和上面说的一样。①

这是当时正在实行的耕作方法，不论是在江淮地区，还是在北方地势低洼可以作成稻田的地方，都是在备耕时先烧草，然后放水，即所谓"烧而耕之，仍即下水"。烧草——"火耕"是耕作的开始，放水是为下种做准备，因土地须用水浸泡十天，俟土块泡散化开，地熟之后，再将水放出，然后下种。等到秧苗长到七八寸时，陈草又生，这时再放进水，然后"以镰侵水芟之"，即用镰刀把淹没在水面以下的草割掉，这就是所谓"水耨"。可见水耨乃是在水中耨，是在水中割掉水面以下的草，既不是如张守节所说，利用"苗生大而草生小，以水灌之，则草死而苗无损"；也不是如应劭所说，把苗与草悉芟去，"复下水灌之，草死独苗长"。

到两晋和南朝时，火耕水耨仍是江南各地的主要耕作方法，因江南的农田基本上都是水田，以种植水稻为主，下引记载，正说明这种情况：

[咸宁元年（公元二七五年）十二月] 诏曰："东南以水田为业，人无牛犊。"②

在江南草木茂盛的地方用水田种稻，就不能不采用火耕水耨的耕作方法，因为这是一个简便易行的方法，也是与客观条件相适应的方法，故终南朝一代一直在实行：

[咸宁三年，杜] 预又言："诸欲修水田者，皆以火耕水耨为便，非不尔也，然此事施于新田草莱，与百姓居相绝离者耳。往者东南草创人稀，故得火田之利。"③

元帝时……百官各上封事，后军将军应詹表曰："……间者流人奔东吴，东吴今俭，皆已返还江西，良田旷废未久，火耕水耨，为功差易。宜简流人，兴复农官，功劳报赏，皆如魏武故事，一年中与百姓，二年分税，三年计赋税以使之，公私兼济，则仓盈庾亿，

---

① 石声汉：《齐民要术今释》第一分册，科学出版社，第一一六页。
② 《晋书》卷二十六，《食货志》。
③ 《晋书》卷二十六，《食货志》。

可计日而待也。"①

由于"火耕水耨，为功差易"是最简便、最有效的一种耕作方法，故政府亦极力提倡、推广，凡有水源可资利用，能够把旱田改为水田的，应尽快修整旧陂，加以改造；如原为稻田而改为陆作的，应恢复种稻：

[元嘉二十一年（公元四四四年）七月]乙巳，诏曰："比年谷稼伤损，淫亢成灾，亦由播殖之宜，尚有未尽。……徐、豫（按：指南徐、南豫）土多稻田，而民间专务陆作，可符二镇，履行旧陂，相率修立，并课垦辟，使及来年。"②

江南地区由于受自然条件的限制，不论水田或旱田都必须采用烧草种田法，换言之，即使田非水田，不需要实行水耨，也必须在旱田上实行火耕，因非如此，即不易铲除生长迅速、覆盖着大量土地面积的杂草，可见火耕乃是由自然条件决定的唯一可行的一种耕作方法，故江南各地普遍实行。这种烧草种田的耕作方法，亦叫作"畬田"，如火耕与水耨两者并用，亦称为"畬水"：

石季龙死，胡中大乱。朝廷欲遂荡平关河，于是以浩为中军将军、假节，都督扬、豫、徐、兖、青五州军事。浩既受命……开江西畬田千余顷，以为军储。③

世祖即位……朗上书曰："……田非畬水，皆播麦菽，地堪滋养，悉艺纻麻，荫巷缘藩，必树桑柘，列庭接宇，唯植竹粟[23]。若此令既行，而善其事者，庶民则叙之以爵，有司亦从而加赏。"④

畬田就是实行火耕的田，《说文》："畬，烧种也，从田，㸒声。《汉律》曰：'畬田茠草。'"段玉裁注云："《篇》《韵》皆云：田不耕火种也。谓焚其草木而下种，盖治山田之法为然。"可知江南特别是丘陵地带，都是实行烧

---

① 《晋书》卷二十六，《食货志》。
② 《宋书》卷五，《文帝纪》。
③ 《晋书》卷七十七，《殷浩传》。
④ 《宋书》卷八十二，《周朗传》。

种的，周朗所谓"田非畼水"，意指不种植水稻、不实行水耨的旱田，皆应播种麦菽纻麻等作物。

2. 北朝的土地利用与耕作方法

正史中找不到任何关于耕田的记载。本来为史文的体例所限，为古人的阶级观念所囿，老农老圃的农田琐务向来被认为是不登大雅之堂，不屑过问、不加记载，是毫不奇怪的。幸而在北朝时期，出现了中国历史上第一部根据实际生产经验总结出来的体系完整的农书，它所总结的又恰恰是北魏以前和到北魏当时为止的全部农业生产经验，这就是上文论述的《齐民要术》（以下简称《要术》）。由于耕田是进行农业生产的第一步，是全部农业生产活动的基本环节，故全书开宗明义第一章就是耕田。这里就完全根据是书所总结出来的全部耕田经验来进行讨论，这需要将《要术》原文摘引于下，并附石声汉氏的释文于后以帮助理解，然后再分别指出其对农业生产的贡献及其在科学上的成就：

凡开荒山泽田，皆七月芟艾之。草干，即放火。至春而开垦（根朽省功）。

其林木大者，劘（乌更反）杀之；叶死不扇，便任耕种。三岁后，根枯茎朽，以火烧之（入地尽也）。

耕荒毕，以铁齿镉榛（俎候切），再遍杷之。漫掷黍穄，劳亦再遍；明年，乃中为谷田。

凡耕：高下田，不问春秋，必须燥湿得所为佳。若水旱不调，宁燥不湿［燥耕虽块，一经得雨，地则粉解。湿耕坚垎（胡洛反），数年不佳。谚曰："湿耕泽锄，不如归去！"言无益而有损。湿耕者，白背速镉榛之，亦无伤；否则大恶也］。

春耕，寻乎劳（古曰"耰"，今曰"劳"。《说文》曰："耰，摩田器"。今人亦名"劳"曰"摩"。鄙语曰："耕田摩劳也"）。秋耕，待白背劳［春既多风，若不寻劳，地必虚燥；秋田塓（长劫反）实，湿劳令地硬。谚曰："耕而不劳，不如作暴。"盖言泽难遇，喜天时故也。桓宽《盐铁论》曰："茂木之下无丰草，大块之间无美苗"］。

凡秋耕欲深，春夏欲浅，犁欲廉，劳欲再（犁廉耕细，牛复不疲。再劳，地熟，旱亦保泽也）。

秋耕，掩（一感反）青者为上（比至冬月，青草复生者，其美

221

与小豆同也）。

初耕欲深，转地欲浅（耕不深，地不熟；转不浅，动生土也）。

菅茅之地，宜纵牛羊践之（践则根浮）。七月耕之则死（非七月复生矣）。

凡美田之法，绿豆为上，小豆、胡麻次之。悉皆五六月中穊（美懿反，漫掩也）种。七月八月，犁掩杀之。为春谷田，则亩收十石；其美与蚕矢熟粪同。

凡秋收之后，牛力弱，未及即秋耕者，谷、黍、穄、粱、秫、荏（方末反）之下，即移赢。速锋之，地恒润泽而不坚硬；乃至冬初，常得耕劳，不患枯旱。若牛力少者，但九月十月一劳之，至春稿（汤历反）种亦得。①

释文：

凡在山地和积水地（泽）开荒作田的，都要在七月里（先将草）割去。等草干了，就放火（烧）；到（第二年）春天（再）耕开。这时草根已枯朽，可以省些工夫。

大的成林树木，切掉一圈树皮（劚）将茎干杀死，叶已枯萎不再遮荫（扇）时，就可以耕种了。三年之后，根枯了，茎干也朽了，再用火烧它。这样便连地下的也去尽了。

荒地耕完之后，用有（尖）铁齿的铁搭（镘榛）扒（耙）两遍（再）。撒播一些黍子和穄子（穄），用"劳"摩两遍；明年就可以用来种谷子。

耕种的时候，高地低地，都是一样，不管是春或秋，总之要干湿适当（得所）才好。如果雨水太多或太少，宁可在干燥时耕，不要趁湿。干燥时耕，虽然土地会结成大块，下过一次雨，就会像粉末一样散开来。湿时耕种，土壤就结成了硬块，几年还散开不了，情形极不好。俗话说："湿时耕种，带雨锄地，不如回去（坐在家里）"，就是说湿耕不但无益，而且有损。已经在湿时耕过了，等地面发白（白背）时，赶快用铁齿耙把松散，还不要紧；否则结果

---

① 《齐民要术·耕田第一》。

一定很坏很坏。

春天耕过的地，随即（寻乎）摩平；古代称为"耰"，现在称为"劳"。《说文》解释"耰"是"摩田的器械"；现在也还将劳称为"摩"，乡下的话（鄙语）就说"耕田摩劳"。秋天，等地面发白再摩。春天（干）风很多，如果（耕过）不随即摩，地里就会空虚干燥；秋天田地里积水潮湿（墒），湿着的时候摩，地就板结坚硬。俗话说："耕翻不摩，不如闯祸"，是说雨水难得，好容易才遇到好天时。桓宽《盐铁论》说："茂盛的林木下，没有茂盛的草；大块大块的泥土中，没有壮健的庄稼。"

秋天耕地，犁下去要深；春、夏要浅，犁的行道要窄小（廉），每耕一次再摩平两次。犁的行道窄，耕的土就松细，牛也不容易疲乏。摩过两次，土和得均匀，再旱的天气也可以保住墒。

秋天耕地，能把青草盖进地里（菴）的最好（为上）。等到冬天，青草再发芽，就和小豆一样肥美。

耕生地要翻得深；（种过的地）再耕转时，要浅。（第一次）耕，翻得不深，土壤不会均匀；再翻时如果不浅些，就会把心土（生土）翻上来。

长着茅草的地，要先赶着牛羊在上面踩过；牛羊踩踏过，根就会向上（浮）起来。七月间翻下去，茅草才会死。别的月份翻下去还会复活。

要使地变肥，最好的方法是种绿豆；其次种小豆和脂麻。都要在五月六月，密密地撒播（穊，原注是随意撒播后再盖土）。七、八月犁地，盖进地里去闷死它们。这样，用来作春谷田，一亩可以收到十石；和蚕粪或腐熟的人粪尿一样肥美。

秋天收割后，如果（因为收割要牛车）牛力不够，没有随即作到秋耕的，如让谷子、黍子、穄子、粱米、秫米等底茬（茇）留着，地就会干瘦。赶快用人力锋过一次的地，就可以常常保持润泽，不至坚硬；等到初冬（闲空时），再来耕翻摩平，还不会嫌枯燥干旱。如果牛力还是少，就在九或十月摩一遍，到（明年）春天再稀疏点播（稿），也还可以。①

---

① 石声汉：《齐民要术今释》，第一分册，第十四至十五页。

土地的合理利用与科学的耕田方法，系适应着客观的自然条件，从长期的生产实践中逐步总结出来的；换言之，要使土地成为适于种植作物的良田，并能获得高产，首先就必须使耕作方法与客观的自然环境相适应。《齐民要术》正是这样一部科学的经验总结：它既总结了古人的经验，也总结了当时人的生产实践，从而形成一部内容丰富、体系完整的农书。

《要术》所总结的范围，是以三河（河南、河东、河内）为中心的黄河中下游地带，大体上就是人们所泛称的中原。中原自然条件的特点是：气候干燥、降雨量小、雨量又主要集中在夏季，春季则少雨多风，这样，在作物播种的主要季节，恰恰是最干旱的季节。这是北方农业生产所面临的一个极大矛盾。夏、秋两季，雨量稍多，亦很集中，除偶有霖潦灾害外，在一般的情况下，对农作物的生长是有利的。入冬后，又进入干季，冬季少雪，或竟冬无雪，所以整个冬、春两季都是干旱的。北方的农业生产就受这样一种客观条件制约，一切生产活动，都必须与其所处的客观环境相适应，这是一个大前提。《要术》对这一地区一年四季的气候变化十分重视，故在全书各处一再指出："春既多风"（《耕田第一》）；"春若遇旱"（《种谷第三》）；"春多风旱"（《种葵第十七》）；"春雨难期，必须借泽"（《种胡荽第二十四》）；"四月亢旱，不浇则不长，有雨即不须"（《种葵第十七》）。诸如此类的语句散见甚多，说明从十月以后到来年四月以前，完全是干旱时期。到六月，才进入雨季："六月中，无不霖望连雨……七月种者，雨多亦得"（《种胡荽第二十四》）；"六月连雨，拔栽之"（《种兰香第二十五》）。冬季有雪，但不多，偶尔下雪，要尽力把雪保留在田中，勿令其随风飘去，以便尽可能使土壤中增加一点水分："冬月大雪时，速并力推雪于坑上，为大堆"（《种瓜第十四》）；"有雪，勿令从风飞去。……若竟冬无雪，腊月中汲井水普浇"（《种葵第十七》）。这是华北农业区一年四季的气候概况，对全区域的农业生产实起着决定性的作用。

在这样一种大自然的环境中进行农业生产，首先要解决的一个矛盾，就是由冬雪既少、春雨又缺所造成的土地干旱，而绝大部分的农作物又主要是在这个季节下种，既然没有可资利用的水源来进行灌溉，那就不得不设法使土壤中尽可能地多保存一点水分，特别要针对北方"春多风旱"的特点，防止土壤中不多的水分多所蒸发和散失。因此，耕田首先要注意的就是保墒，这对干旱区的农业生产是十分重要的。因为保证作物生长的第一步，是能够不违农时地下种，既然是"春多风旱""春既多风"，土壤中若不保存有足够的水分，就不能适时下种。下种之后，还必须使作物能够发芽并能够生长到接上雨季，才能有丰收之望，故《要术》着重指出"春雨难期，必须借泽"，这就具体指出了耕田着眼点主要是在保墒。保墒就是"借泽"，即依靠土壤中原有水分来进行种植。这完全是由自然环境所决定的不得不如此的耕作方法。

《要术》所提出来的耕作方法，都是针对着客观的自然条件，汲取了古人的长期经验，结合了当地的生产实践，并以此为基础，又有所提高，有所前进，有所发明，而巨细无遗地包括了许多方面，这里仅根据上文所引指出以下几个要点：

第一，凡耕田，不问所耕之田是高地还是低地、是春耕还是秋耕，首先要根据土地的墒情来确定具体的耕作时间，因为耕田以土地的干湿适中（得所）为最好，如果雨水太多或太少，宁可在干燥时耕，不要趁湿。故《要术》首先指出："凡耕：高下田，不问春秋，必须燥湿得所为佳，若水旱不调，宁燥不湿。"《要术》明确指出了宁燥不湿的原因："燥耕虽块，一经得雨，地则粉解。湿耕坚垎，数年不佳。谚曰：'湿耕泽锄，不如归去。'言无益而有损。湿耕者白背速镉楱之，亦无伤，否则大恶也。"这是耕田首先要遵循的一个原则。

第二，为了保墒，首先要求土地于耕翻之后，应即耙细。氾胜之已总结出这一经验（氾书称耙细工作为"摩"，《要术》称之为"劳"），氾书仅简单提出，《要术》又进一步加以深化，主张耕后必劳，而劳的时机却不能相同："春耕寻乎劳"，"秋耕待白背劳"——待土壤稍干发白时才劳。劳相同，而劳的时机之所以不能相同，乃是由土地的墒情决定的，《要术》对此做了明确说明："春既多风，若不寻劳，地必虚燥，秋田塌实，湿劳令地硬。"谚曰："'耕而不劳，不如作暴'，盖言泽难遇，喜天时故也。"这清楚说明"劳"——耙细工作实是耕田工作的重要环节，故耕要求适时，劳亦要求适时，并且要求尽可能增加"劳"的遍数——"劳欲再"，因"再劳地熟，旱亦得泽也"。说明"劳"的目的就是为了保墒。

第三，耕的时间不同，耕的深浅也不相同。其一是："凡秋耕欲深，春夏欲浅"；其二是："初耕欲深，转地（第二遍耕）欲浅。"因为秋耕之后，不再播种，故应将下部生土翻在表层，使之变为熟土，这样可以充分利用土地的自然肥力，故秋耕应深；春夏耕后，犹急待播种，故不能把上面熟土与下面生土倒置。初耕欲深、转地欲浅的道理亦与上述的情况相同，因"耕不深，地不熟，转不浅，动生土也"。

第四，夏耕、秋耕的另一作用，是沤绿肥，这是《齐民要术》的一大贡献，也是北朝时期农业生产技术的一大进步。在此以前还不知道应用绿肥，故《氾胜之书》中没有涉及这一点，《要术》是第一个提出这个方法的，就是在秋耕时，把田里的杂草翻在地里，待草再长出后，第二年春天再翻下去，沤烂后就成了绿肥："秋耕掩青者为上。北至冬月，青草复生者，其美与小豆同也。"另一方法是使长着茅草的土地，让牛羊在上面踩过，因牛羊踩踏后，根就会向上浮起来，七月翻在土下就会死（别的月份翻下去，还会复活），这样便增加了土壤中的腐殖质，也起到绿肥的作用："菅茅之地，宜纵牛羊践之，践则根浮，七月耕之则死，非七月复生矣。"但沤绿肥的最好方法是种植含氮的作物如绿豆、小豆、胡麻等，在五六月间密播，七八月犁地，翻在地里闷死沤烂，用这种绿肥肥田，种谷可亩收十石，其肥效与蚕粪或腐熟的人畜粪便相同："凡美田之法，绿豆为上，小豆、胡麻次之，悉皆五六月中穊种，七月、八月犁掩杀之，为春谷田，则亩收十石，其美与蚕矢熟粪同。"

第五，秋耕亦必须注意保墒，故亦必须抓紧耙细工作，应在秋禾收割后进行。如果因牛力不足，来不及秋耕，以致谷子、黍子、穈子、粱米、秫米等底茬继续留在地里，也就会变硬，而用人力锋过（按：锋是古代的一种农具）一次的地，就常常可以保持润泽，而不坚硬，等到初冬有闲空时，再来耕翻摩平也可以。届时如仍因牛力不足，连这点也做不到，就只好在九、十月间摩一遍，到明春点播也可以："凡秋收之后，牛力弱，未及即秋耕者，谷、黍、穈、粱、秫芳之下，即移赢，速锋之地，恒润泽而不坚硬，乃至冬初，常得耕劳，不患枯旱，若牛力少者，但九月十月一劳之，至春稫种亦得。"

以上都是关于备耕整地工作中的若干经验总结。由于北方农业区所处的自然环境是春旱，故保墒就成了各项工作的基本环节。因在这个区域进行农业生产，首先必须解决缺水问题，不仅多数农作物的播种时期是一个多风少雨的旱季，而且在幼苗能长到雨季以前，还有相当长的一段干旱时间，故保墒工作又格外重要。因为不但需要使土壤中保存有足够的水分可以使种子萌芽，而且土中还必须有足够的水分使幼芽生长，这样，单靠耕、劳——耕翻摩细，还是不够的，于是又总结出以锄地为耕、劳的补充。本来锄地是中耕工作，中耕本是为了除草，但在北方的干旱地区，耕、劳是为了保墒，中耕锄地也是为了保墒，特别是春锄，除草反而是次要的，这是过去没有人提到，而是由《要术》首先总结出来的，这是要求在幼苗生出后，就进行早锄，用以切断土壤的毛细管作用，减少土中水分的蒸发，所以要反复地锄，多多益善，不管田里有草无草。春锄既然是为了保墒，故每锄一遍要求有不同的深度。《要术》以种谷为例，说明了锄地的作用：

> 苗生如马耳，则镞锄。谚曰："欲得谷，马耳镞。"稀豁之处，锄而补之。用功盖不足言，利益动能百倍。……
>
> 苗出垄，则深锄。锄不厌数，周而复始，勿以无草而暂停；锄者非止除草，乃地熟而实多，糠薄，米息。锄得十遍，便得八米也。
>
> 春锄，起地；夏为除草。故春锄不用触湿。六月已后，虽湿亦无嫌。春苗既浅，阴未覆地，湿锄则地坚。夏苗除厚，地不见日，故虽湿亦无害矣。①

释文：

> 苗长到像马耳一样长时，就用小尖锄来锄。俗话说："想得到谷，马耳时镞。"缺苗（稀）而露出了地面（豁）的地方，锄开地，（移些秧苗来）补上。虽然费些工夫（用功），但大可不必计较，因为所收的利益，总是（动）能到（功的）百倍。……
>
> 苗长出垄了，深深地锄。锄的次数不嫌多；依次序反复周期地锄，不要因为未见到杂草，就暂时停止。锄地，不单是为了除草；锄了后地均匀（熟），（结的）子实多，糠薄，舂时耗折小。锄过十遍，（十成谷）便可出八成米。
>
> 春天锄，为使土地疏松（起）；夏天锄，为的除草。所以春天不要在湿时锄；六月以后，湿时锄也无妨碍。春天禾苗没有长起来，荫蔽地面的力量不够。湿时锄，就会（干成）硬（块）。夏天，苗长大了，遮蔽面大，地面见不着太阳，所以就是湿时锄，也不会发生妨碍。②

---

① 《齐民要术·种谷第三》。
② 石声汉：《齐民要术今释》，第一分册，第五十八页。

《齐民要术》卷首有一篇《杂说》，自清代以来有不少人怀疑系别人伪托，不是贾思勰所作。但是这一篇虽非原作，却是全书的一个撮要，其中论锄地一段，亦可与上引原文相印证：

> 候黍粟苗未与垄齐，即锄一遍。黍经五日，更报（按：为紧急之意）锄第二遍。候末蚕老毕，报锄第三遍。如无力，即止；如有余力，秀后更锄第四遍。
>
> 油麻、大豆并锄两遍止，亦不厌早锄。……务欲深细：第一遍锄，未可全深；第二遍，唯深是求；第三遍，较浅于第二遍；第四遍较浅。
>
> 又锄耧以时。谚曰："锄头三寸泽"，此之谓也。[①]

候苗未与垄齐时就开始锄，至少要锄四遍，而每次锄的深度不同，说明锄地的目的不是为了除草，而是为了保墒，所谓"锄头三寸泽"（锄头上有三寸雨），就是这个意思。

(二) 农作物的种植

1. 南朝的粮食作物与菜瓜果

江南多水，故"东南以水田为业"，他如"徐、豫（按：指南徐、南豫）土多稻田"，可知江南的粮食作物主要是水稻。生产的性质决定人们的生活方式，为粮食的种类所限，人们只能是"饭稻羹鱼"。稻的种植方法就是上文论述的"火耕水耨"。《齐民要术》虽主要是总结北方地区的农业生产经验，但关于水稻的种植技术，则吸收了江淮一带的生产实践，并借鉴了古人的成就。例如：

> 既生，七八寸，拔而栽之。……畦畔[24]大小无定，须量地宜，取水均而已。……秫稻：法一切同。
>
> 《周官》曰："稻人掌稼下地。"（以水泽之地种谷也。谓之"稼"者，有似嫁女相生。）
>
> 《礼记·月令》云："季夏，大雨时行；乃烧、薙、行水，利以

[①] 《齐民要术·杂说》。

杀草，如以热汤。(郑玄注曰：薅，谓迫地杀草。此谓欲稼莱地，先薅其草；草干，烧之。至此月大雨流潦，畜于其中，则草不复生，地美可稼也。) 可以粪田畴，可以美土强[25]"。

《氾胜之书》曰："种稻：春冻解，耕反其土。种稻区不欲大，大则水深浅不适。冬至后一百一十日，可种稻。稻，地美，用种亩四升。"

崔寔曰："三月可种粳稻。稻：美田欲稀，薄田欲稠。"

"五月可别种及蓝，尽夏至后二十日止"(意谓五月，可以分栽稻和蓝，尽夏至后二十日为止)。①

但是江南亦有很多旱地，这些不能种稻之田，就必须种植旱田作物，故政府亦大力提倡种麦及其他旱田作物。例如：

太兴元年(公元三一八年)，诏曰："徐、扬二州，土宜三麦，可督令熯地投秋下种，至夏而熟，继新故之交，于以周济，所益甚大。昔汉遣轻车使者氾胜之督三辅种麦，而关中遂穰。勿令后晚。"其后频年麦虽有旱蝗，而为益犹多。②

世祖即位……朗上书曰："……田非畴水，皆种麦菽，地堪滋养，悉艺纻麻，荫巷绿藩，必树桑柘，列庭接宇，唯植竹栗。"③

关于江南的土地利用和具体种植情况，可由谢灵运在其《山居赋》中所自述，来约略地看出一个大概轮廓：

阡陌纵横，塍埒交经。导渠引流，脉散沟并。蔚蔚丰秫，宓宓香秔。送夏早秀，迎秋晚成，兼有陵陆，麻麦粟菽。候时觇节，递艺递熟。供粒食与浆饮，谢工商与衡牧。④

关于菜蔬、瓜果的种植，史文中亦很少正式记载，这也可以从《山居

---

① 《齐民要术·水稻第十一》。
② 《晋书》卷二十六，《食货志》。
③ 《宋书》卷八十二，《周朗传》。
④ 《宋书》卷六十七，《谢灵运传》。

赋》中看到一点痕迹：

> 畦町所艺，含藥藉芳，蓼蕺蔆芋，葑菲苏姜[26]。绿葵春节以怀露，白薤感时而负霜。寒葱揉倩以陵阴，春藿吐苕以近阳。
>
> 北山二园，南山三苑。百果备列，乍近乍远。罗行布株，迎早候晚。猗蔚溪涧，森疏[27]崖巘。杏坛、椂园，橘林、栗圃。桃李多品，梨枣殊所。枇杷林檎，带谷映渚。椹梅流芳于回峦，椑柿被实于长浦（自注：桃李所殖甚多，枣梨事出北河、济之间，淮、颍诸处，故云殊所也）。①

江南各地尤其是闽越岭南地区，地处亚热带，盛产许多特种水果，为北朝各地所无，其最著名的有：

> 其果则丹橘余甘，荔枝之林。槟榔无柯，椰叶无阴。龙眼橄榄，探榴御霜。结根比景之阴，列挺衡山之阳。（注：薛莹《荆扬已南异物志》曰：余甘如梅李，核有刺，初食之味苦，后口中更甘，高凉、建安皆有之。荔枝树生山中，叶绿色，实赤，肉正白，大甘美。槟榔树高六七丈，正直无枝，叶从心生，大如楯，其实作房，从心中出，一房数百实，实如鸡子，皆有壳，肉满壳中，正白，味苦涩，得扶留藤与古贲灰合食之，则柔滑而美，交趾、日南、九真皆有之。椰树似槟榔，无枝条，高十余寻，叶在其末如束蒲，实大如瓠，系在树头，如挂物也。实外有皮如胡桃，核里有肤，肤白如雪，厚半寸，如猪膏，味美如胡桃。肤里有汁升余，清如水、美如蜜，饮之可以愈渴，核作饮器也。龙眼如荔枝而小，圆如弹丸，味甘胜荔枝，苍梧、交趾、南海、合浦皆献之，山中人家亦种之。橄榄生山中，实如鸡子，正青，甘美，味成时食之益善，始兴以南皆有之，南海常献之。探，探子树也，生山中，实似梨，冬熟，味酸，丹阳诸郡皆有之。榴，榴子树也，出山中，实亦如梨，核坚，味酸美，交趾献之）②

---

① 《宋书》卷六十七，《谢灵运传》。
② 左思：《吴都赋》，《昭明文选》卷五。

2. 北朝的大田作物与果蔬林木

北朝统治区的中心地带，是原来开发最早的精耕农业区，由客观自然条件所决定的产品种类，基本上与过去历代相同，大田作物仍主要包括粮食作物、油料作物、纤维作物三大类。

粮食作物泛称五谷，《齐民要术》称："谷，稷也。名粟谷者，五谷之总名，非止谓粟也；然今人专以稷为谷望，俗名之耳。"[①] 释文："谷，就是稷。把稷的种实粟称为谷，是因为谷是包括一切谷类（五谷）的总名称，并不是专指粟的。但是现在（北朝黄河流域）的人，因为稷是谷类最有名的代表（望），所以习俗中都把粟称为谷（子）。"[②] 除谷粟外，《齐民要术》所列举的其他粮食作物有：黍稷、粱秫、大豆、小豆、麻子、大小麦、水稻、旱稻等。油料作物有：大豆、胡麻等。纤维作物主要是麻。这说明人们的衣食所需主要都是来自大田，故大田种植乃是全部农业经营的重点。《齐民要术》对每一种作物的栽培技术和管理经验都做了详细说明，这里从三大类作物中各举一例，用以反映出当时农业生产的发展水平：

> 凡谷：成熟有早晚，苗秆有高下，收实有多少，质性有强弱，米味有美恶，粒实有息耗（增减）。早熟者，苗短而收多；晚熟者，苗长而收少。强苗者短，黄谷之属是也；弱苗者长，青、白、黑是也。收少者，美而耗；收多者，恶而息也。地势有良薄，良田宜种晚，薄田宜种早。良地非独宜晚，早亦无害，薄地宜早，晚必不成实也。山泽有异宜。山田，种强苗以避风霜；泽田，种弱苗以求华实也。
>
> 顺天时，量地利，则用力少而成功多。任情返（反）道，劳而无获。
>
> 凡谷田：绿豆、小豆底为上；麻、黍、胡麻次之；芜菁、大豆为下（按：底，即前作物收获后的地。豆科植物，由于有根瘤菌共生，能增加土壤中氮化物含有量，对后作的生长有利，在轮栽中，特别宜与禾谷类间作）。良田一亩，用子五升；薄地三升。此为植谷，晚田加种也。谷田必须岁易。

① 《齐民要术·种谷第三》。
② 石声汉：《齐民要术今释》第一分册，第五十六页。

二月、三月种者为植禾（早禾），四月、五月种者为稺禾（晚禾）。二月上旬，及麻菩（音勃，麻开花，称为麻勃）杨生（杨树萌芽）种者为上时；三月上旬及清明节，桃始花，为中时；四月上旬及枣叶生，桑花落，为下时。岁道宜晚者，五月、六月初亦得。

凡春种宜深，宜曳重挞（挞，是用枝条缚起，上加石块，以压平松土的农具）；夏种欲浅，直置自生。

凡种谷，雨后为佳；遇小雨，宜接湿种；遇大雨，待薉（杂草）生。小雨，不接湿，无以生禾苗；大雨，不待白背，湿辗，则令苗瘦。薉若盛者，先锄一遍. 然后纳种乃佳也。

春若遇旱，秋耕之地，得仰垄待雨。春耕者不中也。夏若仰垄，匪直荡汰（雨水冲刷）不生，兼与草薉俱出。

凡田欲早晚相杂。有闰之岁，节气近后，宜晚田；然大率欲早，早田倍多于晚。早田净而易治，晚者芜秽难治。其收任（能）多少，从岁所宜，非关早晚。然早谷皮薄，米实而多；晚谷皮厚，米少而虚也。

苗生如马耳，则镞锄。稀豁之处，锄而补之。凡五谷，唯小锄（苗小时就锄）为良。小锄者，非直省功，谷亦倍胜。大锄者，草根繁茂，用功多而收益少。良田，率一尺留一科（立苗欲疏）。薄地，寻垅蹑之（蹑，用脚尖蹑，用以定苗）。

苗出垄，则深锄。锄不厌数；周而复始，勿以无草而暂停。锄者，非止除草，乃地熟而实多，糠薄，米息。锄得十遍，便得八米也。春锄，起地；夏为除草。故春锄不用触湿，六月已后，虽湿亦无嫌。苗既出垄，每一经雨，白背时，辄以铁齿镉榛，纵横杷而劳之。苗高一尺，锋之，三遍者皆佳。耩［王桢《农书》说："无鐴（犁耳）而耕曰耩。……今耩多用歧头"］者，非不壅本，苗深，杀草，益实；然令地坚硬，乏泽难耕。锄得五遍已上，不烦耩。必欲耩者，刈谷之后，即锋茇下，令突起，则润泽易耕。

凡种：欲牛迟缓，行种人令促步，以足蹑垅底。牛迟则子匀；足蹑则苗茂。足迹相接者，亦不可烦挞也。

熟速刈，干速积。刈早，则镰伤，晚刈，则穗折；遇风，则收减；湿积则薁烂；积晚，则损耗；连雨，则生耳（应是"生牙"）。

凡五谷：大判（大概）上旬种者全收，中旬中收，下旬下收。[①]

谷既是五谷的总称，其中包括多种谷类作物，以上由《齐民要术》总结出的经验，适用于一切谷类，不限于谷粟一种。

在油料作物中，最重要的品种是胡麻，即脂麻，这是西汉武帝时张骞由国外引进的新品种。由于它的出油率较高，而味道香醇，远胜于其他各种植物油，故直到今天犹以"香油"为名而为广大人民所欢迎。它的种植始于汉，到北朝时期已普遍于黄河流域各地，《齐民要术》对胡麻的种植与管理，已总结出不少宝贵的经验：

《汉书》张骞：外国得胡麻；今俗人呼为乌麻者非也。案今世有白胡麻，八棱胡麻。白者油多，人可以为饭。

胡麻宜白地种。二、三月为上时；四月上旬为中时；五月上旬为下时。月半前种者，实多而成；月半后种者，少子而多秕也。

种，欲截雨脚；若不缘湿，融而不生（融为消融之意，脂麻种子很小，留在耕过的干燥土壤中，可能由于鸟类啄食，或地里小动物吃掉搬走，尚未发芽便"自然消灭"了）。一亩用子二升。

漫种者，先以耧耩，然后散子，空曳劳。劳上加人，则土厚不生。耧耩者，炒沙令燥，中和半之。不和沙，下不均；垅种若荒，得用锋耩。

锄不过三遍。

刈束欲小，束大则难燥，打手复不胜。以五六束为一丛，斜倚之。不尔，则风吹倒，损收也。

候口开，乘车诣田斗薮（即抖擞），倒竖，以小杖微打之。还丛之，三日一打；四五遍乃尽耳。若乘湿横积，蒸热速干，虽曰郁裛，无风吹亏损之虑。裛者，不中为种子，然于油无损也。

崔寔曰："二月、三月、四月、五月，时雨降，可种之。"[②]

纤维作物主要是麻，在没有棉花以前，麻是丝织物以外的主要衣着材料，

---

① 《齐民要术·种谷第三》。
② 《齐民要术·胡麻第十三》。

早在《诗经》时代即已普遍种植。古代农民从长期的生产实践中，对于麻的种植和管理总结许多宝贵经验，例如古人不但很早就已经知道麻是雌雄异株的植物，而且知道由种子的颜色、形状、比重等来断定将来植株的性别，并由此来控制雌（取子）雄（取麻）株数的比例。《齐民要术》在总结种麻经验时，首先引证古籍以辨明此点："《尔雅》曰：黂[28]、枲实；枲、麻（别二名）；苴，麻母。孙炎注曰：黂，麻子；苴，苴麻盛子者。"崔寔曰："牡麻无实，好肥理（肥理乃肌理之讹，肌理指供纤维用的韧皮部分），一名为枲也。"说明古人对于雌雄两种麻的不同性能和不同用途，是辨认得很清楚的，《齐民要术》以古人的经验和当时人的生产实践，总结出一套完整的种植和管理技术：

> 凡种麻，用白麻子。白麻子为雄麻。颜色虽白，啮[29]破枯燥无膏润者，秕子也；亦不中种。市籴者，口含少时，颜色如旧者，佳。如变黑者，衰。崔寔曰："牡麻青白无实，两头锐而轻浮。"
>
> 麻欲得良田，不用故墟（故墟指过去种植过而现在休闲的地）。故墟亦良，有点（按：点疑为虋之讹，即秸字，麻茎也。今犹称麻干为麻秸）叶夭折之患，不任作布也。地薄者粪之。粪宜熟。无熟粪者，用小豆底亦得。崔寔曰："正月粪畴。"畴，麻田也。耕不厌熟，纵横七遍以上，则麻无叶也（麻无叶则不能生长，叶字上或下疑有脱漏）。田欲岁易。抛子种则节高。良田一亩，用子三升，薄田二升。概则细而不长（生长），稀则粗而皮恶。
>
> 夏至前十日为上时；至日为中时；至后十日为下时。"麦黄种麻，麻黄种麦"，亦良候也。谚曰："夏至后，不没狗。"或答曰："但雨多，没橐驼。"又谚曰："五月及泽（赶上雨水），父子不相借。"言及泽急，说非辞也。夏至后者，匪唯浅短，皮亦轻薄。此亦趋时，不可失也。父子之间，尚不相假借，而况他人者也。
>
> 泽多者先渍麻子令牙生。取雨水浸之，牙生疾。用井水则生迟。浸法：著水中，如炊两石米，顷漉出，著席上，布，令厚三四寸。数搅之，令均得地气。一宿，则牙出。水若滂沛（太多），十日亦不生。
>
> 待地白背，耧耩，漫掷子，空曳劳。截雨脚即种者，地湿，麻生瘦。待白背者，麻生肥。泽少者暂浸即出，不得待牙生。耧头中

下之，不劳曳挞（地不太湿的，种子只要泡湿就播下，不要等出芽。耧头里面下种。下种后，不必拖挞）。

麻生数日中，常驱雀。叶青乃止。布叶而锄。频烦再遍，止。高而锄者，便伤麻。

勃如灰便收（勃是放出一阵细粉来。因大麻是风媒花，花粉成熟后，气温高时，药囊便会自动地裂开，放出一阵花粉，如烟尘一样，所以称为勃）。刈、拔，各随乡法。未勃者收，皮不成。放勃不收，而即骊（黄黑色，麻老之后，韧皮部分有色物质沉积，颜色黑黄，不易漂白）。檾（古典反，小束也）欲小，穊（铺）欲薄，为其易干。一宿辄翻之。得霜露，则皮黄也。

获欲净。有叶者，熹烂。沤欲清水，生熟合宜。浊水，则麻黑；水少，则麻脆（脆）。生（沤的时间短）则难剥，大烂则不任。暖泉不冰冻，冬日沤者，最为柔肕（韧）也。

《卫诗》（按今本《诗经》为《齐风·南山》）曰："艺麻如之何？衡从其亩。"《毛诗注》曰："艺，树也。衡猎之，从猎之，种之，然后得麻。"《氾胜之书》曰："种枲太早，则刚坚，厚皮多节；晚，则皮不坚。宁失于早，不失于晚。"

获麻之法：穗勃，勃如灰，拔之。夏至后二十日沤枲，枲和如丝。

崔寔曰：夏至先后各五日，可种牡麻。牡麻有花无实。[1]

以上系就三大类的大田作物中各举一例，借以看出北朝时农业生产的具体情况。总的说来，中原一带虽经过长期丧乱，农业经济曾受到严重破坏，但到北魏后期时，农业生产又恢复到原来精耕细作的水平，在生产技术上和管理方法上，都有了较高的造诣。由于汲取了前人的经验，所以又在前人（如汉代的氾胜之）已经达到的基础上大大地前进了一步。《齐民要术》对各种不同的农作物，都总结出一套完整的种植和管理的科学方法，说明此书对古代农业生产的贡献是很大的。

园艺的种植和经营，主要是菜蔬和果品两大类。这些农产品的重要性虽略次于供应衣食之需的粮食作物、油料作物和纤维作物，但也是人生不可缺

---

[1]　《齐民要术·种麻第八》。

少的重要副食品，尤其是蔬菜，在人们食物构成中所占的重要地位，并不比
粮食低多少。而且蔬菜种类繁多，播种时期参差不一，就是在北方的气候条
件下，一年之中有三季可以种菜。既可套种，又可间作，故土地的利用率很
高，能以少量的土地，进行多种的经营。又由于蔬菜生长快，产量多，不易
保存，自给有余，必须出卖，是首先促成农产品商品化的一个项目，即在粮
食没有成为商品以前，首先进入市场的是瓜果蔬菜，所以司马迁早就指出：
"安邑千树枣，燕秦千树栗，蜀汉江陵千树橘……及各国万家之城，带郭千亩
亩钟[30]之田，若千亩卮茜，千畦姜韭，此其人皆与千户侯等，然是富给之资
也。"①《齐民要术》卷首《杂说》亦着重指出了经营蔬菜对农民经济生活的
重要性：

　　如去城郭近，务须多种瓜、菜、茄子等，且得供家，有余出卖。
只如十亩之地，灼然（的确之意）良沃者，选得五亩：二亩半种
葱，二亩半种诸杂菜。似校平（以较平）者，种瓜、萝卜。其菜，
每至春二月内，选良沃地二亩，熟，种葵、莴苣。作畦，栽蔓菁收
子；至五月六月，拔（诸菜先熟者，并须盛裹，亦收子）。讫，应空
闲地。种蔓菁、莴苣、萝卜等，看稀稠，锄其科，至七月六日、十
四日［石声汉释：这两个日期，定得非常奇怪。可能为第二天有
"节日"，都市里需要消费较多蔬菜。七月初七，称为"瓜果节"，
这天女孩们要供上瓜果，向天孙（织女）乞巧。七月十五是"中
元"，佛教的"盂兰盆会"要在这天举行，也需要许多蔬菜作"佛
事"］。如有车牛，尽割卖之。如自无车牛，输与人（整批卖出），
即取地种秋菜。葱，四月种；萝卜及葵，六月种；蔓菁，七月种；
芥，八月种；瓜，二月种。如拟种瓜四亩，留四月种；并锄十遍。
蔓菁、芥子，并锄两遍。葵、萝卜，锄三遍。葱，但培锄四遍。白
豆、小豆，一时种，齐熟，且免摘角。但能依此方法，即万不
失一。②

　　这篇《杂说》虽系后人伪托，但却是一篇简明的撮要，在这篇短文中既

① 《史记》卷一百二十九，《货殖列传》。
② 《齐民要术·杂说》。

扼要地说明了蔬菜的栽培和管理技术，也指出了蔬菜的市场情况和运销方法。

《齐民要术》记述的蔬菜栽培技术，包括三十多个品种，计有瓜、越瓜、胡瓜、冬瓜、茄子、瓠、芋、葵、蔓菁、芜菁、菘、芦菔、蒜、泽蒜、𦬣、葱、韭、蜀芥、芸苔、芥子、胡荽、兰香、荏、蓼、姜、蘘荷、芹、藘、白蘘、堇、胡葸子、苜蓿、白豆、小豆、莴苣。这些蔬菜有些现在已经绝种，有些现在已改变了用途，但多数仍是今天常吃的蔬菜。园艺不同于大田，种植蔬菜需要大水、大肥，勤浇水、勤施肥，是《齐民要术》对蔬菜栽培总结出来的两条重要经验。这里以种瓜为例，来看一看北朝时期在园艺的栽培和经营管理方面所达到的技术水平：

种瓜：良田小豆底佳，黍底次之。刘讫即耕，频烦转之。二月上旬种者为上时，三月上旬为中时，四月上旬为下时。五月六月上旬，可种藏瓜。

凡种法：先以水净淘瓜子，以盐和之。盐和则不笼死（瓜的一种病虫害）。先卧锄（与地面平行铲平），耧却燥土；不耧者，坑虽深大，常杂燥土，故瓜不生。然后掊（读刨）坑，大如斗口。纳瓜子四枚，大豆三个，于堆旁向阳中。谚曰：种瓜黄台头（在向阳一面种）。瓜生数叶，掐去豆。瓜性弱苗，不能独生，故须大豆为之起土。瓜生不去豆，则豆反扇瓜，不得滋茂。但豆断汁出，更成良润；勿拔之，拔之，则土虚燥也。多锄则饶子，不锄则无实。五谷、蔬菜、果蓏之属，皆如此也。五六月种晚瓜。

治瓜笼（病）法：旦起，露未解，以杖举瓜蔓，散灰于根下。后一两日，复以土培其根，则迥无虫矣。

又种瓜法：依法种之，十亩胜一顷。于良美地中，先种晚禾。晚禾令地腻。熟，劁（即刈的意思）刈取穗，欲令茇（茬[31]）长。

秋耕之，耕法：弭（平）缚犁耳，起规逆耕耳弭[石声汉注释：将一片地平半分开，依对分线耕一路过去，然后向两侧分开绕圈；结果，是在这片地里耕起了沿中线对称的两种畤纹，田里的畤纹图案，像（圆）规一样。逆耕，则使犁开的垡，向内翻转，结果，两侧的垡相对，禾茇基部翻了出来，在垡外面。至明年春，却依正常情形再耕（顺耕），于是垡也是正常地倒向一侧，禾茇基部仍留在垡外]。则禾茇头出而不没矣。至春，起复顺耕；亦弭缚犁耳，翻之，还令草头出。耕讫，劳之，令甚平。种植谷（旱禾）时种之。种法：使行阵整直，两行微相近；两行外相远，中间通步道；道外还相行相近。如是作，次第经四小道，通一车道。凡一顷地中，须开十字大巷，通两乘车，来去运輂。其瓜，都聚在十字巷中。瓜生比至初花，必须三四遍熟锄。勿令有草生，草生，胁瓜无子。

锄法：皆起禾茇，令直竖。其瓜蔓本底，皆令土下四厢高（瓜蔓根下面要泥土低而周围高，成一钵形），微雨时，得停水。瓜引蔓，皆沿茇上；茇多则瓜多，茇少则瓜少。茇多则蔓广，蔓广则歧多，歧多则饶子。其瓜，会是歧头而生；无歧而花者，皆是浪花，终无瓜矣。故令蔓生在茇上，瓜悬在下。

摘瓜法：在步道上，引手而取；勿听浪人踏瓜蔓及翻覆之。踏则茎破，翻则成细，皆令瓜不茂而蔓早死。若无茇而种瓜者，地虽美好，正得长苗直引，无多椉歧；故瓜少子。若无茇处，竖干柴亦得。凡干柴草，不妨滋茂。凡瓜所以早烂者，皆由脚蹋，及摘时不慎，翻动其蔓故也。若以理审护，及至霜下叶干，子乃尽矣。但依此法，则不必别种早晚及中三辈之瓜。

区种瓜法：六月雨后，种绿豆。八月中，犁掩杀之。十月又一转，即十月中种瓜。率：两步为一区。坑：大如盆口，深五寸；以土壅其畔，如菜畦形。坑底必令平正；以足踏之，令其保泽。以瓜子大豆各十枚，遍布坑中。瓜子大豆，两物为双，借以起土故也。以粪五升覆之，亦令均平。又以土一斗，薄散粪上，复以足微蹋之。冬月大雪时，速并力推雪于坑上为大堆。至春，草生，瓜亦生；茎叶肥茂，异于常者。且常有润泽，旱亦无害。五月瓜便熟。若瓜子尽生，宜掐去之，一区四根，即足矣。

种越瓜、胡瓜法：四月中种之。胡瓜宜竖柴木，令引蔓缘之。收越瓜，欲饱霜，霜不饱则烂。收胡瓜，候色黄则摘。若待色赤，则皮存而肉消也。并如凡瓜，于香酱中藏之，亦佳。

种冬瓜法：傍墙阴地作区，圆二尺，深五寸；以熟粪及土相和。正月晦日种。二月、三月亦得。既生，以柴木倚墙，令其缘上。旱则绕之。八月断其梢，减其实，一本但留五六枚，多留则不成也。十月霜足，收之，早收则烂。削去皮子，于芥子酱中（或美豆酱中）藏之，佳。

冬瓜、越瓜、瓠子，十月区种，如区种瓜法。冬，则推雪著区上为堆；润泽肥好，乃胜春种。

种茄子：茄子九月熟时，摘取，擘破。水淘子，取沉者；速曝干，裹置。至二月畦种。治畦下水，一如葵法。性宜水，常须润泽。著四五叶，雨时，合泥移栽之。若干无雨，浇水令彻泽，夜栽之，向日以席盖，勿令见日。十月种者，如区种瓜法，推雪著区中，则不须栽。其春种（不作畦，直如种凡瓜法）者，亦得。唯须晚夜数浇耳。大小如弹丸，中生食，味似小豆角。①

《齐民要术》所论述的其他各种蔬菜的种植和管理方法，都是这样的详细、具体，都是在广大劳动人民的生产实践和长期经验的基础上，系统地总结出科学的栽培技术和管理措施，把已经发展了的精耕细作的农业生产，又提高到一个新的水平。《齐民要术》还特别从经济角度反复强调种植蔬菜用地少、收益大，是使农民增加收入的一个重要途径。例如种蔓菁："近市良田一顷，七月初种之……一顷收叶三十载（大车），正月二月卖作醃菹（干菜），三载得一奴（三大车菜叶卖价可买一奴）。收根，一顷收二百载，二十载得一婢。……一顷收子二百石，输与压油家（榨油坊），三量成米（可以换成三倍量的米），此为（等于）收粟米六百石，亦胜谷田十顷。……秋中卖银（根字之讹），得钱十万。"② 可见农民种植蔬菜，并不仅仅是为了自给，也有相当一部分作为商品出卖，这是农产物商品化的一个重要项目。

关于果树的栽培技术和经营管理，《齐民要术》也进行了详细论述，总结出许多宝贵经验。果品的种类很多，主要有：枣、槭枣、桃、樱桃、葡萄、李、梅、杏、梨、栗、榛、柰、林檎、柿、安石榴、木瓜等。种植果树是一项非常有利的经营，因果树生长快，少则三年、多至五年便可结果，而且管理较易，不像蔬菜那样须频繁地灌溉施肥，也不像大田作物那样，须反复地耕芸锄耨，费功较少，收益很大。在栽培果树的许多宝贵经验中，值得特别提出的，是嫁接方法的推广应用，这在农业生产技术上是一个很大的贡献。嫁接方法不知始于何时，初见于《氾胜之书》，在《中国封建社会经济史》第二卷中曾指出氾胜之用此法种瓜："区种瓜法：……即下瓠子十颗……既

---

① 《齐民要术·种瓜第十四》。据石声汉校释本。
② 《齐民要术·蔓菁第十八》。

生，长二尺余，便总聚十茎一处，以布缠之五寸许，后用泥泥之。不过数日，缠处便合为一茎。留强者，余悉掐去，引蔓结子。"但是这样嫁接的乃是同种作物，而《齐民要术》所论述的嫁接是异种作物。前者的嫁接是将十株并为一株，使十株所吸收的养分聚于一株之上；后者的嫁接是改良品种——使不好的品种变为优良品种。这里以"插梨"为例：

> 插者弥疾。插法：用棠杜。棠，梨大而细理（梨肉细致）；杜次之；桑梨大恶；枣石榴上插得者，为上梨，虽治十，收得一二也。杜如臂已上皆任插，当先种杜，经年后，插之。主客（主指砧木，客指接穗）俱下亦得。然俱下者，杜死则不生也。杜树大者插五枝，小者，或三或二。梨叶微动为上时，将欲开莩（即芭或葆，开莩谓叶芽舒展）为下时。先作麻细，缠十许匝；以锯截杜，令去地五六寸。不缠，恐插时皮披（即裂开）。留杜高者，梨枝叶茂，遇大风则披。其高留杜者，梨树早成；然宜高作蒿箪盛杜，以土筑之令没。风时，以笼盛梨，则免披耳。斜攕（削尖）竹为签[32]，刺皮木之际（即树皮木材相接处），令深一寸许。折取其美梨枝（阳中者），阴中枝则实少。长五六寸，亦斜攕之，令过心；大小长短与签等。以刀微劙梨枝斜攕之际，剥去黑皮。勿令伤青皮！青皮伤即死。拔去竹签，即插梨令至劙处：木边向木，皮还近皮。插讫，以绵冒（幂）杜头，封熟泥于上。以土培覆，令梨枝仅得出头。以土壅四畔，当（正对着）梨上沃水，水尽，以土覆之，勿令坚涸。百不失一。梨枝甚脆，培土时宜慎之。勿使掌拔（动），掌拔则折。其十字破杜者，十不收一。所以然者，木裂皮开，虚燥故也。梨既生，杜旁有叶出，辄去之。不去势分，梨长必迟。①

《齐民要术》还总结了许多用材林木的种植和管理经验，主要有：桑、柘、榆、白杨、棠、谷楮、槐、柳、楸、梓、梧、柞、竹等。用材林木都是经济价值很高和收益很大的树种。树木一般不与粮食争地，除种植在荒山野岭外，大都栽种在池边道旁或房前屋后等不便利用的零星土地。栽种之后，即听其自然生长，不需要经常灌溉施肥，更不需要耕耘[33]除草，在管理上不

---

① 《齐民要术·插梨第三十七》。

占用多少劳动力。十年八年之后，树已成材，几无异生而待收。《齐民要术》曾以种榆为例，算了一笔细账："榆生……三年春，可将荚叶卖之。五年之后，便堪作椽。不梜（梜，梜榆，不是梜榆的是刺榆或凡榆）者，即可斫卖，一根十文。梜者，旋作独乐（即陀罗，小儿玩具）及盏，一个三文。十年之后，魁（羹斗也，盛汤大木碗）、椀、瓶、榼、器皿，无所不任。一椀七文，一魁二十，瓶、榼，各直一百文也。十五年后，中为车毂及蒲桃瓮（即缸）。瓮一口，直三百；车毂一具，直绢三匹。其岁岁科简（疏伐）剥治（修剪）之功，指柴雇人（可指定柴雇零工），十束雇一人，无业之人，争来就作。卖柴之利，已自无赀（已经算不尽）；岁出万束，一束三文，则三十贯；荚叶在外也。况诸器物，其利十倍（即十倍于柴价）。于柴十倍，岁收三十万。斫后复生，不劳更种，所谓一劳永逸。能种一顷，岁收千匹。唯须一人，守护、指挥、处分。既无牛、犁、种子、人功之费，不虑水、旱、风、虫之灾，比之谷田，劳逸万倍。男女初生，各与小树二十株；比至嫁娶，悉任车毂。一树三具，一具直绢三匹，成绢一百八十匹，娉财资遣，粗得充事。"[1] 其他不同的树种，各有不同的用途，故亦各有不同的收益，这里不一一列举了。在种植技术上，《齐民要术》也总结出许多宝贵经验，例如不同的树种各具有不同的耐寒力，对耐寒力弱的树种必须进行越冬保护。例如：

> 椒：此物性不耐寒。阳中之树，冬须草裹，不裹即死。[2]
> 梧桐：至冬，竖草于树间令满，外复以草围之；以蔓十道束置。不然则冻死也。[3]
> 栗：三年内，每到十月，常须草裹，至二月乃解。不裹则冻死。[4]

但对有些不耐寒的树种也可以进行环境锻炼，以逐步改变其生长习性，使之适应北方的冬天气候。例如椒，除"阳中之树，冬须草裹"外，"其生小阴中者，少禀寒气（小时已习惯寒冷气候），则不用裹，所谓习以性成。

---

[1] 《齐民要术·种榆白杨第四十六》。
[2] 《齐民要术·种椒第四十三》。
[3] 《齐民要术·槐、柳、楸、梓、梧、柞第五十》。
[4] 《齐民要术·种栗第三十八》。

一木之性，寒暑异容，若朱蓝之染，能不异质？"① 此系《齐民要术》在树木栽种技术上总结出来的一条极重要的经验，这给南方植物的种植范围逐渐向北延伸提供了科学依据。总之，在这样早的时代，即已认识到植物能在不同的自然环境中"习以性成"，乃是农业生产技术上的一项惊人成就。

① 《齐民要术·种椒第四十三》。

第七章　手工业

第一节　两晋和南北朝的官私手工业

（一）晋南北朝时期官私手工业的发展概况和发展趋势

晋南北朝时期，作为商品经济主要内容的手工业生产陷于极度的衰落，整个社会经济几乎倒退到纯粹自然经济时代，作为商品生产的手工业几乎不存在了。并且这时的衰落不止是在数量上减少了，而且把手工业进一步发展的生机斫[1]丧了。这个结果是由来自经济外部和起自经济内部的两股力量共同造成的。这两股力量共同作用的结果，首先是扼杀商业，接着就把作为商品生产的手工业也扼杀了。

所谓来自经济外部的力量，主要是指由天灾人祸所造成的破坏而言，这一点前文已经论述过了。在这种空前惨重和长期延续的大破坏之下，商品经济自然是一个首当其冲的受害者，而商业更是首先遭到毁灭性的打击。在烽火弥[2]漫、兵荒马乱之中，从商人方面看，这时已不允许他们去"负任担荷，服牛辂马，以周四方"了，也不允许他们去"贾郡国，无所不至了"了，总之，商人这时失去了经营商业的条件；从消费者方面看，在天灾人祸的交相煎迫下，人们救死不遑，苟全性命，已属不易，哪里还有余力去追求享受，更没有可能要求"耳目欲极声色之好，口欲穷刍豢之味"。并且在财物荡尽之后，仓惶逃命，颠沛流离，根本没有力量去购买高贵物品。这样，当商业失去了存在的条件时，手工业亦接着遭受了同样的命运，总之，当大破坏使全部社会经济陷于毁灭之际，整个商品经济——包括商业和商品生产，就成为皮之不存，毛将焉附了。

打断商品经济的正常发展、扭转它的运行轨道的另一股起自经济内部的力量，是经济指导思想的改变，并在这种思想指导下造成社会经济结构的变质。具体说就是自然经济的思想重新居于统治地位。

起自经济结构之内的这一股阻碍商品经济发展的力量，表面上并不显著，更不像前一股力量那样迅猛强烈，但是它所起的作用却比前一股力量强大得多，所造成的影响也深远得多，因为这是从根本上把商品经济赖以发展的一切条件都泯灭于无形之中了，这就是以恢复自给自足的自然经济为目的的经济思想，成为这一时期经济生活的指导思想。这种思想的要点之一，是要求停止交换，停止货币流通，使一切生产都是以生产使用价值为目的，一句话，退回到纯粹的自然经济时代。这一股阻碍力量虽然是无形的——表面上看不见，但是它的影响却很大。因为改变了经济的指导思想，改变了社会经济结构的性质，就永远恢复不到原来的水平了。南北朝时期，正是这样一个转变时期。

首先来看南朝的情况。江南开始进行大规模开发，主要是在永嘉之乱以后，由于中原丧乱，人庶南逃，才使地广人稀的广大江南地区因突然增加了大量人口，有了充沛的劳动力，遂把开发范围由江左一隅迅速地向南延伸，使向来无人利用、也无法利用的山林原隰甚至榛莽瘴疠之区，相继开发为可供耕稼的良田。总之，东晋南北朝时期是江南大量开发和农业开始发展时期，但是发展商品经济的条件，这时还远远没有具备。这是由于：

（1）缺乏手工业生产的技术传统。如上文所指出，江南原是一个经济和文化都十分落后的地区，人口本来就不多，而又过着"渔猎山伐"的原始采集生活，由于"地势饶食，无饥馑之患"，因而维持一种从手到口的简单生活是比较容易的，故一般人都是"呰窳偷生"（注："《集解》徐广曰：呰窳，苟且堕懒[3]之谓也。"），没有发展复杂的手工业生产和锻炼出精巧技术的任何条件或任何刺激。即使有一些必不可少的简单加工，也不过是一些附着在农民家庭中的副业，由全家的男女老幼一齐伸手，而不可能成为独立的生产部门。所以缺乏手工业生产的技术传统，是江南地区手工业生产不能发展的原因之一。就是在农业已经有所发展、并已由粗耕农业转变为精耕农业之后，而手工业生产也不可能像农业那样有一个飞跃。由于手工业本身的特点，不可能像农业那样，把先进的生产技术由外部引进。我们知道中国古代的手工业，缺乏欧洲那种基尔特型的行会制度，没有一种组织力量来保证手工业者的生产和生活的稳定，每一个生产者不得不把自己的一技之长严守秘密以保障自己的利益，于是技术成为世代相传的家庭秘密，而不能公开于众。一家垄断了技术秘密，就垄断了商品的销售市场，从而也就保证了生产和生活的稳定。所以自古以来一切重要的手工业产品，特别是各地的名牌产品，都是由世代相传的家庭手工业生产的。生产技术完全是得之于"父兄之教"与"子弟之学"，外人是无从窥知其底蕴的。江南缺乏这样的传统，又不能由外部引进，本地更缺乏培养技术工人的环境。永嘉之后，虽然也偶有中原工匠逃往江南，又多为形势所迫，"多庇大姓以为客"，没有独立开业的机会，也没有独立开业的能力，各人秘而不宣的一技之长，便都随着时间的消逝而埋没失传了。

（2）缺乏商品经济所必需的广大市场。当手工业生产脱离农业的羁绊而不再是农民的家庭副业时，首先就必须有一个能够销售手工业品的广大国内市场，没有市场，就不可能有商品生产的手工业，这是不言而喻的。手工业品的广大国内市场，不是自然形成的，它是大批小生产者被剥夺的结果，只有在广大的小生产者——特别是自有土地的小农民被剥夺了生产资料之后，以致他们不能再用自己的生产资料来生产自己所需要的生活资料时，才不得不通过市场来购买生活资料，但是这必须在他们于失掉生产资料之后，同时又变成工资劳动者，他们才能成为市场上的有效需要，这就是马克思所说的"一部分农村居民的被剥夺和被驱逐，不仅为工业资本游离出工人及其生活资料和劳动材料，同时也建立了国内市场"。① 又说："事实上，使小农转化为雇佣工人，使他们的生活资料和劳动资料转化为资本的物质要素的那些事件，同时也为资本建立了自己的国内市场。以前，农民家庭生产并加工绝大部分供自己以后消费的生活资料和原料。现在，这些原料和生活资料都变成了商品……随着以前的自耕农的被剥夺以及他们与自己的生产资料的分离，农村副业被消灭了，工场手工业与农业分离的过程发生了。只有消灭农村家庭手工业，才能使一个国家的国内市场获得资本主义生产方式所需要的范围和稳固性。"②

在晋南北朝时期，没有发生上述转化过程的可能，有些形似而实不同的剥夺过程，所造成的又恰恰是上述转化过程的反面。

土地兼并本是对小农民的生产资料的剥夺，但是中国历代的土地兼并不同于英国的圈地运动，它没有原始积累的作用，剥夺的结果不但不创造国内

---

① 《资本论》第一卷，第八一五至八一六页。
② 《资本论》第一卷，第八一六页。

市场，而是适得其反地缩小了国内市场，两者的结果不但是不相同的，而且是相反的。这个问题前文已多所论述，这里从略。即使是这样性质的土地兼并，这时不论南朝或北朝都不很严重，所以对农民土地的剥夺，不是形成市场的条件。永嘉之乱，兵燹饥馑，纷至沓来，虽然也造成中原广大人民死徙流亡，家财荡尽，只身逃亡江南后已一无所有，这从表面上看来，也是造成大多数人与自己的生产资料相分离，但却不是创造资本的过程，也不可能成为这个过程，因为那时的江南还是一个尚未开发或正在开发的地区，仍是地广人稀，经济落后，社会上根本不存在可以吸收大量人力的雇佣机会，南逃的难民为生活所迫，都投靠了当地的土著豪门或新来的达官权贵，去作他们的佃客、衣食客、门徒、义附、僮客、奴客、部曲等等不同名称的奴隶或半奴隶，从而促成南朝的奴隶制和奴隶制大种植园经济的发展。这样一来，不但不能促成商品经济的大发展，并且把商品经济的发展道路堵塞得更死了。因为大量难民既然都投靠大姓，成为他们的奴隶或半奴隶，当然都要为他们服无偿劳役，也当然是由主人来豢养。奴隶不是雇佣工人，不能获得工资，所以也就不是市场上的有效购买者，于是商品市场完全消失了。

（3）自给自足的经济思想与自然经济结构跻于支配地位。晋南北朝时期是社会经济的大破坏时期，同时也就是社会经济的大倒退时期。本来商品经济不但很早即已出现，而且很早即已有了相当高度的发展，正是由于商品经济以及与之相辅而行的货币经济，很早即已有了高度的或者说突出的发展，并且随着这种发展还孕育了若干资本主义萌芽的经济成分，才过早地造成典型封建制度的崩溃和变态封建制度的建立，形成古代历史上一次天翻地覆的大变化，如果这样的发展方向不被扭转，不被阻遏，而继续不断地、继长增高地发展下来，可能很早就已发展到资本主义阶段。但是事实上这种发展没有能继续下来，两汉以后，整个发展方向就被扭转了，转到一个相反的方向。接着便是一次比一次严重的大破坏，使这种逆转过程在内力和外力的交互作用下又产生了加速度，于是早已退缩了的自然经济又枯木逢春，苏生壮大起来，很快即上升到统治地位。这个新的占统治地位的物质关系，反映到意识形态上，就成为这一时期占统治地位的指导思想，完全如马克思所说："占统治地位的思想不过是占统治地位的物质关系在观念上的表现，不过是以思想的形式表现出来的占统治地位的物质关系。"① 在南朝，这时占统治地位的物

① 《德意志意识形态》，《马克思恩格斯选集》第一卷，第五十二页。

质关系是一个原来十分落后的经济区，这时刚刚在开发之中，农业亦刚刚在发展转变之始，但又为特殊的历史条件所决定，使江南农业形成一种使用奴隶劳动的大地产经营，成为一种特殊形式的土地兼并，并为奴隶制的大发展提供了条件。由于当时江南的特殊情况，豪门权贵在旷野无人之区封略山湖，尽量地圈占山林川泽，这样形成的大地产既不能采用行之已久的租佃办法，把跨州越县的大地产分割成小块，零星地招租承佃，便只有使用当时来源充沛的各方难民以为奴客，来集中经营。这些为主人耕作的投靠人当然要由主人来提供生活保障，而这却是一笔巨大的开销，这件事反过来又促使大地产经营首先要以自给为目的，即必须自己生产出足够的粮食来供给这些成百上千的奴隶。例如前文所述谢灵运的大种植园，就是这样一种经济结构的典型，他的大地产的经营方针就完全是自给自足，从衣食到药品，所有生老病死一切所需，皆无待外求，可知这个种植园既是一个生产单位，又是一个生活单位。

正由于生产是以自给自足为目的，故南朝历届王朝对货币——特别是金属货币都抱着一种歧视态度，或者根本不铸钱，令民以谷帛交易，或者很少铸钱，听其自生自灭。虽然没有像魏文帝那样，正式以法令"罢五铢钱，使百姓以谷帛为市"①，但是事实上是在希望一个没有货币的社会，以便使经济成为一种纯粹的自然经济。这种复古思潮，可由下引文献略见其梗概：

> 史臣曰：民生所贵，曰食与货。货以通币，食为民天。……一夫躬耕，则余食委室，匹妇务织，则兼衣被体。虽懋迁之道，通用济乏，龟贝之益，为功益轻。……钱虽盈尺，既不疗饥于尧年，贝或如轮，信无救渴于汤世，其蠹病亦已深矣。固宜一罢钱货，专用谷帛，使民知役生之路，非此莫由。……先宜削华止伪，还淳反古，抵璧幽峰，捐珠清壑。然后驱一世之民，反耕桑之路，使缣粟羡溢，同于水火。②

北朝所统治的黄河流域，本来是商品经济早已发展了的地方，正是在这个区域，很早就有了高度发展的货币经济，后来又建立了金铜并用的复本位

① 《晋书》卷二十六，《食货志》。
② 《宋书》卷五十六，《孔琳之传·史臣论》。

制度，使商品经济和货币经济又获得进一步发展。但是经过几度丧乱，特别是经过东晋和南北朝时期的大动乱和大破坏之后，社会经济又倒退为自然经济，货币基本不流通，因为当时北方社会已经没有这样的需要了，后来政府曾以大力推行，而仍然无济于事。例如十六国时期石勒曾令公私行钱，而人情不乐，钱终不行。其后拓跋魏虽统一了北方，结束了战乱，但经过一百多年的安定之后，到了太和年间，仍然是"钱货无所周流"，北魏王朝虽大量鼓铸，并强制推行，结果造成"商货不通，贸迁颇隔"。① 在商业和商品生产都不发达的情况下，对货币本没有什么需要，强制推行，是必然要失败的。所以在北朝，经济的指导思想也同样是以自给自足为原则的。无疑，这是北朝占统治地位的物质关系在意识形态上的反映。北齐的颜之推曾把这种自给思想概括得最为明确：

> 生民之本，要当稼穑而食，桑麻以衣，蔬果之蓄，园场之所产，鸡豚之善埘，圈之所生，爰及栋宇、器械、樵苏、脂烛，莫非种殖之物也。至能守其业者，闭门而为生之具已足，但家无盐井耳。②

这是要求过纯粹的自然经济生活，除了自己不能生产的食盐必须向市场购买外，其他一切生活必需品都必须自己生产，要达到"闭门而为生之具已足"。这个指导原则的中心思想是要求每一个消费者同时又是生产者，不使生产与消费之间有多大距离，分配不越出家庭成员之外，用恩格斯的话来说就是："生产者……把产品消费掉，产品不离开他们的手。"③ 这里不需要有商人介入，因而产品只能从一手转到另一手，不是从一个市场转到另一个市场，所以生产与消费都是在极狭小的范围内实现的。总之，这样的经济结构，要求每一个人都是在与自然的交往中而不是与社会的交往中来完成自己的全部经济行为，在这里，市场的作用完全消失了，作为商品生产的手工业也就失掉了存在的基础。官手工业的情况则与此不同。

民间的手工制造业除了农民自用而在自己的家庭中进行简单加工外，作为商品生产的手工业，则随着自然经济的复兴和市场的萎缩，而陷于极度的衰微不振之中，成为一种若有若无的状态，在国民经济中所占的比重已微末

---

① 《魏书》卷一百十，《食货志》。
② 颜之推：《颜氏家训·治家》。
③ 恩格斯：《家庭、私有制和国家的起源》，《马克思恩格斯选集》第四卷，第一七〇页。

不足道。官手工业则不然，它一如既往，一直在兴旺壮大之中。这种状况恰恰与民营手工业成反比例，即官手工业愈发展，私营工业就愈不发展。这一状况的形成，正达到了历来建立官手工业制度所要达到的目的。本来官手工业制度，原是古人为了贯彻抑商政策而巧妙地设计出来的，为的是把需要量最大、销售最广、最容易刺激工商业发展或者说最容易扩大市场的各种必需品、便利品和奢侈品的生产和贩运，一律不许私人经营，而完全由官家垄断，使这些物品不能成为商品，并使消费这些物品的一个最大和最有购买力的顾主，即宫廷和官府，完全不通过市场，不经过买卖程序而直接获得。这样一来，民间可能生产的商品已极为有限，工商业者失去了大部分的营业机会，于是发财致富的道路被完全堵死了。所以这是贯彻抑商政策的一个非常有效的办法。官私手工业的这种相反对的关系，在这一历史时期表现得非常突出，因为这时除了这一基本关系在发生作用外，又加上了上文所指出的来自经济外部和起自经济内部的两股阻碍力量，使这时期的民间私营手工业更成为气息奄奄、朝不保夕的垂死状态，而官手工业却一直在兴旺发展。尽管这一时期是战乱频仍，饥馑荐臻，苍生殄灭，人不聊生，民间工商业这时已经没有存在的余地，但是官手工业却可以不受影响，这除了官手工业因本身不是商品生产、不需要通过市场、并有它自己最富有的和固定的需求者这一基本关系外，下述两种特殊情况，也促成了官手工业的兴旺和发展：

（1）奢侈品需要的增多。这时不论南朝或北朝，除东晋和北魏统治期稍长外，其余都是偏安一隅、旋兴旋灭、运祚[4]短促的小朝廷，各该王朝的统治者都是起自寒微，戎马半生，于刀光剑影、浴血奋战之中幸[5]致胜利，并登上了皇帝宝座。由于干戈扰攘，国基不固，谁也没有——也不可能有长治久安之计，故一朝得志，便恣情任性，寻欢作乐，能享受且享受，有欢乐便欢乐，而昏君暴主，又比比皆是，他们的穷奢极欲，常疯狂到使人咋舌的地步[6]。例如：

> 上（明帝）奢费过度，务为雕[7]侈，每所造制，必为正御三十，副御、次副又各三十，须一物辄造九十枚。天下骚然，民不堪命。①
>
> 拜爱姬潘氏为贵妃，乘卧舆……织杂采珠为覆蒙，备诸雕

------

① 《宋书》卷九，《明帝纪》。

巧。……置射雉场二百九十六处，翳中帷帐及步障，皆袩以绿红锦，金银镂弩，牙玳[8]瑝帖箭。……更起仙华、神仙、玉寿诸殿，刻画雕彩……麝香涂壁，锦幔珠帘，穷极绮丽。縶役工匠，自夜达晓，犹不副速……自制杂色锦伎衣，缀以金花玉镜众宝，逞诸意态。……又催御府细作三百人精仗……金银雕镂杂物，倍急于常。①

高祖受禅……于时王业初基，百度伊始，征天下工匠，纤微之巧毕集。②

奢侈品本是工商业发展的一个强有力的刺激因素，最初出现的古代贩运性商业就是从贩运奢侈品开始的，如上文所说的"奇怪时来，珍异物聚"，主要就是奢侈品。但是中国古代的封建统治阶级很早就看出商业与奢侈的关系，知道不抑奢就不可能抑商，如果打算彻底抑商，就绝不是仅靠诏敕、文告等一般说教所能奏效。通过建立官手工业制度，既可以充分满足统治阶级对奢侈品的特殊需要，又可以绕过商业程序不通过市场而直接获得，从而使民间工商业者得不到经营这些物品的产销机会，市场受不到刺激，抑商的目的就自然贯彻了。

（2）军用品需要的增多。这个时期是一个战争频繁的时代，因而也是军用品需要激增的时代。军用品不但种类繁多——有刀、枪、剑、戟、戈、矛、弓、弩以至甲胄、被服、车船、旗号等等，而且数量十分庞大，如果这些东西都通过市场从民间购买，其对私营工商业的刺激又远过于奢侈品，因为奢侈品价值昂贵，购买者不多，故产量甚小，品种也有限。军用品则不然，任何一种的需要量都是庞大的，都必须是大规模生产，故对商品生产的刺激最大，如果这一类的工业品不通过买卖程序而由官家自行制造，则民间工商业便失掉许多销路大和获利丰的经营项目。晋南北朝时期，正是官办军用手工业大量发展的时期，这里分别就十六国和南北朝的情况各举数例如下：

季龙志在穷兵……又敕河南四州具南师之备，并、朔、秦、雍，严西讨之资，青、冀、幽州，三五发卒，诸州造甲者五十万人。③

［汉兴四年（公元三四一年）寿］又以郊甸未实，都邑空虚，

① 《南齐书》卷七，《东昏侯纪》。
② 《隋书》卷四十六，《苏孝慈传》。
③ 《晋书》卷一百六，《石季龙载记上》。

工匠械器未充盈，乃徙旁郡户三丁已上以实成都，兴尚方御府，发州郡工巧以充之。①

[天赐元年（公元四〇四年）] 五月，置山东诸冶，发州郡徒谪造兵甲。②

时农务顿息，末役繁兴，弘以为宜建屯田，陈之曰："……伏见南局诸冶，募吏数百，虽资以廪赡，收入甚微。……然军器所需，不可都废。今欲留铜官大冶及都邑小冶各一所，重其功课，一准扬州，州之求取，亦当无乏。"③

[景] 又以台所给仗，多不能精，启请东冶锻工，欲更营造，敕并给之。④

[大统中] 又于夏阳诸山置铁冶，复令善为冶监，每月役八千人，营造军器，善亲自督课……甲兵精利。⑤

及吕梁覆师，戎备空匮，乃转引为库部侍郎，掌知营造弓弩矟箭等事。引在职一年，而器械充牣。⑥

（二）晋和南朝的官手工业

1. 晋和南朝的工官和官工匠

中国历代封建王朝的官制，自周代确立之后，便历久相沿，迄未有任何根本变改，工官为六官之一，《考工记》云："国有六职，百工与居一焉。"官手工业制度既然没有变，则管理官工业的工官官制自然也不会变，虽常因各朝代的具体情况不同和经营的手工业项目不等，而不断地分合并转，但基本官制则大体上保持了周秦汉魏之旧，名称可能有所不同，而职掌或作用则始终如一。如晋代的工官设置，主要有以下几种，东晋时多所并省，后又逐渐恢复：

---

① 《晋书》卷一百二十一，《李雄载记》。
② 《魏书》卷二，《太祖纪》。
③ 《宋书》卷四十二，《王弘传》。
④ 《梁书》卷五十六，《侯景传》。
⑤ 《周书》卷三十五，《薛善传》。
⑥ 《陈书》卷二十一，《萧允传附弟引传》。

少府，统材官校尉、中左右三尚方、中黄左右藏、左校、甄官、平准、奚官等令，左校坊、邺中黄左右藏、油官等丞。及渡江，哀帝并省丹阳尹，孝武复置。自渡江唯置一尚方，又省御府。

将作大匠，有事则置，无事则省。①

继起的刘宋王朝，官制一仍两晋之旧，但又有所增减，《宋书》叙述较详，并注明了各官的职掌：

少府，一人，丞一人。掌中服御之物。秦官也，汉因之。掌禁钱以给私养，故曰少府。晋哀帝末，省并丹阳尹。孝武世复置。

左尚方令、丞各一人。右尚方令、丞各一人。并掌造兵器。秦官也，汉因之，于周则为玉府。晋江右有中尚方、左尚方、右尚方，江东以来，唯一尚方。宋高祖践阼，以相府作部配台，谓之左尚方，而本署谓之右尚方焉。又以相府细作配台，即其名置令一人，丞二人，隶门下。世祖大明中，改曰御府，置令一人，丞一人。御府，二汉世典官婢作褮衣服补浣之事，魏、晋犹置其职，江左乃省焉。后废帝初，省御府，置中署，隶右尚方。汉东京太仆属官有考工令，主兵器弓弩刀错之属，成则传执金吾入武库，及主织绶诸杂工。尚方令唯主作御刀绶剑诸玩好器物而已。然则考工令如今尚方，尚方令如今中署矣。

东冶令，一人，丞一人。南冶令，一人，丞一人。汉有铁官，晋置令，掌工徒鼓铸，隶卫尉。江左以来，省卫尉，度隶少府。宋世虽置卫尉，冶隶少府如故。江南诸郡县有铁者，或置令，或置丞，多是吴所置。

平准令，一人，丞一人。掌染。秦官也，汉因之。汉隶司农，不知何世隶少府。宋顺帝即位，避帝讳，改曰染署。

将作大匠，一人，丞一人。掌土木之役。秦世置将作少府，汉因之。景帝中六年（公元前一四四年），更名将作大匠。……晋氏以来，有事则置，无则省。②

① 《晋书》卷二十四，《职官志》。
② 《宋书》卷三十九，《百官志上》。

宋以后，齐、梁、陈各朝对工官设置，皆沿袭晋宋，无何改作，惟各史记载不详，只知工官之首仍为少府。如南齐，少府属官："左右尚方令各一人，锻署丞一人，御府令一人，东冶令一人，南冶令一人，平准令一人，上林令一人。"[①]另据明帝建武元年（公元四九四年）十一月丁亥诏，有"细作中署、材官、车府"[②]之文，当亦为少府属官。其后各朝工官建置，大致如下：

> 魏晋继及，大抵略同，爰及宋齐，亦无改作。梁武受终，多循齐旧，陈氏继梁，不失旧物。……梁武受命之初，官班多同宋齐之旧。……少府卿，位视尚书左丞，置材官将军、左中右尚方、甄官、平水署、南塘邸税库、东西冶、中黄、细作、炭库、纸官、染署等令丞。
>
> 大匠卿，位视太仆，掌土木之工。统左、右校诸署。[③]

各王朝所设立的工官，虽名称不同，并屡有变迁，但大体上可以分为两大类：一是各种制造品工业，属少府职掌；二是土木建筑工程，由将作大匠主管；这与过去历代王朝的工官制度是完全相同的。少府系统所统辖的各项手工业品制造，按产品性质和用途又可以分为两类，其一是供应皇帝后妃等御用的所谓服饰玩好等奢侈品，这一类物品种类繁多，有织、染、绘、绣等工艺来提供绫、罗、锦、绣，有刻、镂、镶、嵌来提供珠宝首饰和金银器皿，这都是属于"细作"的高级工艺品。其二是制造朝廷官府等公用物品，同样是种类繁多而又数量庞大，成为官手工业制造的一个重要项目。军器制造，是少府所属官手工业的另一系统，汉有铁官，后改考工令，这时称为东冶和南冶，掌管金属冶炼和兵器弓弩刀铠等制造，这是官手工业制度所要完成的重要任务之一。总之，供应御用、公用、军用，是官手工业的三大经营项目，都是由少府系统的各工官所职掌，将作大匠所主管的主要是土木工程，其中虽然也有一些建筑材料的加工业务，但在性质上与手工业制造品不同，不属于手工业范畴，故皆从略。

除了中央政府设有种类繁多、规模宏大的官办工场或作坊外，地方州郡

---

① 《南齐书》卷十六，《百官志》。
② 《南齐书》卷六，《明帝纪》。
③ 《隋书》卷二十六，《百官志上》。

政府也多设有规模不等的"作部"——地方官手工业，以自行制造上贡物品、公用物品和军用品。关于地方官手工业的具体经营情况虽不见记载，但由下引文献亦可略见其梗概：

> 少帝景平二年（公元四二四年），谯郡流离六十余家叛没虏……顿谋等村，粹遣将苑纵夫讨叛户不及，因诛杀谋等三十家，男丁一百三十七人，女弱一百六十二口，收付作部。①

> 先是刘式之为宣城，立吏民亡叛制，一人不禽，符伍里吏送州作部，若获者赏位二阶。②

> 泰豫元年（公元四七二年）……乃以攸之都督荆湘雍益梁宁南北秦八州诸军事，镇西将军，荆州刺史。……至荆州，政治如在夏口，营造舟甲，常如敌至。③

> ［泰豫元年，为荆州刺史］荆州作部岁送数千人仗，攸之割留之，簿上云，供讨四山蛮。④

> 上将诛诞，以义兴太守垣阆为兖州刺史，配以羽林禁兵，遣给事中戴明宝随阆袭诞……诞……勒兵自卫。……焚兵籍，赦作部徒、系囚，开门遣腹心率壮士击明宝等，破之。⑤

在官手工业中服役的工匠，来源复杂，其中为数最多的是民间工匠注籍匠户后世代服徭役，这是官手工业中使用无偿劳役最多的一种。应役工匠，按期征调，服役时间一般都很长，成为全国劳动人民的一个极为沉重的负担，苦不堪言。对工匠生活虽然也发给一点生活费，但为数甚微，难得一饱，例如上引会稽王司马道子骠骑参军主簿王弘曾指陈："南局诸冶，募吏数百，虽资以廪赡，收入甚微"，所以他建议"欲留铜官、大冶及都邑小冶各一所，重其功课"，以作军器，"余悉罢之，以充东作之要"。又主张"二局募吏依冶募比例，并听取山湖人"。⑥ 所谓"山湖人"，就是普通老百姓，系从民间征调而来的服徭役的人。如遇到昏君暴主，穷奢极欲，对服饰玩好等各种工

---

① 《宋书》卷四十五，《刘粹传》。
② 《宋书》卷五十四，《羊玄保传》。
③ 《宋书》卷七十四，《沈攸之传》。
④ 《南史》卷三十七，《沈庆之传附攸之传》。
⑤ 《宋书》卷七十九，《竟陵王诞传》。
⑥ 《宋书》卷四十二，《王弘传》。

艺品需求更殷，则对工匠的压榨诛求亦必愈甚，如上引宋明帝，因奢费过度，需索甚多，一件物品要正御三十件，副、次又各三十件，一物须复制九十件，以致役繁赋重，民不堪命。又如上引齐东昏侯，更是昏愚狂暴，常常"絷役工匠，自夜达晓，犹不副速"，他"又催御府细作三百人精仗……金银雕镂杂物，倍急于常"，于是更加重了在役工匠的苦难。有时征调过多，超过实际需要，而养活一大批无工可做的工匠，实是政府一笔很大的开支，还得设专官管理，更是不胜其烦，遇到清醒一点的统治者，特别是在改朝换代之际，为了一反前代弊政，对于被幽絷的工匠亦特予赦免，以示优恤。例如：

> [天监元年（公元五〇二年）夏四月丁卯] 诏曰："宋氏以来，并恣淫侈，倾宫之富，遂盈数千。推算五都，愁穷四海，并婴罹冤横，拘逼不一。抚弦命管，良家不被蠲；织室绣房，幽厄犹见役。弊国伤和，莫斯为甚。凡后宫乐府，西解暴室，诸如此例，一皆放遣。若衰老不能自存，官给廪食。"①

官工匠中有很多是由官奴婢转成的，特别是女工，即幽絷在织室、绣房之中的锦工、绣女——泛称之为"宫人"，大都是女奴，她们长年累月地在服无偿劳役，而无解放出头之日。例如：

> 始简文帝为会稽王，有三子俱夭。……又数年，无子，乃令善相者召诸爱妾而示之，皆云非其人。又悉以诸婢媵示焉。时后为宫人，在织坊中，形长而色黑，宫人皆谓之昆仑；既至，相者惊云："此其人也。"②
> [永明中] 芮芮王求医、工等物。世祖诏报曰："知须医及织成锦[9]工、指南车、漏刻，并非所爱。南方治疾，与北土不同；织成锦工并女人，不堪涉远，指南车、漏刻，此虽有其器，工匠久不役存，不副为恨。"③

这些"织成锦工"和其他绫罗绮绣之工，亦皆为女人，其来源大都是由

---

① 《梁书》卷二，《武帝纪中》。
② 《晋书》卷三十二，《孝武文李太后传》。
③ 《南齐书》卷五十九，《芮芮虏传》。

官奴婢转成。就是为数众多的男性工匠，其来源除上述注籍匠户应征服役者外，也有很多具有程度不等的奴隶性质，由俘虏、罪囚转变而来。他们都是被强制编入工匠行列的，例如上引地方作部事例中刘粹以谯郡叛户"男丁一百三十七人，女弱一百六十二口，收付作部"；"刘式之为宣城，立吏民亡叛制，一人不禽，符伍里吏送州作部"；沈攸之为荆州刺史，"荆州作部岁送数千人仗，攸之割留之"；宋竟陵王诞"勒兵自卫，赦作部徒、系囚"，驱之作战。可知这些作部徒与系囚实具有相同身份，都是因犯罪成为徒隶，而调配在官手工业中当工匠的。正由于这些工匠不是自由人，故一般王公权贵亦往往在私邸招纳藏匿名工巧匠，为他个人服务。但这是一种违制行为，一旦被发现，即为朝廷查处。例如竟陵王诞，"含纵罔忌，私窃招纳名工细巧，悉匿私第"，① 成为他的一大罪状。这时北朝亦在执行相同的政策，例如北朝即严禁任何个人私养工匠，也不许工匠设立学校，公开授徒传艺，他们只能习其父兄所业，在家庭中世代相传，要严格遵循父兄之教、子弟之学的古训。如北魏太平真君五年（公元四四四年）春正月就连下诏书严禁私养工匠：

> 戊申，诏曰："……自王公已下至于庶人，有私养沙门师巫，及金银工巧之人，在其家者，皆遣诣官曹，不得容匿。限今年二月十五日，过期不出，师巫沙门身死，主人门诛。明相宣告，咸使闻知。"庚戌，诏曰："……今制：……其百工、伎巧、驺卒子息，当习其父兄所业，不听私立学校，违者，师身死，主人门诛。"②

这个南北相同的政策，乃是历代相沿的传统，是贯彻抑商政策的一个重要方面，因为防止了奢侈品生产的扩散，即堵塞了工商业发展的渠道，特别是防止了私人（尤其是王公权贵）私造兵器，更是从根本上消弭反侧、杜绝乱源的一个防微杜渐之策，所以要求官手工业完全由朝廷垄断。

在官设工场或作坊中服役的官工匠，在服役期间，有一定的休假制度，工匠可轮流休假，各朝历久相沿，南北两地亦大致相同。具体的轮休办法不详，见于记载的仅有：

---

① 《宋书》卷七十九，《竟陵王诞传》。
② 《魏书》卷四下，《世祖纪下》。

[建武元年（公元四九四年）十一月] 丁亥，诏："细作、中署、材官、车府，凡诸工可悉开番假，递令休息。"①

高祖登庸……仍依周制，役丁为十二番，匠则六番。②

隋依周制，周承魏制，可知这是南北朝时期徭役劳动中的一个通行制度。

2. 晋和南朝的各种官手工业

自古以来，历代的官办手工业所制造供应的物品种类基本上都是相同的，即主要不外两类：其一是供应宫廷需要的各种高贵的奢侈品，即古人所谓的"雕文刻镂，锦绣纂组"。奢侈品生产是官手工业的一个重要项目，这由工官的设置即可看出。本来少府就是专为皇帝的"私奉养"——私生活服务的，凡是皇帝后妃等人私生活所需要、所爱好的一切物品，都在制造供应之列。少府属官中有左右中尚方、作部、细作、织坊、染署等等，即分别主管这些物品的制造事宜。此外，朝廷、官府的公用物品，也是各主管工官应负责供应的项目，这一项目包括的种类极为繁多，需要的数量又非常庞大，因政府各衙署的公用物品皆取给于此。所有宗庙郊祀的祭器礼器、朝廷官府的法物仪仗、公卿百官的冠帽袍笏，以及车辇乘舆、旌幡幢盖和日用的文具、杂物等等，不胜枚举。所有这些东西均由官家自造，必然要有一些门类繁多的官设工场或作坊来进行生产，故公用品制造成为官手工业的一个重要方面，其种类和数量都远过于奢侈品。其二是兵器制造，为少府所属工官的另一重要任务，也是官手工业的一个非常重要的方面，这是由中央到地方的一个极为庞大的系统，少府所属尚方各官下有东冶、南冶，即古之考工令，"主兵器弓弩刀错之属"。地方郡，则分设作部，"掌工徒鼓铸"，所造兵器，部分上贡朝廷，入于武库，部分留作地方驻军之用。江南诸郡有铁者，或置冶令，或置丞，即汉之铁官，掌采矿、冶炼、锻造等工。

建立官手工业制度的基本目的，是要使所有宫廷官府所需要的一切物品都能自给，而无须[10]再通过买卖程序到民间市场上去逐一选购，故经营的范围遂非常广泛，即使是土木建筑工程中所用的一些建筑材料如砖瓦竹木等物料的简单加工，亦都设有专官，负责制造和储备，这种巨细无遗的情况，可由下引一段文献看出：

---

① 《南齐书》卷六，《明帝纪》。
② 《隋书》卷二十四，《食货志》。

[元徽四年（公元四七六年）二月]乙未，尚书右丞虞玩之表陈时事曰："……民荒财单，不及曩日，而国度弘费，四倍元嘉。二卫台坊人力，五不余一；都水材官朽散，十不两存。备豫都库，材竹俱尽；东西二塸，砖瓦双匮。敕令给赐，悉仰交市。尚书省舍，日就倾颓，第宅府署，类多穿毁。……"①

这一篇奏疏是抱怨包括尚书省舍和第宅府署在内的房舍，"类多穿毁"，并且都已到了"视不遑救，知不暇及"的严重程度，而建筑材料奇缺，无法修缮，所有主管建筑工程的各工官又大都停废解散或有名无实，致造成"二卫台坊人力，五不余一；都水材官朽散，十不两存"。特别是材料库和砖瓦场都已不存在，即所谓"备豫都库，材竹俱尽；东西二塸，砖瓦双匮"，以致官家所需要的竹木砖瓦等物料都要到民间市场上去购买。可知在这些机关存在并能正常工作时，这些物料都是自行制造备办的。其实不仅制成品都是由官家自行制造，就是所用的各种原材料，也都设有专管的材官和物料库，来自行调集备办，不需要到民间市场上去采购。例如：

吕文度，会稽人，宋世为细作金银库吏，竹局匠。②

可见不仅主管金银器皿镶嵌雕镂的细作自设有金银库，就是常用的竹木物料，亦皆设有专库或专局，负责本专业所用原材料的储备、保管和供应工作。

矿冶业中的炼铁和铁器铸造工业是官手工业中的一个重点项目。南北朝时期虽然没有正式实行禁榷制度，但是由于铁是制造兵器的主要原材料，而这一时期又是一个战争频繁和社会极度动乱的时期，不仅统治阶级对于兵器有很大的需要量，必须管制铁的冶炼和铸造，而且为了减少社会上的动乱根源，也必须禁止民间私造兵器，更要严禁流传境外，否则将自造敌国。例如晋成帝咸康中（公元三三八年左右），"时东土多赋役，百姓乃从海道入广州，刺史邓岳[11]大开鼓铸，诸夷因此知造兵器。翼表陈，东境国家所资，侵

---

① 《宋书》卷九，《后废帝纪》。
② 《南齐书》卷五十六，《幸臣·吕[12]文度传》。

扰不已，逃逸渐多，夷人常伺隙，若知造铸之利，将不可禁"。① 因此，南北各朝的传统政策一直是"收天下兵器，敢有私造者，坐之"。② 要禁止人民私造兵器，首先就必须禁止人民冶铁炼钢，这是不言而喻的。所以这时不论南朝或北朝，冶铁工业都是官营的，或者原系民营，这时收归官有，或者置于铁官管制之下，炼出铁后由政府统购，故事实上对铁是实行禁榷的。

炼铁和铁器铸造皆设在产铁之地，南朝境内有不少铁矿，故南朝历代诏敕文告中屡有传、屯、邸、冶之文，例如梁大同七年（公元五四一年）"十二月壬寅，诏曰：……又复公私传、屯、邸、冶……止应依限守视……若是公家创内，止不得辄自立屯，与公竞作，以收私利"。③ 可见铁冶业是所在多有，民营者则在铁官管制之下，不得"与公竞作，以收私利"。南朝的铁冶点虽多，但见于记载的却不多，可考的仅有下述记载：

山谦之：《丹阳记》曰：《永世记》云：县南百余里铁岘山，广轮二百许里，山出铁，扬州今鼓铸之地。④

山谦之：《南徐州记》曰：剡县有三白山，出铁，常供戎器。⑤

西平县，《晋太康地记》曰：县有龙泉水，可以砥砺刀剑，特坚利，故有坚白之论矣。是以龙泉之剑，为楚宝也。县出名金，古有铁官。⑥

四川（益州）自古以来就是一个重要的产铁所在，早在秦汉年间，就有了蜀卓氏、程郑那样富埒王侯的以冶铁起家的大富豪，到这一时期，四川的铁冶业仍非常发达，保持了过去的繁荣。例如：

[刘] 粹弟道济……益州刺史。长史费谦、别驾张熙、参军杨德年等，并聚敛兴利，而道济委任之，伤政害民，民皆怨毒。……初，以远方商人多至蜀土资货，或有直数百万者，谦等限布丝绵各

---

① 《晋书》卷七十三，《庾亮传附弟翼传》。
② 《隋书》卷二，《高祖纪下》。
③ 《梁书》卷三，《武帝纪》。
④ 《太平御览》卷四十六，《地部》十一，《铁岘山》。
⑤ 《太平御览》卷四十六，《地部》十一，《三白山》。
⑥ 郦道元：《水经注》卷三十一，《潕水》。

不得过五十斤，马无善恶，限蜀钱二万。府又立冶，一断民私鼓铸，而贵卖铁器，商旅吁嗟，百姓咸欲为乱。①

[天监七年（公元五〇八年）迁巴西太守]初，南郑没于魏，乃于益州西置南梁州，州镇草创，皆仰益州取足。……齐……又立台传，兴冶铸，以应赡南梁。②

南朝各代，除在产铁州郡设立铁官，以就地冶炼和铸造兵器、农具和日用铁器外，中央设置的东、西二冶，规模都非常宏大，产量自亦很多。炼铁炉的构造如何和体积大小，史无明文，不得其详，但由一次化铁炉的爆炸事故中，可推知炼炉的体积是很庞大的，化成的铁水也是很多的，爆裂的情况是：

[祯明二年（公元五八八年）五月]甲午，东冶铸铁，有物赤色如数斗，自天坠溶所，有声隆隆如雷，铁飞出墙外，烧民家。③

这显然是由于炼炉的体积甚大，炼成的铁水也很多，因炉内温度过高，压力过大，超过了炉的负荷，致炉壁炸裂，铁水喷出，望之"有物赤色如数斗"，自天坠下，有声如雷；"飞出墙外烧民家"，说明铁水喷射甚远，若系小型炼炉和少量铁水，就没有这样的喷射力量了。由此可以推知，东、西二冶的规模都是很大的。规模大，则产量多，二冶都是由炼铁、制钢到铸造铁器的联合企业，所有铁器亦均由官家经销，所以尽管名义上没有明确规定实行禁榷，也没有明令宣布禁止私营，但是事实上则是一种禁榷制度。

关于东、西二冶的具体产量，没有明文记载，无法知其确数，但由下引一段故事中述及的铁器数量，可推知东、西二冶的产量是很大的，这个故事前文在论述水利时已引用，即梁初为了一次军事上的需要，计划要堰淮水，以灌寿阳，高祖乃任命康绚为都督淮上诸军事，负责修堰。绚遂集"役人及战士，有众二十万，于钟离南起浮山，北抵峡石，依岸以筑土，合脊于中流"。每于堰将合之际，"淮水漂疾，辄复决溃，众患之。或谓江淮多有蛟，能乘风雨决毁崖岸，其性恶铁，因是东、西二冶铁器，大则釜鬵，小则锸[13]

---

① 《宋书》卷四十五，《刘粹传附弟道济传》。
② 《梁书》卷十七，《张齐传》。
③ 《陈书》卷六，《后主纪》。

锄，数千万斤，沉于堰所，犹不能合"。① 能一次调拨出数千万斤铁器去填塞河堰，没有巨额库存是办不到的。

这时在冶炼和锻造技术上又有了很大进步，即在过去长期以来已经取得的经验基础上又有所发展。例如在不久以前的三国时期，韩暨作水排，改进了炼铁的鼓风设备，把原来的人排、马排等甚"费功力"的鼓风器改为水排，史称"乃因长流为水排，计其利益，三倍于前"②，其具体情况，已见前文。这种用水力鼓风的器械，到南朝时仍在继续使用，例如：

> ［江夏郡］北济湖本是新器冶塘湖。元嘉初，发水冶。水冶者，以水排。冶令颜茂以塘数破坏，难为功力，茂因废水冶，以人鼓排，谓之步冶，湖日因破坏，不复修治。③

可知在颜茂废水冶以前，水排一直在应用。

炼钢技术很早即已发明，并有了相当程度的发展，从战国到西汉年间关于锻铁成钢和炒铁成钢的技术成就，在《中国封建社会经济史》第二卷中已多所论述，到南朝时仍保持了固有的传统。例如这时有很多地方盛产名剑，如上文所指出，剡县出铁器，常供戎器；西平县有龙泉水，可以砥砺刀剑，特坚利，实际上都是由于该地所炼之钢质地优良，故所造之刀剑特坚利，不是由于水的砥砺之故。下引两段记载，都涉及制钢方法：

> 同郡余姚人陈胤叔……官至太子左率。启世祖，以锻箭镞[14]用铁多，不如铸作。东冶令张侯伯以铸镞钝，不合用，事不行。④

锻铁成钢是将铁加热后反覆锤锻，去掉铁中杂质，使之成钢，故用铁多，而铸铁成钢系将生铁化成铁水，加以搅拌，使铁中碳质氧化，这样的炼钢法需要很高的温度，搅拌亦必须适可而止，过则成为熟铁，所谓"铸镞襟钝"，说明古人还不能很好地掌握这种炼钢技术，炼成之钢"不合用"，显然是将铁中碳质完全氧化，变成熟铁了。

---

① 《梁书》卷十八，《康绚传》。
② 《三国志》卷二十四，《魏书·韩暨传》。
③ 《太平御览》卷八百三十三，《资产部》十三，《冶》引《武昌记》。
④ 《南齐书》卷三十，《戴僧静传》。

南朝时又有"横刚法"和"百炼钢"：

> 作刚朴是上虞谢平，凿镂装冶是右尚方师黄文庆，并是中国绝
> 手。以齐建武元年（公元四九四年）甲戌岁八月十九日辛酉建于茅
> 山造，至梁天监四年（公元五〇五年）乙酉岁，敕令造刀剑形供御
> 用，穷极精巧，奇丽绝世。别有横法刚，公家自有百炼。[1]

"刚朴"和"横法刚"不知如何炼法，所谓"公家自有百炼"，即普通所谓百炼成钢，也就是锻铁成钢，这是古代通行的一种炼钢法，由战国历秦至西汉大都应用此法炼钢，所以这时的钢制品大都是这一类的锻钢件。

南朝的矿冶业除了铁冶外，还有金矿和银矿的开采和提炼。黄金系自然存在，不需要进行冶炼加工，大都直接由沙中淘取，故淘金亦称采金：

> 鄱阳县……地有黄金采。[2]

银的提炼则需要复杂的技术，但中国古人很早即已掌握了炼银技术，能与连（铅之未炼者）、锡分开，提炼出纯银，而白银也很早即已取得货币资格。即使"虞夏之币，或黄、或白、或赤"不足凭信，但在战国时已与各种币材并用，西汉时还曾一度出现过银铸币。南朝时，白银已经成了岭南一带的主要货币："交广之域，全以金银为货。"[3] 由下引一段故事更可以看出白银在岭南普遍流通的情况：

> 文育至大庾岭，诣卜者，卜者曰："君北下不过作令长，南入则
> 为公侯。"文育曰："足钱便可，谁望公侯。"卜人又曰："君须臾当
> 暴得银至二千两，若不见信，以此为验。"其夕，宿逆旅，有贾人求
> 与文育博，文育胜之，得银二千两。[4]

这时白银的流通范围虽主要是在"交广之域"，但在内地也已成为仅次

---

[1] 《太平御览》卷六百六十五，《道部》七，《剑解》引陶隐居言。
[2] 郦道元：《水经注》卷三十九，《赣[15]水》。
[3] 《隋书》卷二十四，《食货志》。
[4] 《陈书》卷八，《周文育传》。

于黄金的一种贵重品，故各地一旦发现银矿，亦必积极开采。例如：

> 元嘉初，为始兴太守。三年（公元四二六年），遣大使巡行四方，并使郡县各言损益，豁因此表陈三事。……其二曰："郡领银民三百余户，凿坑采沙，皆二三丈；功役既苦，不顾崩压，一岁之中，每有死者。官司检切，犹致逃违，老少相随，永绝农业，千有余口，皆资他食。岂唯一夫不耕，或受其饥而已？所以岁有不稔，便致甚困。寻台邸用米，不异于银，谓宜准银课米，即事为便。"①

南朝的公私造船业都比较发达。这是由于江南地区有大江大湖亘横境内，到处是河道纵横，港汊交错，交通运输自以船舶为主要工具，故造船业发达很早。孙吴时不仅有众多的波斯、大食商人乘大舰巨舶前来交广贸易，为江南的造船业引进了外国技术，以促成船舶的大型化，而孙吴与辽东之间亦经常由海道联系，吴"远遣船越度大海，多持货物，诳诱边民……浮舟百艘，沉滞津岸，贸迁有无"②。越海航行，自非大船不可，小船是不能航行大海的。由于造船技术的不断进步，南朝时已能造载重量达二万斛以上的大船：

> 昔在江南，不信有千人毡帐；及来河北，不信有二万斛船，皆实验也。③

这种载重达二万斛的大船，不仅公家有，私人也有，所以在南朝结束后，隋文帝还特别下令取缔江南吴越之人私造大船：

> ［开皇］十八年（公元五九八年）春正月辛丑，诏曰："吴越之人，往承弊俗，所在之处，私造大船，因相聚结，致有侵害。其江南诸州，人间有船长三丈已上，悉括入官。"④

江南私船多，官船更多，因政府不仅需要自造许多船只来进行运输，而

---

① 《宋书》卷九十二，《良吏·徐豁传》。
② 《三国志》卷八，《魏书·公孙度传》注。
③ 颜之推：《颜氏家训·归心》。
④ 《隋书》卷二，《高祖纪下》。

且需要建造大量军舰，以充实军备。首先是政府由各地方搜括来的大量财物必须用许多船只运到京师，才能成为朝廷所有。例如：

> 皎起自下吏，善营产业，湘川地多所出，所得并入朝廷，粮运竹木，委输甚众；至于油蜜脯菜之属，莫不营办。又征伐川洞，多致铜鼓、生口，并送于京师。……文帝以湘川出杉木舟，使皎营造大舰金翅等二百余艘，并诸水战之具，欲以入汉及峡。①

要经常把外地所出产的粮食、竹木、油蜜、脯菜和各种财物"送于京师"，自非有大量船只运送不可，这是促成官营造船业发展的一个重要原因。

在江南水乡立国，而地又少马，国家军备，自以舟师为主，用兵时攻守交战亦多在水上进行，故战舰的多寡和优劣，遂成为军事胜负的重要因素。关于舟师的运用情形，可由具体战役中看出：

> 及王师次于南州，贼帅侯子鉴等率步骑万余人于岸挑战，又以鸼舸千艘并载士，两边悉八十棹，棹手皆越人，去来趣袭，捷过风电。②
>
> ［王］琳恐众溃，乃率船舰来下，去芜湖十里而泊，击柝闻于军中。明日……填令军中晨炊蓐食，分捶荡顿芜湖洲尾以待之。将成，有微风至自东南，众军施拍纵火。定州刺史章昭达乘平虏大舰，中江而进，发拍中于贼舰，其余冒突、青龙，各相当值。又以牛皮冒蒙冲小船，以触贼舰，并熔铁洒之。琳军大败。③
>
> ［天嘉元年（公元五六○年）］寻随侯安都等拒王琳于栅口，战于芜湖，昭达乘平虏大舰中流而进，先锋发拍，中于贼舰。王琳平，昭达册勋第一。……欧阳纥据有岭南反，诏昭达都督众军讨之。……昭达居其上流，装舰造拍，以临贼栅。……因纵大舰随流突之，贼众大败，因而禽纥，送于京师。④
>
> 侯景之乱，因预征讨。……寻领水军。时景军甚盛，世谱乃别

① 《陈书》卷二十，《华皎传》。
② 《梁书》卷四十五，《王僧辩传》。
③ 《陈书》卷九，《侯瑱传》。
④ 《陈书》卷十一，《章昭达传》。

造楼船、拍舰、火舫、水车，以益军势。将战，又乘大舰居前，大败景军……景退走。因随王僧辩攻郢州，世谱^[16]复乘大舰临其仓门，贼将宋子仙据城降。①

时皎阵于巴州之白螺，列舟舰与王师相持未决。及闻徐度趋湘州，乃率兵自巴、郢因便风下战。淳于量、吴明彻等募军中小舰，多赏金银，令先出当贼大舰，受其拍。贼舰发拍皆尽，然后官军以大舰拍之，贼舰皆碎，没于中流。贼又以大舰载薪，因风放火，俄而风转自焚，贼军大败。②

由上引文中所谓"发拍中于贼舰"、"先出当贼大舰，受其拍"、"施拍纵火"和"贼舰发拍皆尽"等记载来看，可知拍是用机械发射的一种进攻性武器，有如后世的炮弹，这是随着军舰构造的进步而发展起来的一种新战术和新武器。其次由上引记载来看，当时实际应用的战船种类繁多，除平虏大舰系主力舰外，复有金翅大舰、鹘舸、冒突、青龙、翔凤、舴艋等等，不胜枚举。名称不同，则船的性能和作用亦必不同，如在造船的技术上没有足够高的造诣是办不到的。这一切，都说明南朝官营造船业的发达。不言而喻，民营造船业的生产技术和生产规模也是不相上下的，这由上引隋文帝的禁令可以得到证明。

（三）晋和南朝的私营手工业

民间的私营手工业，分布最普遍和从业人数最多的，是农民的家庭手工业，其组织形式就是传统的男耕女织，即农民家家户户的妇女从事于纺织业，纺织的原料随着客观条件的不同而有所不同，但大体上不外丝、麻、毛三大类，而尤以丝、麻两种为最普通。通过家家户户备有的机杼和家家户户中的老少妇女之手，织造出以布帛为总名的大量织物，成为广大人民衣着的两大来源。这样一种结构形式构成了中国几千年来迄未有本质变化的自然经济，而这种以家庭为生产单位的小手工业就始终与小规模生产的农业紧密地结合在一起，并成为农民经济的一个不可缺少的重要支柱。在这种自然经济结构中的家庭手工业，生产的目的主要是为了自给，或者换句话说，生产者是为

---

① 《陈书》卷十三，《徐世谱传》。
② 《陈书》卷二十，《华皎传》。

了获得使用价值，即为了自己一家的衣着之需来纺纱织布或络丝织帛的，即使所织的绢帛是质量优美的高级丝织品，也是为了自己穿着而生产的，这就是孟子所说："五亩之宅，树之以桑，五十者可以衣帛矣。"这说明，绢帛也不是当作交换价值来生产的。当然，多余的产品可以进行交换，但并不因此就改变了生产的性质。总之，私营手工业中一个存在最普遍、从业人数最多的部门不是商品生产，尽管事实上绢布有市场价格，也经常出现在商品市场上，但是在性质上依然是剩余生产物的交换，生产者仍然不是为了出卖来生产的。

另一种手工业的从业者也是农民，不过具有制造某种手工业品的生产技术，拥有简单的生产工具，但没有资本，不能开办作坊，在自己的原料上进行加工，制成后出卖商品，而只能在顾主的原料上加工，制成后取得应得的报酬——工资。进行这样的加工活动，主要有两种方式：一是手工业者在自己的家中坐等顾主送来原料，然后按顾主的要求进行加工；一是手工业者携带着工具，周流各地去寻觅顾主，这就是古代的"流佣"或"间民"，其具体情况，在本卷第四章讨论雇佣劳动时已经阐述。六朝时此制仍在各地实行，例如前文论述过的郭原平，他原是一个农民，每于"三农之月，躬自耕垦"，"又以种瓜为业"，但他又"性闲木功，佣赁以给供养，性谦虚，每为人作匠，取散夫直"。[1] 民间的手工业者很多是这种只有手艺而无资本的农民，他们在顾主的原料上加工以取得工资，这在形式上是出卖技术，实际上则是在出卖劳动力，所以这些小手工业者虽然拥有一定的生产资料，却仍然是一个工资劳动者，这是古代手工业结构中的一个特点。与郭原平类似的一种加工活动，带有单纯服务性行业的色彩，例如：

> 啸父，冀州人，在县市补履数十年，人奇其不老，求其术而不能得也。[2]

这就是现在仍大量存在的补鞋匠。补鞋匠是一种手工业者，有一定的生产资料——简单补鞋工具和必用物料，但不能自己生产成品，只能在顾主的原料上加工。所以啸父的"补履"与郭原平的"木功"在性质上是相同的，

---

① 《宋书》卷九十一，《孝义·郭世道传附子原平传》。
② 郦道元：《水经注》卷十，《浊漳水》。

但也有一些区别，即啸父的加工活动已与农业完全分离了，这是手工业脱离农业的羁绊而独立发展的开始。另一种经营形式，则是于逐步脱离农业后而具有较多的独立性：

> 后主张贵妃名丽华，兵家女也。家贫，父兄以织席为事。①

席实际上是一种农产品加工，所用原料是农副产品，但生产已经不是农民的业余偶然加工，而是专业生产，生产的目的不是为了自给，而是为了出卖，所以自始就是一种商品生产，在性质上已经与农业分离，而成为一个独立的生产部门了。

作为农民的家庭副业而与农业紧密结合在一起的，是家庭纺织业，其中织丝——绢帛与织麻——布匹，是纺织业的两个主要部门。

丝织业。丝织业原是历史悠久的传统手工业[17]，自古以来就是家家植桑，家家育蚕，家家织帛。除了这种遍地存在、家户必有的形式外，随着生产技术的不断发展，很早即出现了一些著名的丝织业中心，和具有一定特色的地方分工，各有其名闻遐迩的精美产品，这由较早的《禹贡》一文所列的各地贡品中已可充分看出。到了秦汉年间，山东特别是齐更以盛产丝织品著名，所谓"山东多鱼盐漆丝声色"②，"兖豫之漆丝絺纻"③ 和齐地"织作冰纨绮绣纯丽之物，号为冠带衣履天下"④，这些记载都是在说明北方古老经济区的丝织业是非常发达的，不仅在生产技术上已达到很高的水平，而且产量也十分巨大，除用以供应广大的国内需要——"冠带衣履天下"外，还大量出口，著名的"丝绸之路"主要就是中国的丝织品通过这一条商路而大量运销于中亚和欧洲市场。到了汉末三国时，织丝工具又有了重大改革，这就是前卷已指出的马钧改造绫机："扶风马钧，巧思绝世……乃思绫机之变。……旧绫机，五十综者，五十蹑；六十综者，六十蹑，先生患其丧功费日，乃皆易以十二蹑。其奇文异变，因感而作者，犹自然之成形，阴阳之无穷。"⑤ 工具的改革，对丝织业的发展会起很大的促进作用。后来中原虽经过长期丧乱，

---

① 《陈书》卷七，《张贵妃传》。
② 《史记》卷一百二十九，《货殖列传》。
③ 《盐铁论·本议》。
④ 《汉书》卷二十八下，《地理志》。
⑤ 《三国志》卷二十九，《魏书·方伎·杜夔传》注。

而传统的工艺并未丧失，平定之后还能重理旧业，所以到了北朝末叶时，颜之推还说："河北妇人织纴[18]组紃之事，黼黻锦绣罗绮之工，尤优于江东也。"①

正由于北方的丝织业在大乱之前一直保持着固有的繁荣，所以在西晋时，朝廷的财政收入和支出，都是以绢帛为大宗。例如：

> 制户调之式：丁男之户，岁输绢三匹，绵三斤，女及次丁男为户者半输。其诸边郡或三分之二，远者三分之一。夷人输賨布，户一匹，远者或一丈。②

晋于统一全国之后，所谓"纳百万而罄三吴之资，接千年而总西蜀之用"，"世属升平，物流仓府"，由于库藏充盈，故惠帝曾于永平元年（公元二九一年）一度"除天下户调绵[19]绢"③。在支出方面，官俸仅次于军费为支出之大宗，晋之官俸为谷、帛两种：

> 咸宁元年（公元二七五年）春二月，以俸禄薄，赐公卿以下帛有差。④

这是于正禄之外的特别赐予，正禄则有固定数目：

> 诸公及开府位从公者，品秩第一，食奉，日五斛。太康二年（公元二八一年），又给绢，春，百匹；秋，绢二百匹，绵二百斤。
> 特进……食奉，日四斛。太康二年，始赐春服绢五十匹，秋，绢百五十匹，绵一百五十斤。
> 光禄大夫……食奉，日三斛。太康二年，始给春服绢五十匹，秋，百匹，绵百斤。
> 尚书令，秋千石，食奉，月五十斛。……太康二年，始给赐绢，春，三十匹，秋，七十匹，绵七十斤。
> 太子太傅、少傅，皆古官也。……食奉，日三斛，太康二年，

---

① 颜之推：《颜氏家训·治家》。
② 《晋书》卷二十六，《食货志》。
③ 《晋书》卷四，《惠帝纪》。
④ 《晋书》卷三，《武帝纪》。

始给春赐绢五十匹，秋，绢百匹，绵百斤。①

永嘉之乱，晋室南渡，全国的经济重心也因北方破坏惨重而转移于江南，江南的自然条件本适宜于蚕桑业的发展，但是工艺技术的悠久传统都有一定的地方性，不是轻易即能转移，更不可能在短时期之内便可以在新的土壤里生根繁茂。如前文所指出，在整个东晋和南朝时期，广大的江南地区正在大规模开发，大片荒原正在从榛莽变为园田，使农业有了突飞猛进的发展，但是丝织业没有、也不可能像农业那样以同样的速度发展起来，这种情况可以由历届王朝的财政收入上清楚地反映出来：

晋自中原丧乱，元帝寓居江左……而江南之俗，火耕水耨，土地卑湿，无有蓄积之资，诸蛮陬俚洞，沾[20]沐王化者，各随轻重，收其赕物，以禆国用。……历宋、齐、梁、陈，皆因而不改。……列州郡县，制其任土所出，以为征赋。……其课：丁男调布绢各二丈，丝三两，绵八两，禄绢八尺，禄绵三两二分。②

这与西晋的户调之数实相差天渊了，东晋和宋、齐、梁、陈各朝户调绢丝绵之锐减，正反映出江南丝织业的不发达。在整个江南地区，这时丝织业方在萌生之际，一时还不可能有大量发展。只有西蜀是唯一的例外。蜀之丝织业特别是成都之锦已早有盛名，魏晋六朝时仍保持了固有传统，继续在放射着绚丽的光芒。据左思描写：

阛阓之里，伎巧之家，百室离房，机杼相和，贝锦斐成，濯色江波，黄润比筒，籯金所过。李善注：贝锦，锦文也。谯周：《益州志》云："成都织锦既成，濯于江水，其文分明，胜于初成，他水濯之，不如江水也。"黄润，谓筒中细布也。司马相如：《凡将篇》："黄润纤美宜制裈。"扬[21]雄：《蜀都赋》曰："筒中黄润，一端数金。"③

---

① 《晋书》卷二十四，《百官志》。
② 《隋书》卷二十四，《食货志》。
③ 左思：《蜀都赋》，《昭明文选》卷四。

[成都] 锦工织锦，则濯之江流，而锦至鲜明，濯之他江，则
锦弱矣，遂命之为锦里也。①

织布业。南朝的丝织业虽不甚发达，但织布业则比较发达。布的纱线主
要是麻，这是最古老的一种家庭纺织业，人类从脱离食肉衣皮的原始生活知
道穿衣时起，麻便是首先用于纺织的材料，六朝时的广大人民仍然在遵循着
古老的传统，织造着人们衣着所需的绤或绨。随着织布技术的发展，自汉以
来，一直在传诵着筒中细布，汉代的司马相如说："黄润纤美宜制裈"，扬雄
说："筒中黄润，一端数金"，可知这种筒中细布在西汉时已极为名贵，价在
绫罗锦绣之上。这种细布既然非常纤美柔软，它是用什么材料织成，颇难确
定，可能是一种细麻布，即所谓"筒中之绉[22]"；也可能不是麻，更不一定
是内地生产，而是由西域或南海诸国输入的，盛于筒中，遂成为所谓"筒中
黄润，一端数金"，与珠玑玳瑁等奇器玩好几乎等值了。六朝时的情况与汉代
同，以其价过锦绣，故常用于馈赠或赂遗。例如：

天监元年（公元五〇二年），封鄱阳郡王，除郢州刺史加都
督。……时有进筒中布者，恢以奇货异服，即命焚之，于是百姓仰德。②
察自居显要，甚励清洁，且廪锡以外，一不交通。尝有私门生，
不敢厚饷，止送南布一端，花练[23]一匹。察谓之曰："吾所衣著，
止是麻布蒲练，此物于吾无用。既欲相款接，幸不烦尔。"③

从前一记载来看，筒中布是一种"奇货异服"，鄱阳王恢为了表示尚俭
抑奢，故当众焚之，这与晋武帝焚雉头裘是同一用意；从后一记载来看，南
布大概就是筒中细布，必甚柔软洁白，那个"私门生"才敢于向姚察馈赠，
而姚察则明言不是他常着的麻布、蒲练。我们知道，从汉以来，西域地区和
南海诸国，曾不断输进棉布，作为珍奇宝货之一，六朝时输入更多，已屡见
于正史记载：

[高昌] 有草实如茧，茧中丝如细纑[24]，名曰白叠子，国人取

---

① 郦道元：《水经注》卷三十三，《江水》。
② 《南史》卷五十二，《梁鄱阳忠烈王恢传》。
③ 《陈书》卷二十七，《姚察传》。

织以为布，布甚软白，交市用焉。①

　　林邑国……出……吉贝。吉贝者，树名也。其华成时如鹅毳，抽其绪纺之以作布，洁白与纻布不殊，亦染成五色，织为斑布也。②

　　干陁利国……出斑布、古贝（即吉贝）……。③

　　据此，可推知上述的筒中细布或南布，就其价值和质地来看，很可能就是棉布，因棉布早已被当作奇货异物与其他香药宝货一并输入中国，陆路则由西域（如高昌），海路则由南海诸国（如林邑），两路并进，成为后来棉花之移植中国的一个历史前提。

　　制茶业。茶本身不是手工业制造品，但成为饮用之茶却是经过加工的制造品，犹如丝、麻、棉等物一样本身并不是手工业品，但是经过人工纺织之后就成了手工业品，而且是重要的手工业品，这都是属于农产品加工的一类。饮茶非始于六朝，在三国孙吴时期已经有了饮茶的记载，据宋人考证：

　　饮茶，或云始于梁天监中，事见《洛阳伽蓝记》，非也。按《吴志·韦曜传》：孙皓时每宴飨，无不竟日坐席，无能否，饮酒率七升为限，虽不悉入口，皆浇灌取尽。曜所引不过二升。初见礼异，时或为裁灭，或赐茶荈以当酒。如此言，则三国时已知饮茶，但未能如后世之盛耳。逮唐中世，榷利遂与煮酒相抗，迄今国计，赖此为多。④

　　茶为江南土产，三国时人已知饮茶，六朝时人必又过之，究竟普遍到如何程度，不见记载，但从叛逃北朝的南人仍保留此习惯来看，可推知江南人士饮茶之风是相当盛的，这可由下引记载看出：

　　［陈］庆之遇病，心上急痛，访人解治。［杨］元慎自云能解。庆之遂凭元慎，元慎即口含水噀庆之曰："吴人之鬼，住居建康，小

①　《南史》卷七十九，《高昌国传》。
②　《梁书》卷五十四，《诸夷·林邑国传》。
③　《梁书》卷五十四，《诸夷·干陁利国传》。
④　（宋）佚名：《南窗纪谈》。

作冠帽，短制衣裳。自呼阿侬，语则阿旁。菰稗为饭[25]，茗饮作浆。……"①

[王] 肃初入国，不食羊肉及酪浆等物，常饭鲫鱼羹，渴引茗汁。京师士子，道肃一饮一斗，号为"漏卮"。经数年已后，肃与高祖殿会，食羊肉酪粥甚多。高祖怪之，谓肃曰："卿（即）中国之味也。羊肉何如鱼羹？茗饮何如酪浆？"肃对曰："羊者是陆产之最，鱼者乃水族之长，所好不同，亦各称珍。以味言之，甚有优劣。羊比齐、鲁大邦，鱼比邾、莒小国。唯茗不中，与酪作奴。"高祖大笑……彭城王谓肃曰："卿不重齐、鲁大邦，而爱邾、莒小国。"肃对曰："乡曲所美，不得不好。"彭城王重谓曰："卿明日顾我，为卿设邾、莒之食，亦有酪奴。"因此复号茗饮为酪奴。时给事中刘缟，慕肃之风，专习茗饮。……自是朝贵讌会，虽设茗饮，皆耻不复食，唯江表残民远来降者好之。②

从上引文献来看，可知南北朝时，江南人已开始饮茶，其后随着南人北来的增多，饮茶之风亦逐渐由江南传入中原，"专习茗饮"的人在日益增多，这时北人饮茶习惯虽还没有形成——"朝贵讌会，虽设茗饮，皆耻不复食"，但北来南人无不饮茶——"唯江表残民来降者好之"。总之，饮茶之风，正逐渐扩大，则茶的制造和运销当然亦在逐渐扩大。

漆器业。漆器业早在战国时期即已有了高度发展，到了秦汉年间又有了更大的进步，近年来考古工作者在战国和秦汉墓葬中，发现了大批漆器，而尤以长沙马王堆一号汉墓出土的漆器为最多，也最为完整，所有这些漆器皆如新造，形式多样，造型美丽，彩色鲜艳，不论在生产技术或工艺技巧上都表现了高度成就。其具体情况，《中国封建社会经济史》前卷已有所论述。六朝时漆器业的概况如何，有何发展，因史无明文，不得其详，但能保持固有的传统应是无疑的。正由于这时漆器仍然是高贵的艺术品，故一般富贵人家仍大量珍藏漆器，与金银珠宝一样，成为富人财富的一个组成部分。例如：

崔慰祖……父庆绪，永明中，为梁州刺史。……父梁州之资，

① 《洛阳伽蓝记》卷二，《景宁寺》。
② 《洛阳伽蓝记》卷三，《报德寺》。

家财千万，散与宗族。漆器题为日字，日字之器，流乎远近。^①

这是说崔慰祖把家财散与宗族时，家财中包括有漆器，可知都是价值昂贵的物品，漆器上题有日字，当系此类漆器特别名贵，故以日字标之。

制瓷业。六朝时的制瓷业也是一个有显著发展的部门。中国的瓷器制造发展很早，在战国时即已达到由陶向瓷过渡的转变时期，那时已能烧造出火度相当高、并能在器物表面傅有浅黄色或浅绿色薄釉的半瓷半陶器物，其形状大都是摹仿当时的铜器。历秦汉到魏晋南北朝时，瓷器业又取得了很大的进步，已经发展到完全的瓷器阶段。近年来有不少六朝时的瓷器出土，大都是墓葬中的随葬品，全部是青釉瓷，可简称为青瓷。带釉瓷的出现，在瓷器发展史上是一个重要阶段，而瓷釉首先出现的就是青釉，由三国历晋至南朝时期，就是这种青釉瓷的主要发展时期。据称："釉是一种砂酸盐，施釉在素地上，经过火烧，就成了有釉的光亮面，便于洗拭。……在釉药里要是加上某种氧化金属，经过火烧以后，就会显现出某种固有的色泽，这就是色釉。例如有了氧化铁的色釉，在氧化火里烧成黄色，经过还原火就成为青色，这就是青釉，烧制青釉器，釉药里必须含有一定分量的氧化铁，必须经过还原火。究竟铁的含量需要多少才最恰当？怎样可以掌握还原火？这两种最重要的技术，绝不是侥幸获得的，所以青釉瓷的烧成，是中国瓷器史上一个很大的成就。由于青釉器的烧成，接着又用氧化铜加入釉药，制成了红色釉，同时又发明了彩绘，并从釉下彩发展到釉上彩，以至应用其他氧化金属，制成多种多样的色釉，配合烧制。就这样，中国瓷器在世界上放出了灿烂的光芒。由此可见，青釉器的烧成，对于中国瓷器的发展有极重要的历史意义。"^②

南朝青瓷近年来出土最多的地方是浙江绍兴、萧山，其次是永嘉，由于同时出土的墓砖上刻有两晋和南朝各代的年号，因而可确知这些瓷器的烧造年代："由于三国孙吴时代的青釉器物已经有了重要的成就，所以在两晋及南朝的时期里，青釉器物有大量的生产。这从有确属年代可证的墓葬里（墓砖上有两晋和南朝的年号，有两晋年号的如太康、元康、永康、建兴、太兴、咸和、咸康、建元、永和、升平、太和、宁康、太元等，有南朝年号的如元嘉、天监、大同等）所发现的大批明器可以得到证实，并可以充分明了这一

① 《南齐书》卷五十二，《崔慰祖传》。
② 陈万里：《中国青瓷史略》，上海人民出版社，第一至二页。

期青釉器物向前发展的迹象。由于南朝时期青釉器物的大量生产，这就为后来隋唐两个时期青釉器物的向前突飞猛进打下了基础。"①

近年来从南京的六朝墓葬中亦发现了大量青瓷器。南京是东吴、东晋、宋、齐、梁、陈六个朝代的首都，在王公权贵的墓葬中，随葬的器物必然众多，据一次发掘报告称：

> 当时（六朝）从葬墓地，随葬品以青釉器为主，釉质温润沉静，其中玻璃釉的一种，嫩绿微黄，晶莹明彻。东晋以来，青釉瓷上常加上酱色釉彩斑，晕入釉汁，鲜润绚丽，实为单色釉加彩之嚆矢。②

造纸业。自从汉代发明造纸术之后，到南朝时已经有了五百多年的历史，在这样漫长的岁月里，造纸业又有了很大的发展，纸不再是贵重难得之物，已成为普通的日用品，完全代替了竹简和绢帛，成为尽人皆用的书写材料。例如：

> ［左思］复欲赋三都……遂构思十年，门庭藩溷皆著笔纸，遇得一句，即便疏之。……及赋成……司空张华见而叹曰："班张之流也。使读之者尽而有余，久而更新。"于是豪贵之家竞相传写，洛阳为之纸贵。③

六朝时造纸业不仅在普遍发展，而且由于造纸技术并不复杂，故一些喜弄翰墨的文人往往自行造纸。例如：

> 永涉猎书史，能为文章，善隶书，晓音律，骑射杂艺，触类兼善，又有巧思，益为太祖所知。纸及墨皆自营造。上每得永表启，辄执玩咨嗟，自叹供御者了不及也。④

---

① 陈万里：《中国青瓷史略》，上海人民出版社，第五页。
② 王志敏：《近年来江苏省出土文物》，《文物》一九五九年，第四期，第二十页。
③ 《晋书》卷九十二，《文苑·左思传》。
④ 《宋书》卷五十三，《张茂度传附子永传》。

六朝时抄写书文用纸皆染成黄色，公文书凡过去用简者亦皆改用黄纸，当时称为"染潢"，即用黄色染料将纸染成黄色，故古人称书为"黄卷"。用黄檗[26]染色，是为了避虫。由于这种黄纸应用甚广，《齐民要术》还特别介绍了"染潢"的方法：

> 染潢……：凡打纸欲生（松也），生则坚厚，特宜入潢。凡潢纸灭白便是（疑为足字之讹），不宜太深；深则年久色暗[27]（即黯字，谓颜色发黑）也。入浸蘗（黄色素，可作染料）熟，即弃滓直用纯汁，费而无益。蘗熟后，漉滓捣而煮之；布囊压讫，复捣煮之；凡三捣三煮，添和纯汁者，其省四倍，又弥明净。写书经夏，然后入潢，缝不绽解。其新写者，须以斗缝缝，熨而潢之。不尔，入则零落矣。豆黄（可能是豆粘）特不宜裹，裹则全不入黄矣。①

(四) 科学技术与工艺技巧

在两晋南北朝时期，先后出现了一些伟大的科学家，他们在天文、数学、历法、水利、工程物理、机械制造等方面，都做出了重大贡献，同时能工巧匠亦人材辈出，在各种工艺技巧方面也表现了惊人的成就。例如晋初的杜预，就是一个多能的伟大科学家，他深通天文、历算，又熟谙建筑营造和水利工程，具有广博的地学知识，对山川形势和自然变迁了如指掌，又具有高超的工艺技巧，制造或改造了一些精巧器皿。所有这些方面，在《晋书·杜预传》中都略有记载：

> 又作人排新器。
> 预以时历差舛，不应晷度，奏上《二元乾度历》，行于世。
> 预又以孟津渡险，有覆没之患，请建河桥于富平津。议者以为殷周所都，历圣贤而不作者，必不可立故也。预曰："'造舟为梁'，则河桥之谓也。"及桥成，帝从百僚临会，举觞属预曰："非君，此桥不立也。"对曰："非陛下之明，臣亦不得施其微巧。"
> 周庙欹器，至汉东京犹在御座。汉末丧乱，不复存，形制遂绝。

---

① 《齐民要术·杂说第三十》。

预创意造成，奏上之，帝[28]甚嘉叹焉。

在水利方面，杜预的贡献尤大：

> 又修邵信臣遗迹，激用滍、淯诸水，以浸原田万余顷，分疆刊石，使有定分，公私同利。众庶赖之，号曰"杜父"。
>
> 旧水道唯沔汉达江陵，千数百里，北无通路。又巴丘湖，沅湘之会，表里山川，实为险固，荆蛮之所恃也。预乃开杨口，起夏水达巴陵千余里，内泻长江之险，外通零、桂之漕。南土歌之曰："后世无叛由杜翁，孰识智名与勇功。"……
>
> 常言："高岸为谷，深谷为陵"，刻石为二碑，纪其勋绩，一沉万山之下，一立岘山之上，曰："焉知此后不为陵谷乎!"①

另一个伟大的科学家其贡献对后世犹有巨大影响的，是南齐的祖冲之。他是一个伟大的数学家，例如他计算的圆周率几乎与现代科学完全吻合，同时他又是一个伟大的天文学家，故精通历法，此外他又熟谙机械原理，并具有工艺技巧，故能制造出多种奇巧之物。这里亦根据本传所载，分别列举如下：

> 改正历法：宋元嘉中，用何承天所制历，比古十一家为密，冲之以为尚疏，乃更造新法。上表曰：臣博访前坟，远稽昔典，五帝躔次，三王交分，《春秋》朔气，《纪年》薄蚀，谈、迁载述，彪、固列志，魏世注历，晋代《起居》，探异今古，观要华戎。书契以降，二千余稔，日月离会之征，星度疏密之验。专功耽思，咸可得而言也。加以亲量圭尺，躬察仪漏，目尽毫耗，心穷筹筴，考课推移，又曲备其详矣。然而古历疏舛，类不精密……以臣校之，三睹厥谬，日月所在，差觉三度，二至晷景，几失一日，五星见伏，至差四旬，留逆进退，或移两宿。分至失实，则节闰非正；宿度违天，则伺察无准。

---

① 《晋书》卷三十四，《杜预传》。

祖冲之指出的旧历法的许多疏舛错误，完全是根据自己对天象的实地观察，通过精密计算而得出的正确结果。他遵循了严格的科学方法，抱着严肃认真的态度，遂正式提出他的改正后的新历法。

> 谨立改易之意有二，设法之情有三。改易者一：以旧法一章，十九岁有七闰，闰数为多，经二百年辄差一日。节闰既移，则应改法，历纪屡迁，寔由此条。今改章法三百九十一年有一百四十四闰，令却合周、汉，则将来永用，无复差动。其二：以《尧典》云："日短星昴，以正仲冬。"以此推之，唐世冬至日，在今宿之左五十许度。汉代之初，即用秦历，冬至日在牵牛六度。汉武改立《太初历》，冬至日在牛初。后汉四分法，冬至日在斗二十二。晋世姜岌以月蚀检日，知冬至在斗十七。今参以中星，课以蚀望，冬至之日，在斗十一。通而计之，未盈百载，所差二度。旧法并令冬至日有定处，天数既差，则七曜宿度，渐与舛讹。乖谬既著，辄应改易。仅合一时，莫能通远。迁革不已，又由此条。今令冬至所在岁岁微差，却检汉注，并皆审密，将来久用，无烦屡改。……①

改造指南车。指南车原是古代很早的一种发明，说明中国古人很早即发现了磁的物理性能。指南车实即后世罗盘——指南针的前身，这是中国对世界文明的一大贡献，被称为中国的三大发明之一。历久相沿，代代皆有制作，即在十六国的大混乱时期，仍有能工巧匠制造出指南车，例如在石季龙时，"尚方令解飞作司南车成，季龙以其构思精微，赐爵关内侯，赏赐甚厚"。② 指南车虽出现很早，但为技术条件所限制，各代所制，不尽符合要求，一般都结构简单，转动不灵，难以准确司向，至祖冲之，始根据机械原理，加以改造，才有了精巧灵便的真正指南车：

> 初，宋武平关中，得姚兴指南车，有外形而无机巧，每行，使人于内转之。升明中，太祖辅政，使冲之追修古法。冲之改造铜机，圆转不穷，而司方如一，马钧以来未有也[29]。时有北人索驭骥者，

① 《南齐书》卷五十二，《文学·祖冲之传》。
② 《晋书》卷一百六，《石季龙载记上》。

亦云能造指南车，太祖使与冲之各造，使于乐游苑对共校试，而颇有差僻，乃毁焚之。①

造机械运输工具和水碓磨等，都是利用机械力量来运转，重要的计有：

以诸葛亮有木牛流马，乃造一器，不因风水，施机自运，不劳人力。

又造千里船，于新亭江试之，日行百余里。

于乐游苑造水碓磨，世祖亲自临视。②

祖冲之同时人刘休，亦颇有巧思，谙机械构造，能矫正指南车：

宋末，上造指南车，以休有思理，使与王僧虔对共监试。③

陈时耿询是祖冲之以后的一个多才多艺的科学家，除了他"自言有巧思"外，他熟谙天文学、数学、力学、机械学等多种科学原理，是汉张衡以后又一个能造精确的浑天仪的天文学家。此外他又制造了马上刻漏和欹器等，"世称其妙"，被公认"耿询之巧思若有神"。

陈后主之世，以客从东衡州刺史王勇于岭南……会郡俚反叛，推询为主。柱国王世积讨禽之，罪当诛，自言有巧思，世积释之，以为家奴。久之，见其故人高智宝以玄象直太史，询从之受天文算术。询创意造浑天仪，不假人力，以水转之，施于暗室中，使智宝外候天时，合如符契。世积知而奏之，高祖配询为官奴，给使太史局。后赐蜀主秀，从往益州，秀甚信之。及秀废，复当诛。何稠言于高祖曰："耿询之巧思，若有神，臣诚为朝廷惜之。"上于是特原其罪。询作马上刻漏，世称其妙。炀帝即位，进欹器，帝善之，放为良民。④

---

① 《南齐书》卷五十二，《文学·祖冲之传》。
② 《南齐书》卷五十二，《文学·祖冲之传》。
③ 《南齐书》卷三十四，《刘休传》。
④ 《隋书》卷七十八，《艺术·耿询传》。

第二节 十六国和北朝的官私手工业

（一）十六国和北朝的工官和官工匠

十六国时期是一个"无月不战"的大混乱时期，整个华北地区陷于干戈扰攘、兵荒马乱之中，在各地称雄割据的小朝廷，都处于一种旋兴旋亡的动荡之中，谁也没有安邦立国的长治久安之策，戎马倥偬，日不暇给，但对兵器的需要则急如星火，不得不设官赶制。上文曾指出，石季龙"志在穷兵"，因官工匠不敷用，乃徙刑徒于丰国、渑池二冶，又令青、冀、幽州，三五发卒，调诸州造甲者五十万人，足见这一类官手工业的规模之大。他如李寿在四川割据时，鉴于"都邑空虚，工匠械器未充盈"，乃设置尚方、御府，"发州郡工巧以充之"。其余各个小朝廷的情况，亦大都类此。这时在官手工业中服役的工匠，与过去历代的情况相同，都是民间匠户被强制征调而来。对工匠的待遇非常苛刻，有时则十分野蛮和狂暴，常常任意杀戮，不异草芥。例如夏赫连勃勃的将作大匠叱干阿利，就是一个毫无人性的暴徒：

> ［凤翔[30]元年（公元四一三年）］以叱干阿利领将作大将。……又造五兵之器，精锐尤甚。既成，呈之，工匠必有死者。射甲不入，即斩弓人；如其入也，便斩铠匠。又造百炼刚刀，为龙雀大环，号曰大夏龙雀。铭其背曰："古之利器，吴楚湛卢。大夏龙雀，名冠神都。可以怀远，可以柔逺，如风靡草，威服九区。"世甚珍之。复铸铜为大鼓、飞廉、翁仲、铜驼、龙、兽之属，皆以黄金饰之，列于宫殿之前。凡杀工匠数千，以是器物莫不精丽。①

北魏崛起朔漠，文化落后，进入中原时，面对的是疮痍满目、一片废墟，政权建立后，诸事草创，一切都要从头做起，设官分职，自亦比较简单。《魏书·官氏志》中除有将作大匠一官外，不见有少府、尚方等官之职。但拓跋氏进入中国后曾极力汉化，锐意师古，古代的一切典章制度皆奉行唯谨，设

---

① 《晋书》卷一百三十，《赫连勃勃载记》。

官分职自亦恪遵前代，故史称"余官杂号，多同于晋朝"①。晋有众多的工官，已见上文，则北魏的工官当亦大同小异。

北魏拓跋氏原是一个经济和文化都十分落后的游牧部族，对于中原的精美手工业品早已艳羡，但当他们进入中原时，正值大乱之后，传统的手工业生产已经衰败凋残了，连一般的日用品也大感缺乏，魏初更甚，从下引一事可以反映出当时财物缺乏之状：

> 时国中少缯帛，代人许谦盗绢二匹，守者以告，帝匿之，谓燕凤曰："吾不忍视谦之面，卿勿泄言，谦或惭而自杀，为财辱士，非也。"②

由于新建的魏王朝急需此项手工业品，急需尽快建立起官工业制度，尤其是为了充实自己的军备，更需要大量制造兵器，故太祖曾置山东诸冶，发州郡徒谪[31]造兵甲，其情况已见上文，同时又"徙山东六州民吏及百工伎巧十万余口以充京师"③，都是为了要扩充新建的各项官手工业的规模，因聚积了这样多的百工伎巧，自必按其技能的性质和种类，分隶于不同的工官，则少府、尚方等主管官吏自然就非有不可，这由下引一段文献来看，亦可以得到证明：

> 自太祖定中原，世祖平方难，收藏珍宝，府藏盈积。和平二年（公元四六一年）秋，诏中尚方作黄金合盘十二具，径二尺二寸，镂以白银，钿以玫瑰。其铭曰："九州致贡，殊域来宾，乃作兹器，错用具珍。锻以紫金，镂以白银，范围拟载，吐耀[32]含真。纤文丽质，若化若神。皇王御之，百福惟新。"④

从铭文来看，制成品的精巧纤丽——"纤文丽质，若化若神"——之状，实不下于南朝的"细作"之工。没有高度的技术造诣，这种精巧的镂钿宝器是制不成的，足见北朝官工匠的技术水平，比之南朝，实毫无逊色。

---

① 《魏书》卷一百十三，《官氏志》。
② 《魏书》卷一，《序纪》。
③ 《魏书》卷二，《太祖纪》。
④ 《魏书》卷一百十，《食货志》。

拿后齐的官制作比较,可推知北魏从中央到地方同样有一个体系完整、组织庞大的工官制度,因后齐官制是完全因袭北魏的,实际上,则是在因袭自古以来历代相沿的传统制度:

> 后齐制官,多循后魏……太府寺,掌金帛府库,营造器物。统左、中、右三尚方,左藏、司染、诸冶、东西道署、黄藏、右藏、细作、左校、甄官等署令、丞。左尚方,又别领别局、乐器、器作三局丞。中尚方,又别领别局、泾州丝局、雍州丝局、定州绸[33]绫局四局丞。右尚方,又别领别局丞。司染署,又别领京坊、河东、信都三局丞。诸冶东道,又别领滏口、武安、白间三局丞。诸冶西道,又别领晋阳冶、泉部、大邴、原仇四局丞。甄官署,又别领石窟丞。……
>
> 将作寺,掌诸营建。大匠一人,丞四人。亦有功曹、主簿、录事员。若有营作,则立将、副将、长史、司马、主簿、录事各一人。又领军主、副,幢主、副等。①

终北朝一代,各王朝均在沿袭这样的官制,至隋,才又多所改革:

> 高祖既受命,改周之六官,其所制名,多依前代之法…… 太府寺,统左藏、左尚方、内尚方、右尚方、司染、右藏[34]、黄藏、掌冶、甄官等署,各置令、丞等员。
>
> 将作大匠、丞、主簿、录事,统左右校署令、丞,各有监作等员。②

至炀帝时,又做了最后厘定:

> 炀帝即位,多所改革。……太府寺既分为少府监,而但管京都市五署及平准、左右藏等,凡八署。京师东市曰都会,西市曰利人。东都东市曰丰都,南市曰大同,北市曰通远。及改诸令为监,唯市署曰令。……

---

① 《隋书》卷二十七,《百官志中》。
② 《隋书》卷二十八,《百官志下》。

少府监置监……统左尚、右尚、内尚、司织、司染、铠甲、弓弩、掌冶等署。复改监、少监为令、少令。并司织、司染为织染署，废铠甲、弓弩二署。①

北朝官手工业中的工匠，与南朝相同，都是从民间强制征调而来，无限期地在官府管制下服无偿劳役，其来源主要是两种人：

一是民间工匠，按其技艺的性质和种类，分别注籍为各种匠户，皆须定时轮番到官手工业中服无偿劳役，这样的徭役，不但是终身的，而且是世代相传的，即工匠之子孙亦应服工匠所服之徭役：

魏初禁网疏阔，民户隐匿漏脱者多。东州既平，绫罗户民乐蔡因是请采漏户，供为纶绵。自后逃户占为细茧罗縠[35]者非一。②

先是禁网疏阔，民多逃隐。天兴中，诏采诸漏户，令输纶绵，自后诸逃户占为细茧罗縠[36]者甚众。于是杂营户帅，遍于天下，不隶守宰，赋役不周，户口错乱。③

可知织绫罗者，即名曰绫罗户；织锦者，即名曰织锦户；冶铁锻造者，曰冶户；采银者，曰银户；等等。

二是徒隶或俘虏。北魏建国之初，各种官手工业均在草创之始，因各种手工业品均感缺乏，故对工匠需求殷切，而当时魏之统治区域内又是土旷人稀，户籍混乱，逃隐甚多，正常徭役，不敷所需，除以囚徒充数外，便到处俘略，每征服一地，即掳其民人，并迁徙其百工伎巧，以补充官工匠队伍。例如：

[天兴元年（公元三九八年）]徙山东六州……百工伎巧十万余口，以充京师。④

[天赐元年（公元四〇四年）]五月，置山东诸冶，发州郡徒

---

① 《隋书》卷二十八，《百官志下》。
② 《魏书》卷九十四，《阉官·仇洛齐传》。
③ 《魏书》卷一百十，《食货志》。
④ 《魏书》卷二，《太祖纪》。

谪造兵甲。①

[太平真君七年（公元四四六年），破盖吴] 三月，徙长安城工巧二千家于京师。②

在官手工业中服役的官工匠，不论来源于哪一种，他们的社会地位都是很低的，虽然在名义上他们并不是奴隶，但是实质上则是一种变相的奴隶或半奴隶，总之，他们的身份和社会地位都比平民为低下，受着种种不平等待遇，诸如不准做官，不准衣锦绣，不能与王公贵族及士民之家通婚等等，这些都订为律例，违者治罪：

[和平四年（公元四六三年）十有二月] 壬寅，诏曰：“……今制：皇族、师傅、王公侯伯及士民之家，不得与百工伎巧卑姓为婚，犯者加罪。”③

[太和元年（公元四七七年）八月] 丙子，诏曰：“工商皂隶，各有厥分，而有司纵滥，或染清流。自今户内有工役者，推上本部丞，已下准次而授。若阶借元勋、以劳定国者，不从此制”。④

可见对工匠的社会地位是十分鄙视的。在等级森严的门阀制度下，不能允许百工皂隶之人混入清流。拓跋氏本为北方游牧部族，原来没有这种观念，但进入中原后即极力师古，对汉族习俗，不仅亦步亦趋，而且变本加厉，民间更蔚然成风，两姓通婚，但问[37]门第，不是门当户对，不仅触犯刑章，而且有乖清议。所以不管百工伎巧之人如何腰贯累累，却不能改换门庭。这种情况，可由下述一事得到证明：

染工上士王神欢者，尝以赂自进，冢宰宇文护擢为计部下大夫。恺谏曰：“古者登高能赋，可为大夫，求贤审官，理须详慎。今神欢出自染工，更无殊异，徒以家富自通，遂与搢绅并列，实恐惟鹈之

① 《魏书》卷二，《太祖纪》。
② 《魏书》卷四下，《世祖纪下》。
③ 《魏书》卷五，《高宗纪》。
④ 《魏书》卷七上，《高祖纪上》。

刺，闻之外境。"护竟[38]寝其事。①

这种在官中服役的官工匠，完全由朝廷垄断，私人不得占有，王公侯伯等权贵也不例外，私蓄工匠，系一种违法行为。上文引证太平真君五年（公元四四四年）诏书，明定"自王公已下至于庶人，有私养金银工巧之人在其家者，皆遣诣官曹，不得容匿"，违者"主人门诛"。② 这个制度一直延续下来，到北齐时，上述法令仍然有效：

> 文宣受禅，除治书侍御史。……坐私藏工匠，家有十余机织锦，并造金银器物，乃被禁止。③

北魏的官手工业虽然起步较晚，但发展很快。国初的情形是"国中少绢帛"，以致身为大臣的许谦，竟盗绢两匹，但迁洛之后，即已绢帛山积，充盈露积于外，不可校数，胡太后乃打开库藏，令百官负绢，任意自取。

> 于是国家殷富，库藏盈溢，钱绢露积于廊者不可校数。及太后赐百官（负）绢，任意自取，朝臣莫不称力而去。唯融和陈留侯李崇负绢过性（任），蹶倒伤踝。太后即不与之，令其空出，时人笑焉。侍中崔光止取两匹，太后问："侍中何少？"对曰："臣有两手，唯堪两匹，所获多矣。"朝贵服其清廉。④

按《资治通鉴》亦载此事，文稍异："胡太后尝幸绢藏，命王公嫔主从行者百余人，各自负绢，称力取之，少者不减百余匹。尚书令仪同三司李崇、章武王融负绢过重，颠仆于地。崇伤腰，融伤足，太后夺其绢使空出，时人笑之。……侍中崔光止取两匹，太后怪其少，对曰：'臣两手，唯堪两匹。'众皆愧之。"⑤ 绢帛不都是由官工匠织造，户调绢占了一个很大的比重，但官工匠织造了大量丝织品特别是绫罗锦绣等高级丝织品则是无疑的。

---

① 《隋书》卷五十六，《卢恺传》。
② 《魏书》卷四下，《世祖纪下》。
③ 《北齐书》卷四十七，《酷吏·毕义云传》。
④ 《洛阳伽蓝记》卷四，《法云寺》。
⑤ 《资治通鉴》卷一百四十九。

各种手工业品既已充盈库藏，早已是供过于求，这时与国初"国中少绢帛"的情形已经完全不同了。库存既已过剩，则在各种官手工业机构中聚集的大量官工匠便减少了需要，朝廷遂借此表示优恤[39]，酌量放免一些需要不大的工匠。

　　［太和十一年（公元四八七年）］十有一月，丁未，诏罢尚方锦绣绫罗之工，四民欲造，任之无禁。其御府衣服、金银、珠玉、绫罗、锦绣、太官杂器、太仆乘具、内库弓矢，出其太半，班[40]赉百官及京师士庶，下至工商皂隶，逮于六镇戍士各有差。①

　　把大量库存手工业品班赉百官士庶和六镇戍士，说明这类物资的库存太多了。魏以后，这一政策仍继续实行，例如北周和北齐：

　　［天和六年（公元五七一年）］九月癸酉，省掖庭四夷乐，后宫罗绮工人百余人。②
　　［天统四年（公元五六八年）十二月］甲申诏，细作之务及所在百工悉罢之。③

　　在官手工业中服役的工匠，依照传统的办法，都是轮番赴役，轮番的办法，各朝大同小异，与江南各朝的轮番办法，亦无多大差别，直到北朝之末的隋王朝时期，仍在沿袭旧制：

　　高祖登庸……仍依周制，役丁为十二番，匠则六番。④

　　北周是北魏的继续，其一切典章皆沿袭北魏旧制，所以"匠则六番"，乃是整个北朝的制度。

---

① 《魏书》卷七下，《高祖纪下》。
② 《周书》卷五，《武帝纪上》。
③ 《北齐书》卷八，《后主纪》。
④ 《隋书》卷二十四，《食货志》。

（二）北朝的各种官手工业

1. 丝织业

北朝官办丝织业的组织形式主要有二：一是由官家设立作坊或工场，募集工匠，按照官家所要求的品种和花样进行织造、刺绣和染色，这种情况由上述工官的编制中即可看出，如尚方掌锦绣绫罗之工，前引太和十一年（公元四八七年），"诏罢尚方锦绣绫罗之工"，即其明证。直到北朝之末，仍沿此制，如北周时仍下诏"省后宫罗绮工人五百余人"①，便都是设在宫廷之内的官设工场或作坊，在其中工作的工匠人数都相当众多，实际上都是一些大型的手工工场，说明中国的大型工场手工业很早就已经在官工业中出现了。除了设在宫内或京城内的官设作坊或工场外，并在盛产蚕丝或有传统织丝技术的所在设立丝局，如上文所述的泾州丝局、雍州丝局、定州丝局，都是早负盛名的各种丝织品产地，在这些地方设立的丝局，就是织丝官工场。联系丝织业的染色工业，则有司染署，掌绫罗锦绣的染色工作，又别领京坊、河东、信都三局。所有这些作坊或工场，都直接由官府设立，并在主管官吏的监督指挥下进行生产。这一类的官办丝织业完全是在供应宫廷的需要，故为朝廷所垄断，任何私人（包括王公贵族）均不许私藏工匠，在家中织造违禁丝织品，前引魏世祖特诏"自王公已下至于庶人，有私养金银工巧之人在其家者，皆遣诣官曹，不得容匿"，违者"主人门诛"② 以及北齐毕义云"坐私藏工匠，家有十余机织锦，并造金银器物，乃被禁止"③，其根源就在于此。

另一种组织形式是民间凡有织造丝织品工艺技术的人，皆须注籍为匠户，他们以服徭役的形式专为官家织造定额的丝织品，其办法是由所在地方政府的主管部门，把应用原料散发给注籍的匠户，匠户即在自己的家中，用自己的生产工具，按照官府规定的品种、花样，织造官府规定的绫罗锦绣，织成后将成品交给官府，经主管官吏验收合格后才能销差。这原是历来的传统办法，在北朝统治下的官匠户，亦系按照此传统办法循例进行。如上文所引世祖朝，"绫罗户民乐葵，因是请采漏户，供为纶锦，自后逃户占为细茧罗縠者非一"。④ 这种占籍为细茧罗縠的官匠户，犹如唐时的织锦户，都必须专为官

---

① 《周书》卷五，《武帝纪》。
② 《魏书》卷四下，《世祖纪下》。
③ 《北齐书》卷四十七，《酷吏·毕义云传》。
④ 《魏书》卷九十四，《阉官·仇洛齐传》。

家织造，只有在祇应官差完毕之后，这些匠户才能自己营业，并成为民间手工业生产的一个方面。

丝织品的织造，需要较高的技术水平，而民间的工艺技术又大都是由家庭传授，流传或仿制的范围极小，故丝织品的地方色彩——也是所谓地域分工特别显著，从而成为一种地方特产。朝廷在一些重要的丝织业中心设立丝局，不仅是为了迁就原料，同时也是为了利用该地方特有的精湛技术。例如：

> 襄邑：《陈留风俗传》曰："县南有涣水，故传曰：睢涣之间出文章，天子郊庙服御出焉，《尚书》所谓厥篚织文者也。"①

襄邑自古就是一个著名的丝织业中心，故汉时朝廷在那里设服官（即在那里设立专为朝廷织造高级丝织品的作坊或工场），北朝时仍保持了它的固有地位。上文曾引述北齐陈元康等在祖珽处赌博，"出山东大文绫并连珠孔雀罗等百余匹，令诸妪掷樗蒱赌之，以为戏乐"。② 山东之齐自古就是一个丝织业中心，西汉时期就在齐设三服官，即因其地盛产"冰纨、方空縠、吹纶絮（注：纨，素也；冰，言色鲜洁如冰。《释名》曰：縠，纱也；空，孔也，即今方目纱也；纶似絮而细，吹者，言吹嘘可成，亦纱也）"。③ 又张衡云："筒中之绌，京师阿缟，譬之蝉羽，制为时服，以适寒暑……此舆服之丽也。"④ 到北朝时，阿缟仍保持了固有盛誉：

> ［东阿］县出佳缯缣，故《史记》云：秦昭王服太阿之剑，阿缟之衣也。⑤

不言而喻，上述的各种名贵丝织品包括齐纨、阿缟，其织造工匠都是"名在官家供进簿"——即首先必须为官家织造，只有在祇应官差完毕后，才能自己织造，以供应民间市场。但是他们获得的这点免役时间是不多的，他们的资力也是有限的，故可供出卖的商品实为数不多，这是商品生产不易发

---

① 郦道元：《水经注》卷三十，《淮水》。
② 《北齐书》卷三十九，《祖珽传》。
③ 《后汉书》卷三，《章帝纪》。
④ 《艺文类聚》卷五十七，引张衡：《七辩》。
⑤ 郦道元：《水经注》卷五，《河水》。

展的原因之一。

2. 矿冶业

北朝的官营冶铁业非常发达，因拓跋氏进入中原后，十六国的割据混战局面还没有结束，仍在用兵方殷之际，因而对兵器的需要还十分迫急，也十分庞大，政府必须掌握冶铁和铸造业，以赶制兵器，于是遂在其辖境之内凡有铁可采的地方，即设立铁官，用政府力量来大规模地采矿、冶炼、铸造兵刃和民用铁器，而尤以打造兵器为主。例如：

> [天赐元年（公元四〇四年）] 五月，置山东诸冶，发州郡徒谪造兵甲。①
>
> 其铸铁为农器、兵刃，在所有之，然以相州牵口冶为工，故常炼锻为刀，送于武库。②
>
> [太和中，为光州刺史] 先是州内少铁，器用皆求之他境，挺表复铁官，公私有赖。③
>
> 长白山连接三齐、瑕丘，数州之界，多有盗贼。……又诸州豪右，在山鼓铸，奸党多依之，又得密送兵仗，亦请破罢诸冶。朝廷善而从之。④

北魏王朝在各地出铁之处设置的铁官很多，南朝史籍中对此亦略有记载：

> [太祖北伐，破碻磝] 取泗渎口，破碻磝戍主……获……铁三万斤，大小铁器九千余口，余器仗杂物称此。⑤

从一次缴获的铁器数量之多来看，可知碻磝的铁冶规模是很大的，其中炼铁部分必又大于铸造部门。

内地各铁官炼铁都还是应用木炭为燃料，但这时西域已知用石炭炼铁，据称：

---

① 《魏书》卷二，《太祖纪》。
② 《魏书》卷一百十，《食货志》。
③ 《魏书》卷五十七，《崔挺传》。
④ 《魏书》卷四十五，《辛绍先传附子馥传》。
⑤ 《宋书》卷九十五，《索虏传》。

《释氏西域记》曰：屈茨北二百里有山，夜则火光，昼日但烟，人取此山石炭，冶此山铁，恒充三十六国用，故郭义恭《广志》云：龟兹能铸冶。①

元魏以后的北周、北齐两个小王朝，对于冶铁铸造亦十分重视，除北魏原有的铁冶外，又多有新置。例如：

[大统中，除司农少卿，领同州夏阳县二十七屯监]又于夏阳诸山置铁冶，复令善为冶监，每月役八千人，营造军器，善亲自督课，兼加恩抚，甲兵精利。②

这时期在炼钢技术上也有了一定程度的进展，铸成的器物主要都是锻钢件，其法是烧生铁柔铤去炭，冶家称为铸宿柔铤，淬火成钢。史称：

[怀文]又造宿铁刀。其法：烧生铁精，以重柔铤，数宿则成刚，以柔铁为刀脊，浴以五牡之溺，淬以五牲之脂，斩甲过三十札。今襄国冶家所铸宿柔铤，乃其遗法。作刀犹甚快利，不能截三十札也。怀文云，广平郡南干子城，是干将铸剑处，其土可以莹刀。③

铁以外，比较发达的矿冶业是白银的采炼。在北朝境内不断发现银矿，朝廷遂即设银官，进行采炼：

世宗延昌三年（公元五一四年）春，有司奏：长安骊山有银矿二，石得银七两。其年秋，恒山又上言，白登山有银矿八，石得银七两，锡三百余斤，其色洁白，有逾上品。诏并置银官，常令采铸。④

[神龟元年（公元五一八年）闰七月]甲辰，开恒州银山之禁，

---

① 郦道元：《水经注》卷二，《河水》。
② 《周书》卷三十五，《薛善传》。
③ 《北齐书》卷四十九，《方伎·綦母怀文传》。
④ 《魏书》卷一百十，《食货志》。

与民共之。①

于发现金矿之处则设金户，从沙中淘金：

> 汉中旧有金户千余家，常于汉水沙淘金，年终总输。后临淮王
> 或为梁州刺史，奏罢之。②

魏自太和以后，开始铸钱，对于铜的需要量日大，故境内铜矿悉令开采：

> 二年［熙平二年（公元五一七年）］冬，尚书崔亮奏："恒农
> 郡铜青谷有铜矿，计一斗得铜五两四铢；苇池谷矿，计一斗得铜五
> 两；鸾帐山矿，计一斗得铜四两；河内郡王屋山矿，计一斗得铜八
> 两；南青州苑烛山、齐州商山，并是往昔铜官，旧迹见在。谨按铸
> 钱方兴，用铜处广，既有冶利，并宜开铸。"诏从之。③
>
> ［孝文帝朝］出为奋威将军，东徐州刺史。……又于州内冶铜，
> 以为农具，兵民获利。④
>
> 《后魏书》曰：崔鉴为东徐州刺史，于州内冶铜为农具，并大
> 获利。⑤

3. 制盐业

盐，严格说来它不是手工业制造品，本不应列入手工业范畴，但是商品
盐却必须经过简单的加工程序，而且还是商品经营的一个重要内容，因为盐
是生活的绝对必需品，即人人所必需，而不可一日少缺，换言之，人们对于
它的需要是没有弹性的，即所谓家有一人，一人食盐；家有十人，十人食盐。
又由于盐不能人人生产，也不是到处都可以生产，"必仰于市，虽贵数倍，不
得不买"⑥，所以这一商品实具有最大的国内市场，本应是商品经济可依以发

① 《魏书》卷九，《肃宗纪》。
② 《魏书》卷一百十，《食货志》。
③ 《魏书》卷一百十，《食货志》。
④ 《魏书》卷四十九，《崔鉴传》。
⑤ 《太平御览》卷八百三十三，《冶》。
⑥ 《汉书》卷二十四下，《食货志》。

展的一个重要条件，古人也很早就看到了这一点，为了贯彻抑商政策，很早便把这一条发展道路完全堵死，于是盐就成了禁榷制度的主要内容之一，把盐的产、销完全收归官营——由政府垄断。其办法：或由政府自产自销；或由盐户生产，产品由政府统购统销。各朝对禁榷制度的实施，虽有时严格，有时松弛，但却从来没有完全放任自流，至少也是于抽取重税之后，始许人民运销。北朝盐政皆仍旧贯，对于海盐、池盐皆设盐官，不论具体经营采取哪一种办法，都是实行禁榷的一种方式：

> 自迁邺后，于沧、瀛、幽、青四州之境，傍海煮盐。沧州置灶一千四百八十四，瀛州置灶四百五十二，幽州置灶一百八十，青州置灶五百四十六，又于邯郸置灶四，计终岁合收盐二十万九千七百二斛四升。军国所资，得以周赡矣。[1]
>
> 河东郡有盐池，旧立官司以收税利，是时罢之，而民有富强者专擅其用，贫弱者不得资益。延兴末，复立监司，量其贵贱，节其赋入，于是公私兼利。世宗即位，政存宽简，复罢其禁，与百姓共之。其国用所需，别为条制，取足而已。自后豪贵之家，复乘势占夺，近池之民，又辄障吝。强弱相陵，闻于远近。神龟初，太师、高阳王雍，太傅、清河王怿等奏："盐池天藏，资育群生。仰惟先朝限者，亦不苟与细民竞兹赢利。但利起天池，取用无法，或豪贵封护，或近者吝守，卑贱远来，超然绝望。是以因置主司，令其裁察，强弱相兼，务令得所。且十一之税，自古及今，取辄以次，所济为广。自尔沾洽，远近齐平，公私两宜，储益不少。及鼓吹主簿王后兴等词称请供百官食盐二万斛之外，岁求输马千匹、牛五百头。以此而推，非可稍计。后中尉甄琛启求罢禁，被敕付议。尚书执奏，称琛启坐谈则理高，行之则事阙，请依常禁为允。诏依琛计。乃为绕池之民尉保光等擅自固护，语其障禁，倍于官司，取与自由，贵贱任口。若无大宥，罪合推断。详度二三，深乖王法。臣等商量，请依先朝之诏，禁之为便。防奸息暴，断遣轻重，亦准前旨。所置监司，一同往式。"于是复置监官，以监检焉。其后更罢更立，以至

---

[1] 《魏书》卷一百十，《食货志》。

于永熙。①

《地理志》曰：盐池在安邑西南，许慎谓之盬。长五十一里，广七里，周一百一十六里，从盐省古声。吕沈曰：夙沙初作，煮海盐，河东盐池谓之盬。今池水东西七十里，南北十七里，紫色澄渟，潭而不流，水出石盐，自然印成，朝取夕复，终无减损。惟山水暴至，雨澍潢潦奔决，则盐池用耗，故公私共堨水径，防其淫滥，谓之盐水，亦谓之为堨水。《山海经》谓之盐贩之泽也。……池西又有一池，谓之女盐泽，东西二十五里，南北二十里，在猗氏故城南。……本司盐都尉治，领兵千余人守之。②

海盐外，盐的大宗产地就是安邑盐池，早在春秋时即已著名。其他较小的盐池还有很多，散在各地，例如朔方县"金连盐泽、青盐泽并在县南……其盐大而青白，名曰青盐，又名戎盐，入药分，汉置典盐官"。③ 又如"天水始昌县……右则盐官水南入焉，水北有盐官，在幡冢西五十许里，相承营煮不辍，味与海盐同"。④ 盐井大都在巴蜀川峡一带，不在北朝境内，兹从略。除海盐、池盐外，还有从咸土中熬出之盐，所在有之，这里不做论述。后周时，盐官所掌据云有四种盐：

后周太祖作相，创制六官。……掌盐：掌四盐之政令。一曰散盐，煮海以成之；二曰盬盐，引池以化之；三曰形盐，物地以出之；四曰饴盐，于戎以取之。凡盬盐形盐，每地为之禁，百姓取之，皆税焉。⑤

4. 酿酒业

魏制百官赐酒，此外祭祀、宴享，用量亦大，故酒亦由官家自行酿造，以供官用：

---

① 《魏书》卷一百十，《食货志》。
② 郦道元：《水经注》卷六，《涑水》
③ 郦道元：《水经注》卷三，《河水》。
④ 郦道元：《水经注》卷二十，《漾水》。
⑤ 《隋书》卷二十四，《食货志》。

正光后，四方多事，加以水旱，国用不足……有司奏断百官常给之酒，计一岁所省合米五万三千五十四斛九升，蘖谷六千九百六十斛，面三十万五百九十九斤。其四时郊庙、百神群祀依式供营，远蕃使客不在断限。①

（三）北朝的民间手工业

1. 纺织业

北朝的商品经济是不发达的，在社会经济十分残破凋敝[41]的情况下，自然经济实占有支配地位，人人都在力求"稼穑而食，桑麻以衣"，一切生活必需品都要求"莫非种殖之物"，其结果自然是"钱货无所周流"，因商品生产赖以存在和发展的市场不存在了。所以在北朝的统治时期，民间手工业一般说来是不发达的，但是纺织业却是唯一的例外，因为纺织业是广大人民的衣着来源，又是农民家庭经济的重要支柱，故能一枝独秀，首先得到了恢复和发展的必要条件。

纺织业是家家户户从事的家庭手工业，又直接联系着农业，因纺织原料主要是丝和麻两种，其中丝更占主要地位，故古人以农桑代表整个农业，是农业经济不可分割的整体[42]。

前文曾指出，北朝虽然是建国于大混乱之后，中国北方曾遭受过惨重的破坏，但是纺织业特别是普遍存在的丝织业并未中断，在生产技术上也保持了过去的固有传统，前文曾引述颜之推的话，证明"河北妇人织纴组䌷之事，黼黻锦绣罗绮之工，尤优于江东"。在整个北朝统治时期，随着社会经济的恢复特别是农业的恢复，丝织业亦跟着恢复和发展起来。北魏王朝在中原建国之后，对于恢复丝织业十分重视，并直接间接采取了一些措施，给丝织业的恢复和发展创造了有利条件，这主要有以下两个方面：

（1）政府大力奖劝农桑。北魏王朝在中原建立后，劝课农桑的诏书即频繁颁发，例如太宗永兴三年（公元四一一年）指出："非夫耕妇织，内外相成，何以家给人足?"② 神瑞二年（公元四一五年）又诏："不蚕者衣无帛，

---

① 《魏书》卷一百十，《食货志》。
② 《魏书》卷三，《太宗纪》。

不绩者丧无衰……教行嫔妇，化治丝枲"①；太和元年（公元四七七年）诏："相其水陆，务尽地利，使农夫外布，桑妇内勤……民有不从长教，惰于农桑者，加以罪刑"②；景明三年（公元五〇二年）诏："民本农桑，国重蚕籍，粢盛所凭，冕织攸寄。比京邑初基，耕桑暂缺，遗规往旨，宜必只修。"③ 北魏以后，这个政策一直在贯彻实行，例如北齐河清三年（公元五六四年）定制："农桑自春及秋，男二十五已上，皆布田亩，桑蚕之月，妇女十五已上，皆营蚕桑，刺史听审邦教之优劣，定殿最之科品。"④ 绢帛不仅是主要的衣着材料，而且当时还兼有货币的功能，也就是财富的一种形态。所以"化治丝枲"，既响应了朝廷号召，又增加了一家财富，于是在政府的大力号召推动下，激发了人们治丝织帛的积极性。

（2）户调征帛。这是促进丝织业发展的一个直接力量。因家家户户要向政府缴纳赋调，而赋调除谷物外，就完全为绢帛丝绵，这就使农民不得不家家种桑，家家育蚕，家家织帛。例如北魏户调制："天下户以九品混通，户调帛二匹，絮二斤，丝一斤，粟二十石；又入帛一匹二丈，委之州库，以供调外之费。至是［太和八年（公元四八四年）］，户增帛三匹，粟二石九斗，以为官司之禄。后增调外帛满二匹。所调各随其土所出。"⑤ 到北齐、北周时，户调制度仍大同小异："率人一床，调绢一匹，绵八两，凡十斤绵中，折一斤作丝，垦租二石，义租五斗。……人欲输钱者，准上绢输钱。"⑥ "后周太祖作相，其赋之法，有室者，岁不过绢一匹，绵八两，粟五斛，丁者半之。其非桑土，有室者，布一匹，麻十斤，丁者又半之。丰年则全赋，中年半之，下年一之，皆以时征焉。"⑦ 隋初定制："桑土调以绢绝，麻土以布绢。绝以匹，加绵三两；布以端者，加麻三斤。"⑧ 这虽然都是政府税收制度，但却成了纺织业的一个直接的促进力量。赋调是普遍征收，纺织业也就普遍地发展起来。

在丝织业普遍发展的前提下，若干久负盛名的丝织业中心仍保持了固有

---

① 《魏书》卷一百十，《食货志》。
② 《魏书》卷七上，《高祖纪上》。
③ 《魏书》卷八，《世宗纪》。
④ 《隋书》卷二十四，《食货志》。
⑤ 《魏书》卷一百十，《食货志》。
⑥ 《隋书》卷二十四，《食货志》。
⑦ 《隋书》卷二十四，《食货志》。
⑧ 《隋书》卷二十四，《食货志》。

传统，如山东大纹绫、连珠孔雀罗、阿缟等以及其他地方所产的绫罗锦绣等高贵丝织品，其情况已见上文，兹从略。

2. 酿酒业

北朝没有实行榷酤，民间可自由造酒，供应本地市场，其中有几个地方所酿之酒被称为名酒，遐迩闻名，传扬最盛的有洛阳刘白堕所酿的"鹤觞酒"，亦名"骑驴酒"，又有河东郡的刘堕[43]所造"桑落酒"（两人同名，但产地不同，酒亦不同，当非一事，也可能是同一人在两地酿造）。此外还有酃县的酃酒。三种名酒的情况，有如下述：

> 市（洛阳大市）西有退酤、治觞二里。里内之人多酿酒为业。河东人刘白堕善能酿酒。季夏六月，时暑赫晞，以罂[44]贮酒，暴于日中，经一旬，酒味不动，饮之香美而醉，经月不醒。京师朝贵，多出郡登藩，远相饷馈，逾于千里，以其远至，号曰"鹤觞"，亦名"骑驴酒"。永熙年中，南青州刺史毛鸿宾贲酒之蕃，逢路贼，盗饮之即醉，皆被擒获，因复命〔名〕"擒奸酒"。游侠语曰："不畏张弓拔刀，唯畏白堕春醪。"①
>
> 〔蒲坂县〕魏秦州刺史治，太和迁都，罢州，置河东郡。郡多流杂，谓之徙民。民有姓刘名堕者，宿擅工酿，采挹河流，酝成芳酊。悬食同枯枝之年，排于桑落之辰，故酒得其名矣。然香醑之色，清白若滫浆焉，别调氛氲，不与佗同，兰薰麝越，自成馨远，方士之贡选最佳矣。自王公庶友牵拂相招者，每云索郎有顾思同旅语，索郎反语为桑落也。②
>
> 酃县，县有酃湖，中有洲，洲上民居，被人资以给酿酒，甚醇美，谓之酃酒，岁常贡之。③

3. 各种杂业

这些手工业都是小商品生产，并且大都是世代相传的家庭手工业，即由小生产者在自己的家中生产和出售。见诸记载的有以下几种：

---

① 《洛阳伽蓝记》卷四，《法云寺》。
② 郦道元：《水经注》卷四，《河水》。
③ 郦道元：《水经注》卷三十九，《耒水》。

洛阳城东北有上商里，殷之顽民所居处也。高祖名闻义里。……惟有造瓦者止其内，京师瓦器出焉。世人歌曰："洛城东北上商里，殷之顽民昔所止。今日百姓造瓮子，人皆弃去住者耻。"①

洛阳大市北奉终里，里内之人多卖送死人之具及诸棺椁。②

东阿县：大城北门内西侧皋[45]上，有大井，其巨若轮，深六七丈，岁尝煮胶，以贡天府，《本草》所谓阿胶也，故世俗有阿井之称。③

4. 玻璃

古称玻璃为琉璃，一向被当作珍宝由西域输入，价值昂贵。北魏时大月氏商人传其制造方法，并在京师铸造示范，从此，中国人能自制琉璃。

世祖时，其国人商贩京师，自云能铸石为五色琉璃；于是，采矿山中，于京师铸之。既成，光泽乃美于西方来者。乃诏为行殿，容百余人，光泽映彻，观者见之，莫不惊骇，以为神明所作。自此，中国琉璃遂贱，人不复珍视之。④

---

① 《洛阳伽蓝记》卷五，《凝圆寺》。
② 《洛阳伽蓝记》卷三，《普提寺》。
③ 郦道元：《水经注》卷五，《河水》。
④ 《魏书》卷一百二，《西域·大月氏传》。

第八章　商　业

第一节　晋南北朝时期南北两地的商业概况和发展趋势

商业是构成商品经济的重要内容之一，而且是引导商品经济发展的前提条件，换言之，没有商业的发展，即不可能有商品经济的发展，因为最初总是由商业发展了生产物的商品形态，而不是商品以其自身的运动形成商业。所以商业之是否发展，实是商品经济是否有所发展的一个直接标志。如前文所指出，两晋南北朝时期，是中国历史上的空前大混乱时期，特别是在十六国的分崩离析期间，长达一百三十多年的干戈扰攘和疯狂屠杀，又加上饥馑荐臻，疫疠猖獗，使整个中国北半部被破坏成一片废墟，在这样一种荒凉凋弊的状况下，商品经济就成为"皮之不存，毛将焉附"了。由于破坏非常惨重，不仅毁灭了社会的有形财富，而且斫[1]丧了社会元气，即破坏了经济自我调整的机能，故恢复过程进行得非常缓慢，就是在拓跋魏已经剪除了割据，统一了中国北方之后，即使北魏王朝在全力进行奖劝农桑，重建社会秩序，而商品经济的恢复仍远远落后于农业，史称"魏初至于太和，钱货无所周流"①，就是说国家已经过了将近一百年的安定生息，而商品经济仍然是若有若无。钱货不周流，是由于商业不发达，而没有发达的商业，就不能有发达的商品生产，这是不言而喻的。

北魏除了进行奖劝农桑、安定民生等一系列号召外，又改革了土地制度，实行了计口授田的均田制，使农业获得迅速的恢复和发展，而商品经济则远远落后，结果，使自然经济占更突出的支配地位。这种占统治地位的客观物质关系，反映到人们的思想意识上，就成了占支配地位的经济指导原则：要

---

① 《魏书》卷一百十，《食货志》。

求一切生活必需品均"莫非种殖之物"，更做到"闭门而为生之具以足"①。这样一来，商业既失去了依以发展的客观条件，又失去了依以发展的主观条件，具体说，兵燹饥馑所造成的社会环境使商业活动成为不可能，而以自给自足为目的的自然经济成为指导思想，又使商业活动成为不必要。

这里说商业不发达，不是说商业已经完全消灭。在任何社会条件下，交换及其发展了的形态商业都是存在的，不论在多么简单的自然经济结构中，谁也不能做到"闭门而为生之具以足"，不仅是由于"家无盐井"而必须仰赖于市，即其他"梓匠轮舆"等"百工之事"，也不可能"舍皆取诸其宫中而用之"，而必须纷纷然与百工交易，这就给商人活动提供了条件，商人可以存在于任何社会的微小的隙缝中，为自己开辟出一个活动的小天地，正如马克思所说："古代的商业民族存在的状况，就像伊壁鸠鲁的神存在于世界的空隙中，或者不如说，像犹太人存在于波兰社会的缝隙中一样。"② 所以在北魏的前半叶——即太和以前，虽然一方面是"钱货无所周流"，民间的普通商业还处于一种若有若无的不发达状态，但是另一方面，富商大贾却又在周流天下，他们不仅在买贱鬻贵，从而积累了大量的商业资本，而且经常在农民赋役繁重、青黄不接之际，发放高利贷，重利盘剥农民，致造成社会的严重不安，朝廷不得不严令取缔。例如：

> ［和平］二年（公元四六一年）春正月乙酉，诏曰："刺史牧民，为万里之表，自顷每因发调，逼民假贷，大商富贾，要射时利，旬日之间，增赢十倍。上下通同，分以润屋。故编户之家，因以冻馁，豪富之门，日有兼积。为政之弊，莫过于此。其一切禁绝，犯者十匹以上皆死。布告天下，咸令知禁。"③

从上引文献可以看出，早在太和以前，富商大贾已在频繁活动，已在"贾郡国，无所不至"了，所谓"魏初至于太和，钱货无所周流"，系就民间的一般情况而言。本来在一个疮痍满目、凋敝[2]不堪的社会中，特别是在历时二百多年的大破坏之后，孑遗之民，颠沛流离，救死不遑，就是在战火熄

---

① 颜之推：《颜氏家训·治家》。
② 《资本论》第三卷，第三六九页。
③ 《魏书》卷五，《高宗纪》。

灭、天下太平之后，仍然是喘息未定，馀悸犹在，但求温饱，不遑其他，除了一些必不可少的、自己不能生产或生产不足的"为生之具"，必须求之于市场外，其他一切则得之于自己的"种殖之物"，要求做到"闭门而为生之具以足"。这样一来，"钱货无所周流"就成为必然的结果了。

但是统治阶级的情况则与此迥然不同。我们在前章第一节中即曾指出，从十六国的各个割据的小朝廷起，到后来统一了中国北方的拓跋魏统治者，原来都是经济和文化皆十分落后的游牧部族，他们不仅倾慕中原的文化，而且更艳羡中原的精美物品，特别是由于这些新兴的暴发户，过去对于所谓"雕文刻镂，锦绣纂组"等"纷华靡丽"的奢侈品都是可望而不可即[3]，今富有天下，一切既可予取予求，遂不择手段地去获致珍奇宝货，这一切都给贩运贸易的发展提供了充分条件。另外，这时南北两地的小朝廷，大都是君多昏暗[4]，吏多贪残，在政治特别黑暗的时候，经常是"官由财进，狱以贿成"，贿赂公行，上行下效，而行贿又非价值昂贵的珍奇宝货不可，于是又造成"奇怪时来，珍异物聚"，给富商大贾之周流天下或远走异域创造了大显身手的机会，即使在兵荒马乱、战火纷飞之中，商人们也能越过艰难险阻，贩运到富人所渴求的宝货，以赚取惊人的高利。所以尽管政治上是四分五裂，疆境森严，甚至是干戈不息，战火纷飞，以致民间的小商小贩已寸步难行，而富商大贾照旧在穿越通行，故南北互市、中外互市等仍照常进行，珍奇宝货仍源源而来：

> 自魏德既广，西域东夷，贡其珍物，充于王府。又于南垂立互市，以致南货，羽、毛、齿、革之属，无远不至。①

统治阶级的穷奢极欲，贪得无厌地追求奢侈享受，遂成为贩运性商业赖以发展的一个主要因素，没有这些王侯权贵的豪华侈靡和挥霍浪费，贩运商业是不可能发展的，这种情况，可由下引文献清楚地看出：

> 帝族王侯，外戚公主，擅山海之富，居川林之饶，争修园宅，互相夸竞，崇门丰室，洞户连房，飞馆生风，重楼起雾，高台芳榭，家家而筑，花林曲池，园园而有。……而河间王琛最为豪首，常与

---

① 《魏书》卷一百十，《食货志》。

高阳争衡，造文柏堂，形如徽音殿。置玉井金罐，以金五色绩为绳。……遣使向西域求名马，远至波斯国，得千里马，号曰"追风赤骥"。次有七百里者十余匹，皆有名字。以银为槽，金为锁环，诸王服其豪富。……造迎风馆于后园，窗[5]户之上，列钱青锁，玉凤衔铃，金龙吐佩。……琛常会宗室，陈诸宝器，金瓶银瓮百余口，瓯檠盘盒称是。自余酒器，有水晶钵、玛瑙杯[6]、琉璃碗、赤玉卮数十枚，作工奇巧，中土所无，皆从西域而来。又陈女乐及诸名马，复引诸王按行府库，锦、罽、珠、玑、冰罗、雾縠，充积其内，绣、缬、绸[7]、绫、丝、采、越、葛、钱、绢等，不可数计。①

商人们正是要向这些人贩运价值昂贵的奢侈品，从而获得了一本万利的高额利润，故所有经营这种贸易的富商巨贾，无不腰贯累累。所以尽管民间还是"钱货无所周流"——即普通商业还在若有若无之中，而这种特殊贸易业已十分兴旺，经营这种贸易的商人已多如过江之鲫，比比皆是，仅以魏都洛阳一市而论，就有很多这种富埒王侯的大商人。例如：

别有准财、金肆二里，富人在焉。凡此十里（按指通商、达货、调音、乐律、退酤、治觞[8]、慈孝、奉终等八里，合准财、金肆二里，共十里），多诸工商货殖之民，千金比屋，层楼对出，重门启扇，阁道交通，迭相望临。金银锦绣，奴婢缇衣，五味八珍，仆隶毕口。神龟年中，以工商上僭，议不听〔衣〕金银锦绣。虽立此制，竟不施行。②

防止商贾"上僭"的法令之所以"竟不施行"，是因为这些富商大贾不但财力雄厚，能与王侯权贵相结托，"上下通同，分以润屋"，完全如汉晁错所云"因其富厚，交通王侯，力过吏势，以利相倾"③；而且还与王侯权贵们紧密勾结在一起，成为王侯权贵们贪污枉法的幕后策划者或直接参与者。因商人本是营利的能手，其趋利有如猛兽鸷鸟之发，故王侯权贵遂以之为爪牙，

① 《洛阳伽蓝记》卷四，《法云寺》。
② 《洛阳伽蓝记》卷四，《法云寺》。
③ 《汉书》卷二十四上，《食货志》。

四张囊橐，广伸魔掌。例如，魏宗室元叉与阉官刘腾就是这样一个典型，他们"表里擅权，共相树置，叉为外御，腾为内防……四年之中，生杀之权，决于叉、腾之手。……公私属请，唯在财货。舟车之利，水陆无遗，山泽之饶，所在固护；剥削六镇，交通互市，岁入利息以巨亿计"。① 这些贪污枉法活动都是通过商人之手来完成的，因"交通互市"，非商人莫办。这种官商勾结、狼狈为奸的情况，嗣后是愈来愈严重，一些王侯权贵们的左右，中外商贾云集，他们擅权帷幄，有时赤膊上阵，甚至公然任用商贾为官吏。诸如此类的情况，可分别由下引文献中看出：

[后主] 官由财进，狱以贿成，其所以乱政害人，难以备载。诸宫奴婢、阉人、商人、胡户、杂户、歌舞人、见鬼人，滥得富贵者将万数。②

齐氏诸王选国臣府佐，多取富商群小，鹰犬少年。③

士开禀性庸鄙，不窥[9]书传……河清、天统以后，威权转盛，富商大贾，朝夕填门……与市道小人同在昆季行列。④

孝言除尚书右仆射，仍掌选举，恣情用舍[10]……富商大贾，多被铨擢。⑤

在民间普通商业不发达而这种特殊的贩运商业突出发展的情况下，其发展与一般社会经济特别是商品经济的发展是成反比例的，即这种贩运商业愈发展，则一般社会经济便愈不发展，完全如马克思所说：

资本作为商人资本而具有独立的、优先的发展，意味着生产还没有从属于资本，就是说，资本还是在一个和资本格格不入的、不以它为转移的社会生产形式的基础上发展。因此，商人资本的独立发展，是与社会的一般经济发展成反比例的。⑥

---

① 《魏书》卷九十四，《阉官·刘腾传》。
② 《北齐书》卷八，《后主纪》。
③ 《北齐书》卷十，《襄城王淯传》。
④ 《北齐书》卷五十，《恩幸·和士开传》。
⑤ 《北齐书》卷十六，《殷宗传附子孝言传》。
⑥ 《资本论》第三卷，第三六六页。

因为贩运商业的"主要利润的获取不是靠输出本国产品，而是靠对商业和一般经济都不发达的共同体的产品交换起中介作用，靠对两个生产国家进行剥削"①，因此，这种商业，"到处都代表着一种掠夺制度……是和暴力掠夺、海盗行径、绑架奴隶、征服殖民地直接结合在一起的"。② 南北朝时与官府豪门勾结在一起的特殊商人，所起的主要就是这些作用，这由下引文献可以看出：

[后主] 又好不急之务……特爱非时之物，取求火急，皆须朝征夕办，当势者因之，贷一而责十焉。赋敛日重，徭役日繁，人力既殚，帑藏空竭，乃赐诸佞幸卖官，或得郡两三，或得县六七，各分州郡，下逮乡官亦多降中旨，故有敕用州主簿，敕用郡功曹。于是州县职司多出富商大贾，竞为贪纵，人不聊生。③

[思好] 与并州诸贵书曰："主上少长深宫，未辨人之情伪，昵近凶狡，疏远忠良，遂使……商胡丑类，擅权帷幄，剥削生灵，劫掠朝市。"④

财货之生，其功不易。织纴[11]纺绩，起于有渐，非旬日之间，所可造次。……如其不预劝戒，临时迫切，复恐稽缓，以为己过，捶楚交至，取办目前。富商大贾，缘此射利，有者从之贵买，无者为之举息，输税之民，于是弊矣。⑤

这说明与官府勾结的富商大贾，并不是专从商业活动中进行经济的剥削，而且还从事其他经济以外的活动，以各种方式进行超经济的剥夺，完全如上引马克思所说："它到处都代表一种掠夺制度。"

南朝的情况基本上与北朝相同，即民间的普通商业不发达，而向权贵豪门供应奢侈品的贩运性商业则颇为发达。

南朝的民间商业虽也同样不发达，但造成不发达的原因却与北朝不同。北朝原是一个商业发达的区域，因它原是中国古代的主要经济区，从战国到

① 《资本论》，第三卷，第三六七页。
② 《资本论》，第三卷，第三七○页。
③ 《北齐书》卷八，《后主纪》。
④ 《北齐书》卷十四，《上洛王思宗传附弟思好传》。
⑤ 《周书》卷二十三，《苏绰传》。

秦汉突出发展起来的商品经济，主要就是出现在这个区域，所以在西汉以前，北方不仅是主要的精耕农业区，而且是主要的商品经济发达区，这时期的不发达，乃是大破坏所造成的结果。大体上从东汉起，原来十分发达的商品经济即开始走下坡路，经过东汉末年到三国时的大分裂和大动乱，接着晋南北朝时期更大的混乱和破坏，使整个社会经济——包括商品经济和货币经济都几乎被彻底破坏了。所以北朝的商业不发达，是在社会经济的大破坏之后未能恢复起来。这时自然经济的恢复并占了统治地位，对于这个地区而言，是一种倒退现象，是整个社会经济大退步的结果。

南朝的情况与此相反。前文曾一再指出，大体上在三国以前，广大的江南地区基本上还是一个地广人稀、榛莽遍地的未开发地带，广大的江南地区还基本上没有商业，因为在"地势饶食，无饥馑之患，以故呰窳偷生"①的情况下，商业确无发展的基础。永嘉之乱，晋室渡江，人庶南逃，但南逃之人都是在兵戈遍地、战火纷飞中仓皇[12]逃命的，过江难民又都是赤手空拳，身无长物，他们饥寒切身，求生无路，不得已遂"多庇大姓以为客"，来权作栖身噉饭之所，而豢养大批奴客的土著豪门或达官权贵，也只能使用这些人力去耕垦他所封略——圈占的山林原野。要使奴客们的生活所需皆"莫非种殖之物"，就要求每个大种植园和其他大小不等的使用奴客的地产都能"闭门而为生之具以足"，因而在江南地区，即使农业这时已经有所发展，而一般商业仍然没有立足之地。

此外，南朝在中叶以前，始终局限在江东一隅，对其余广大地区的开发实进展不大，也就是说江南的大部分地区仍停滞在上述的原始状态，自然经济乃至更原始的采集经济仍占支配地位，即使有了简单的农业，而大部分地区还在过着"果隋[13]蠃蛤"的渔猎山伐生活，直到南朝中叶以后，才逐渐扩大了开发范围。

> 五胡逆乱，二帝播迁，东晋洎于宋、齐，僻陋江左。……梁武除暴宁乱，奄有旧吴，天监七年（公元五〇八年），有州二十二，郡三百五十，县千二十二。其后务恢境宇，频年经略，开拓闽、越，克服淮浦，平俚洞，破牂柯。又以旧州迳阔，多有析置。②

---

① 《史记》卷一百二十九，《货殖列传》。
② 《隋书》卷二十九，《地理志上》。

可知到宋、齐时期，南朝的活动舞台还没有越出江左之外，江左以南和以西的广大地区大都还停滞在原来的落后状态，从梁时起才扩展了开发范围，深入到闽越和岭南。这就是说到南朝后期，江南的广大地区还处在初步开发时期。在这样的情况下，实缺乏商品经济发展的条件，所以江南民间一般商业的不发达，造成的原因是与北朝不同的。

但是江南的自然条件实远比北方为优越，不仅由于土地肥沃、气候温暖、雨量充沛，具有发展农业的良好条件，而且又盛产各种特殊物产，如所谓"江南之楠[14]梓竹箭、羽毛齿革"，皆自古艳称，司马迁更列举出："江南出楠、梓、姜、桂、金、锡、连（铅之未炼者）、丹沙、犀、玳[15]瑁、珠、玑、齿、革。"① 到六朝时仍然十分富庶，"煮海为盐，采山铸钱，国税再熟之稻，乡贡八蚕之绵[16]"②。正由于江南的这些特殊物产早已是"皆中国人民所喜好，谣俗被服饮食奉生送死之具"，皆"待商而通，待工而成"，这就给发展商业提供了充分条件。其实司马迁所说的"皆中国人民所喜好"，这个中国人民只是其中的一小部分拥有购买力的财富所有者，而不是一般劳苦大众，只有富有的统治阶级才能把上述物品作为"奉生送死之具"。因此，在江南，同样是当民间普通商业还不可能发展时，首先也是奢侈品贩运迅速发展起来，当时所出现的许多富商大贾，便都是经营这种奢侈品贩运的大商人：

> 昏作役苦，故稽人去而从商；商子事逸，末业流而浸广。……于是竞收罕至之珍，远蓄未名之货，明珠翠羽，无足而驰，丝屬文章，飞不待翼。天下荡荡，咸以弃本为事。③

为供应王侯贵族等富人享受的奢侈品贩运，当然都能获得惊人的高额利润，故这些商人无不腰贯累累，富埒王侯，他们也同样是穷奢极欲，以致梁武帝时曾一度严令制止：

> 高祖下令曰："自永元失德，书契未纪，穷凶极悖，焉可胜言。……上漫下暴，淫侈竞驰。……长袖低昂，等和戎之赐，珍羞百品，同伐冰之家。愚民因之，浸以成俗，骄艳竞爽，夸丽相高。

---

① 《史记》卷一百二十九，《货殖列传》。
② 左思：《吴都赋》，《昭明文选》卷五。
③ 《宋书》卷五十六，《孔琳之传论》。

至乃市井之家，貂狐在御；工商之子，缇绣是袭。……"①

富商大贾既经常与官府相勾结，一些贪官污吏遂亦直接参与商业活动，这种亦官亦商以兴利聚敛的王公权贵，各朝均不乏其人，这里仅酌举几例：

[道济为益州刺史] 长史费谦……并聚敛兴利，而道济委任之，伤政害民，民皆怨毒。……远方商人多至蜀土资货，或有直数百万者，谦等限布、丝、绵各不得过五十斤，马无善恶，限蜀钱二万。……商旅吁嗟，百姓咸欲为乱。②

觊弟道存，从弟徽，颇营产业。二弟请假东还，觊出渚迎之，辎重十余船，皆是绵、绢、纸、席之属。觊见之，伪喜……既而正色谓道存等曰："汝辈忝预士流，何至还东作贾客邪！"③

喜未死一日，上与刘勔、张兴世、齐王诏曰："……喜至荆州，公私殷富，钱物无复孑遗。……西难既殄，便应还朝，而解故槃停，托云扞蜀。实由货易交关，事未回展。……又遣部下将吏，兼因土地富人，往襄阳或蜀、汉，属托郡县，侵官害民，兴生求利，千端万绪。从西还，大艑小艒，爰及草舫，钱米布绢，无船不满。自喜以下，逮至小将，人人重载，莫不兼资。……"④

出为晋安王子勋镇军长史、寻阳内史、行江州事。……琬性鄙暗，贪吝过甚，财货酒食，皆身自量校。至是父子并卖官鬻爵，使婢仆出市道贩卖。⑤

刘宋以后，此风尤炽，上自朝廷王公权贵，下至州郡守宰长吏，都不加掩饰地从事于商业活动，例如南齐豫章文献王即曾在其管辖区域内以明令禁止官吏经商：

嶷徙都督荆、湘、雍、益、梁、宁、南北秦八州诸军事、镇西

① 《梁书》卷一，《武帝纪上》。
② 《宋书》卷四十五，《刘粹传附弟道济传》。
③ 《宋书》卷八十四，《孔觊传》。
④ 《宋书》卷八十三，《吴喜传》。
⑤ 《宋书》卷八十四，《邓琬传》。

将军、荆州刺史……巍至镇……禁二千石长官，不得与人为市。[1]

可知在禁止以前，二千石及二千石以下的大小官吏无不经商。其后到梁时，这种情况依然如故：

> [景宗迁郢州刺史] 天监元年（公元五〇二年），进号平西将军，改封竟陵县侯。景宗在州，鬻货聚敛。[2]
>
> 天监初……寻出为南海太守。郡常有高凉[17]生口及海舶每岁数至，外国贾人以通货易。旧时州郡以半价就市，又买而即卖，其利数倍，历政以为常。[3]
>
> 时纪称梁王。……在蜀十七年，南开宁州、越巂，西通资陵、吐谷浑。内修耕桑盐铁之功，外通商贾远方之利，故能殖其财用，器甲殷积。……既东下，黄金一斤为饼，百饼为籯，至有百籯，银五倍之，其他锦罽缯采称是。[4]

这些王侯权贵和富商大贾所贩运的商品，当然都是价值昂贵的精美物品，而不是价值低廉的普通日用品。"明珠翠羽""丝罽文章"的购买者只能是富人，所以贩运商业完全是要从富人的荷包中赚取高额利润，而不是要在民间市场上薄利多销，因此，不管这种商业活动所进行的是纯经济剥削还是兼有超经济剥夺，总之，所表现的都是贩运商业的基本性能，也就是在民间普通商业不发达的情况下，它的发展是与社会一般的经济发展成反比例的，具体说，它越发展，则一般社会经济——包括商品经济就越不发展。

第二节　集市商业、城市商业和商业都会

（一）小商贩与集市

民间商业最普通的形式之一，是小商小贩在农村集市或附近城市市场上

---

① 《南齐书》卷二十二，《豫章文献王传》。
② 《梁书》卷九，《曹景宗传》。
③ 《梁书》卷三十三，《王僧孺传》。
④ 《南史》卷五十三，《武陵王纪传》。

出卖自己的农副产品，从事这种经营的商人，一般都是农民将其剩余的农产品或狩猎渔捞的获得品，运到附近的农村集市或城市去出卖，这种小商小贩实际上并不是专业商人，其贩运活动也不是经常的，或者偶一为之，或者在一定季节内贩运某些应时的农产品，季节一过或所卖物品不再生产时，就回到自己原来的生产岗位上去，不再进行商业贩运活动。例如下引一例，形式上是在进行交易，实际上却又不是严格意义的商业：

> ［郭原平］每出市卖物，人问几钱，裁言其半，如此积时，邑人皆共识悉，辄加本价与之，彼此相让，欲买者稍稍减价，要使微贱，然后取直。……又以种瓜为业。世祖大明七年（公元四六三年）大旱，瓜渎不复通船，县官刘僧秀愍其穷老，下渎水与之。原平曰：“普天大旱，百姓俱困，岂可减溉田之水，以通运瓜之船。”乃步从他道往钱唐货卖。每行来，见人牵埭未过，辄迅楫[18]助之，己自引船，不假旁力。若自船已渡，后人未及，常停住须待，以此为常。①

早在春秋时的《国语》中，左丘明就明确地给商业下定义是“买贱鬻贵”，这原是商业经营的基本原则，尤其是在古代的初期商业中，商人的贩运活动完全是建立在不同地区或不同时间的物价差额上，这也是商业利润的唯一来源。像郭原平这样，完全是反其道而行之，在出卖商品时，故意索取半价，务使买者稍稍减价，“要使微贱，然后取直”，等到买者不忍，“加本价与之”，还要“彼此相让”。关于郭原平的个人品德，这里不做评论，仅就商业而言，这实际上是将商业存在的基础取消了，故郭原平只能出卖自己所种的瓜，如系贩运而来就不可能了，所以说这种交易不是严格意义的商业。下引另一例，与此有相同的性质：

> 会稽人陈氏有三女，无男。……岁饥，三女相率于西湖采菱莼，更日至市货卖，未尝亏怠。②

---

① 《宋书》卷九十一，《孝义·郭世道附子原平传》。
② 《南齐书》卷五十五，《孝义·韩灵敏传》。

陈氏女"更日至市货卖"的菱莼，是从湖里自己采集的获得物，她们同样不是专门经商的商人，并且还是偶然性的，只有在湖中有菱莼可采时，才能从事这种经营，季节一过或产物已竭时，她们的商业活动也就自然停止了。

另一种经营方式虽然也是进行小量的商贩活动，但却与上述的情况不同，不是农民的一种业余性质的或偶然的活动，而是专门从事贩运的商人，不管他们贩运的商品种类是多么简单，贩运的商品数量是多么微小，也是一种专业性的商品经营。例如：

> 戴法兴，会稽山阴人也。家贫，父硕子，贩纻为业。……法兴少卖葛于山阴市。[1]
>
> 太祖辅政，以山阴狱讼烦积，复以琰为山阴令。卖针卖糖老姥争团丝，来诣琰，琰不辨核，缚团丝于柱鞭之，密视有针屑，乃罚卖糖者。[2]
>
> 起［瑀］为振武将军、余姚令。……瑀微时，尝自至此鬻瓦器，为富人所辱，故因此报焉。[3]

戴法兴父子所贩之纻、葛，卖针、卖糖老姥所贩之针和糖，以及沈瑀所贩之瓦器，都不是自己生产的，都是把已经生产出来的商品进行单纯的贩运。尽管他们所贩运的数量是不大的，价值也是微小的，但是他们的活动已经是专业性的商业活动，这是使已经生产出来的商品通过贩运而成为商品，换言之，流通过程与生产过程已经通过商人贩运而结合在一起了。

农村有固定的交易市场，成为附近周围地区的一个商货聚积交易的地点。这种初级市场的结构，仍与过去历代的情形相同，都是一种定期市，后世遍于南北各地农村的集、市、场、墟、草市、药市、蚕市等等都属于这种定期一聚的农村集市，集会期间的长短各地参差不一，少则三四日、多则五六日举行一次。例如：

> ［江州］有平都县，为巴郡之隶邑矣。……县有市肆，四日

---

① 《宋书》卷九十四，《恩幸·戴法兴传》。
② 《南齐书》卷五十三，《良政·傅琰传》。
③ 《梁书》卷五十三，《良吏·沈瑀传》。

一会。①

《赵书》曰：国丰市，五日一会。②

在交通不便的偏僻地方，商业不发达，因而集市会期的间隔时间更长，有十日一会的，例如：

[鱼复县] 江水又东，左径夜清，而东历朝阳道口，有县治，治下有市，十日一会。江水又东，左径新市里南。常璩曰：巴旧立市于江上，今新市里是也。③

这种农村集市有时亦叫作"草市"，后来唐时遍于全国的草市，六朝时已经存在。这种草市亦和城市市场一样，系由官府指定设立，政府亦设官管理，征收商业税当然也是这类市官的任务之一。例如：

京邑骚乱，宝夤至杜姥宅，日已欲暗，城市闭，城上人射之，众弃宝夤逃走。宝夤亡逃三日，戎服诣草市尉，尉驰以启帝。④

草市尉就是主管草市的官吏，是直接由朝廷委派的，故于鄱阳王萧宝夤兵败之后，亡逃三日，不得已而戎服诣草市尉以避难时，尉能直接驰以启帝，可知这个小小的草市尉是有一定来历的。

（二）城市商业

六朝时期的城市，在性质上、结构上和作用上，与过去历代的城市完全相同，换言之，这时的城市仍是战国秦汉以来城市的继续。关于中国古代城市市场的性质、作用和具有的一些特点，作者在另文中曾指出："大小城市虽然都设有市场，但这并不表示大小城市都已发展为工商业中心。首先，市场都是官家设立的，并且是根据'礼法'（《周礼》《王制》）照例设立的，而不

① 郦道元：《水经注》卷三十三，《江水》。
② 《太平御览》卷八百二十七，《资产部·市》。
③ 郦道元：《水经注》卷三十三，《江水》。
④ 《南齐书》卷五十，《鄱阳王宝夤传》。

是由于那个地方已经有了工商业的发展，从而使一个工商荟萃[19]的所在自然发展为市。它的设置，往往是在工商业没有发达之前，甚至在完全没有工商业的情况下，就已经随着城的建立而建立，特别是那些建立在荒僻地方的城更是如此。只是由于城内已经建有市，才令一切交易都必须在那个被指定的特殊区域来进行。总之，市的形成，不是经济发展的自然结果。其次，城内的市场只是一个临时聚合的交易地点，并且是一种有时间限制的定期市——'日中为市'。交易的人不是定居在市内的，到了交易时间，人们才从四面八方聚来，罢市之后，又都各自散去。所谓'明旦侧肩争门而入'，即因交易时间有限，故争先恐后；日暮罢市，人已散去，故'掉臂而不顾'，在非交易时间，要将市门关闭，逗留不去者还要处罚。可知交易时间一过，市场便空空如也，不再有任何营业活动。这种临时一聚的交易地点，不可能成为一个独立发展的工商业中心。"① 六朝时的城市与此完全相同，没有任何改变。首先，城内市场是由官府设立的：

　　陆机《洛阳论》曰：三市大市名，金市在大城中，马市在城东，杨阳市在城南。②
　　山谦之《丹阳记》曰：京师四市：建康大市，孙权所立，建康东市同时立，建康北市永安中立，秣陵斗场市，隆安中发乐营人交易，因成市也。③

这种官市都系设在城中的固定地点，成为城内的一个特殊区域，到了交易时间，人们便聚集在那里进行买卖，罢市之后，人即散去：

　　《晋书》曰：羊祜都督荆州，卒，而州人正市，闻祜卒，皆号恸罢市。④

这个特殊区域的另一作用是作为刑场，自古以来都是在市内行刑，一则因市在宫、庙之后，于地属阴；二则因市内人多，枭首即可示众，故历来称

---

① 参见拙著：《中国经济史论丛》上，生活·读书·新知三联书店出版，第三四六至三四七页。
② 《太平御览》卷八百二十七，《资产部·市》。
③ 《太平御览》卷八百二十七，《资产部·市》。
④ 《太平御览》卷八百二十七，《资产部·市》。

杀人为弃市。例如：

> 《宋书》曰：申坦坐法当弃市，群臣为请莫得，将行刑，始兴
> 公沈庆之入市抱坦恸哭，曰："卿无罪，为朝廷所枉诛，我入市亦当
> 不久！"市官以白上，乃原生命，系尚方，寻被宥。①

市由官设，故政府亦设官管理，大小不同的市，皆设有品秩不同、名称
不同的市官，或名司市、或名市令，名称虽殊，作用则一。

> 《吴志》曰：孙皓爱妾或使人至市，劫夺百姓财物，司市中郎
> 将声素，皓幸臣也，特皓宠遇，绳之以法，妾以诉[20]皓，皓大怒，
> 假他事，烧断声头，投其身于四望之下。②
> 〔石苞〕初为县吏，买铁邺市，市长沛国赵元儒，见甚异之。③

在市内交易的工商业者，不仅要受政府官吏的监督和管制，而且被当作
低人一头的下流人，须穿着特殊服装，以表示不同于一般人。

> 晋令曰：侩卖者，皆当着巾，白帖额，题所侩卖者及姓名，一
> 足着白履，一足着黑履。④

政府设置各级市政官吏，除了监督管制工商业者外，同时也为了征收商
税，这是历东晋至南朝之末一直贯彻实行的一个传统制度，成为政府财政收
入的一个重要组成部分：

> 自东晋至陈，西有石头津，东有方山津，各置津主一人，贼曹
> 一人，直水五人，以检察禁物及亡叛者，获炭鱼薪之类，出津者并
> 十分税一以入官。淮水北有大市，自余小市十余所，各置官司。税

① 《太平御览》卷八百二十七。
② 《太平御览》卷八百二十七。
③ 《太平御览》卷八百十三，引王隐《晋书》。
④ 《太平御览》卷八百二十八。

敛既重，时甚苦之。①

在关津之处所征的是通过税，市内交易又另有重税，买者卖者均须缴纳，有文券者收百分之四，无文券者亦收百分之四，名曰散估：

> 晋自过江，凡货卖奴婢、马牛、田宅，有文券者，率钱一万，输估四百入官，卖者三百，买者一百。无文券者，随物所堪，亦百分收四，名曰散估。历宋、齐、梁、陈，如此以为常。以此，人竞商贩，不为田业，故使均输，欲为惩励。虽以此为辞，其实利在侵削。②

城内市场的内部组织形式与过去历代的城市相同，仍延续了古代的列肆制度，即货物以类相从，同一物品在一肆发售，保持了《周礼》所谓"名相近者相远，实相近者相迩"的古制，例如成都市，历来就是"修整里阓，市张列肆，与咸阳同制"。③ 其他大小城市，无不如此。例如山阴市：

> 古之同市朝者，岂不以众之所归，宜必去行物。近检校山阴市，多不如法，或店肆错乱，或商估没漏，假冒豪强之名，拥护贸易之利，凌践平弱之人，专固要害之处，属城承宽，亦皆如之。④
>
> 僧珍在任，平心率下，不私亲戚。从父兄子先以贩葱为业，僧珍既至，乃弃业欲求州官。僧珍曰："……汝等自有常分，岂可忘求叨越，但当速返葱肆耳。"僧珍旧宅在市北，前有督邮廨，乡人咸劝徙廨以益其宅。僧珍怒曰："督邮官廨也，置立以来，便在此地，岂可徙之益吾私宅。"姊适于氏，住在庙西，小屋临路，与列肆杂处，僧珍常导从卤簿到其宅，不以为耻。⑤

葱肆就是市内专门售葱的地方，是同类商品并列一处的传统制度。关于

---

① 《通典》卷十一，《食货》十一，《杂税》；又见《隋书》卷二十四，《食货志》。
② 《隋书》卷二十四，《食货志》。
③ 常璩：《华阳国志》卷三。
④ 王彪之：《整市教》，《全晋文》卷二十一，引《初学记》。
⑤ 《梁书》卷十一，《吕僧珍传》。

市肆的具体情况，可由下引两文略见其热闹繁华之状：

> 吴都市：开市朝而并纳，横阛阓而流溢。混（同也）品物而同
> 廛，并都鄙而为一。士女伫眙（伫眙，立视也），商货骈坒（坒，
> 相连也，扶必切），纻[21]衣绤服，杂沓从[22]萃（从，走貌，先巩
> 切），轻舆按辔以经隧（隧，向市路），楼船举飑（帆）而过肆，果
> 布辐凑而常然，致远流离与珂珹（《地理志》：越有犀象玳瑁珠玑银
> 铜果布之凑。布，筭纻之属。近海多宝货，凑，令处也。珹，老
> 雕[23]化，西海为珹，已截割若马勒者，谓之珂珹者，珂之本璞也，
> 日南郡出珂珹）。金镒磊砢（金二十两为镒，磊砢，众多貌），珠琲
> 阑干（琲，贯也，珠十贯为一琲；阑干犹纵横也）。桃笙象簟，韬
> 于筒中，蕉葛升越，弱于罗纨（桃笙，桃枝簟也，吴人谓簟为笙，
> 又折象牙以为簟也。蕉葛，葛之细者；升越，越之细者）。①
> 蜀都市：亚以少城（注：少城，小城也，在大城西，市在其中
> 也），接于其西，市廛所会，万商之渊，列隧百重，罗肆巨千，贿货
> 山积，纤[24]丽星繁。都人士女，袨服靓妆，贾货滞鬻，舛错纵横，
> 异物崛诡，奇于八方。布有橦华，面有桄榔，邛杖传节大夏之邑，
> 筇酱流味于番禺之乡（橦华者，树名橦，其化柔毳，可绩为布也，
> 出永昌。桄榔，树名也，木中有屑如面，可食，出兴古。《汉书》
> 曰：感蒟酱竹杖则开牂柯越嶲也。邛竹杖以节为奇，故曰传节也）。
> 舆辇杂沓，冠带混并，累毂叠迹，叛衍相倾，喧哗鼎沸，则唲眄宇
> 宙，嚣尘涨天，则埃壒曜灵（叛，乱也，叛衍，犹漫衍也。唲眄，
> 杂乱欢[25]语也。曜灵，白日也）。②

赋者，铺也，文人辞赋难免有铺张扬丽、夸大不实之处，但与实际情况
也不能有太大出入，大都会的市场一般确系"市廛所会，万商之渊，列隧百
重，罗肆巨千，贿货山积，纤丽星繁"，市内更是车毂击，人肩摩，士女如
云，人声鼎沸，这与后来唐代两京市肆的繁华兴旺之状，是很相似的。

北朝的城市商业，其繁华兴旺之状并不下于南朝，市的制度亦与南朝相

---

① 左思：《吴都赋》，《昭明文选》卷五。
② 左思：《蜀都赋》，《昭明文选》卷四。

同。因为北朝的城原都是古城，故市亦系历代市制的继续，即所有大小城的市皆由官立，并设在城内的一定地点，设置各级市官和对工商业者的管制办法，亦与过去相同。这里以北魏首都洛阳为例：

出西陵门四里，御道南有洛阳大市，周回八里。①

孝义里东，即是洛阳小市……民间号为吴人坊，南来投化者多居其内。近伊、洛二水，任其习御。里三千余家，自立巷市也，所卖口味，多是水族，时人谓之鱼鳖市也。②

别立市于洛水南，号曰四通市，民间谓永桥市。伊、洛之鱼，多于此卖，士庶须脍，皆诣取之。③

这些市都与古代的市一样是定时市，朝开夕闭，启闭有一定时间，到了交易时间才打开市门，交易时间一过，一般都是击鼓罢市：

[建春门外] 阳渠北有建阳里，里有土台，高三丈，上作二精舍。赵逸云："此台是中朝旗亭也。"（张衡《西京赋》："旗亭五重，俯察百隧。"薛综注："旗亭，市楼也。"）上有二层楼，悬鼓击之以罢市。④

在市内居住的工商业者，大都是财拥巨万的富商大贾，上文已指出，定居在通商、达货、调音、乐律、退酤、治觞、慈孝、奉终、准财、金肆等十里之内的住户，"多诸工商货殖之民"，他们都是"千金比屋"，各有其发财致富的经营和管理方法。例如大商人刘宝，就是一个很典型的例子：

市（洛阳大市）东有通商、达货二里。里内之人，尽皆工巧、屠贩为生，资财巨万。有刘宝者，最为富室。州郡都会之处皆立一宅，各备马一（《河南志》一作十，似是）匹[26]，至是盐粟贵贱、市价高下，所在一例。舟车所通，足迹所履，莫不商贩焉。是以海

---

① 《洛阳伽蓝记》卷四，《法云寺》。
② 《洛阳伽蓝记》卷二，《景宁寺》。
③ 《洛阳伽蓝记》卷三，《龙华寺》。
④ 《洛阳伽蓝记》卷三，《龙华寺》。

内之货，咸萃其庭，产匹铜山，家藏金穴。宅宇逾制，楼观出云，车马服饰，拟于王者。①

这是一个分号遍各地的大商人，他在各州郡都会之处皆设有分店，故凡"舟车所通，足迹所履，莫不商贩"，这样，全国各地区的物价高低、供需状况以及市场可能发生的变化，都了如指掌，故能无往而不利，能使"海内之货，咸萃其庭"，可见其经营规模之大，他之所以能"产匹铜山，家藏金穴"，就绝非偶然了。除了像刘宝这样的大商人为数众多外，在市内定居的还有很多外国商人，这时波斯、大秦诸国"贾胡"东来贸易者络绎不绝，说明洛阳在当时还是一个大的国际市场：

自葱岭巳西，至于大秦，百国千城，莫不款附，商胡贩客，日奔塞下，所谓尽天地之区矣。乐中国土风，因而宅者，不可胜数。是以附化之民，万有余家。门巷修整，阊阖填列，青槐荫柏，绿树垂庭，天下难得之货，悉咸在焉。②

北朝大小城市的市与南朝市的情况相同，皆设有等级不同的市官，除了管理市场、监督工商业者外，便是为了征收商税，自京师至州郡的大小市场，皆征收关市邸店之税。例如：

后魏明帝孝昌二年（公元五二六年），税入市者，人一钱，其店舍又为五等，收税有差。③

魏以后的齐、周两朝，都继续征收商税，其征收办法也与北魏相同：

北齐黄门侍郎颜之推，奏立关市邸店之税，开府邓长颙赞成之，后主大悦，于是以其所入，以供御府声色之费，军国之用，不在此焉。④

---

① 《洛阳伽蓝记》卷四，《法云寺》。
② 《洛阳伽蓝记》卷三，《龙华寺》。
③ 《通典》卷十一，《食货》十一，《杂税》。
④ 《通典》卷十一，《食货》十一，《杂税》。

[天统六年（公元五七〇年）闰八月]辛巳，以军国资用不足，税关市、舟车、山泽、盐铁、店肆，轻重各有差。[①]

后周闵帝初，除市门税，及宣帝即位，复兴入市之税，每人一钱。[②]

隋文帝登庸，又除入市之税。[③]

到了北朝之末的隋代，随着社会经济的逐渐恢复，城市商业也跟着繁荣起来，以长安和洛阳二京为例，其情况有如下述：

东市：隋曰都会市，南北居二坊之地，东西南北各六百步，四面各开一门，定四面街，各广百步。……街市内货财二百二十行，四面立邸，四方珍奇，皆所积集。……当中东市局，次北平准局，并隶太府寺。[④]

西市：隋曰利人市，南北尽两坊之地，市内有西市局，隶太府寺。市内店肆，如东市之制。[⑤]

东都洛阳，隋时有三市，一曰大同市，二曰通远市，三曰丰都市。大同市周四里，通远市周六里，"其内郡国舟船，舳舻万计"。丰都市最大，"周八里，通门十二，其内一百二十行，三千余肆，甍宇齐平……四壁有四百余店。重楼延阁，牙相临映，招致商旅，珍奇山积"。[⑥] 这已与唐代两京市肆的规模和繁荣情况不相上下了。

（三）商业都会

南北朝时期的商品经济一般说来虽然不发达，但位于水陆交通要道之上的大城市，亦都相继发展成为繁华的商业都会，大都是人口众多，四方商货集聚，成为周围地区的一个发达的商业中心。只是由于南北两地的整个社会

---

① 《北齐书》卷八，《后主纪》。
② 《通典》卷十一，《食货》十一，《杂税》。
③ 《通典》卷十一，《食货》十一，《杂税》。
④ 宋敏求：《长安志》卷八。
⑤ 宋敏求：《长安志》卷十。
⑥ 杜宝：《大业杂记》。

经济都遭受过不同程度的破坏，在没有得到充分恢复之前，商业发展是没有雄厚的基础的，又加以南北长期分裂，此争彼伐，干戈不息，平时亦在彼此分界处重兵驻守，严守疆境，往来非易，商货运输，更为困难，故南北两地的大商业都会均为数不多，而北朝更少，比较重要的都会大都在江南、岭南、荆湘、梁益诸州，可考的有以下几处：

1. 建康

建康是六代建都所在，乃江南的政治、经济和文化中心，人物荟萃，四方辐凑，故成为江南第一大都会，到南朝季叶的梁代，始终保持了固有繁荣，其情况是：

> 《金陵记》曰：梁都之时，户二十八万。西石头城，东至倪塘，南至石子冈，北过蒋山，南北各四十里。侯景之乱，至于陈时，中外人物，不迨宋齐之半。[①]

从一次关于水灾的记载中，可知东晋时的建康确是人庶众多，商旅云集：

> 其明年［晋安帝元兴三年（公元四〇四年）］二月庚寅夜，涛水入石头。是时贡使商旅，方舟万计，漂败流断，骸胔相望。江左虽有涛变，未有若斯之甚。[②]

2. 京口

京口（今镇江）是仅次于建康的一个大商业都会。由于京口城处四通八达之地，望海临江，水道又东通吴、会，故商旅荟萃：

> 南徐州镇京口。……丹徒水道入通吴、会，孙权初镇之。……今京城因山为垒，望海临江，缘江为境，似河内郡，内镇优重。宋氏以来，桑梓帝宅，江左流寓，多出膏腴。[③]
> 京口东通吴、会，南接江、湖，西连都邑，亦一都会也。[④]

---

① 《资治通鉴》卷一百六十二，梁太清三年胡注。
② 《宋书》卷三十三，《五行志》四。
③ 《南齐书》卷十四，《州郡志上》。
④ 《隋书》卷三十一，《地理志下》。

3. 丹阳

丹阳是一个与京口并驾齐驱的大商业都会，物产丰富，蚕桑业特别发达，故商业茂盛，"市廛列肆"，可与二京相比拟：

> 丹阳旧京所在，人物本盛，小人率多商贩，君子资于官禄，市廛列肆，埒于二京，人杂五方，故俗颇相类。……宣城、毗陵、吴郡、会稽、余杭、东阳，其俗亦同。然数郡川泽沃衍，有海陆之饶，珍异所聚，故商贾并凑。小人勤于耕稼……一年蚕四五熟，勤于纺绩，亦有夜浣纱而旦成布者，俗呼为鸡鸣布。①

4. 山阴

山阴在东晋时已是一个人口众多、商业发达的大郡，上文曾述及山阴市由于一些商人"冒豪强之名，拥护贸易之利，凌践平弱之人"，致使"店肆错乱，商估没漏（偷漏商税）"，乃由官府设法加以整顿。到刘宋时，山阴依然保持了固有繁荣：

> 觊之……复东迁山阴令。山阴民户三万，海内剧邑，前后官长，昼夜不得休，事犹不举。②

5. 寿春

寿春是淮河流域的重镇之一，是南北对峙的重地，而南北互市，亦主要是在淮上进行，故寿春遂成为淮南的一个重要都会：

> 寿春，淮南一都之会，地方千余里，有陂田之饶，汉、魏以来扬州刺史所治。北拒淮水，《禹贡》云："淮海惟扬州"也。……芜湖，浦水南入，亦为险奥。③

6. 襄阳

襄阳为淮河流域的另一重镇，是南北交通的孔道，又是南北对垒的疆场

---

① 《隋书》卷三十一，《地理志下》。
② 《宋书》卷八十，《顾觊之传》。
③ 《南齐书》卷十四，《州郡志上》。

之地（"对接荒寇"），为南北往来所必经，故遂为人物荟萃之所，成为淮河流域寿春以外的另一个重要商埠：

> 雍州，镇襄阳。……自永嘉乱，襄阳民户流荒。咸康八年（公元三四二年），尚书殷融言："襄阳、石头，疆场之地，对接荒寇。"……襄阳左右，田土肥良，桑梓野泽，处处而有。……宋元嘉中，割荆州五镇属，遂为大镇。疆蛮带沔，阻以重山，北接宛、洛，平涂直至，跨对樊、沔，为鄢、郢北门。①

7. 荆州

荆州物产丰富，交通冲要，绾"雍、岁峭、交、梁之会"，史称"江左大镇，莫过荆、扬"，可知这两州是东晋和南朝依以建国的基础：

> 荆州，境域之内，含带蛮、蜑[27]，土地辽远，称为殷旷。江左大镇，莫过荆、扬。②
>
> 太祖……报〔沈〕攸之书曰："……况荆州物产，雍、嶠、交、梁之会，自足下为牧，荐献何品？良马劲卒，彼中不无，良皮美劚，商贩所聚，前后贡奉，多少何如？……"③
>
> 自晋氏南迁之后，南郡（荆州）、襄阳，皆为重镇，四方凑会。④

8. 郢州

郢州与荆州隔江相对，是荆州以外的另一重镇，由于地处冲要，故也是一个重要的商业都会，人物荟萃，商货聚集：

> 郢州，镇夏口，旧要害也。……地居形要，控接湘川，边带涢、沔。……夏口城据黄鹄矶……边江峻险，楼橹高危，瞰临沔、汉，

---

① 《南齐书》卷十五，《州郡志下》。
② 《南齐书》卷十五，《州郡志下》。
③ 《南齐书》卷二十五，《张敬儿传》。
④ 《隋书》卷三十一，《地理志下》。

应接司部，宋孝武置州于此，以分荆楚之势。①

9. 益州

益州自古号称为天府之国，永嘉之乱，蜀中未受到直接波及，其后李氏据蜀，又采取了保境安民之策，赋轻民殷，能长期保持着天下已乱蜀未乱的局面，故在整个六朝时期，基本上未失去固有的繁荣：

> 益州，镇成都……方面疆镇，涂出万里……州土瑰[28]富，西方之一都焉。②
>
> 蜀都，其地四塞，山川重阻，水陆所凑，货殖所萃，盖一都之会也。③

10. 广州

广州早在汉代即是一个重要的对外贸易港，循海道而来的商舶，都是以广州为最后目的地，所以早在西汉时，司马迁就说："九疑、苍梧以南至儋耳者（《正义》言岭南至儋耳之地）与江南大同俗，而扬越多焉，番禺其一都会也，珠、玑、犀、玳瑁、果、布之凑。"④ 到六朝时，广州繁华犹昔：

> 广州，镇南海。滨际海隅，委输交部，虽民户不多，而俚獠猥杂……卷握之资，富兼十世。⑤
>
> 南海、交趾，各一都会也，并所处近海，多犀、象、玳瑁、珠、玑，奇异珍玮，故商贾至者，多取富焉。⑥

因此，凡官广州者，无不视为肥缺，一履其地，便四伸魔掌，史称："南土沃实，在任者常致巨富，世云'广州刺史但经城门一过，便得三千万。'"⑦ 事实上，广州官吏能砥砺廉隅者确如凤毛麟角：

---

① 《南齐书》卷十五，《州郡志下》。
② 《南齐书》卷十五，《州郡志下》。
③ 《隋书》卷二十九，《地理志上》。
④ 《史记》卷一百二十九，《货殖列传》。
⑤ 《南齐书》卷十四，《州郡志上》。
⑥ 《隋书》卷三十一，《地理志下》。
⑦ 《南齐书》卷三十二，《王琨传》。

［劢徙广州刺史］广州边海，旧饶，外国舶至，多为刺史所侵，每年舶至，不过三数。及劢至，纤毫不犯，岁十余至。……前后刺史皆营私蓄，方物之贡，少登天府。自劢至州，岁中数献，军国所需，相继不绝。武帝叹曰：“朝廷便是更有广州。”①

11. 交州

交州是仅次于广州的一个大的对外贸易港，外国商船来华贸易，大都先舶交州，然后再转广州。六朝时交、广并称，繁华犹昔：

交州，镇交阯，在海涨岛中。……外接南夷，宝货所出，山海珍怪，莫与为比。②

第三节　南北互市

在南北分立对峙、各守疆界的情况下，普通的商旅往来、货物运输，实异常困难，因双方都要在疆场之地特别是水陆交通要道，驻守重兵，禁止商旅人等越界往来，以防混入奸细，窥探虚实。为了防止敌方的间谍活动，交界之处，必严加盘查，对越界而来的商贩货运自亦悬为厉禁。当时的南北对峙主要以淮水为界，而南北往来孔道亦主要是在淮上，故此项禁止南北往来的办法，当时称为“淮禁”。

民间的正常商业活动虽难于进行，但这不是说商业已经完全消灭，正相反，特殊的贩运贸易反而更为发达。前文曾论述过，乱世之人，易流于奢，“于是竞收罕至之珍，远蓄未名之货，明珠翠羽，无足而驰，丝罽文犀，飞不待翼”。正由于这些楠梓姜桂、羽毛丹砂、齿革犀象，珠玑玳瑁、锦绣纂组等等有着广阔的市场，这些商货遂因之贸迁各地。故虽然是干戈扰攘，烽火遍地，而商贾则神通广大，履险如夷，关卡虽严，亦越界有方，所以南北虽然分立，并不断兵戎相见，而互市则照常进行，并且还相当频繁。

---

① 《南史》卷五十一，《吴平侯景传附子劢传》。
② 《南齐书》卷十四，《州郡志上》。

经营这种贸易的，除了民间的一般富商大贾外，官家自己亦在进行这种贸易，并且在南北之间大宗贸易的总额中，官家所占的比重尤远过于一般商人，换言之，南北互市，实际上是南北两方政府通过这种方式以互通有无。例如下引两例，即主要是南北政府之间所进行的官方贸易。但是当官方的贸易关系建立之后，民间商贾亦必跟踪而至，所以通过互市，使区域间贸易亦随之发展起来。从下引两例可以看出，这种关系在东晋初叶时即已通过协商建立起来：

> [元帝朝，逖镇豫州] 石勒不敢窥兵河南，使成皋县修逖母墓，因与逖书，求通使交市。逖不报书，而听互市，收利十倍，于是公私丰赡，士马日滋。①
>
> [健将符] 雄遣 [符] 菁掠上洛郡，于丰阳县立荆州，以引南金奇货、弓竿漆蜡，通关市，来远商。于是国用充足，而异贿盈积矣。②

可见互市是对双方有利的，对北朝而言，通过互市获得了南方物产，即所谓"南金奇货、弓竿漆蜡"等等，使"国用充足"，"异贿盈积"；对南朝而言，也是"收利十倍"，"公私丰赡"，特别是通过互市，获得了北方物产，尤其是获得了南方奇缺的马匹，故结果是"士马日滋"，并且都是由官方建立了贸易关系之后，而能"来远商"，使民间的贩运商业亦因之发达。

到了刘宋与北魏对垒时期，双方的敌对关系时张时弛，有时和亲通好，聘使络绎，有时则又南征北讨，兵戎相见，但双方之互有所求，仍如往昔：北人极嗜南方物产，即使是甘蔗橘柚，亦视为珍奇；南人则急需马匹、骆驼、旃裘等北地物产；故双方在经过协商、彼此同意后又恢复互市。从下引记载可以看出，即使在战争时期，于两军对阵之际，犹互有所求，并互赠特产：

> 元嘉二十七年（公元四五〇年），魏主托跋焘[29]南征……虏众近城数十里，彭城众力虽多，而军食不足，义恭欲弃彭城南归，计议弥日不定。……魏主既至，登城南亚父塚，于戏马台立毡屋。先

---

① 《晋书》卷六十二，《祖逖传》。
② 《晋书》卷一百十二，《符健载记》。

是，队主蒯应见执，其日晡时，遣送应至小市门，致意求甘蔗及酒。孝武遣送酒二器，甘蔗百挺。求骆驼。明日，魏主又自上戏马台，复遣使至小市门，求与孝武相见，遣送骆驼，并致杂物，使于南门受之。……魏主又求酒及甘橘，孝武又致螺杯杂物，南土所珍。……又求博具，俄送与。魏主又遣送毡及九种盐并胡豉。……又求黄甘。……又云："魏主恨向所送马，殊不称意，安北若须大马，当送之，脱须蜀马，亦有佳[30]者。"畅曰："安北不乏良骊，送在彼意，此非所求。"义恭又送炬烛十挺，孝武亦致锦一匹。又曰："知更须黄干，若给彼军，即不能足，若供魏主，未当乏绝，故不复致。"①

接着，北魏于彭城退兵之后，翌年［元嘉二十八年（公元四五一年）］即正式向江南宋王朝提出互市的请求，朝廷诏群臣博议，以确定是否应与北魏建立正式通商关系。一时朝议纷纭，赞成者与反对者均大有人在：

世祖即位，索虏求互市。江夏王义恭、竟陵王诞、建平王宏、何尚之、何偃，以为宜许；柳元景、王玄谟、顾峻、谢庄、檀和之、褚湛之以为不宜许，时遂通之。②

在反对者当中，以颜竣[31]、谢庄两人的言论最为剀切，他们的论点主要如下：

［元嘉］二十八年，虏自彭城北归，复求互市。竣议曰："愚以为与虏和亲无益，已然之明效。何以言其然？夷狄之欲侵暴，正苦力之不足耳，未尝拘制信义，用辍其谋。昔年江上之役，乃是和亲之所招；历稔交聘，遂求国婚。朝廷羁縻之义，依违不绝，既积岁月，渐不可诬。兽心无厌，重以忿怒，故至于深入。幸今因兵交之后，华戎隔判，若言互市，则复开衅敝之萌。议者不过言，互市之利在得马，今弃此所重，得彼下驷，千匹以上，尚不足言，况所得

①《宋书》卷四十六，《张邵传附畅传》。
②《宋书》卷九十五，《索虏传》。

之数，裁不十百邪？一相交关，卒难闭绝。寇负力玩胜，骄黠已甚，虽云互市，实觇国情。多赡其求，则桀傲罔已；通而为节，则必生边虞。不如塞其端渐，杜其觎望，内修德化，外经边事，保境以观其衅，于事为长。"①

世祖践阼，除侍中。时索虏求通互市，上诏群臣博议。庄议曰："臣愚以为，獯猃弃义，唯利是视，关市之请，或以觇国。顺之示弱，无明柔远，拒而观衅，有足表强。且汉文和亲，岂止彭阳之寇，武帝修约，不废马邑之谋。故有余则经略，不足则闭关，何为屈冠带之邦，通引弓之俗，树无益之轨，招尘点之风？交易爽议，既应深杜，和约诡论，尤宜固绝。……"②

但是群臣博议的结果是"时遂通之"，可知反对者的意见没有被采纳，因利之所在，人人可见，故实际的经济利益终于能战胜书生们的空论，而赞成互市的人如江夏王义恭、竟陵王诞等又都是实力派，南北通商对他们是有好处的。

就北朝而言，对于南北互市更有强烈的要求，故历届王朝对此皆非常重视，把保持与南朝的通商关系，作为历届朝廷的一个传统政策，始终在贯彻推行。史称：

自魏德既广……又于南垂立互市，以致南货羽、毛、齿、革之属，无远不至。③

北朝既重视互市，务广招徕，有时南朝使至，还不免弄虚作假，故意多出藏内珍物，投放市场，使南使任情交易，以夸示北朝是国富民殷，金玉贱同瓦砾：

［太和中］累迁主客令。萧赜（按：即南齐武帝）使刘缵朝贡……国家有江南使至，多出藏内珍物，令都下富室好容服者货之，令使任情交易。使至金玉肆问价。缵曰："北方金玉大贱，当是山川

---

① 《宋书》卷七十五，《颜竣传》。
② 《宋书》卷八十五，《谢庄传》。
③ 《魏书》卷一百一十，《食货志》。

所出?"安世曰:"圣朝不贵金玉,所以贱同瓦砾。又皇上德通神明,山不爱宝,故无川无金,无山无玉。"缵初将大市,得安世言,惭而罢。①

南北政府在边境城镇进行互市,双方交易的货物数量是庞大的,利润必然也是十分优厚的,而直接经营这种贸易的又都是由双方政府派遣的官吏,或委任所在地方官就近经理。利益甚大而又无人监督,如遇到经手人员是贪官污吏,则难免要从中上下其手,假公济私,甚至借端敲诈勒索,从而产生许多副作用,造成损公害私的不良后果,甚至影响双方和战大局。例如北魏的袁翻[32],即曾向世宗陈述过此中利弊:

> [世宗朝,除豫州中正] 后议选边戍事,翻议曰:"……自比缘边州郡,官至便登;疆场统戍,阶当即甲。或值移德凡人,或遇贪家恶子,不识字民温恤之方,唯知重役残忍之法。广开戍逻,多置帅领,或用其左右姻亲,或受人货财请属,皆无防寇御贼之心,唯有通商聚敛之意。其勇力之兵,驱令抄掠。……其羸弱老小之辈,微解金铁之土,少闲草木之作,无不搜营穷垒,苦役百端。自余……贩贸往还,相望道路。……是以吴楚间伺,审此虚实,皆云粮匮兵疲,易可乘扰,故驱率犬羊,屡犯疆场……为弊之深,一至于此,皆由边任不得其人,故延若斯之患。"②

边防官吏的这种"通商聚敛"情况实到处皆有,他们利用职权,驱使衙役兵丁为其"贩贸往还,相望道路",并对在其辖境内进行互市的商贾加以侵渔勒索。例如:

> [高祖朝] 会魏寇朐山,诏稷权顿六里,都督众军。还,进号镇北将军。初,郁州接边陲,民俗多与魏人交市;及朐山叛,或与魏通。……且稷宽弛无防,僚吏颇侵渔之。州人徐道角等夜袭州城,害稷。③

---

① 《魏书》卷五十三,《李孝伯传附兄子安世传》。
② 《魏书》卷六十九,《袁翻传》。
③ 《梁书》卷十六,《张稷传》。

这样的情况实层出不穷，防不胜防，北魏以后亦未能有所好转，这由下引文献可以看出：

[天平初] 收兼通直散骑常侍，副王昕使梁。……使还，尚书右仆射高隆之求南货于昕、收，不能如志，遂讽御史中尉高仲密禁止昕、收于其台。①

天保初，封乘氏县子，仍为都督，随司徒潘乐征讨江、淮之间。为私使乐人于边境交易，还京，坐被禁止，寻而赦之。②

[天保中] 出为齐州刺史，坐遣人渡淮互市，亦有赃贿事，为御史所劾。会赦，不问。③

南朝的情况亦属如此，边疆大吏，凭借职权，通商聚敛，四出搜括，甚至鬻卖居民，祸及良善。例如：

[陈安帝收安都] 乃诏曰："……侯安都素乏遥图，本惭[33]令德，幸属兴运，预奉经纶，拔之行间，假之毛羽，推于偏将，委以驰逐。……而志唯矜己，气在凌上，招集逋逃，穷极轻狡，无赖无行，不畏不恭，受脤专征，剽掠一逞，推毂所镇，褒敛无厌。寄以徐蕃，接邻齐境，贸迁禁货，鬻卖居民，椎埋发掘，毒流泉壤，睢眦僵尸，罔顾彝宪。……"④

尽管缘边互市产生了上述的种种不良后果，但是贸易本身对于敌我双方仍然是有利的，利之所在，不能不取，故双方于权衡轻重之后，谁也不愿因噎废食，断然停止互市，即使在兵争之际不得不断绝往来，事平之后旋即恢复。例如：

[魏节闵帝普泰元年（公元五三一年）夏四月诏] 罢细作之条，

---

① 《北齐书》卷三十七，《魏收传》。
② 《北齐书》卷二十一，《高乾传附弟季式传》。
③ 《北齐书》卷三十九，《崔季舒传》。
④ 《陈书》卷八，《侯安都传》。

无禁邻国往还。①

　　迁左丞，行徐州事。……旧制，以淮禁，不听商贩辄度。淮南岁俭，启听淮北取籴，后淮北人饿，复请通籴淮南，遂得商估往还，彼此兼济，水陆之利，通于河北。②

　　保定初，以孝宽立勋玉壁，遂于玉壁置勋州，仍授勋州刺史。齐人遣使至玉壁，求通互市。晋公护以其相持日久，绝无使命，一旦忽来求交易，疑别有故；又以皇姑、皇世母先没在彼，因其请和之际，或可致之；遂令司门下大夫尹公正至玉壁，共孝宽详议。孝宽乃于郊盛设供帐，令公正接对使人，兼论皇家亲属之意。使者辞色甚悦。时又有汾州胡抄得关东人，孝宽复放东还，并致书一牍，具陈朝廷欲敦邻好，遂以礼送皇姑及护母等。③

　　可见敌国互市，不仅因互通有无而获得了经济利益，而且为双方带来了和平，因为贸易只能在和平的条件下进行，干戈扰攘中是不可能正常通商的。

第四节　对沿边各少数民族地区和对外的贸易

（一）内陆贸易与通商诸国

　　在两晋和南北朝时期，由于国家的分裂和长期战乱，内地商业陷于一种严重的不景气状态中，同时对沿边各少数民族地区和对外的贸易当然亦要受到种种不利的影响，虽然没有完全断绝，但是衰微不振的时间亦为时不短，特别是对南海诸国的贸易，在晋代几乎是不绝如缕，到宋、齐之世，番舶东来者犹寥寥无几。加以南朝时凡交、广的地方官吏，十九皆以贪墨著闻，上文曾云："广州刺史但经城门一过，便得三千万"，这些财富的来源，主要就是敲剥外商，对来交、广贸易的外国商人极尽其敲诈勒索之能事。外国商人冒风涛之险，备历艰辛，无非是为了营利，而所得利益却被中国官吏所侵夺。既无利可图，只有不来或少来，舶至愈少，则腹削愈甚，使外国商人闻而生

---

① 《魏书》卷十一，《前废帝纪》。
② 《北齐书》卷四十六，《循吏·苏琼传》。
③ 《周书》卷三十一，《韦孝宽传》。

畏，于是来者更少，几至于无。所以东晋南朝时期，尽管国内的社会秩序已粗告安定，江南地区亦正在进行开发，使凋敝不堪的社会经济初步显示了上升趋势，但对南海诸国的贸易则并无起色，直到梁代才开始有所好转。

南北朝各代史籍中在论述对沿边少数民族地区和对外关系时，充满了"贡献""朝贡""奉正朔，修贡职"等等一类的记载，事实上都是史官的自诩、自谀之词。其实所谓贡使，乃是商贾冒充，他们迎合当时皇帝的自高自大心理，以朝贡为名，则商贾变成使节，这样，他们不仅在贸易上能获得许多便利，并能受到特殊的保护和待遇，如在国境之内护送贡物和商货，减免赋税，避免吏胥的勒索干扰等等。此外，向皇帝贡献礼物，皇帝必大加赏赐，有时赏赐的价值远超于贡品，这更是一种有利的交易。总之，商人假冒贡使，乃是商贾进行的一种欺骗行为，史官虽明知这是商人的骗局，而仍然要大书特书，无非是借以表示其本朝亦同样是"万国衣冠拜冕旒"。其实这种骗局早在西汉时即已被人戳穿：

> 杜钦说大将军王凤曰："……奉献者，皆行贾贱人，欲通货市买，以献为名，故烦使者送至县度，恐失实见欺。凡遣使送客者，欲为防护寇害也。"[1]

大概除了缘边各少数民族地区外，其他从远方异域而来的贡使，实际上都是前来通商的商人，他们到中国来，除了贩卖他们运来的珍奇宝货外，也向西方贩运西方人所寤寐以求的东方物品，特别是中国的丝织品。

北朝的对外贸易一般说来比南朝为发达，在西晋和十六国时期，与西域的贸易虽然是衰微不振，但是并没有中断，即使当时内地是一种混乱纷扰局面，贸易仍断断续续地进行，西域商人到内地来的仍大有人在。这由下引几条记载可以看出，当时有大批西域商人东来，也有中原商贾西去，正是通过贸易，内地有大量金银泄漏出境：

> [隗从弟瞱] 曾避乱坞壁，贾胡百数欲害之。瞱无惧色，援笳而吹之，为出塞入塞之声，以动其游客之思，于是群胡皆垂泣而

---

[1] 《汉书》卷九十六上，《西域传》。

去之。①

[后赵石季龙时] 澄尝使弟子向西域市香。既行，澄告余弟子曰："掌中见买香弟子在某处被劫，垂死。"因烧香祝愿，遥救护之。②

[太平三年（公元四一一年）] 库莫奚虞出库真率三千[34]余落，请交市，献马千匹，许之，处之于处丘。③

[大宛人] 善市贾，争分铢之利，得中国金银，辄为器物，不为币也。④

可见在两晋之世，这些通商关系并未完全断绝，西域商人来者仍多，并不断深入内地。如刘畴在坞壁中避难时，遇到"贾胡百数"，说明他们成帮结队到内地来进行买或卖，行商坐贾，无所不有。大宛商人亦来"市贾"，故能得到中原的大量金银，能用以制造器物，说明其所得金银数量之多。但是总的说来，两晋和十六国时期对外贸易是不发达的，直到拓跋魏统一了北方之后，过去的通商关系始逐渐恢复。到太延时，与邻近的西域有了贸易往来：

太延中（公元四三八年左右），魏德益以远闻，西域龟兹、疏勒、乌孙、悦般、渴槃陀、鄯善、焉耆、车师、粟特诸国王始遣使来献。太武以西域汉世虽通，有求则卑辞而来，无欲则骄慢王命，此其自知绝远，大兵不可至故也。若报使往来，终无所益，欲不遣使。有司奏："九国不惮遐险，远贡方物，当与其进，安可豫抑后来？"乃从之。于是始遣行人王恩生、许纲等西使。恩生出流沙，为蠕蠕所执，竟不果达。又遣散骑郎董琬、高明等多赍锦帛，出鄯善，招抚九国，厚赐之。……琬过九国，北行至乌孙国，其王得魏赐，拜受甚悦。谓琬等曰："传闻破洛那、者舌皆思魏德，欲称臣致贡，但患其路无由耳，今使君等既到此，可往二国，副其慕仰之诚。"琬于是自向破洛那，遣明使者舌。乌孙王为发导译，达二国，琬等宣诏慰赐之。已而琬、明东还，乌孙、破洛那之属遣使与琬俱来贡献

---

① 《晋书》卷六十九，《刘隗传》。
② 《晋书》卷九十五，《艺术·佛图澄传》。
③ 《晋书》卷一百二十五，《冯跋载记》。
④ 《晋书》卷九十七，《四夷·大宛传》。

者，十有六国。自后相继而来，不间于岁，国使亦数十辈矣。①

沟通了贡使关系，就沟通了贸易关系，贡使多兼事贸易，商贾亦随贡使俱来，"蕃贡继路，商贾交入"，献、贸向来是同时并举的：

> 世宗初，峦奏曰："逮景明之初（公元五〇〇年），承升平之业，四疆清晏，远迩来同，于是蕃贡继路，商贾交入，诸所献贸，倍多于常，虽加节约，犹岁损万计。珍货常有余，国用恒不足，若不裁其分限，便恐无以支岁。自今非为要须，请皆不受。"世宗从之。②

到了北魏后期时，这种陆路贸易始达到全面的兴盛时期，前来贸易的已不限于西域，越过葱岭，远及波斯和大秦：

> 自魏德既广，西域东夷贡其珍物。……羽毛齿革之属，无远不至。神龟、正光之际（公元五一八—五二〇年），府藏盈溢。③

原来通西域的商路有二，这时变为四道，系按照通商所在之位置划分为四个区域：

> 始，[董] 琬等使还京师，具言凡所经见及传闻旁国，云：西域自汉武时五十余国，后稍相并，至太延中为十六国。分其地为四域：自葱岭以东，流沙以西为一域；葱岭以西，海曲以东为一域；者舌以南，月氏以北为一域；西海之间，水泽以南为一域。内诸小渠长，盖以百数。其出西域，本有二道，后更为四：出自玉门，度流沙，西行二千里至鄯善，为一道；自玉门度流沙，北行二千二百里至车师，为一道；从莎车西行一百里至葱岭，葱岭西行一千三百里至伽倍，为一道；自莎车西南五百里，葱岭西南一千三百里至波

---

① 《北史》卷九十七，《西域传》。
② 《魏书》卷六十五，《邢峦传》。
③ 《魏书》卷一百十，《食货志》。

路，为一道焉。①

到了北魏以后的后周时期，虽值战乱之时，然对通好西域，亦颇为致力：

> 有周承丧乱之后，定四表以武功，安三边以权道。赵、魏尚梗，
> 则结姻于北狄；厩库未实，则通好于西戎。由是德刑具举，声名遐
> 洎，卉服毡裘，辐凑于属国，商胡贩客，填委于旗亭。虽东略漏三
> 吴之地，南巡阻百越之境，而国威之所肃服，风化之所覃被，亦足
> 为弘矣。②

凉州是西域诸国商人进入中原以后的第一个集中地点，实系通西域的门
户，商贾先集中凉州，然后再由此转往内地，终北朝一代，凉州一直是一个
繁华的贸易中心，故寄居该处的西域商人甚多，与南海贸易大港广州遥遥相
对，其繁华兴旺之状亦不相上下。史籍中关于凉州的直接记载虽然缺乏，但
由该处寄居商贾之多，可想见其贸易之盛：

> [神廳二年（公元四二九年）击破蠕蠕] 世祖沿弱水西行，至涿
> 邪山，诸大将果疑深入有伏兵，劝世祖停止不追。天师以浩曩日之
> 言，固劝世祖穷讨，不听。后有降人言，蠕蠕大檀先被疾，不知所
> 为，乃焚烧穹庐，科车自载将数百人入南山走。……追军不至，乃
> 徐徐四遁，唯此得免。后闻凉州贾胡言，若复前行二日，则尽灭之
> 矣。世祖深恨之。③
>
> 太延五年（公元四三九年），世祖遣尚书贺多罗使凉州，且观
> 虚实。以牧犍虽称蕃致贡，而内多乖悖，于是亲征之。诏公卿为书
> 让之曰："……知朝廷志在怀远，固违圣略，切税商胡，以断行旅，
> 罪四也。……"④
>
> 普泰元年（公元五三一年），除凉州刺史。贪暴无极，欲规府
> 人及商胡富人财物，诈一台符，诳诸豪等，云欲加赏，一时屠戮，

---

① 《北史》卷九十七，《西域传》。
② 《周书》卷四十九，《异域传序》。
③ 《魏书》卷三十五，《崔浩传》。
④ 《魏书》卷九十九，《卢水胡沮渠蒙逊传附子牧犍传》。

所有资财，悉没自入。①

北魏以后，与西域的贸易关系依然如故，因而凉州仍然是西域商人荟萃之所，繁华兴旺之状不减曩日，因而凉州刺史也和广州刺史一样，无不勒索商贾，赃贿累累，能保持清操、砥砺廉隅者实如凤毛麟角，偶有其人，史官必大书特书。例如：

> [大统] 十二年（公元五四六年），除都督、西凉州刺史。羌胡之俗，轻贫弱，尚豪富，豪富之家，侵渔小民，同于仆隶，故贫者日削，豪者益富。褒乃悉募贫人以充兵士，优复其家，蠲免徭赋；又调富人财物以振之。每西域商货至，又先尽贫者市之。于是贫富渐均，户口殷实。②
>
> [西魏恭帝] 三年（公元五五六年），除瓜州诸军事、瓜州刺史。州通西域，蕃夷往来，前后刺史多受赂遗；胡寇犯边，又莫能御。瑱雅性清俭，兼有武略，蕃、夷赠遗，一无所受。胡人畏威，不敢为寇，公私安静，夷夏怀之。③

从上引记载可以看出，西域商贾在凉州寄居的人数是很多的。除凉州外，内地则有相州，亦为商人聚集之所：

> [文成帝朝] 出为使持节、安南将军、相州刺史。……以讦治为诸州之最，加赐衣服。自是遂有骄矜自得之志，乃受纳民财，及商胡珍宝。④

西域商贾除在凉州聚集外，有许多转往内地，他们的足迹遍全国，其中有不少人即在内地或沿海商埠定居。例如：

> 平原王隆之与愔邻宅，愔尝见其门外有富胡数人，谓左右曰：

---

① 《魏书》卷十九上，《京兆王持传附遥传》。
② 《周书》卷三十七，《韩褒传》。
③ 《周书》卷三十九，《韦瑱传》。
④ 《魏书》卷四十六，《李诉传》。

"我门前幸无此物。"①

[士开] 清都临漳人也，其先西域商胡，本姓素和氏。②

[妥] 西域人也，父细胡（按：细胡《北史》作细脚胡）通商入蜀，遂家郫县，事梁武陵王纪，主知金帛，因致巨富，号为西州大贾。③

这是中国全国各地——即使是穷乡僻壤，也有商贾踪迹的原因所在，他们深入内地，主要是搜求珍宝。在大都会中既有财拥巨万的波斯邸，也有在街头卖饼的穷波斯。

西域，包括缘边各少数民族地区，与中国内地建立贸易关系，主要是在北魏中叶以后，北魏前期虽已天下太平，但却忙于安内，不暇外顾，对于边外各族采取了互不干扰的闭关政策，既无远商假冒贡使之名前来"奉献"，也不要求"振威德于荒外"，主动去广为招纳，故有司虽不断奏请应依前代传统政策远开西域，而朝廷不纳。例如：

太祖初，经营中原，未暇及于四表。既而西戎之贡不至，有司奏依汉氏故事，请通西域，可以振威德于荒外，又可致奇货于天府。太祖曰："汉氏不保境安人，乃远开西域，使海内虚耗，何利之有？今若通之，前弊复加百姓矣。"遂不从。历太宗世，竟不招纳。④

这种闭关政策，到宣武帝景明朝（公元五〇〇年—五〇三年）才开始有所转变。如上引世宗初邢峦奏疏，谓到景明之初已经是世属升平，四疆清晏，于是蕃贡继路，商贾交入，奉献贸易都非常发达。闭关政策改变后，首先是缘边各少数民族地区与中原建立了贸易关系，其中最主要的是以下各族：

1. 蠕蠕（匈奴）[35]

北魏与蠕蠕一直处于敌对状况之中，双方经常以兵戎相见。孝明帝朝（公元五一六——五二八年），蠕蠕大饥，其人相率入塞，朝臣建议予以救济，并建议开关市，以互通贸易：

---

① 《北齐书》卷三十四，《杨愔传》。
② 《北齐书》卷五十，《恩幸·和士开传》。
③ 《隋书》卷七十五，《儒林·何妥传》。
④ 《魏书》卷一百二，《西域传序》。

[孝明帝朝] 蠕蠕王阿那瑰既得返国，其人大饥，相率入塞，阿那瑰上表，请台赈给。诏孚为北道行台，诣彼赈恤。孚陈便宜表曰：“皮服之人，未尝粒食，宜从俗因利，拯其所无。……请以牸牛产羊糊[36]其口命，且畜牧繁息，是其所便，毛血之利，惠兼衣食。”又尚书奏云：“……贸迁起于上古，交易行于中世，汉与胡通，亦立关市。今北人阻饥，命悬沟壑，公给之外，必求市易。彼若愿求，宜见听许。”①

2. 西戎

西戎是益州徼外的一个游牧民族，疆境相接，往来频繁，汉人寓居其国内的甚多：

> 西戎，其地与益州邻，常通商贾，民慕其利，多往从之，教其书记，为之辞译，稍桀黠矣。②

3. 吐谷浑

吐谷浑在塞外各族中最为富强，大有与北魏王朝分庭抗礼之势，与其相邻近的各少数民族多受其控制，直到北魏中叶以后，才与之建立了松弛的藩属关系，从此，贡使商贾交入，无岁不至：

> 土出牦[37]牛、牛、马、骡，多鹙武、饶铁、朱砂。地兼鄯善、且末。③
>
> 史臣曰：吐谷浑逐草依泉，擅强塞表，毛衣肉食，取资佃畜。而锦组缯纨，见珍殊俗，徒以商译往来，故礼同北面。自昔哲王，虽存柔远，要荒回隔，礼文弗被。大不过子，义著《春秋》，晋、宋垂典，不修古则；遂爵班上等，秩拟台光。辫发称贺，非尚簪冕；言语不通，宁敷衮职？虽复苞筐岁臻，事唯贾道，金甒接眠，非用斯急，送迓烦扰，获不如亡。若令肃慎年朝，越裳岁飨，固不容以

① 《魏书》卷十八，《临淮王谭传附孚传》。
② 《梁书》卷五十四，《诸夷·海南传》[38]。
③ 《北史》卷九十六，《吐谷浑传》。

异见书，取高前策，圣人谓之荒服，盖有以也。①

伏连筹内修职贡，外并戎狄，塞表之中，号为强富。准拟天朝，树置官司，称制诸国，以自夸大。宣武初（公元五〇〇年）诏责之。……伏连筹上表自申，辞诚恳至。终宣武世至于正光（公元五二〇年——五二五年），牦牛、蜀马及西南之珍，无岁不至。②

西魏大统初（公元五三五年），周文遣仪同潘濬喻以逆顺之理，于是夸吕再遣使献能舞马及羊、牛等。然寇抄不已，缘边多被其害。废帝二年，周文勒大兵至姑臧[39]，夸吕震惧，使贡方物。是岁，夸吕又通使于齐。凉州刺史史宁觇知其还，袭之于州西赤泉，获其仆射乞伏触状、将军翟潘密，商胡二百四十人，驼、骡六百头，杂彩丝绢以万计。③

4. 突厥

突厥是西北边区的一个大的游牧部族，长期以来一直与中原保持着友好关系，通商往来较为频繁，直到北朝末叶时还维持着这种关系，不断遣使前来贡献方物，商贾亦随之而来：

突厥之先，出于索国，在匈奴之北。……其后曰土门，部落稍盛，始至塞上市缯絮，愿通中国。西魏大统十一年（公元五四五年），周文帝遣酒泉胡安诺槃陀使焉。其国皆相庆曰："今大国使至，我国将兴也。"十二年，土门遂遣使献方物。④

5. 高昌

高昌在今新疆境内，在西汉时为西域长史及戊己校尉屯驻之所，其与内地的贸易在性质上属于区域间贸易，即边疆与内地之间的贸易。晋以其地为高昌郡，张轨、吕光、沮渠蒙逊[40]据河西时，皆置太守以统之。魏初采取了保境安民的闭关政策，断绝了与西域的关系，故这时高昌仍属徼外：

---

① 《宋书》卷九十六，《鲜卑吐谷浑传》。
② 《北史》卷九十六，《吐谷浑传》。
③ 《北史》卷九十六，《吐谷浑传》。
④ 《北史》卷九十九，《突厥传》。

> 高昌者，车师前王之故地，汉之前部地也。……出赤盐，其味甚美。复有白盐，其形如玉，高昌人取以为枕，贡之中国。多蒲桃酒。……自敦煌向其国，多沙碛，茫然无有蹊径，欲往者，寻其人畜骸骨而去。……故商贾往来，多取伊吾路。①

6. 嚈[41]哒国

嚈哒国是大月氏别族，也是西域一个较强大的部族，役属康居、于阗、沙勒、安息等三十余小国，在北魏初期时即已与中原有贸易往来，不断遣使"朝贡"，除屡献方物外，曾贡狮子一头，也是作为方物来赠送的，其情况如下：

> 嚈哒国，大月氏之种类也，亦曰高车之别种。……去长安一万一百里……其人凶悍，能斗战，西域康居、于阗、沙勒、安息[42]及诸小国三十许皆役属之，号为大国。……自太安（公元四五五年）以后，每遣使朝贡，正光末（公元五二五年），遣贡师子一，至高平，遇万俟丑奴反，因留之。丑奴平，送京师。永熙（公元五三二年）以后，朝献遂绝。至大统十二年（公元五四六年），遣使贡其方物。废帝二年（公元五五三年）、明帝二年（公元五五八年），并遣使来献。②

7. 大月氏

大月氏早有商人东来贸易，前章曾述及大月氏商人传授制造玻璃的方法，就是在"世祖时，其国商人商贩京师，自云能铸石为五色琉璃，于是采矿山中，于京师铸之。既成，光泽乃美于西方来者。……自此，中国琉璃遂贱，人不复珍之"。③ 这是随着贸易的发展，促进了文化交流，也就是通过大月氏商人，从外面引进了一种新的手工业生产技术，使一向被视为珍宝的琉璃由于能大量生产，价值低廉，而变成了普通用品。在大月氏的商人中有擅长生产琉璃的技术工人，说明商贩京师的大月氏商人是很多的。

除上述，常来商贩的，还有康国、粟特等：

---

① 《北史》卷九十七，《西域·高昌传》。
② 《北史》卷九十七，《西域·嚈哒国传》。
③ 《魏书》卷一百二，《西域·大月氏传》。

康国者，康居之后也。迁徙无常，不恒故地，自汉以来，相承不绝。……人皆深目、高鼻、多髯。善商贾，诸夷交易，多凑其国。……出马、驼、驴、犎牛、黄金、硇沙、䶃[43]香、阿萨那香、瑟瑟、獐皮、氍毹、锦叠。多蒲桃酒，富家或致千石，连年不败。①

粟特国，在葱岭之西，古之奄蔡，一名温那沙，居于大泽，在康居西北，去代一万六千里。……其国商人先多诣凉土贩贸，及克姑臧，悉见虏。高宗初，粟特王遣使请赎之，诏听焉。②

8. 波斯国

波斯是西亚大国，自古与中国通商，早在西汉时，即系中国一个重要的贸易伙伴，波斯商人大批东来，中国商人亦大批西去，天山南北两路上都布满了波斯商人的足迹。在中国大乱期间，贸易一度停顿，到北魏神龟年间，又恢复了固有关系：

波斯国……古条支国。去代二万四千二百二十八里。……土地平正，出金、银、鍮[44]石、珊瑚、琥珀、车渠、马瑙，多大真珠、颇梨、琉璃、水精、瑟瑟、金刚、火齐、镔铁、铜、锡、朱砂、水银、绫、锦、叠、毼、氍毹、毾㲪、赤獐[45]皮，及薰六、郁金、苏合、青木等香，胡椒、荜拨[46]、石蜜、千年枣、香附子、诃梨勒、无食子、盐绿、雌黄等物。……神龟中，其国上书贡物……朝廷嘉纳之。自此，每使朝献。恭帝二年（公元五五五年），其王又遣使献方物。③

9. 南天竺

在与北朝有通商关系的诸国中，南天竺也是距离中国很远的国家之一，其与中国通商，印度商人大多是遵循海道，到达交、广，但也有循陆路而来者，先聚集永昌，再由此北上，故北朝史籍中亦有关于南天竺奉使朝贡的记载。史称：

---

① 《北史》卷九十七，《西域·康国传》。
② 《魏书》卷一百二，《西域·粟特传》。
③ 《北史》卷九十七，《西域·波斯国传》。

南天竺国，去代三万一千五百里。有伏丑城，周匝四十里。城中出摩尼珠、珊瑚。城东三百里有拔赖城，城中出黄金、白真檀、石蜜、蒲桃，土宜五谷。宣武时，其国王婆罗化遣使献骏马、金、银。自此，每使朝贡。①

（二）海上贸易与通商诸国

南海诸国包括的范围甚为辽阔，由中南半岛[47]南至南太平洋诸岛国，越马六甲海峡，所有印度洋沿岸诸国，西历波斯、阿拉伯直至大秦以及中东诸国，都经常有各国商贾航海东来，中国商人亦不断航海南去或西去，这是在汉代即已建立的贸易关系。西方人士所艳羡的东方物品——特别是中国的精美丝织品锦绣缯帛等，即通过这样一种贸易渠道而辗转运销于南海、中亚、东欧各国的市场。在中国国内战乱期间，与南海诸国的贸易曾一度中衰，番舶来者实绝无仅有，但安定之后即又恢复。南朝前期时国内方在开发之中，政局亦不甚稳定，外国商舶之来，为数亦少，至梁而恢复了固有的兴旺：

史臣曰：汉世西译遐通，兼途累万，跨头痛之山，越绳度之险，生行死径，身往魂归。晋氏南移，河、陇夐隔，戎夷梗路，外域天断。若夫大秦、天竺，迥出西溟，二汉衔役，特艰斯路。而商货所资，或出交部，汎海陵波，因风远至。又重峻参差，氐众非一，殊名诡号，种别类殊。山琛水宝，由兹自出，通犀、翠羽之珍，蛇珠火布之异，千名万品，并世主之所虚心。故舟舶继路，商使交属。太祖以南琛不至，远命师旅，泉浦之捷，威震沧溟，未名之宝，入充府实。②

海南诸国，大抵在交州南及西南大海洲上，相去近者三五千里，远者二三万里，其西与西域诸国接。汉元鼎中，遣伏波将军路博德开百越，置日南郡，其徼外诸国，自武帝以来皆朝贡。后汉桓帝时，大秦、天竺皆由此道遣使贡献。及吴孙权时，遣宣化从事朱应、中郎康泰通焉，其所经及传闻，则有百数十国，因立记传。晋代通中

① 《北史》卷九十七，《西域·南天竺国传》。
② 《宋书》卷九十七，《夷蛮传》。

国者盖鲜^[48]，故不载史官。及宋、齐，至者有十余国，始为之传。自梁革运，其奉正朔、修贡职，航海岁至，逾于前代矣。①

波斯、大食商人横渡印度洋而来，远洋航行非有巨大船舶不能胜任，当时造船技术已有很大进步，商贾所乘之船皆形制巨大，中国人称之为"昆仑舶"。例如：

> 世祖在东宫，专断用事，颇不如法。任左右张景真，使领东宫主衣食官谷^[49]帛……与昆仑舶营货，辄使守令防送过南州津。……内外祗畏，莫敢有言。②
>
> ［武定二年（公元五四四年）］又以托附陈使，封考琰牒，令其门客与行，遇昆仑舶至，得奇货猓（按：猓，《北史》作果），然褥表美玉盈尺等数十件，罪当流，以赎论。③

即使是这样的大舶，在大洋之上也轻如一叶，每年往来，全凭风汛，来去航行，皆旷日持久。如下引文献所载，从师子国（今斯里兰卡）东来，即需时二百余日，若从波斯启碇，恐须一年以上，如遇逆风，往往偏离航道，被飘流到很远的地方。例如：

> 安息，天竺人与之交市于海中，其利百倍。邻国使到者，辄廪以金钱。途经大海，海水咸苦不可食，商贾往来，皆赍三岁粮，是以至者稀少。……武帝太康中，其王遣使贡献。④
>
> 沙门法显慨律藏不具，自长安游天竺，历三十余国，随有经律之处，学其书语，译而写之。十年，乃于南海师子国随商人泛^[50]舟东下，昼夜昏迷，将二百日，乃至青州长广郡不其劳山南下，乃出海焉。是岁，神瑞二年（公元四一五年）也。⑤
>
> ［扶南］晋、宋世通职贡。宋末，扶南王姓侨陈如，名阇耶跋

---

① 《梁书》卷五十四，《诸夷·海南诸国传》。
② 《南齐书》卷三十一，《荀伯玉传》。
③ 《北齐书》卷三十七，《魏收传》。
④ 《晋书》卷九十七，《四夷·大秦传》。
⑤ 《魏书》卷一百十四，《释老志》。

摩，遣商货至广州，天竺道人那伽仙附载，欲回国。遭风至林邑，掠其财物皆尽。那伽仙间道得达扶南，具说中国有圣主受命。永明二年（公元四八四年），阇耶跋摩叩头启曰：“……臣前遣使贵杂物行广州货易，天竺道人释那伽仙于广州因附臣舶，欲来扶南。海中风漂到林邑，国王夺臣货易，并那伽仙私财。……是以臣今遣此道人释那伽仙为使，上表问讯，奉贡微献，呈臣等赤心，并列陈下情。”①

南海商舶东来的目的地为交、广二州，大都是先舶交州，由此再转广州。事实上只有广州为南海诸国商人的最后目的地，故商舶云集，在此常年居住的外国商人亦为数众多。由于交、广二州为香药宝货贸易的总汇，赇货山积，珍宝充斥，因而交、广两州刺史以贪墨著闻者，实比比皆是，往往是行装甫卸，魔掌已伸：

> 初，徼外诸国尝赍宝物，自海路来贸货赇，而交州刺史、日南太守，多贪利侵侮，十折二三。至刺史姜壮时，使韩戢领日南太守，戢估较太半，又发船调枪，声云征伐，由是诸国恚愤。且林邑少田，贪日南之地，戢死绝，继以谢擢，侵刻如初。②
>
> 史臣曰：“……至于南夷杂种，分岠建国，四方珍怪，莫此为先。藏山隐海，瑰宝溢目，商舶远届，委输南州，故交、广富实，牣于王府。”③
>
> [南海]郡常有高凉生口及海舶，每岁数至，外国贾人以通货易。旧时州郡以半价就市，又买而即卖，其利数倍，历政以为常。④
>
> [梁武帝朝为广州刺史]广州边海，旧饶，外国舶至，多为刺史所侵，每年舶至，不过三数，及励至，纤毫不犯，岁十余至。⑤

史官对王僧孺、萧励在外国商舶的珍奇宝货面前纤毫不犯而大加赞扬，

---

① 《南齐书》卷五十，《南夷·林邑国传》。
② 《晋书》卷九十七，《四夷·林邑传》。
③ 《南齐书》卷五十八，《东南夷传》。
④ 《梁书》卷三十三，《王僧孺传》。
⑤ 《南史》卷五十一，《梁吴平侯景传附子励传》。

说明像这样的清廉守吏是为数极少的。

如上文所指出，"海南诸国大抵在交州南及西南大海洲上，相去近者三五千里，远者二三万里"，西起大秦、波斯，中历天竺诸国，东至林邑、日南、交趾[51]，终达广州，这些国家早在西汉时期即已与中国建立了密切的贸易关系，每年有大批外国商人循海道东来，亦有大批中国商人循海道西去。据《汉书·地理志》所载，中国商贾赍黄金缯帛，远航至印度最南端之已程不国，以市明珠、琉璃、奇石、异物，大珠至径寸以下。于此可知当时由波斯湾历印度洋、穿马六甲海峡，沿东南亚半岛以达中国之交、广二州，成为当时繁忙之商道，海上中外商舶交织，络绎不绝。魏、晋之世，因中国内乱而一度中衰，"晋代通中国者盖鲜，故不载史官"。至宋、齐又逐渐恢复，南海商舶至者有十余国。到了梁代，才恢复了固有繁荣，即史所谓"自梁革运，其奉正朔，修贡职，航海岁至，逾于前代"。其中较重要的有以下诸国：

1. 林邑国

林邑国原来是汉之日南郡象林县，与中国壤境相接，距广州最近，故商贾来者亦最多，其国土不仅盛产香、药、犀、象、珠、玑，而且盛产棉花和棉布，对华有大量输出：

> 林邑国者，本汉日南郡象林县，古越裳之界也。……其国有金山，石皆赤色，其中生金。……又出玳瑁、贝齿、吉贝、沉香木。吉贝，树名也，其华成时如鹅毳，抽其绪纺之以作布，洁白与纻布不殊，亦染成五色，织为斑布也。沉木者，土人研断之，积以岁月，朽烂而心节独在，置水中则沉，故名曰沉香。次不沉不浮者，曰筏香也。①
>
> 晋建兴中，日南夷帅范稚奴文数商贾，见上国制度，教林邑王范逸起城池楼殿，王服天冠如佛冠，身被香璎络。②
>
> 晋成帝咸康三年（公元三三七年），逸死，奴文篡位。文本日南西卷县夷帅范幼家奴……范幼尝使之商贾，至林邑，因教林邑王作宫室及兵车器械。③

① 《梁书》卷五十四，《诸夷·林邑国传》。
② 《南齐书》卷五十八，《南夷传》。
③ 《南史》卷七十八，《夷貊传·林邑国传》。

2. 扶南国

扶南国位于林邑西南三千余里，在晋世不多的对外交往中，扶南与中国有外交和通商关系，故在《晋书·四夷传》中有关于扶南国的记载称："其王本是女子，字叶柳。时有外国人混溃者……载舶入海，混溃……遂随贾人泛海，至扶南外邑，叶柳率众御之，混溃举弓，叶柳惧，遂降之。"[①] 其贩运来华的土特产，与林邑国大致相同：

> 扶南国，在日南郡之南，海西大湾中，去日南可七千里，在林邑西南三千余里。……出金、银、铜、锡、沉木香、象牙、孔翠、五色鹦鹉。[②]

3. 顿逊国

扶南国南界三千余里有顿逊国，为东西方贸易之枢纽，大秦、波斯等国商贾东来，中国商贾航海西去，多以顿逊为聚散中心，故贸易发达，珍物宝货，无所不有，东西方商人多由此交易而退：

> 其（扶南国）南界三千余里有顿逊国，在海崎上，地方千里，城去海十里。……顿逊之东界通交州，其西界接天竺、安息徼外诸国，往还交市。所以然者，顿逊回入海中千余里，涨海无崖岸，船舶未曾得径过也。其市东西交会，日有万余人，珍物宝货，无所不有。又有酒树，似安石榴，采其花汁停瓮中，数日成酒。[③]

除上述几国外，南海诸岛国与中国有通商关系的，还有以下几国。由于都是岛国，面积不大，人口不多，来华贸易不经常，贸易量也不大。

> 盘盘国，宋文帝元嘉，孝武孝建、大明中，并遣使贡献。大通元年（公元五二七年），其王使使奉表……中大通元年（公元五二九年）五月，累遣使贡牙象及塔，并献沉、檀等香数十种。六年（公元五三四年）八月，复使送菩提国真舍利及画塔，并献菩提树

---

① 《晋书》卷九十七，《四夷传·扶南传》。
② 《梁书》卷五十四，《诸夷·扶南国传》。
③ 《梁书》卷五十四，《诸夷传·海南诸国传》。

叶、詹糖等香。①

丹丹国，中大通三年（公元五三一年），其王遣使奉表曰："……奉送牙像及塔各二躯，并献火齐珠、古贝、杂香药等。"大同元年（公元五三五年），复遣使献金、银、琉璃、杂宝、香药等物。②

干陁利国，在南海洲上。……出班布、古贝、槟榔。槟榔特精好，为诸国之极。宋孝武世……献金、银、宝器。……天监十七年（公元五一八年），遣长史毗员跋摩奉献金芙蓉、杂香药等。普通元年（公元五二〇年），复遣使献方物。③

狼牙脩国，在南海中。其界东西三十日行，南北二十日行，去广州二万四千里。土气物产，与扶南略同，偏多篨、沉、婆律香等。其俗男女皆祖而被发，以古贝为干缦。其王及贵臣乃加云霞布覆胛，以金绳为络带，金钗贯耳。女子则被布，以璎珞绕身。……天监十四年（公元五一五年），遣使阿撒多奉表曰："……今奉薄献，愿大家曲垂领纳。"④

婆利国，在广州东南海中洲上，去广州二月日行。国界东西五十日行，南北二十日行。有一百三十六聚。土气暑热，如中国之盛夏。谷一岁再熟，草木常荣。海出文螺、紫贝。有石名蚶贝罗，初采之柔软，及刻削为物干之，遂大坚强。其国人披古贝如帊，及为都缦。……天监十六年（公元五一七年），遣使奉表曰："……今故遣使献金席等，表此丹诚。"普通三年（公元五二二年），其王频伽复遣使珠贝智贡白鹦鹉、青虫、兜鍪、琉璃器、古贝、螺杯、杂香、药数十种。⑤

所有海上通商的诸国中，以大秦距中国最为遥远。地跨欧、亚两洲，史称其"地方六千里，居两海之间"。两海当系指地中海与黑海。其与中国的通商关系，早在汉代即已建立，成为中国缯帛锦绣等精美丝织品的最大市场，

①《梁书》卷五十四，《诸夷·盘盘国传》。
②《梁书》卷五十四，《诸夷·丹丹国传》。
③《梁书》卷五十四，《诸夷·干陁[52]利国传》。
④《梁书》卷五十四，《诸夷·狼牙脩国传》。
⑤《梁书》卷五十四，《诸夷传·婆利国传》。

罗马贵族以穿着此类丝织品作为炫耀富贵的一种表现。由于需要量很大，仅靠陆路贸易的人背马驮，远不足以供应日益增长的需要，海舶是大量运输，于是东来番舶，遂交织海上：

> 大秦国，一名黎轩，都安都城，从条支西渡海曲一万里，去代三万九千四百里。其海滂出，犹渤海也。……地方六千里，居两海之间。……多璆琳、琅玕、神龟、白马朱鬣、明珠、夜光璧。东南通交趾。又水道通益州永昌郡。多出异物。[①]

印度东西沿岸诸国如中天竺、南天竺等，位居中国与波斯、大秦之间，为商舶所必经，随着波斯、大秦贸易的发达，印度各邦国与中国的贸易亦随之发达：

> 中天竺国，在大月氏东南数千里，地方三万里，一名身毒。汉世张骞使大夏，见邛竹杖、蜀布，国人云，市之身毒。身毒即天竺，盖传译音字不同，其实一也。从月氏、高附以西，南至西海，东至槃越，列国数十，每国置王，其名虽异，皆身毒也。……土俗出犀、象、貂、鼺[53]、玳瑁、火齐、金、银、铁、金缕织成、金皮罽、细摩白叠、好裘、氍毹。火齐状如云母，色如紫金，有光耀，别之则薄如蝉翼，积之则如纱縠之重沓也。其西与大秦、安息交市海中，多大秦珍物，珊瑚、琥珀、金碧珠玑、琅玕、郁金、苏合。苏合是合诸香汁煎之，非自然一物也。又云大秦人采苏合，先笮其汁，以为香膏，乃卖其滓与诸国贾人，是以展转来达中国，不大香也。郁金独出罽宾国，华色正黄而细，与芙蓉华里被莲者相似。国人先取以上佛寺，积日香槁，乃粪去之，贾人从寺中征雇，以转卖与佗国也。……天监初……奉表曰："……今奉献琉璃唾壶、杂香、古贝等物。"[②]

---

① 《北史》卷九十七，《西域·大秦国传》。
② 《梁书》卷五十四，《诸夷·中天竺国传》。

第九章　货　币

第一节　两晋南北朝时期货币经济的衰落

就古代货币经济的全部发展过程来看，两晋南北朝时期是货币经济的一个极度衰落时期，这个衰落过程并不是从这时开始，而是前一时期衰落过程的继续和进一步发展，它与商品经济一起，衰落到若有若无的地步，自然经济的统治又加强了，并且居于支配地位。这当然不是说社会经济已经倒退到纯粹的自然经济阶段上，商品和货币业已完全不存在，人们已不再有交易行为，或者即使仍有交换，而交换已退化为简单的物物交换，不再需要交换媒介、价值尺度和支付手段等等的货币功能了。只是说在整个社会经济的结构中，自然经济不仅占有最大的比重，而且还在起着支配作用，人们要求一切生活所需都必须由自己生产，而不需仰赖于市场，用古人的话来说，就是要求所有"生民之本，要当稼穑而食，桑麻以衣，蔬果之蓄，园场之所产，鸡豚之善埘，圈之所生，爰及栋宇器械，樵苏脂烛，莫非种殖之物"。[①] 简言之，人们应当尽可能地做到自给自足。这种思想的形成，并成为当时社会中的一种指导思想，乃是社会经济在长期丧乱并遭受严重破坏之后，而又不能迅速地恢复起来，特别是商品经济不能恢复起来的一种思想反映。商品经济既萎缩不振，货币经济当然就不可能一枝独秀了。

以长江为界，南北两地虽出现了大致相同的情况，但造成的原因却大不相同。在北方——由十六国到北朝的全部统治时期，这种情况的出现，乃是整个社会经济大退步的一种表现；南方则是由于社会经济和文化落后，还远没有发展到具有发达的商品经济和货币经济的阶段。简单说，在北方是退化，在南方是尚未开化。这里所谓北方，是指长江以北的黄河流域和大部分淮河

---

① 颜之推：《颜氏家训·治家》。

流域，其中心地带是中原和关中，这是中国开发最早的经济区，长期以来一直是全国的经济重心，从战国到西汉年间高度发展起来的商品经济和货币经济，主要就是活动在这个经济区的范围之内，其详细情况《中国封建社会经济史》第一、二卷已有论述。经过西汉末年和王莽当政时期的大混乱之后，所有在西汉年间由长期经济发展所取得的一切成就，几乎被破坏到荡然无存。当整个国民经济陷于全盘崩溃时，作为其中一个组成部分的商品经济和货币经济，就完全失掉了存在的基础。所以从东汉初年起，货币经济就开始了它的衰颓没落过程，成为一种大倒退形势，这主要表现为贵金属黄金事实上已不再作为货币使用，铜钱也很少铸造，而又时用时废，若有若无，有时还正式以法令取消，或者准许流通，而流通不畅，或者是政府虽曾铸钱，而民间拒绝使用，或者盗铸盛行，钱文混乱，事实上无法流通。

总之，从战国到西汉，前后约流通了五个多世纪，并由秦和西汉加以巩固和发展起来的金铜并用的复本位货币制度，到东汉便一蹶不振，曾经盛极一时并作为主要支付手段的黄金，就是从东汉时起逐步地但又是迅速地退出了流通领域，事实上，从这时起黄金就失去了货币资格，偶然一见，则是以贵重物品的面貌出现的。黄金的厄运，铜钱亦未能幸免，从东汉时起，它成为一种苟延残喘、朝不保夕的状态，曾经不止一次地被明令废止，即使有时未被取消，而应否使其继续流通，竟常常成为朝议纷纭、争执不决的难题，保守派或货币取消派每每对铜钱百般地诋毁诅咒。这样，贵金属黄金既已事实上不再作为货币使用，而铜钱又屡遭贬斥，时有时无，起不了本位币的作用，再加上历代王朝的粗制滥造，以及盗铸的恶劣小钱充斥市面，由于它本身的滥恶和价值微小，遂丧失掉货币的正常功能。当黄金不再作为货币，而铜钱由于本身滥恶，又不能填补黄金的空缺，于是便使早已失掉货币作用的布帛谷粟等实物又走进流通领域，占据了过去黄金和铜钱所占的位置，而成为主要货币。

货币之进入流通或退出流通，都不是由货币本身决定的，换言之，一个物品之取得货币资格或失去货币资格，都是被动的，而不是主动的。因为货币的一切职能，都是由商品交换孳生出来的，当商品由物物交换——直接交换，而发展为商品流通时，货币亦由单纯的交换媒介发展为货币流通，成为商品流通总过程的两个方面之一，即从商品一方面看是商品流通，同时从货币方面看就是货币流通，所以货币经济总是随着商品经济的发展而发展的。关于从战国到西汉年间货币经济突出发展的具体情况，《中国封建社会经济史》第一、第二两卷曾分别加以详述，其所以能有那样突出的发展，就是由于那时商品经济特别是商业有了突出的发展。

后来贵金属货币之退出流通领域，不是它自己要退出，而是由于它存在的基础失去了，同时连使用铜钱的必要性也大部分丧失了或降低了。这个逆转过程从东汉初年就已开始了，上文已指出，经过西汉末和王莽时的大混乱，社会经济遭受了空前惨重的大破坏，商品经济和货币经济更是首当其冲。既然不再有发达的商业，就不可能有进步的货币制度，不仅对黄金没有需要，连对铜钱的需要也不大了。

当黄金已退出流通，铜钱又若有若无，于是货币的一切功能便只能由布帛（有时还有谷粟）来承担。布帛原是一种古老的货币，它的流通历史远比金、铜为悠久，就是在秦汉之交已经确立了以黄金和铜钱为上下币的体系完整的复本位货币制度，并明确宣布珠玉龟贝银锡之属为器饰保藏，不为币时，布帛的货币资格仍未完全消失，有时还与黄金和铜钱并用，有时还单独大量使用。但是进入东汉时期以后，情况就完全变了，最初是金属货币与实物货币并用："初，王莽乱后，货币杂用布、帛、金、粟。"① 东汉[1]王朝建立之后，社会经济仍凋敝不堪，商业当然不可能发达，行钱已无必要，所以在光武帝朝对于应否行钱，展开了旷日持久的争论，由于有重臣马援坚决主张铸钱，终于在光武建武年间勉强铸了一次钱。但再传之后，到了章帝时便正式废止了铜钱，明文规定以布帛为币。从此，便一直是以布帛为主币，所有货币应发挥的功能，主要都是以布帛来表现，特别是：①价值尺度——即所有商品的价值都是用布帛来衡量；②支付手段——即所有价值的转移授受，过去使用成千上万斤黄金的，现在都改用布帛；③价值储藏——在以前，货币形态的财富主要是积累黄金和铜钱，现在则以布帛来代表财富。

既然货币的职能都主要是用布帛来表现，铜钱的货币地位也就愈来愈削弱。自东汉章帝封钱不用，"一取布帛为租，以通天下之用"，虽然没有以法令正式禁止铜钱流通，但是官家从此不再铸钱，前代旧钱，销毁必多，民间虽然相沿成俗，私相授受，但为数有限，有如无源之水，其涸可待，在流通领域中已起不了多大作用。这个逆转过程，到了曹魏时期，便达到需要用法律将这种情况固定下来，即正式以政府法令废止铜钱的货币资格，并规定布帛谷粟为法币："及黄初二年（公元二二一年），魏文帝罢五铢钱，使百姓以

---

① 《后汉书》卷一下，《光武帝纪》。

谷帛为市。至明帝世，钱废。谷用既久，人间巧伪渐多，竟湿谷以要利，作薄绢以为市，虽处以严刑，而不能禁也。"① 这个废止铜钱的法令，是秦以后中国货币史上又一个划时代的重要法令，但法令所要达到的目的和所起的作用与秦的法令恰恰相反：秦始皇统一币制的法令，是取消实物货币，确立金属货币，并明确规定黄金为主币，统一币制的结果，是货币经济的大发展；魏文帝统一币制的法令，是取消金属货币，确立实物货币，统一币制的结果，是货币经济的大倒退。前者的改革，是为了适应整个国民经济发展的需要；后者的改革，乃是整个国民经济衰落凋敝的反映。

这样的发展趋势，到两晋南北朝时又大大地前进了一步，即社会经济中货币经济的成分进一步减少，自然经济的成分又进一步增多了。

经历过东汉末年至三国时的长期丧乱之后，到西晋初年时虽曾获得一个短暂的统一与和平局面，使长期遭受破坏的社会经济得到一个喘息机会，但是没有等到把斫[2]丧殆尽的社会元气恢复起来，甚至在遍体创伤还没有等到平复，全国又陷于更大的分崩离析之中，社会经济又遭到更为严重的破坏，一时内忧外患，天灾人祸，从四面八方铺天盖地而来。经过这一次大破坏之后，整个中国北半部到处是荒草千里，僵尸蔽野，阡陌夷灭，井堙木刊，在这种残破不堪的情况下，商品经济和货币经济已经没有存在的基础了。人们的经济生活已倒退到原始的自然经济阶段上，一切生活所需，都是自己的种殖之物，偶有交换，只能用自己生产的布帛谷粟来作媒介，铜钱既无从获得，它的必要性也就自然消失了。

使用布帛谷粟为货币，交易虽然在形式上还是一种商业程序，但是实际上则是一种物物交换，即实物与实物交换，亦即两种不同的使用价值在进行交换，布帛谷粟之所以能表现货币的功能，是由于它们各自具有不同效用的使用价值，都是直接可以满足人们需要的消费品，虽然被用作货币，但却缺乏金属货币特别是贵金属货币所具有的那些性能，因而在流通过程中和储存过程中使这些东西的原有效用为之损坏、降低或消失，也就是当损坏了这些东西的使用价值时，同时就损坏了或降低了这些东西的交换价值。古人对此也看得很清楚，如东晋时孔琳之曾指出："谷帛为宝，本充衣食，分以为货，则致损甚多，又劳毁于商贩之手，耗弃于割截之用，此之为弊，著自于曩。故钟[3]繇曰：巧伪之人，竞湿谷以要利，制薄绢以充资，魏世虽制以严刑，

---

① 《晋书》卷二十六，《食货志》。

弗能禁也。……钱之不用，由于兵乱，积久自致于废，有由而然，汉末是也。"① 布帛谷粟等实物货币一旦代替了金属货币并逐渐取得主币资格之后，其本身就是金属货币复兴的一个强大阻力，再加上铜钱本身的兴废无常，钱质恶劣，价值不固定等等，就越发使铜钱"自致于废"。例如在十六国时期，石勒曾一度铸钱，并强制"令公私行钱，而人情不乐。乃出公绢市钱，限中绢匹一千二百，下绢八百，然百姓私买中绢四千，下绢二千。巧计贱买私钱，贵卖于官，坐死者十数人，而钱终不行"②。

江南货币经济的不发达，与北朝大致相同，但造成的原因则极不相同。

当北中国半部战火纷飞、天昏地暗的时候，长江以南没有直接受到影响，故晋元帝过江以后还能在江左偏安，维持了一个小朝廷。但是在东晋初期，江南还是一个刚刚在开发之中的经济和文化都十分落后的地区，大多数地方都还停滞在"渔猎山伐"的原始采集经济阶段上，总之，自然经济成分，在江南广大地区的人民生活中还占有最大的比重，商品经济和货币经济是很不发达的，或者是根本不存在的。晋室南渡之后，虽在一些地方特别是江左一带进行了初步的开发，但还远远没有达到发展商品经济和货币经济的阶段，故很多州郡特别是远离江东的偏僻地方，那里的自然经济都占绝对优势地位，人们的一切生活必需品都是靠自己生产，不需要市场供应，故只有简单的物物交换而无商业，因而他们或者完全不用货币，或者使用各种各样的实物当作货币，铜钱基本上是不用的。就是在开发比较早、人口比较密的江东，事实上也是实物货币占统治地位。东晋前叶自己不铸钱，而沿用孙氏旧钱，大小不一，轻重杂行。旧钱本来不多，而又大量外流，因"小人贪利，销坏无已"，把大量销坏的铜钱输往广州，"货与夷人，铸败作鼓"③。由于铜钱短缺，造成钱贵物贱，物价波动不已，故到安帝元兴中（公元四〇三年左右），当桓玄辅政时，便建议废止铜钱，专用谷帛。这个建议遭到孔琳之的坚决反对（详见下节），他反复陈述了布帛谷粟不适于作货币的理由，结果桓玄的建议没有被采纳。钱虽然没有被废止，仍许照旧流通，但究因数量有限，而又不断销毁外流，所以实际上还是布帛谷粟在执行着主币的任务。

继起的宋、齐、梁、陈四个王朝，一反两晋所为，不但大量鼓铸，而且

① 《晋书》卷二十六，《食货志》。
② 《晋书》卷一百五，《石勒载记下》。
③ 《晋书》卷二十六，《食货志》。

频繁更改、废旧行新。四朝在一百六十多年当中，前后改铸铜钱达十二次之多，铸出的铜钱大小不一，形制繁多，并且还常常是新钱已行，而旧钱仍在，新旧交错，五花八门。这样，大量鼓铸的结果，各种大小不等、优劣不同的钱币充斥市面，结果必然是市肆混乱，物价波动，直接影响人民的生活。币制既非常混乱，不但不能促进商品经济和货币经济的发展，正相反，它是妨碍这种发展的有力因素，商品经济越不发展，粟帛就越能取代铜钱的地位而成为主币。这里还必须着重指出，不仅官家所铸之钱质量恶劣，钱文混乱，而且盗铸又十分猖獗，有所谓"莱子""鹅眼""綖环"等名目，形质微小恶劣，一千钱长不盈三寸，最恶劣的"綖环"钱，"入水不沉，随手破碎，市井不复料数，十万钱不盈一掬，斗米一万，商货不行"①。这样的劣币投放市场后，必立即发生劣币驱逐良币的作用，转瞬之间，良币即绝迹于市场，不再出现，充斥市场的全是劣币。铜钱既如此滥恶，实际上已经丧失了货币资格，既破坏了货币的正常流通，也破坏了商品的正常交易，史所谓"商货不行"，是说两者都同归于尽了。这样一来，就给布帛谷粟之上跻于主币地位进一步廓清了道路，即每当有价值的转移授受而必须有货币来执行这个任务时，便只好使用具有实际使用价值的布帛谷粟了。

这种"商货不行"的情况，历宋、齐两代始终没有多大变化，所有商品经济和货币经济都继续在凋敝之中，所以齐武帝在永明五年（公元四八七年）九月的一次诏书中说："……农桑不殷于曩日，粟帛转贱于当年，工商罕兼金之储，匹夫多饥寒之患。良由圜法久废，上币稍寡，所谓民失其资，能无匮乎？"② 同时竟陵王萧子良亦说："泉铸岁远，类多剪凿，江东大钱，十不一在"，而"公家所受，必须轮郭，遂买本一千，加子七百，[徒] 令小民每婴困苦。"③ 这是由于铜钱严重缺乏，好钱尤为难得，而公家收税，限用有轮郭的好钱，人民纳税时要用一千七百文才能换到一千好钱，故"小民每婴困苦"，因此，萧子良向朝廷建议，官家征收赋税应"钱帛相半"。

萧梁时已到南朝后期，这时江南的开发已有了相当大的进展，人口也有了大量增加，随着整个社会经济的恢复，商品经济也有了一定程度的发展，但活动的范围仍不大，主要是沿江交通便利的各州郡，所以铜钱的流通区域也主要是沿江两岸各州郡，其他距江较远和商品经济不发达的地区，仍然是

---

① 《宋书》卷七十五，《颜竣传》。
② 《南齐书》卷三，《武帝纪》。
③ 《南齐书》卷四十，《竟陵文宣王子良传》。

自然物货币占统治地位，只有交、广二州因与南海诸国有贸易关系，商品经济比较发达，适应着对外贸易的需要，已开始使用贵金属货币，兼用金、银为币。史称："梁初，唯京师及三吴、荆、郢、江、湘、梁、益用钱，其余州郡，则杂以谷帛交易。交、广之域，全以金、银为货。"[①] 贵金属的流通范围虽仅限于交、广之域，但却是贵金属特别是白银再次进入流通界的开始，西汉时虽曾铸造过银币，但并未流通，白银真正取得货币资格，主要是从这时开始的。梁的运祚[4]虽不长，但铸造的铜钱却不少，其中形制名称繁多，轻重大小不一，以致币制十分混乱，并且是朝铸夕改，有如儿戏，或用大钱，或用"细钱"，有时又尽废铜钱，改用铁钱，大量铸造铁钱的结果，以致所在充斥，多如丘山，入市交易，必用车载，这样一来，货币所应具的一切职能俱已消失殆尽了。这样，劣币充斥，良币匿迹，物价飞涨，人不聊生，结果又迫使人民不得不"以粟帛为货"。

陈是一个短命的王朝，御极不过三十二年，其运祚虽很短，而铸钱却甚多，并且还频繁改变币制，或以一当十，或以十当一，改易频繁，"人皆不便"。不久又尽废铜钱，改用粟帛。"其岭南诸州，多以盐米布交易，俱不用钱。"[②] 于是金属货币的流通范围又缩小了。

总之，江南各朝名义上并没有废止铜钱，但初则由于钱缺，不敷使用，继又由于钱质滥恶，良币又少，不足以善尽货币应有的职能，所以布帛谷粟便自然而然地取代了金属货币，不管铜钱在法律上是否被废止。

北朝的情形与南朝类似，但又自有本身的特点。

中原、关中以及部分淮河流域，原是自古以来的主要经济区，但经过长期破坏之后，商品经济和货币经济在很长的一段时期内几乎全部消失了，只有石勒曾一度置"挈壶署"，铸造过一种名"丰货钱"的铜钱，由于人民拒绝使用，未能流通，上文已略述其梗概。钱之不行，是因为人们已经没有用钱的习惯，也没有用钱的需要，虽以严刑强制，而仍然无效。后来拓跋魏虽然统一了北方，社会秩序已经恢复，但残破不堪的社会经济却迟迟未能改观，经过了约一个世纪之久，商品经济和货币经济依然是衰微不振，故史称"魏初至于太和，钱货无所周流"。[③] 后来虽然铸造了铜钱，并大力推行，但收效不大，所以就是在北魏的全盛时期，铜钱仍然流通不畅，流通的区域也很小，

① 《隋书》卷二十四，《食货志》。
② 《隋书》卷二十四，《食货志》。
③ 《魏书》卷一百十，《食货志》。

民间交易必须用货币支付时，宁肯用"单丝之缣，疏缕之布……分截布帛"，即"裂匹为尺，以济有无"，结果遂"致商货不通，贸迁颇隔"。①尽管使用实物货币有诸多不便，而多数州郡仍旧在"裂匹为尺，以济有无"。北魏政府虽三令五申地在大力推广钱币，结果仍然如故，除京师及其附近地区完全靠政治力量来强制推行外，其他距京师稍远的地方和"旧少钱货"的地方以及向来不用钱的河北诸州，"犹以他物交易，钱略不入市"。②当官钱推行困难和流通范围不易扩大之时，民间盗铸却风起云涌，在一个十分狭小的流通区域内，大量恶钱投放市场，良币更迅速绝迹。而私铸之钱，又滥恶到可以"风飘水浮"，在这样的恶钱泛滥下，其结果当然是"钱货不行"，这与南朝的情况是完全相同的，但在本质上却又有所不同。因为中国北方过去本是铜钱流通的主要区域，是古代货币经济的黄金时代[5]，现在则退化到宁肯用"单丝之缣，疏缕之布"，去"裂匹为尺，以济有无"，而不肯用便于授受、便于携带的铜钱，就是在朝廷的大力推行之下，仍然是"钱略不入市"，说明这种退化现象已不止是一种量的差别，而是发生了质的变化，即随着社会经济结构性质的改变，没有使用金属货币的需要了。

北魏永安（公元五二八年）之后，钱法更乱，铜钱由于过度滥恶，实际上已无法流通。不久，北魏又分裂为北齐和北周两个互相敌对的小朝廷，它们的统治时间虽然都不长，但却都热衷于铸造铜钱，并且是频繁改铸，故形制各殊，大小不一，名目繁多，五花八门。加以盗铸猖獗，恶钱充斥，结果遂致"钱皆不行，交易者皆以绢布"③。可知[6]在整个北朝统治期间，除了经济的极端凋敝，致在很长的时期内商业交易和货币流通完全停顿外，后来又因铜钱本身的滥恶和钱法的混乱，使铜钱自行丧失了货币职能，人民不得不舍弃钱币，而取有实际用途的布帛谷粟。

综上所述，可知两晋和南北朝时期之成为实物货币占统治地位的时代，乃是势所必然的：北朝，是由原来非常发达的货币经济区倒退到自然经济；在南朝，则是由于江南的广大地区还迟迟没有开发，根本没有发展到货币经济的高度阶段。所以两者的情况，形式上是相同的，本质上则是有异的。

还有必须指出的一点，有的王朝统治阶级之所以屡次以明令"废钱用谷帛"，还另有更深的用意，即"废钱用谷帛"是有目的的，是顺水推舟借以贯

---

① 《魏书》卷一百十，《食货志》。
② 《魏书》卷一百十，《食货志》。
③ 《隋书》卷二十四，《食货志》。

彻抑商政策的。重农抑末，本是历代的传统政策，各个历史时代都各有其贯彻这一政策的特殊方法，这时期顺应着客观形势，因利乘便，使废止金属货币而专用谷帛，可以一举两得，兼收到重农和抑末的双重效果。下引一段文献，正系统地阐明了这个观点：

> 史臣曰：民生所贵，曰食与货。货以通币，食为民天。…… 一夫躬稼，则余食委室；匹妇务织，则兼衣被体。虽懋迁之道，通用济乏，龟贝之益，为功盖轻。而事有诡变，隆敝代起，昏作役苦，故耕人去而从商，商子事逸，末业流而浸广，泉货所通，非复始造之意。于是竞收罕至之珍，远蓄未名之货，明珠翠羽，无足而驰，丝罽文犀，飞不待翼，天下荡荡，咸以弃本为事。丰衍则同多稔之资，饥凶又减田家之蓄。钱虽盈尺，既不疗饥于尧年；贝或如轮，信无救渴于汤世，其蠹病亦已深矣。固宜一罢钱货，专用谷帛，使民知役生之路，非此莫由。夫千匹为货，事难于怀璧，万斛为市，未易于越乡，斯可使末伎自禁，游食知返[7]。……①

这段文献明白指出：只有农业是生产的，末业（包括工商）则是妨碍生产的，而唯一生产的农民，生活却非常勤苦，与商人相比实有天渊之别。货币虽可以"通用济乏"——即有助于互通有无，但并没有增加生产，故"为功盖轻"。货币的功不大，害却不小，因货币一出现就会促成商业的发达，而商业所贩运的则是些无裨实用的奢侈品，这些东西，一方面助长人们的消费欲，造成挥霍浪费，因而消耗社会财富；另一方面，促使人们弃本务末，以致"末业流而浸广"，这两个方面所造成的共同结果，是降低社会生产力。即使"钱虽盈尺""贝或如轮"，也无补于因生产力降低给人们带来的贫困与饥寒。"天下荡荡"，唯钱是求，它既不能"疗饥"，也不能"救渴"，故有百弊而无一利——"其蠹病亦已深矣"。废止了金属货币，专以谷帛为市，本身就是商业发展的一个制动力，因为布帛谷粟都是单位价值微小，而体积大而笨重，既不便于流通，也不便于储藏，更不能作远程贩运，即所谓"千匹为货，事难于怀璧，万斛为市，未易于越乡，斯可使末伎自禁，游食知反"。可见废钱用谷帛，是别有很深用意的：既要借以窒息商品流通，又要窒息货

---

① 《宋书》卷五十六，《孔琳之传》。

币流通，一举两得，既重了农，又抑了商。

第二节 铜 钱

（一）两晋

西晋的统治期不长，首尾合计才五十一年[8]，实际上，永嘉之乱已结束了晋王朝的运祚，若截至永嘉元年（公元三〇七年）为止，西晋的实际统治期才四十二年。这短短的四十余年，只是东汉至三国长期丧乱之后的一个短暂的喘息时期，而喘息未定，就又开始了更长期的空前大分裂和惨重的大破坏。在西晋初年，虽因干戈之停息，农业有了初步的恢复，社会经济还一度显示了欣欣向荣的景象，但是商品经济和货币经济却不可能像农业那样以同一步伐迅速地繁荣起来，因为自然经济长期以来一直占支配地位，从东汉时起，自然物货币就一直在起着主币的作用，不久之前的魏文帝又正式废止了铜钱，限定以谷帛为币，禁止金属货币的流通，虽其后不久又行恢复，解除了用钱之禁，但是社会经济发展的自然趋势却不可能随着人为的朝令夕改来变更方向。晋武帝于平吴之后，耽于声色，意志消沉，既无雄才大略，自安于率循旧章，故一切均沿袭曹魏之旧。这时商品经济既不发达，社会上也没有行钱的迫切需要，故终西晋一代没有铸造过铜钱，只沿用曹魏的旧钱：

> 魏文帝罢五铢钱，使百姓以谷帛为市，至明帝世，钱废。谷用既久，人间巧伪渐多。……魏明帝乃更立五铢钱，至晋用之，不闻有所改创。①

永嘉丧乱，西晋倾覆，晋元帝渡江，在江东又重建了一个偏安一隅的小朝廷。过江之后，惊魂未定，国力空虚，一切只能因陋就简，但求苟安，惮于改作，这时商品经济既不发达，币制自亦无须更改，货币即沿用孙吴时旧钱，形制不一，轻重杂行，有所谓"比输""四文"等名，此外民间还流行吴兴沈充所私铸的小钱，名"沈郎钱"。流通中的铜钱本来不多，而又不断外流，被大量销毁为铜块，输往岭南，"货与夷人"，以制造铜鼓：

---

① 《晋书》卷二十六，《食货志》。

晋自中原丧乱，元帝过江，用孙氏旧钱，轻重杂行，大者谓之
"比输"，中者谓之"四文"，吴兴沈充又铸小钱，谓之"沈郎钱"。
钱既不多，由是稍贵。孝武太元三年（公元三七八年），诏曰：
"钱，国之重宝；小人贪利，销坏无已，监司当以为意。广州夷人，
宝贵铜鼓，而州境素不出铜，闻官私贾人，皆于此下（按《通典》
引此，无'于此下'三字）贪比输钱，斤两差重，以入广州，货与
夷人，铸败作鼓，其重为禁制，得者科罪。"①

流通中的铜钱本极有限，又这样大量销毁外流，改制铜鼓，价昂于钱，
故外流日多，钱币日减，以致物价波动，影响民生。到安帝元兴（公元
四〇二—四〇四年）中，桓玄辅政，建议废止铜钱，专用谷帛，以解决钱币
不足的问题。这个建议遭到孔琳之的坚决反对，他认为货币不过为交易之媒
介，要经常流通转手，应以不易耗损变质的金属为币材，而不应使用有实际
效用而又易于耗损变质的生活必需品，布帛谷粟为人们的衣食之源，乃最重
要的生活资料，用为货币，则系变有用为无用，这些实物投入流通后，几经
转手，则损耗变质，为时不久，即已丧失掉使用价值，接着也就丧失了交换
价值。孔琳之的议论，对于保留铜钱的固有地位，实起了很大作用：

[安帝元兴中] 桓玄时，议欲废钱用谷帛，琳之议曰："《洪范》
八政，以货次食，岂不以交易之资，为用之至要者乎？若使不以交
易，百姓用力于为钱，则是妨其为生之业，禁之可也。今农自务谷，
工自务器，四民各肆其业，何尝致勤于钱？故圣王制无用之货，以
通有用之财，既无毁败之费，又省运置之苦，此钱所以嗣功龟贝，
历代不废者也。谷帛为宝，本充衣食，今分以为货，则致损甚多。
又劳毁于商贩之手，耗弃于割截之用，此之为敝，著于自囊。……
是以司马芝以为，用钱非徒丰国，亦所以省刑。钱之不用，由于兵
乱积久，自至于废，有由而然，汉末是也。今既用而废之，则百姓
顿亡其财。今括囊天下谷，以周天下之食，或仓庾充衍，或粮靡斗
储，以相资通，则贫者仰富，致之之道，实假于钱，一朝断之，便

① 《晋书》卷二十六，《食货志》。

为弃物；是有钱无粮之民皆坐而饥困，此断钱之立弊也。且据今用钱之处不为贫，用谷之处不为富；又民习来久，革之必惑。语曰：'利不百，不易业'，况又钱便于谷耶？魏明帝时，钱废谷用，三十年矣，以不便于民，乃举朝大议。精才达治之士，莫不以宜复用钱，民无异情，朝无异论。彼尚舍谷帛而用钱，足以明谷帛之弊，著于已试。世或谓魏氏不用钱久，积累巨万，故欲行之，利公富国。斯殆不然。……于时名贤在列，君子盈朝，大谋天下之利害，将定经国之要术，若谷实便钱，义不昧当时之近利，而废永用之通业，断可知矣。斯实由困而思革，改而更张耳。近孝武之末，天下无事，时和年丰，百姓乐业，便自谷帛殷阜，几乎家给人足；验之事实，钱又不妨民也。顷兵革屡兴，荒馑荐及，饥寒未振，实此之由。公既援而拯之，大革视听，弘敦本之教，明广农之科，敬授民时，各顺其业，游荡知反，务末自休，固以南亩竞力，野无遗壤矣。于是以往，升平必至，何衣食之足恤？愚谓救弊之术，无取于废钱。"①

孔琳之的议论得到举朝的共鸣，史称："朝议多同琳之，故玄议不行。"②铜钱的命虽赖以保持，但却始终是一种苟延残喘的形势，终东晋一代没有铸造过铜钱，而旧钱幸存者既不多，随着江南地区的不断开发和人口的大量增长，则铜钱流通的范围必日益扩大，于是铜钱之相对短缺和不敷应用的情况亦必日益突出，除用谷帛以代钱外，这个尖锐矛盾实无法缓和，结果，又给实物货币的进一步发展廓清了前进的道路。

（二）晋世割据诸国

晋世割据诸国即十六国的统治区，本是开发最早的主要经济区，古代的货币经济主要就是在这个区域之内突出发展起来的。这个长期兴旺发达的主要经济区，到了十六国割据时期遭到毁灭性的大破坏，商品经济和货币经济自亦随之衰落了。没有发达的商业，当然就不会有发达的货币，这时金属货币基本上已经不通行了，民间交易大都使用布帛，铜钱只在个别地方偶然一用，用钱赏赐也偶见记载，但为数不多。例如：

---

① 《宋书》卷五十六，《孔琳之传》。
② 《晋书》卷二十六，《食货志》。

[永嘉中，轨据凉州] 太府参军索辅言于轨曰："古以金贝皮币为货，息谷帛量度之耗。二汉制五铢钱，通易不滞。泰始中，河西荒废，遂不用钱，裂匹以为段数。缣布既坏，市易又难，徒坏女工，不任衣用，弊之甚也。今中州虽乱，此方安全，宜复五铢，以济通变之会。"轨纳之。立制：准布用钱，钱遂大行，人赖其利。①

民间日常交易，仍都是准钱用布帛，实际上铜钱仍少使用，其用途较多的是作为赏赐或赠遗。例如：

[皝僭号之十二年，记室参军封裕谏重课民租] 皝乃令曰："……夫人臣关言于人主，至难也。……封生謇謇，深得王臣之体，……其赐钱五万。……"②

[秦将王猛引兵逼邺，太傅慕容] 评性贪鄙，障固山泉，卖樵鬻水，积钱绢如丘陵，三军莫有斗志。晖遣其侍中兰伊让评曰："王，高祖之子也，宜以宗庙社稷为忧，奈何不务抚养勋劳，专以聚敛为心乎？府藏之珍货，朕岂与王爱之？若寇军冒进，王持钱帛安所置也？皮之不存，毛将安傅？钱帛可散之三军，以平寇凯旋为先也。"③

蒙逊母车氏疾笃，蒙逊升南景门，散钱以赐百姓。④

用钱作赏赐、赠遗，说明钱并没有失去货币作用，否则就不会当作有价物来赏赐于人了。这些钱不言而喻都是前朝留存下来的旧钱，而不是各个小王朝自铸之钱。在割据诸国中，自行铸造过铜钱的，只有石勒，亦仅仅铸造过一次，即上文已提到的石勒曾铸造过一次铜钱，名"丰货钱"，史未明言这一次的铸造数量，初次试铸，估计数量不可能很多，即此少量之钱，石勒虽并用了政治和经济两种力量双管齐下地加以推行，结果仍以失败告终——人民拒绝行使。

① 《晋书》卷八十六，《张轨传》。
② 《晋书》卷一百九，《慕容皝载记》。
③ 《晋书》卷一百十一，《慕容晖载记》。
④ 《晋书》卷一百二十九，《沮渠蒙逊载记》。

357

［勒僭号之元年（公元三一九年）］置挈壸署，铸丰货钱。①

［勒潜号之三年（公元三二一年）］又得一鼎，容四升，中有大钱三十，文曰："百当千，千当万。"鼎铭十三字，篆书，不可晓。藏之于永丰仓。因此，令公私行钱，而人情不乐。乃出公绢市钱，限中绢匹一千二百，下绢八百。然百姓私买中绢四千，下绢二千。巧利者贱买私钱，贵卖于官，坐死者十数人，而钱终不行。②

这说明在商品经济极度衰落之后，没有"行钱"的需要了，故虽大力推行，而仍然无效。结果，只有使人民根据习惯愿意用钱的用钱，不愿用钱的听用谷麦布帛等实物：

［建武元年（公元三三五年）］季龙下书，令刑赎之物，得以钱代财帛，无钱，听以谷麦，皆随时价输水次仓。③

（三）南朝

晋以后，继起的宋、齐、梁、陈四个王朝，改变了两晋不铸钱的政策，而大兴鼓铸。刘宋王朝是一个热衷于铸钱的王朝，它不仅大量鼓铸，而且旋兴旋废，改铸频繁。早在建国之初，即因钱货缺少，国用不足，大臣纷纷建议，欲悉收民间铜器，以铸五铢钱。这个建议遭到一些朝臣的反对，这些反对派的意见，可以举范泰的奏疏为代表：

时（高祖朝）言事者多以钱货减少，国用不足，欲悉市民铜，更造五铢钱。泰又谏曰："流闻将禁私铜，以充官铜；民虽失器，终于获直，国用不足，其利实多。臣愚意异，不宁寝默。臣闻治国若烹小鲜，拯敝莫若务本。百姓不足，君孰与足？未有民贫而国富，本不足而末有余者也。……今之所忧，在农民尚寡，仓廪未充，转运无已，资食者众，家无私积，难以御荒耳。夫货存贸易，不在少

---

① 《晋书》卷一百四，《石勒载记上》。
② 《晋书》卷一百五，《石勒载记下》。
③ 《晋书》卷一百六，《石季龙载记上》。

多，昔日之贵，今者之贱，彼此共之，其揆一也。但令官民均通，则无患不足。若使必资货广以收国用者，则龟贝之属，自古所行。寻铜之为器，在用也博矣。钟律所通者远，机衡所揆者大。……器有要用，则贵贱同资；物有适宜，则家国共急。今毁必资之器，而为无施之钱，于货则功不补劳，在用则君民俱困，校之以实，损多益少。……"①

"悉市民铜"之议在群起反对下未实行，因而"更造五铢钱"的计划未能实现，但不久即铸四铢钱：

> ［元嘉七年（公元四三〇年）冬十月］戊午，立钱署，铸四铢钱。②

改铸四铢钱是因为原来流通的五铢钱重，钱重货轻，不便于民，遂改重为轻。但行使四铢钱后，民多盗铸，或剪凿古钱以取铜，于是又改铸大钱：

> ［元嘉二十四年（公元四四七年）六月］是月，以货贵，制大钱，一当两。③

大钱行使后，朝议纷纭，朝臣中有的反对，有的赞成，朝廷采纳了后者的意见，"制大钱"，但行用未满一年，又因公私非便，而终于废止：

> 先是，患货重，铸四铢钱，民间颇盗铸，多剪凿古钱以取铜。上患之。［元嘉］二十四年，录尚书江夏王义恭建议，以一大钱当两，以防剪凿，议者多同。④

"议者"中有反对派，有赞成派，以何尚之为首的反对派，他的主要论

---

① 《宋书》卷六十，《范泰传》。
② 《宋书》卷五，《文帝纪》。
③ 《宋书》卷五，《文帝纪》。
④ 《宋书》卷六十六，《何尚之传》。

点有如下述：

尚之议曰：“伏览明命，欲改钱制，不劳采铸，其利自倍，实救弊之弘算，增货之良术，求之管浅，犹有未譬。夫泉贝之兴，以估货为本，事存交易，岂假数多？数少则币重（原作'轻'，此据中华书局点校本改），数多则物重，多少虽异，济用不殊；况复以一当两，徒崇虚价者耶？凡创制改法，宜从民情，未有违众矫物而可久也。泉布废兴，未容骤议，前代赤仄白金，俄而罢息，六货愦乱，民泣于市，良由事不画一，难用遵行。自非急病权时，宜守久长之业，烦政曲杂，致远常泥。且货偏则民病，故先王立井田以一之，使富不淫侈，贫不过匮。虽兹法久废，不可顿施，要宜而近，粗相放拟。若今制遂行，富人赍货自倍，贫者弥增其困，惧非所以欲均之意。又钱之形式，大小多品，直云大钱，则未知其格。若止于四铢、五铢，则文皆古篆，既非下走所识，加或漫灭，尤难分明。公私交乱，争讼必起，此最是其深疑者也。命旨兼虑剪凿日多，以至消尽。鄙意复谓殆无此嫌。民巧虽密，要有踪迹。且用钱货铜，事可寻检，直由属所怠纵，纠察不精，致使立制以来，发觉者寡。今虽有悬金之名，竟无酬与之实。若申明旧科，禽获即报，畏法希赏，不日自定矣。……”吏部尚书庾炳之、侍中太子左卫率萧思话、中护军赵伯符、御史中丞何承天、太常郗敬叔，并同尚之议。[1]

何尚之的这一段议论是在深入了解了货币在流通中的作用之后做出的，他正确地阐述了货币数量与物价的相互关系，是一种朴素的货币数量说，指出"数少则币重，数多则物重，多少虽异，济用不殊"，这就是说货币数量是与物价成比例的，用以说明改铸大钱，增加货币数量，却并不能增加实际价值，因为货币不过是一种交换媒介和价值尺度，媒介和尺度的增加或减少不等于实际价值的增多或减少，即所谓"泉贝之兴，以估货为本，事存交易，岂假数多？"这个意见是完全正确的。赞成派的意见，可以举沈演之为代表：

中领军沈演之以为："龟贝行于上古，泉刀兴自有周，皆所以阜

———

[1] 《宋书》卷六十六，《何尚之传》。

财通利，实国富民者也。历代虽远，资用弥便。但采铸久废，兼丧乱累仍，糜散湮灭，何可胜计。晋迁江南，疆境未廓，或土习其风，钱不普用，其数本少，为患尚轻。今王略开广，声教遐暨，金镠所布，爰逮荒服，昔所不及，悉已流行之矣。用弥广而货愈狭，加复竞窃剪凿，销毁滋繁，刑禁虽重，奸避方密，遂使岁月增贵，贫室日剧。替作肆力之氓，徒勤不足以供赡，诚由货贵物贱，常调未革。弗思厘改，为弊转深。斯实亲教之良时，通变之嘉会。愚谓若以大钱当两，则国传难朽之宝，家赢一倍之利，不俟加宪，巧源自绝。施一令而众美兼，无兴造之费，莫盛于兹矣。"①

沈演之的议论为朝廷所采纳，遂于元嘉二十四年（公元四四七年）六月"制大钱，一当两"，实行之后，果不出何尚之所料，"公私交乱，争讼必起"，故流通仅一年即作罢，"上从演之议，遂以一钱当两。行之经时，公私非便，乃罢"。②据史载：

[元嘉二十五年（公元四四八年）]五月己卯，罢大钱当两（按：《南史》作罢当两大钱）。③

在刘宋王朝大兴鼓铸之风时，一些保守主义者主张废铜钱以谷帛为市者，亦大有人在，例如周朗即因主张罢金钱忤旨，被免官：

世祖即位，除建平王宏中军录事参军。时普责百官谠言，朗上书曰："……农桑者，实民之命，为国之本，有一不足，则礼节不兴。若重之，宜罢金钱，以谷帛为赏罚。然愚民不达其权，议者好增其异。凡自淮以北，万匹为市，从江以南，千斛为货，亦不患其难也。今且听市至千钱以还者用钱，余皆用绢布及米，其不中度者坐之。如此，则垦田自广，民资必繁，盗铸者罢，人死必息。……"书奏，忤旨，自解去职。④

_____

① 《宋书》卷六十六，《何尚之传》。
② 《宋书》卷六十六，《何尚之传》。
③ 《宋书》卷五，《文帝纪》。
④ 《宋书》卷八十二，《周朗传》。

原来元嘉中所铸的四铢钱，轮郭形制与古五铢钱同，轻重大小适中，民颇便之。此种四铢钱因铸造费较高，仿制无利，故不盗铸，及孝武帝孝建初，又改铸"孝建四铢"，钱形薄小，轮郭不全，于是民间盗铸云起，不仅钱形薄小，而且杂以铅锡，又不牢固，随手破碎，此外，又剪凿古钱，以取其铜，再转用于铸钱。利之所在，虽严刑所不能禁，以致物价腾贵，民不聊生。史称：

> ［孝武孝建元年（公元四五四年）正月］壬戌，更铸四铢钱。①
>
> 先是，元嘉中，铸四铢钱，轮郭形制，与五铢（按：《通典》五铢上有古字）同，用费损，无利，故百姓不盗铸。及世祖即位，又铸孝建四铢（按：《通典》云，孝武孝建初，铸四铢，文曰"孝建"，一边为"四铢"，其后稍去四铢，专为孝建）。三年（公元四五六年），尚书右丞徐爰议曰："贵货利民，载自五政，开铸流圜，法成九府，民富国实，教立化光。及时移俗易，则通变适用；是以周、汉俶迁，随世轻重。降及后代，财丰用足，因条前宝，无复改创。年历既远，丧乱屡经，埋焚剪毁，日月销减。货薄民贫，公私俱困，不有革造，将至大乏。谓应式遵古典，收铜缮铸。纳赎利刑，著在往策。今宜以铜赎刑，随罚为品。"诏可。铸钱形或薄小，轮郭不成，于是民间盗铸者云起，杂以铅锡，并不牢固。又剪凿古钱，以取其铜，钱转薄小，稍违官式。虽重制严刑，民吏官长坐死免者相系，而盗铸弥甚，百物踊贵，人患苦之。乃立品格，薄小无轮郭者，悉加禁断。②

盗铸问题既无法解决，而恶钱泛滥，又影响民生，于是便有人主张索性放弃一向由政府垄断的造币权，听民间自由铸造。此议一出，群起反对，在朝廷中围绕着铸钱问题又展开一场辩论，这些议论都是中国货币史中的重要文献，这里将主张自由铸造和反对自由铸造的两派对立意见，分别引述如下：

（主张自由铸造:）始兴郡公沈庆之立议曰："昔秦币过重，高祖

---

① 《宋书》卷六，《孝武帝纪》。
② 《宋书》卷七十五，《颜竣传》。

是患，普令民铸，改造榆荚。而货轻物重，又复乖时。太宗放铸，贾谊致讥。诚以采山术存，铜多利重，耕战之器，曩时所用，四民竞造，为害或多。而孝文弗纳，民铸遂行，故能朽贯盈府，天下殷富。况今耕战不用，采铸废久，熔冶所资，多因成器。功艰利薄，绝吴、邓之资；农民不习，无释未之患。方今中兴开运，圣化惟新，虽复偃甲销戈，而仓库未实，公私所乏，唯钱而已。愚谓应听民铸钱，郡县开置钱署，乐铸之家，皆居署内。平其杂式，去其杂伪，官敛轮郭藏之，以为永宝。去春所禁新品，一时施用；今铸悉依此格，万税三千，严检盗铸，并禁剪凿。数年之间，公私丰赡，铜尽事息，奸伪自止。且禁铸则铜转成器，开铸则器化为财，剪华利用，于事为益。"①

（反对自由铸造:）太宰江夏王义恭议曰："伏见沈庆之议，'听民私铸，乐铸之室，皆入署居，平其准式，去其杂伪'。愚谓百姓不乐与官相关，由来甚久，又多是人士，盖不愿入署。凡盗铸为利，利在伪杂；杂伪既禁，乐入必寡。云敛取轮郭，藏为永宝。愚请上之所贵，下必从之。百姓闻官敛轮郭，轮郭之价百倍；大小对易，谁肯为之？强制使换，则状似逼夺。又去春所禁新品，一时施用，愚谓此条，在可开许。又云，今铸宜依此格，万税三千；又云，严检盗铸，不得更造。夫禁制之设，非惟一旦，昧利犯宪，群庶常情；不患制轻，患在冒犯。今入署必万输三千，私铸无十三之税，逐利犯禁，居然不断。又云，铜尽事息，奸伪自禁。愚谓赤县内铜，非可卒尽；比及铜尽，奸伪已积。又云，禁铸则铜转成器，开铸则器化为财。然顷所患，患于形式不均，加以剪凿，又铅锡众杂止于盗铸铜者，亦无须苦禁。"②

［颜］竣议曰："泉货利用，近古所同，轻重之议，定于汉世，魏、晋以降，未之能改，诚以物货既均，改之伪生故也。世代渐久，弊运顿至，因革之道，宜有其术。今云开署放铸，诚所欣同，但虑采山事绝，器用日耗，铜既转少，器亦弥贵。设器直一千，则铸之减半，为之无利，虽令不行。又云，去春所禁，一时施用，是欲使

---

① 《宋书》卷七十五，《颜竣传》。
② 《宋书》卷七十五，《颜竣传》。

天下丰财，若细物必行，而不从公铸，利已既深，情伪无极，私铸剪凿，书不可禁（按：禁，《通鉴》卷一百二十八引此作尽，是）。五铢半两之属，不盈一年，必至于尽。财货未赡，大钱已竭，数岁之间，悉为尘土，岂可令取弊之道基于皇代？今百姓之货，虽为转少，而市井之民，未有嗟怨。此新禁初行，品式未一，须叟自止，不足以垂圣虑。惟府藏空匮，实为重忧。今纵行细钱，官无益赋之理；百姓虽赡，无解官乏。惟简费去华，设在节俭，求赡之道，莫以为贵。然钱有定限，而消失无方；剪铸虽息，终致穷尽者，亡应官开取铜之禁，绝器用之涂，定其品式，日月渐铸，岁久之后，不为世益耳。"[1]

在大臣们的纷纷反对之下，虽然没有开放钱禁，实行放铸，但是盗铸之风日炽，钱币亦日益滥恶，政府所铸之钱投放市场后，转瞬即被剪凿销毁，用以改铸小钱，良币尽为劣币所逐，以致大钱绝迹，小钱泛滥，政府虽以严刑峻法追捕擒拿，而利之所在，仍冒死为之，这种猖獗情况可由下引事例看出：

[大明三年（公元五四九年）] 琛仍为吴兴太守。明年，坐郡民多剪钱及盗铸，免官。[2]

[怀慎从孙亮] 世祖大明中为武康令。时境内多盗铸钱，亮掩讨，无不禽，所杀以千数。[3]

[世祖朝，为廷尉卿] 又司徒前劾送武康令谢沈及郡县尉还职司十一人，坐仲良铸钱不禽，久已判结，又送郡主簿丘元敬等九人，或下疾假，或去职已久，又加执启，事悉见从。[4]

盗铸既难制止，政府如照旧铸大钱，则尽为私铸吞没，如填无底之壑，无有止境，久则铜亦难得，而且也无以为继，遂亦拟随波逐流，改铸二铢小钱。颜竣虽极力反对，理由亦甚充分，而朝廷不纳，卒铸小钱：

① 《宋书》卷七十五，《颜竣传》。
② 《宋书》卷八十一，《顾琛传》。
③ 《宋书》卷四十五，《刘怀慎传》。
④ 《宋书》卷五十七，《蔡廓传附子兴宗传》。

时议者又以铜转难得，欲铸二铢钱。竣又议曰："议者将为官藏空虚，宜更改铸，天下铜少，宜减钱式，以救交弊，赈国纾民。愚以为不然。今铸二铢，恣行新细，于官无解于乏，而人奸巧大兴，天下之货，将靡碎至尽。空立严禁，而利深难绝，不过一二年间，其弊不可复救。其甚不可一也。今熔铸有顿得一二亿理（按：此句《通典》作：今熔铸获利，不见有顿得一二倍之理），纵复得此，必待弥年，岁暮税登，财币暂革，日用之费，不赡数月，虽权征[9]助，何解乏邪？徒使奸民意骋，而贻厥愆谋。此又甚不可二也。民惩大钱之改，兼畏近日新禁，市井之间，必生喧扰。远利未开，切患猥及，富商得志，贫民困窘。此又甚不可三也。若使交益深重，尚不可行，况又未见其利，而众弊如此，失算当时，取诮百代乎？"（按：《通典》此下有"上不听"三字）。①

这样一来，是政府与民间在争铸小钱，益加甚了劣币驱逐良币的作用，于是大钱绝迹，市场遂完全为小钱所充斥，其结果自然是"商货不行"，使本来就不甚发达的商品经济更受到阻碍。

孝建以来，又立钱署铸钱，百姓因此盗铸，钱转伪小，商货不行。②

这时公私所铸之钱，不但形体薄小，而且质量滥恶，而尤以民间盗铸之钱为甚，有所谓"耒子"（亦称"莱子"）、"鹅眼"、"綖环"等名目，入水不沉，随手破碎，滥恶到使人难以置信的地步，故实际上均已丧失掉货币应具有的职能。其种种滥恶之状，可由下引记载看出：

前废帝即位，铸二铢钱（按：《通典》此下有文曰景和四字），形式转细。官钱每出，民间即模效之，而大小厚薄，皆不及也。无轮郭，不磨鑢[10]，如今之剪凿者，谓之"綖子"（《通典》引此作"莱子"，又此下多"尤轻薄者谓之'荇叶'，市井通用"十二字）。

① 《宋书》卷七十五，《颜竣传》。
② 《宋书》卷七，《前废帝纪》。

景和元年（公元四六五年），沈庆之启通私铸，由是钱货乱改。一千钱长不盈三寸，大小称此，谓之"鹅眼钱"，劣于此者，谓之"綖环钱"。入水不沉，随手破碎，市井不复料（《通典》作断）；数十万钱，不盈一掬；斗米一万，商货不行。太宗初，唯禁"鹅眼""綖环"，其余皆通用；复禁民铸，官署亦废工；寻复并（《通典》作普）断，唯用古钱。①

公私所铸之钱既如此滥恶，事实上已无法行使，也就是货币自身断送了自己的货币资格，政府既无力改铸大钱，不得已遂将所铸小钱废止，专用古钱：

> ［泰始二年（公元四六六年）三月］壬子，断新钱，专用古钱。②

继起的南齐王朝，是一个短命的王朝，当政时间首尾才二十三年，即为萧梁所取代，在如此短促的统治期内，事实上不可能进行任何有效的改革。币制混乱的情况，到刘宋末年时已臻极点，私铸之钱既非常滥恶，自行丧失掉货币应发挥的职能，而良币又被剪凿殆尽，异常短缺，从而造成通货紧缩，物价跌落，百业萧条，齐初正进入这一过程的严重阶段。永明初，竟陵王子良曾详细陈述了由于"钱贵物贱"而造成的严重不景气情况：

> ［永明初］竟陵王子良启曰："……顷钱贵物贱，殆欲兼倍，凡在触类，莫不如兹。稼穑难劝，斛直数倍（按：倍，《通典》作十，是），今机杼勤苦，匹裁三百，所以然者，实亦有由。年常岁调，既有定期，僮恤（按：恤，《通典》作赁）所上，咸是见直。民间钱多剪凿，鲜复完者；公家所受，必须员大。以两代一，困于所贸，鞭捶质系，益致无聊。……"③

齐武帝在一次诏书中，亦公开承认由于"圜法久废，上币稍寡"而造成

---

① 《宋书》卷七十五，《颜竣传》。
② 《宋书》卷八，《明帝纪》。
③ 《南齐书》卷二十六，《王敬则传》。

了经济的萧条：

> ［永明五年（公元四八七年）九月］丙午，诏曰："……昔在开运，星纪未周，余弊尚重，农桑不殷于曩日，粟帛轻贱于当年，工商罕兼金之储，匹夫多饥寒之患，良由圜法久废，上币稍寡。所谓民失其资，能无匮乎。"①

宋末齐初当太祖（萧道成）辅政时，曾打算改变这种状况，"意欲铸钱"，因忙于夺取政权，无暇及此，致铸钱计划未能实现。齐建国之后，有奉朝请孔颉上"铸钱均货议"，论证博洽，对当时的通货问题及其对社会经济的影响，进行了极为中肯的分析，是讨论当时通货问题的一篇重要文献：

> 宋代太祖辅政，有意欲铸钱，以禅让之际，未及施行。建元四年（公元四八二[11]年），奉朝请孔颉上铸钱均货议，辞证甚博。其略以为，食货相通，理势自然。李悝曰：籴甚贵伤民，甚贱伤农；民伤则离散，农伤则国贫；甚贱与甚贵，其伤一也。三吴，国之关阃，比岁被水潦而籴不贵，是天下钱少，非谷穰贱，此不可不察也。铸钱之弊，在轻重屡变。重钱患难用，而难用为累轻；轻钱弊盗铸，而盗铸为祸深。民所盗铸，严法不可禁者，由上铸钱惜铜爱工也。惜铜爱工者，谓钱无用之器，以通交易，务欲令轻而数多，使省工而易成，不详虑其为患也。自汉铸五铢钱，至宋文帝历五百余年，制度世有废兴，而不变五铢钱者，明其轻重可法，得货之宜。以为宜开置泉府，方牧贡金，大兴熔铸，钱重五铢，一依汉法。府库已实，国用有储，乃量俸禄，薄赋税，则家给民足。顷盗铸新钱者，皆效作翦凿，不铸大钱也。摩泽淄染，始皆类故，交易之后，渝变还新；良民弗皆淄染，不复行矣。所鬻卖者，皆徒失其物，盗铸者，复贱买新钱，淄染更用，反复生诈，循环起奸，此明主尤所宜禁而不可长也。若官铸已布于民，使严断翦凿，小、轻、破、缺、无周郭者，悉不得行；官钱细小者，称合铢两，销以为大；利贫良之民，

---

① 《南齐书》卷三，《武帝纪》。

塞奸巧之路。钱货既均，远近若一，百姓乐业，市道无争，衣食滋殖矣。[①]

从上引文可以看出，孔颉的议论是十分中肯的，他认为混乱的币制影响了国计民生，必须彻底改革。他主张政府应"一依汉法"铸造五铢钱，待官钱流通后——"官铸已布于民"，即应严禁剪凿私铸，一切滥恶之钱，皆禁止流通，官钱细小者，亦应按官定铢两收回改铸。朝臣对孔颉的建议纷纷响应，要求政府广为铸造，重其铢两，以防民奸。太祖采纳了群臣建议，遂即命诸州郡收购铜、炭，准备大兴鼓铸，会太祖去世，事遂作罢。后来又在刘悛的建议下，利用西汉邓通在蜀严道山铸钱遗址，就地采铜，铸造了一次铜钱，因功费太大，得不偿失，因而停止。终南齐一代，只在蜀铸造了一次铜钱，数量也不多：

> 时议者多以钱货减少，宜更广铸，重其铢两，以防民奸。太祖使诸州郡大市铜、炭；会宴驾，事寝。永明八年（公元四九〇年），悛启世祖曰："南广郡界蒙山下，有城名蒙城，可二顷地，有烧炉四所，高一丈，广一丈五尺。从蒙城渡水，南百许步，平地掘土深二尺得铜。又有古掘铜坑，深二丈，并居宅处犹存。
>
> 邓通，南安人，汉文帝赐严道县铜山铸钱。今蒙山近青衣水，南青衣在侧，并是故秦之严道地。青衣县又改名汉嘉。且蒙山去南安二百里，案此必是通所铸。近唤蒙山獠出，云'甚可经略'。此议若立，润利无极。"并献蒙山铜一片，又铜石一片，平州铁刀一口。上从之，遣使入蜀铸钱，得千余万，功费多，乃止。[②]

终南齐一代，铸钱仅此一次，偏在西蜀，数又有限，不足以解决当时的通货问题。由于大钱难得，一千钱贴水七百，犹难获得，官家收受限圆大有轮郭者，这成为纳税人的一大困苦，因此，竟陵王子良建议，官家收受，应钱帛相半，以免"徒令小民每婴困苦"：

---

① 《南齐书》卷三十七，《刘悛传》。
② 《南齐书》卷三十七，《刘悛传》。

[永明中] 子良又启曰："……又泉铸岁远，类多翦凿，江东大钱，十不一在。公家所受，必须轮郭；遂买本一千，加子七百，犹求请无地，棰革相继。寻完者为用，既不兼两，回复迁贸，会非委积，徒令小民每婴困苦。且钱帛相半，为制永久，或闻长宰须令输直；进违旧科，退容奸利。……"①

继齐而起的梁王朝，一反前代所为，不仅大举铸钱，而且走向另一极端。梁的统治期间较齐稍长，首尾共五十五年，在这半个世纪之中，铸钱数量之多，种类之繁，为江南四朝之冠，所铸之钱不仅有多种多样的铜钱，而且又大铸铁钱，其数量之多竟至所在多如丘山。《隋书》对此记载颇详，兹引述如下：

梁初，唯京师及三吴、荆、郢、江、湘、梁、益用钱，其余州郡，则杂以谷帛交易，交、广之域，全以金银为货。武帝乃铸钱，肉好周郭，文曰"五铢"，重如其文（按：《通典》作重四铢三参二黍，其百文则重一斤二两）。而又别铸，除其肉郭，谓之"女钱"（按：女钱，《通典》作"公式女钱"，又此下多"径一寸，文曰五铢，重如新铸五铢"十三字），二品并行。百姓或以古钱交易，有"直百五铢""五铢女钱""太平百钱""定平一百五铢""稚钱五铢""对文"等号，轻重不一（按：自二品并行以下，《通典》作百姓或私以古钱交易者，其五铢径一寸一分，重八铢，文曰"五铢"，三吴属县行之。"女钱"径一寸，重五铢，无轮郭，郡县皆通用。"太平百钱"二种，并径一寸，重四铢，源流本一，但文字古今之殊耳，文并曰"大平百钱"。"定平一百五铢"，径六分，重一铢半，文曰"定平一百"。"稚钱五朱"，径一分半，重四铢，文曰"五朱"，源出于五铢，但狭小，东境谓之"稚钱"。五铢钱径七分半，重三铢半，文曰"五朱"，源出稚钱，但稍迁异，以铢为朱耳，三吴行之，差少于余钱。又有"对文钱"，其源未闻。"丰货钱"径一寸，重四铢，代人谓之"富钱"，藏之令人富也。"布泉钱"一寸，重四铢半，代谓之"男钱"，云妇人佩之，即生男也。此等轻重不

① 《南齐书》卷四十，《竟陵文宣王子良传》。

一）。天子频下诏书，非新铸二种之钱，并不许用；而趣利之徒，私用转甚。至普通中，乃议尽罢铜钱，更铸铁钱。人以铁钱易得，并皆私铸，及大同以后，所在铁钱遂如丘山。物价腾贵，交易者以车载钱，不复计数，而唯论贯，商旅奸诈，因之以求利。①

萧梁王朝大量铸造了形制不同、名目不同、大小不同、面值不同的铜钱，真是五花八门，一齐投放市场后，使交易的人为之眼花缭乱，莫知所措，忽又尽罢铜钱，更铸铁钱，币制更加混乱。因铁钱一出，铜钱即尽被驱逐，市场上交易、支付，尽为铁钱，即使是悬赏赠遗的大宗支付，也尽用铁钱：

[普通四年（公元五二三年）] 十二月戊午，始铸铁钱（按：《南史》句上有"用给事中王子云议"八字）。②

[梁时，事侯景将宋子仙] 及子仙败，僧辩素闻其名，于军中购得之，酬所获者铁钱十万。③

铁钱与铜钱的法定比率是二比一，事实上是"交易者以车载钱，不复计数，而唯论贯"，实际上比率远在二以上：

[溉与任昉善，天监中] 除尚书殿中郎，后为建安太守。昉以诗赠之，求二衫段，云："铁钱两当一，百易代名实，为惠当及时，无待凉秋日。"④

萧梁对于盗铸防范甚严，如有犯者，必治以重罪，虽王公不免：

天监初，以王子封乐山侯，累迁太子洗马舍人。恒于第内私械百姓，令养马，又盗铸钱。大通二年（公元五二八年）……削爵徙郁林。⑤

---

① 《隋书》卷二十四，《食货志》。
② 《梁书》卷三，《武帝纪》。
③ 《梁书》卷十九，《沈炯传》。
④ 《南史》卷二十五，《刘彦之传附溉传》。
⑤ 《南史》卷五十一，《梁临川静惠王宏传附子正则传》。

普通五年（公元五二四年），坐于宅内铸钱，为有司所奏，下廷尉，得免死，徙临淮郡。①

由于铜钱短缺，不敷流通之用，民间用钱，遂出现短陌，即不足一百之数权作一百之用，这原是民间自行规定的通融办法，各地方习惯不同，短陌之数亦不同。最初，朝廷曾下令制止，限用足陌钱，例如中大同元年（公元五四六年）七月丙寅诏曰：

"朝四而暮三，众狙皆喜，名实未亏，而喜怒为用。顷闻外间多用九陌钱。陌减则物贵，陌足则物贱；非物有贵贱，是心有颠倒。至于远方，日更滋甚。岂直国有异政，乃至家有殊俗，徒乱王制，无益民财。自今可通用足陌钱。令书行后，百日为期；若犹有犯，男子谪运，女子质作，并同三年。"②

民间由实际需要形成的习惯，非一纸"令书"所能改革，故"令书"虽下，实同具文，自京师到外地州郡仍照旧行使短陌，而短陌之数，各地相差悬殊，有少到以三十五文为一百者：

初，武帝末年，都下用钱，每百皆除其九，谓为九佰，竟而有侯景之乱。及江陵将覆，每百复除六文，称为六佰[12]。③
自破（按：破，《通典》作陂）岭以东，八十为百，名曰"东钱"；江、郢巳上，七十为百，名曰"西钱"；京师以九十为百，名曰"长钱"。中大同元年，天子乃诏通用足陌，诏下而人不从，钱陌益少，至于末年，遂以三十五为百云。④

到梁代末年时，因钱货缺乏，令杂用古今钱，继又铸四柱钱，一当二十，不久又改为一当十：

① 《梁书》卷二十四，《萧景传附弟昱传》。
② 《梁书》卷三，《武帝纪下》。
③ 《南史》卷八，《梁本纪·史臣论》。
④ 《隋书》卷二十四，《食货志》。

[太平元年（公元五五六年）三月] 壬午，班下远近，并杂用古今钱。①

[太平二年（公元五五七年）四月] 已卯，铸四柱钱，一当二十。……壬辰，改四柱钱一准十。丙申，复用细钱。②

由上文可知，终梁之一代，先后铸钱虽多，而币制则十分混乱，铜钱种类繁多，不便流通；铁钱价值微小，数量庞大，交易须以车载钱，不复计数，实际上已失去货币作用，所以整个梁代，是一个币制混乱的朝代。继起的陈王朝，是南朝最后一个短命王朝，首尾才三十二年。陈初行使梁钱，杂用其大小铜钱，而铁钱不行。至文帝时曾铸五铢钱，后至宣帝时又用大货六铢钱。各种钱货的流通情况，大致如下：

[天嘉三年（公元五六二年）闰二月] 甲子，改铸五铢钱。③

[太建十一年（公元五七九年）] 秋七月辛卯，初用大货六铢钱。④

陈初，承梁丧乱之后，铁钱不行。始梁末又有"两柱钱"及"鹅眼钱"，于时人杂用，其价同。但两柱重而鹅眼轻，私家多熔钱，又间以锡、铁，兼以粟帛为货。至文帝天嘉五年（公元五六四年），改铸五铢。初出，一当鹅眼之十。宣帝大建十一年，又铸大货六铢，以一当五铢之十，与五铢并行，后还当一，人皆不便，乃相与讹言曰："六铢钱有不利县官之象"，未几，而帝崩，遂废六铢，而行五铢，竟至陈亡。其岭南诸州，多以盐米交易，俱不用钱云。⑤

（四）北朝

北魏统一中原后，曾长期不用货币，当然也就没有商业，一直是"钱货无所周流"，约百年左右，成为一个纯粹自然经济时代，直到高祖太和年间始

---

① 《梁书》卷六，《敬帝纪》。
② 《南史》卷八，《梁敬帝纪》。
③ 《陈书》卷三，《世祖纪》。
④ 《陈书》卷五，《宣帝纪》。
⑤ 《隋书》卷二十四，《食货志》。

诏天下用钱，并于太和十九年（公元四九五年）铸"太和五铢"，颁行天下，人民欲铸，可申请就官炉依式铸造。官私所铸之钱，要求"铜必精练，无所和杂"，故所铸的太和五铢，钱质优良，大小适中。但因民间久不用钱，故推行新币，阻碍重重，或者拒绝行使，或者只用古钱，不行新铸，致太和五铢的流通范围异常狭小，不出京师附近一带，外地州郡大都仍以布帛为市，俱不用钱，即所谓"专以单丝之缣，疏缕之布"，"分截布帛"，"裂匹为尺"，以供零星交易之用。任城王澄针对当时钱货流通的客观情况和应采取的对策，曾反复陈辞，亦颇为中肯，朝廷采纳后即大力推行，而仍然没有多大效果，一些州郡还是以他物交易，钱不入市。其种种经过，《魏书》记载颇详：

> 魏初至于太和，钱货无所周流，高祖始诏天下用钱焉。十九年，冶铸粗备，文曰"太和五铢"，诏京师及诸州镇皆通行之。内外百官禄，皆准绢给钱，绢匹为钱二百。在所遣钱工备炉冶，民有欲铸，听就铸之；铜必精练，无所和杂。世宗永平三年（公元五一〇年）冬，又铸五铢钱。肃宗初，京师及诸州镇或铸或否，或有止用古钱，不行新铸，致商货不通，贸迁颇隔。[①]

这是北魏王朝在铸钱初期所面临的情况。太和五铢钱和永平三年所铸的五铢钱，本都是钱质优良的铜币，而民宁愿杂用古钱，也不肯行使新铸，结果，依然是"商货不通，贸迁颇隔"。任城王澄就是针对这一情况进行了详细的分析，并提出合理的建议：

> 熙平初（公元五一六年），尚书令任城王澄上言："……窃寻太和之钱，高祖留心创制，后与五铢并行，此乃不刊之式。但臣窃闻之：君子行礼，不求变俗，因其所宜，顺而致用。太和五铢虽利于京邑之肆，而不入徐、扬之市；土货既殊，贸鬻亦异，便于荆、郢之邦者，则碍于兖、豫之域，致使贫民有重困之切，王道贻隔化之讼。去永平三年，都座奏断天下用钱不依准式者，时被敕云：'不行之钱，虽有常禁，其先用之处，权可听行，至年末，悉令断之。'延昌二年（公元五一三年），徐州民俭，刺史启奏，求行土钱，旨听

① 《魏书》卷一百十，《食货志》。

权依旧用。谨寻不行之钱，律有明式，指谓鸡眼、镮凿，更无余禁。计河南诸州，今所行者，悉非制限，昔来绳禁，愚窃惑焉。又河北州镇，既无新造五铢，设有旧者，而复禁断，并不得行，专以单丝之缣，疏缕之布，狭幅促度，不中常式，裂匹为尺，以济有无，至今徒成杼轴之劳，不免饥寒之苦，良由分截布帛，壅塞钱货，实非救恤冻馁，子育黎元。谨惟自古以来，钱品不一，前后累代，易变无常。其钱之为名，欲泉流不已。愚意谓今之太和，与新铸五铢，及诸古钱，方俗所便用者，虽有大小之异，并得通行；贵贱之差，自依乡价，庶货环海内，公私无壅。其不行之钱，及盗铸、毁大为小、巧伪不如法者，据律罪之。"诏曰："钱行已久，今东尚（按：尚，《通典》作南，是）有事，且依旧用。"澄又奏："……臣比奏求宣下海内，依式行钱，登被旨敕，钱行已久，且可依旧。谨重参量，以为太和五铢，乃大魏之通货，不朽之恒模，宁可专贸于京师，不行于天下？但今戎马在郊，江疆未一，东南之州，依旧为便。至于京西京北，域内州镇，未有钱处，行之则不足为难，塞之则有乖通典。何者？布帛不可尺寸而裂，五谷则有负担之难。钱之为用，贯襁[13]相属，不假斗斛之器，不劳秤尺之平，济世之宜，谓为深允。请并下诸方州镇，其太和及新铸五铢，并古钱内外全好者，不限大小，悉听行之。鸡眼、镮凿，依律而禁。河南州镇，先用钱者，既听依旧，不在断限。惟太和、五铢二钱得用公造新者，其余杂种，一用古钱，生新之类，普同禁约。诸方之钱，通用京师，其听依旧之处，与太和钱及新造五铢并行。若盗铸者，罪重常宪。既欲均齐物品，廛井斯和，若不绳以严法，无以肃兹违犯。符旨一宣，仍不遵用者，刺史守令，依律治罪。"诏从之。而河北诸州旧少钱货，犹以他物交易，钱略不入市也。①

任城王澄的两次奏议，对于应如何推行钱币以及布帛谷粟等消费品之不适宜用为货币等等方面，都分析得非常透彻，议论非常中肯。朝廷既已铸钱，而钱又良好，理应通用，所谓"太和五铢乃大魏之通货"，即政府颁行的法币，岂可专用于京师，而不行于天下？至于各地之所以不用钱，是习惯于使

---

① 《魏书》卷一百十，《食货志》。

用布帛谷粟等实物，然使用实物为币，本有明显之缺点，系尽人皆知之事实，最明显的一点是"布帛不可尺寸而裂，五谷则有负担之劳"；反之，钱之为用则异常方便，不用斛斗秤尺去衡量，贯襁相属，取用自如，久储不变其质，零用不损其价，故使用铜钱为币，没有任何不便，确是"济世之宜，谓为深允"，民间没有拒绝行使的任何理由。因此，应使"诸方之钱，通用京师"，亦应使京师之钱，通用诸方，如此就可以消除壅隔，货畅其流，自然就能达到"均齐物品，廛井斯和"了。

太和以后，历朝都在大力贯彻这一既定政策，大力扩展铜钱的流通区域，以便能逐步缩小布帛谷粟的货币作用。钱币流通的不畅，固然是由于习惯势力在作梗，但钱币本身的逐渐滥恶，也是一个很大的阻力。太和五铢和永平新铸行用不久，即盗铸盛行，私钱薄小，甚至滥恶到风飘水浮，上贯即碎。铜钱本来就是人不乐用，今又如此滥恶，益增加了行钱的阻力。于是北魏政府在朝臣的纷纷建议下，于庄帝永安二年（公元五二九年），改铸"永安五铢"，这是北魏王朝第三次铸造五铢钱。铸造的原因、经过和朝臣们的建议有下述记载：

自后所行之钱，民多私铸，稍就小薄，价用弥贱。建义初（公元五二八年），重盗铸之禁，开纠赏之格。至永安二年秋，诏更改铸，文曰"永安五铢"，官自立炉，起自九月，至三年正月而止。①

时所用钱，人多私铸，稍就薄小，乃至风飘水浮，斗米几直一千。侃奏曰："昔马援至陇西，尝上书求复五铢钱，事下三府，不许。及援征入为虎贲中郎，亲对光武申释其趣，事始施行。臣顷在雍州，亦表陈其事，听人与官并铸五铢钱，使人乐为，而俗弊得改；旨下尚书八座，不许。以今况昔，即理不殊。求取臣前表，经御披析。"侃乃随事剖辨，孝庄从之，乃铸五铢钱，如侃所奏。②

于时（孝庄帝朝）用钱稍薄，道穆表曰："四民之业，钱货为本，救弊改铸，王政所先。自顷以私铸薄滥，官司纠绳，挂网非一。在市（按：市，《通典》作令）铜价，八十一文，得铜一斤；私造薄钱，斤余二百。既示之以深利，又随之以重刑，雁罪者虽多，奸

---

① 《魏书》卷一百十，《食货志》。
② 《魏书》卷五十八，《杨播传附子侃传》。

铸者弥众。今钱徒有五铢之文，而无二铢之实，薄甚榆荚，上贯便破，置之水上，殆欲不沉。此乃因循有渐，科防不切，朝廷之惩，彼复何罪。昔汉文帝以五分钱小，故铸四铢，至武帝复改三铢为半两，此皆以大易小，以重代轻也。论今据古，宜改铸大钱，文载年号，以记其始，则一斤所成，止七十六文。铜价至贱五十有余，其中人功、食料、锡、炭、铅、沙，纵复私营，不能自润。直置无利，自应息心，况复严刑广设也。以臣测之，必当钱货永通，公私获允。"后遂用杨侃计，铸永安五铢钱。[1]

因盗铸严重而改铸永安五铢，并没有解决盗铸问题，而是"利之所在，盗铸弥众"，结果同样是失败。史称："既铸永安五铢，官欲贵钱，乃出藏绢，分遣使人于二市赏（按：赏，《通典》作卖，是）之，绢匹二百，而私市者犹三百。利之所在，盗铸弥众。巧伪既多，轻重非一，四方州镇，用各不同。迁邺之后，轻滥尤多。"[2] 因此，铸钱都将长史高谦之上表求铸三铢钱，主张以官铸小钱与私钱竞争，他认为"钱货之立，本以通有无，便交易，故钱之轻重，世代不同"。他于详论了历代钱之大小不同后指出："夫以西京（西汉）之盛，钱犹屡改，并行小大，子母相权；况今寇难未除，州郡沦败，民物凋零，军国用少。别铸小钱，可以富益，何损于政，何妨于人也？且政兴不以钱大，政衰不以钱小，惟贵公私得所，政化无亏，既行之于古，亦宜效之于今矣。……臣今此铸（按：指三铢钱），以济交乏，五铢之钱，任使并用。行之无损，国得其益，穆公之言，于斯验矣。"[3] 此表上后，"诏将从之，事未就，会卒"。这个建议没有来得及施行，并不可惜，如若照办，必将招致更大的混乱。"穆公之言"——即主张并行小大、子母相权，原是一个错误的主张，小大并行后，不但收不到子母相权的效果，而且适得其反，所收到的是小钱驱逐大钱、劣币驱逐良币，充斥市场的将尽是小钱、恶钱。西汉虽屡改币制，忽大忽小，却都是以新易旧，并没有使新旧大小并行，所以高谦之的主张是完全错误的。

北魏王朝分裂后，继起的北齐和北周都是运祚短促的小朝廷，北齐当政共二十七年，北周更短，首尾才二十四年。尽管整个时期是一个战乱频仍、

---

① 《魏书》卷七十七，《高崇传附子恭元传》；《北史》卷五十，《高道穆传》。
② 《魏书》卷一百十，《食货志》。
③ 《魏书》卷七十七，《高崇传附子谦之传》。

兵荒马乱的不安定时期，但是这时公私都颇热衷于铸造铜钱。就北齐而言，齐初沿用魏之永安五铢，但盗铸极盛，各地私铸之钱，名目繁多，大小不一，实际上都是地方性货币，其流通范围不出本地方之外。各地方既各自铸钱，朝廷所铸之钱益难通行，朝廷虽曾尽收境内之铜及钱，铸造了好钱，而仍然是奸伪竞起，良币难行。史称："齐神武霸政之初，承魏，犹用永安五铢。迁邺已后，百姓私铸，体制渐别，遂各以为名，有'雍州青赤''梁州生厚''紧钱''吉钱''河阳生涩''天柱''赤牵'之称，冀州之北，钱皆不行，交易者皆绢布。神武帝乃收境内之铜及钱，仍依旧文更铸，流之四境。未几之间，渐复细薄，奸伪竞起。"① 其时朝廷命官亦多参与盗铸，例如洛州刺史王则即铸有"河阳钱"行于世："元象初（公元五三八年），除洛州刺史。则性贪婪，在州受取非法；旧京诸像，毁以铸钱，于时世号'河阳钱'，皆出其家。"② 由于钱文大乱，朝廷遂决定加以改革，除另铸新钱以统一币制外，又规定了市肆行使铜钱的具体办法：

> 武定初（公元五四三年），齐文襄王奏革其弊，于是诏遣使人诣诸州镇，收铜及钱，悉更改铸，其文仍旧。然奸幸之徒，越法趋利，未几之间，渐复细薄。六年（公元五四八年），文襄王以钱文五铢，名须称实，宜称钱一文重五铢者，听入市用，计百钱重一斤四两二十铢，自余皆准此为数。其京邑二市，天下州镇，郡县之市，各置二称，悬于市门，私民所用之称，皆准市称以定轻重。凡有私铸，悉不禁断，但重五铢，然后听用。若入市之钱，重不五铢，或虽重五铢，而多杂铅镴，并不听用。若有辄以小薄杂钱入市，有人纠获，其钱悉入告者。其小薄之钱，若即断禁，恐人交乏绝；畿内五十日、外州百日为限。群官参议，咸以时谷颇贵，请待有年，上从之而止。③

文襄王的改革意见不失为整顿币制的一个有效办法，所有重不到五铢的小薄之钱不许入市，则盗铸之风必能有所收敛，而群臣以"时谷颇贵"的不成为理由的理由加以阻挠，致未能施行，故钱文混乱如故。至北齐文宣帝天

① 《隋书》卷二十四，《食货志》。
② 《北齐书》卷二十，《王则传》。
③ 《魏书》卷一百十，《食货志》。

保四年（公元五五三年），始又改铸新钱，名曰"常平五铢"：

> ［天保四年春正月］自魏末用永安钱，又有数品，皆轻滥。乙丑，铸新钱，文曰"常平五铢"。①

常平五铢，大小适中，钱质精良，但流通仍不畅，私铸之风不止，各地州郡亦不统一，大都根据习惯行使地方自铸之钱。后至武平（公元五七〇年）以后，私铸之风更炽，或竟以生铁合铜，以致钱文混乱之状，直至齐亡犹不能禁：

> 文宣受禅，除永安之钱，改铸常平五铢，重如其文。其钱甚贵，且制造甚精，至乾明、皇建之间（公元五六〇年），往往私铸。邺中用钱，有"赤熟""青熟""细眉""赤生"之异，河南所用，有青、薄、铅、锡之别，青、齐、徐、兖、梁、豫州，辈类各殊。武平已后，私铸转甚，或以生铁和铜，至于齐亡，卒不能禁。②

北周是一个短命的小王朝，当政虽仅二十四年，但对铜钱则频繁改铸。初铸"布泉"钱，继又铸"五行大布"钱，最后又铸"永通万国"钱。诸钱形制不一，大小不等，或以一当五，或以一当十，所以北周的短短二十余年，也是一个币制混乱时期。其铸造经过，大致如下：

> ［保定元年（公元五六一年）秋七月］更铸钱，文曰"布泉"，以一当五，与五铢并行。③
>
> ［建德三年（公元五七四年）六月］壬子，更铸"五行大布"钱，以一当十，与"布泉钱"并行。④
>
> ［建德四年（公元五七五年）秋七月］己未，禁"五行大布"钱不得出关，"布泉"钱听入而不听出。⑤

---

① 《北史》卷七，《齐文宣帝纪》。
② 《隋书》卷二十四，《食货志》。
③ 《周书》卷五，《武帝纪上》。
④ 《周书》卷五，《武帝纪上》。
⑤ 《周书》卷六，《武帝纪下》。

　　[建德五年（公元五七六年）春正月] 废"布泉"钱。戊申，初令铸钱者绞，其从者远配为民。①

　　[大象元年（公元五七九年）] 十一月丁巳，初铸"永通万国"钱，以一当十，与"五行大布"并行。②

　　北周在十八年之内改铸了三次铜钱，《隋书》曾概述了当时的币制混乱情况："后周之初，尚用魏钱。及武帝保定元年（公元五六一年）七月，乃更铸'布泉'之钱，以一当五，与五铢并行。时梁、益之境，又杂用古钱交易；河西诸郡，或用西域金银之钱，而官不禁。建德三年（公元五七四年）六月，更铸'五行大布'钱，以一当十，大收商估之利，与布泉钱并行。四年（公元五七五年）七月，又以边境之上，人多盗铸，乃禁'五行大布'不得出入四关，'布泉'之钱，听入而不听出。五年正月，以布泉渐贱而人不用，遂废之。初令私铸者绞，从者远配为户。齐平已后，山东之人犹杂用齐氏旧钱。至宣帝大象元年十一月，又铸'永通万国'钱，以一当十，与'五行大布'及五铢凡三品并用。"③

第三节　实物货币

（一）两晋及南朝

　　两晋和南北朝时期是非金属的实物货币在货币制度中占统治地位的时期。所谓占统治地位，是说货币应发挥的职能，主要都是以有一定使用价值的劳动生产物——主要为布帛谷粟——来表现，平时在日常交易中都是"分截布帛"，"裂匹为尺，以济有无"，固不待言，就是当需要价值较高和数量较大的货币来作为支付手段或价值贮藏手段用以积累财富时，滥恶的铜钱就完全不适用。所以在这一段历史时期内，布、帛、谷、粟尤其是布、帛，遂成为主要货币，即货币的各种主要职能，都可以用布、帛（有时也用谷、粟）来表现。

---

① 《周书》卷六，《武帝纪下》。
② 《周书》卷七，《宣帝纪》。
③ 《隋书》卷二十四，《食货志》。

第一，作为价值尺度和交换媒介。一切商品交易主要都是用布、帛来计量价值，同时也就以布、帛为主要交换媒介，这两者都是货币的最基本职能。既然货币职能主要是用布、帛来表现，说明布、帛在流通领域中已占据了主导地位。这里择要举以下几例：

> 及晋受命，武帝欲平一江表。时谷贱而布、帛贵。帝欲立平籴法，用布、帛市谷，以为粮储。①
>
> ［永嘉中，轨据凉州］太府参军索辅言于轨曰："……泰始中（公元二六五年——二七四年），河西荒废，遂不用钱，裂匹以为段数。缣、布既坏，市易又难，徒坏女工，不任衣用，弊之甚也。……"②

第二，馈赠。用布、帛馈赠，是以布、帛为支付手段，这与过去的赠金、赠钱是同一性质。

> 及武帝受禅……又以孚内有亲戚，外有交游惠下之费，而经用不丰，奉绢二千匹。③
>
> ［周馥尝有德于谭］及甘卓讨馥，百姓奔散，谓谭已去，遣人视之，而更移近馥。……甘卓尝为东海王越所捕，下令，敢有匿者，诛之；卓投谭而免。及此役也，卓遣人求之，曰："华侯安在？吾甘扬威使也。"谭答不知，遗绢二匹以遣之。④
>
> 时桓温有大志，追蜀人知天文者至，夜执手问国家祚运修短。……星人曰："太微、紫微、文昌三宫气候如此，决无忧虞，至五十年外不论耳。"温不悦，乃止。异日送绢一匹，钱五千文以与之。⑤

第三，赏赐（包括悬赏）。赏赐是作为支付手段用的另一形式。因布、

---

① 《晋书》卷二十六，《食货志》。
② 《晋书》卷八十六，《张轨传》。
③ 《晋书》卷三十七，《宗室安平献王孚传》。
④ 《晋书》卷五十二，《华谭传》。
⑤ 《晋书》卷八十二，《习凿齿传》。

帛这时已具有一般等价物的性质，即已具有随时可用的一般社会形态，已成为权力中的权力，有了货币，就有了一切，人们熙来攘往地孜孜求利，实际上是在追求尽可能多的货币，换言之，货币为人人所渴求，因而便成为馈赠、赏赐、贿赂等等的主要手段，这个手段这时都是用布、帛来表现的。例如：

> 吴平，军罢。帝遣侍中程咸犒劳，赐充帛八千匹。①
>
> 武帝以舒清素，特赐绢百匹。②
>
> ［永嘉中，镇邺，为汲桑所破］初，邺中虽府库虚竭，而腾资用甚饶，性俭啬，无所振惠，临急，乃赐将士，米可数升，帛各丈尺，是以人不为用，遂致于祸。③
>
> 初入洛，尼诣［东海王］越，不拜。……尼曰：……今尼屋舍资财，悉为公军人所略，尼今饥冻，是亦明公之负也。越大笑，即赐绢五十匹。④
>
> ［石］季龙于青州造船数百，掠缘海诸县，所在杀戮，朝廷以为忧。谟遣龙骧将军徐玄等守中洲，并设募，若得贼大白船者，赏布千匹，小船百匹。⑤

第四，计赃定罪。布、帛既具有价值储藏手段的作用，已成为财富的主要代表，换言之，布、帛就是财富，因而计赃定罪，遂亦完全以布、帛为准，赎罪、罚款也都是按布、帛计算。

> 贼燔人庐舍，积聚盗贼，赃五匹以上弃市。⑥
>
> ［成帝朝］累迁尚书左丞。时廷尉奏，殿中帐吏邵广，盗官幔三张，合布三十匹，有司正刑弃市。⑦

第五，国家经费。布、帛既是主要货币，国家的财政收支自然是以布、

---

① 《晋书》卷四十，《贾充传》。
② 《晋书》卷四十一，《魏舒传》。
③ 《晋书》卷三十七，《宗室新蔡武哀王腾传》。
④ 《晋书》卷四十九，《王尼传》。
⑤ 《晋书》卷七十七，《蔡谟传》。
⑥ 《晋书》卷三十，《刑法志》。
⑦ 《晋书》卷七十五，《范汪传附坚传》。

帛为主，故国库中所储存国家经费，遂完全是布、帛、谷、粟等实物。

[馥] 乃建策迎天子迁都寿春。永嘉四年（公元三一〇年），与长史吴思、司马殷识上书曰："……臣谨选精卒三万，奉迎皇驾……荆、湘、江、扬各先运四年米租十五万斛，布、绢各十四万匹，以供大驾。"①

东晋以后，继起的宋、齐、梁、陈四个王朝，货币流通的情况与东晋基本相同，或由于"疆境未廓，或土习其风，钱不普用"，而布、帛、谷、粟等实物遂成为江南的主要货币，所有货币的各种功能如价值尺度、支付手段——特别是其中赏赐、馈赠、贿赂、计赃等等，大都是使用布、帛。

1. 计价

用布、帛计价，是布、粟作为货币的主要用途，这时布、帛是作购买手段用的。例如：

[元嘉] 二十五年（公元四四八年），除督梁、南北秦、三川诸军事，宁远将军，西戎校尉，南秦二州刺史。……先是汉川悉以绢为货；秀之限令用钱，百姓至今受其利。②

[世祖朝] 时蜀沙门法成鸠率僧旅，几于千人，铸丈六金像。刘义隆恶其聚众，将加大辟，叟闻之，即赴丹阳，启申其美，遂得免焉。复还于蜀，法成感之，遗其珍物，价直千余匹。叟谓法成曰："纬萧何人，能弃明珠，吾为德请，财何为也？"一无所受。③

初，[宋] 孝武世，太祖为舍人，怀珍为直阁，相遇早旧。怀珍假还青州，上有白骢马，啮人，不可骑，送与怀珍别，怀珍报上百匹绢。或谓怀珍曰："萧君此马不中骑，是以与君耳，君报百匹，不亦多乎？"怀珍曰："萧君局量堂堂，宁应负人此绢？吾方欲以身名托之，岂计钱物多少？"④

[绍泰元年（公元五五五年）冬，齐人据石头，帝引兵围之]

---

① 《晋书》卷六十一，《周骏传附从弟馥传》。
② 《宋书》卷八十一，《刘秀之传》。
③ 《魏书》卷五十二，《胡叟传》。
④ 《南齐书》卷二十七，《刘怀珍传》。

起栅以绝其汲路，又堙塞东门故城中诸井。齐所据城中无水，水一
合货米一升，一升米货绢一匹。①

2. 馈赠与贿赂

布、帛是财富的主要形态，是随时可用的购买手段和支付手段，为人人
所欲得，故一般赠遗或因缘行贿，大都是用布帛。例如：

> 齐初，为宁朔将军、钱唐令；治烦以简，狱无系囚。及去官，
> 百姓以谦在职，不受饷遗，追载缣帛以送之，谦却不受。②
>
> ［佃夫有宠于明帝］大通货贿，凡事非重赂不行。人有饷绢二
> 百匹，嫌少，不答书。③

3. 赏赐与悬赏

布、帛可大宗支付，故以布、帛悬重赏。例如：

> ［景和元年（公元四六五年），琬奉晋安王子勋举兵，传檄］购
> 太宗，万户侯、布绢二万匹、金银五百斤，其余各有差。④
>
> ［元嘉二十七年（公元四五〇年），魏主焘引兵至瓜步，太
> 祖[14]］购能斩佛狸伐头者，封八千户开国县公，赏布绢各万匹，金
> 银各百斤；斩其子及弟、伪相、大军主，封四百户开国县侯，布绢
> 各五千匹；自此以下，各有差。⑤
>
> ［宋主］刘义隆计既不行，复遣刺客吕玄伯购慧龙首，二百户
> 男，绢一千匹。⑥
>
> ［景反，围台城］城内亦射赏格出外，有能斩景首，授以景位，
> 并钱一亿万，布绢各万匹，女乐二部。⑦
>
> 世祖驰檄告四方曰："……有能缚侯景及送首者，封万户，开国

---

① 《南史》卷九，《陈武帝纪》。
② 《梁书》卷五十三，《良吏·孙谦传》。
③ 《宋书》卷九十四，《恩幸·阮佃夫传》。
④ 《宋书》卷八十四，《邓琬传》。
⑤ 《宋书》卷九十五，《索虏传》。
⑥ 《魏书》卷三十八，《王慧龙传》。
⑦ 《梁书》卷五十六，《侯景传》。

公，绢布五万匹。"①

4. 计赃定罪

布、帛是财富的主要形式，故计赃定罪亦主要用布、帛。例如：

> 大明初……扬州刺史西阳王子尚上言："山湖之禁，虽有旧科，民俗相因，替而不奉……有司检壬辰诏书：'占山护泽，强盗律论，赃一丈以上，皆弃市。'希以壬辰之制，其禁严刻。……"②

> ［天嘉］六年（公元五六五年），坐妻兄刘洽依倚景历权势，前后奸讹，并受欧阳武威饷绢百匹，免官。③

从以上所述可以看出，历两晋至南朝，各王朝的货币制度始终是实物货币占主要地位，这种"钱不普用"的情况又显非偶然。这一则是由于江南的广大地区这时方在开发之中，不久之前还是一个十分落后的纯自然经济区，没有发达的商业，就不可能有发达的货币；其次则是由于铜钱过于滥恶，甚至恶劣到"入水不沉，随手破碎"，铜钱既不堪用，贵金属又早已绝迹，于是一切货币职能便只有由布帛来担任了。

（二）割据诸国及北朝

割据诸国和整个北朝，实物货币盛行的情况与南朝相同，即所有必须使用货币时，应用的货币都是使用布帛等实物货币，而用钱较少。其明显见于记载的各种货币功能，主要有以下几种：

1. 用于计价论值，作为购买手段

这是使用最多的一个方面，不论大小交易，都直接使用布帛计价论值，并用布帛作为购买手段来完成交易。例如：

> 天兴初（公元三九八年）……劝课农耕……自后比岁大熟，匹

---

① 《梁书》卷五，《元帝纪》。
② 《宋书》卷五十四，《羊玄保传附希传》。
③ 《陈书》卷十六，《蔡景历传》。

中八十余斛。①

初，世祖将北征，发民驴以运粮，使轨部诣雍州。轨令驴主皆加绢一匹，乃与受之。②

[太武平凉州，内徙京师] 柔尝在路得人所遗金珠一贯，价直数百缣。柔呼主还之。后有人与柔铧数百枚者，柔与子善明鬻之于市。有从柔买，索绢二十四。有商人知其贱，与柔三十四。善明欲取之，柔曰："与人交易，一言便定，岂可以利动心也！"遂与之。③

[高宗朝，家于密云] 高闾曾造其家，值叟短褐曳柴，从田归舍，为闾设酒蔬食，皆手自办集。……闾见其贫约，以物直十余匹赠之，亦无辞愧。④

[太和四年（公元四八〇年）] 除开府、徐州刺史。时州镇戍兵资销自随，不入公库，任其私用，常苦饥寒。虎子上表曰："……窃惟在镇之兵，不减数万，资粮之绢，人十二匹，即自随身，用度无准，未及代下，不免饥寒。……若以兵绢市牛，分减戍卒，计其牛数，足得万头。……"高祖纳之。⑤

[帝] 巡幸淮南，如在内地，军事须伐民树者，必留绢以酬其直。⑥

性又廉恕，不以财利为心。家人曾卖物于人，而剩得绢五匹。儁[15]后知之……遂访主还之。⑦

[肃宗朝] 三门都将薛钦上言："计京西水次汾、华二州，恒农、河北、河东、正平、平阳五郡，年常绵绢及赀麻，皆折公物，雇车牛送京，道险人弊，费公损私。略计华州一车，官酬绢八匹三丈九尺，别有私民雇价布六十匹。河东一车，官酬绢五匹二丈，别有私民雇价布五十匹……今求车取雇绢三匹，市材造船，不劳采斫，计船一艘举十三车，车取三匹，合有三十九匹，雇作手并匠及船上杂具、食直，足以成船。计一船剩绢七十八匹，布七百八十匹。又

---

① 《魏书》卷一百十，《食货志》。
② 《魏书》卷三十三，《公孙表传附轨传》。
③ 《魏书》卷五十二，《赵柔传》。
④ 《魏书》卷五十二，《胡叟传》。
⑤ 《魏书》卷四十四，《薛野䐗传附虎子传》。
⑥ 《魏书》卷七下，《高祖纪下》。
⑦ 《周书》卷三十七，《寇儁传》。

租车一乘，官格四十斛成载；私民雇价，远者五斗、布一匹，近者一石、布一匹；准其私费，一车，布远者八十匹，近者四十匹。造船一艘，计举七百石，准其雇价，应有一千四百匹。今取布三百匹造船一艘，并船上覆治杂事，计一船有剩布一千一百匹。……船之所运，唯达潴陂，其陆路从潴陂至仓库，调一车，雇绢一匹，租一车，布五匹，则于公私为便。"①

孝庄初……寻除赵郡太守。郡经葛荣离乱之后，民户丧亡，六畜无遗，斗粟乃致数缣。②

属周武遭太后丧，[后主]诏侍中薛弧、康买等为吊[16]使；又遣商胡赍锦彩三万匹与吊使同往，欲市真珠，为皇后造七宝车。周人不与交易，然而竟造焉。③

2. 用于支付

即除交易之外的一切价值支付，如施舍赠与、偿还债务、支付物价和劳务等等，见于记载的，有以下几种：

请为沙门，表十余上，乃见许。时高祖南讨在军，诏皇太子于四月八日为之下发，施帛二千匹。④

常山九门人也。太守田文彪、县令和真等丧亡，祖兴自出家绢二百余匹，营护丧事。州郡表列，高祖嘉之。⑤

[熙平中，道迁卒]性好酒，居丧不戚，醇醪肥鲜，不离于口，沽买饮啖，多所费用。父时田园，货卖略尽，人间债负，犹数千匹。谷食至常不足，弟妹不免饥寒。⑥

天统中……出除信州刺史……还京后，州民郑播宗等七百余人请为立碑，敛缣布数百匹……府省为奏，敕报许之。⑦

---

① 《魏书》卷一百十，《食货志》。
② 《魏书》卷五十七，《崔挺传附孝㬷传》。
③ 《北齐书》卷九，《穆后传》。
④ 《魏书》卷十九上，《京兆王子推传附子太兴传》。
⑤ 《魏书》卷八十七，《节义·石祖兴传》。
⑥ 《魏书》卷七十一，《夏侯道迁传附子夬传》。
⑦ 《北齐书》卷四十二，《袁聿修传》。

3. 赏赐有功与悬赏购求

赏赐特别是悬赏，都是重赏，数量少则不发生作用，故这一类的支出都是数目巨大的支出。

[石] 勒将营邺宫，廷尉续咸上书切谏。勒大怒曰："不斩此老臣，朕宫不得成也。"敕御史收之。中书令徐光进曰："…… 其言可用，用之；不可用，故当容之，奈何一旦以直言而斩列卿乎？"勒叹曰："……岂不识此言之忠乎？向戏之尔。人家有百匹资，尚欲市别宅，况有天下之富，万乘之尊乎？终当缮之耳。且敕停作，成吾直臣之气也。"因赐咸绢百匹，稻百斛。①

[高宗朝为相州刺史，在州七年] 馥之还也，吏民大敛布帛以遗之，馥一皆不受。民亦不取，于是以物造佛寺焉，名广公寺。②

初，谠妻皇甫氏被掠，赐中官为婢。……后谠为刘骏（按，即宋孝武帝）冀州长史，因货千余匹，购求皇甫。③

4. 贿赂

行贿非有大宗的价值转移不可，小则无济于事，铜钱滥恶值微，金银又十分难得，布帛又是最方便的有价物，适宜于行贿受贿。黉夜行贿，外人难知，故记载不多，但亦不乏其例，如：

[世祖朝] 迁吏部尚书。纳货用官，皆有定价，大郡二千匹，次郡一千匹，下郡五百匹，其余受职各有差。天下号曰市曹。④

5. 计赃定罪

这与南朝的情形完全相同，但律条更为严峻，赃十匹以上皆死，后又峻其法，赃三匹皆死，诸司官吏赃二丈皆死。

[和平] 二年（公元四六一年）春正月乙酉，诏曰："刺史牧

---

① 《晋书》卷一百五，《石勒载记下》。
② 《魏书》卷四十，《陆俟传附子馥传》。
③ 《魏书》卷六十一，《张谠传》。
④ 《魏书》卷十五，《常山王遵传附孙晖传》。

民，为万里之表。自顷每因发调，逼民假贷，大商富贾，要射时利，旬日之间，增赢十倍，上下通同，分以润屋。故编户之家，困于冻馁，豪富之门，日有兼积。为政之弊，莫过于此。其一切禁绝！犯者十匹以上皆死。布告天下，咸令知禁。"①

初，盗律：赃四十匹致大辟，民多慢政。［世祖朝］峻其法，赃三匹皆死。……（高宗朝）诸司官赃二丈皆斩。②

河清三年（公元五六四年），尚书令、赵郡王叡等奏上《齐律》十二篇……赎罪旧以金，皆代以中绢。死，一百匹；流，九十二匹；刑，五岁七十八匹，四岁六十四匹，三岁五十匹，二岁三十六匹。各通鞭笞论。一岁无笞，则通鞭二十四匹。鞭杖每十，赎绢一匹，至鞭百，则绢十匹。无绢之乡，准绢收钱。③

［建德六年（公元五七七年）十一月］初行《刑书要制》，持杖群强盗一匹以上，不持杖群强盗五匹以上，监临主掌自盗二十匹以上，小盗及诈伪请官物三十匹以上，正长隐五户及十丁以上、隐地三顷以上者，至死。④

综上所述，可知北朝在长期"钱货无所周流"之后，虽然恢复了铸造并大力推行，而钱仍然是困阻重重，流通不畅，布帛却上下通用，畅行无阻，大家宁肯截匹为尺，化有用为无用，也不愿用铜钱来代替"单丝之缣，疏缕之布"。所以整个两晋南北朝时期，是货币经济的极度衰落时期。

① 《魏书》卷五，《高宗纪》。
② 《魏书》卷一百十一，《刑罚志》。
③ 《隋书》卷二十五，《刑法志》。
④ 《周书》卷六，《武帝纪下》。

校勘记

校勘说明

1. 本书以傅筑夫著《中国封建社会经济史（第三卷）》（人民出版社 1984 年 10 月第一版）（以下称"原书"）为底本，重新加以编校整理。对原书开本、版式进行了调整，并按照现今标点符号使用规则和习惯，对原书的标点符号做了修改。

2. 对于原书中一些具有当时时代特点的用词、数字用法和表述方式，不属错误且不影响文义理解的（比如，原书公元纪年的书写采取汉字而非阿拉伯数字方式；页下注中所引用图书页码的标注采用汉字而非阿拉伯数字方式；等等），均不做修改，以尽可能保留原书风貌。

3. 对于原书中个别用字按照今天的使用习惯进行了修改，如将"象""那"等改为"像""哪"，"做""作"的用法按照今习惯用法做了调整等。因上述修改不影响原文意思，凡属此情况均直接加以修改，不再特别说明。

4. 对于原书中将"它"或"它们"误用为"他"或"他们"等不规范之处，直接做了修改，一般不再加以标注说明。

5. 对于原书中的少数表述，如加上"了""的""是"等字，或是简单调整词语在句子中的位置，或是做一些简单修改即可使表述更为顺畅且不影响文义时，直接做了修改，不再特别加以说明。对于较多改动或改动处需要加以说明的，则在全书最后的校勘记中加以说明。

6. 原书中所引大量古代文献，大多数未注明具体版本，编校中以保留原书引文文字原貌为主，对于未标注引书版本的页下注，保留原貌；少数引文存疑处，依照所引文献的现今通行版本进行核对和修改，并以校勘记的形式加以说明。

7. 对于原书中的古今地名对照，未按当下行政区划和名称做修改，均保留原书文字。

8. 上述情况之外对原书文字所做的修改需要说明的，以校勘记的形式加以说明。

校勘记

第一章

[1] 原书作"斸"，为"斫"的异体字，今改为"斫"。本章下文此种情况均如此修改，不再一一说明。

[2] 原书作"殭"，为"僵"的异体字，今改为"僵"。

[3] 原书作"郁"，据中华书局1959年版《史记》卷一百二十九《货殖列传》改为"隋"。本章下文此种情况均如此修改，不再一一说明。

[4] 原书作"背乡离井"，依今习惯用法改为"背井离乡"。

[5] 原书作"Lantifundia"，误，改为"Latifundia"。

[6] 原书无"它们"二字，依文义加。

[7] 原书作"渳"，为"弥"的异体字，今改为"弥"。

[8] 原书作"隩"，为不规范简化字，今改为"隰"。

[9] 原书作"勿需"，依今习惯用法改为"无须"。本章下文此种情况均如此修改，不再一一说明。

[10] 原书作"郛鼓"，误，今改为"桴鼓"。

[11] 原书作"璕"，为"玳"的异体字，今改为"玳"。

[12] 原书如此。更通顺简洁的表达方式为："由于贩卖这些东西一本万利。"此处保留原文，不做修改。

第二章

[1] 原书无"古人"二字，依文义加。

[2] 原书作"斸"，为"斫"的异体字，今改为"斫"。本章下文此种情况均如此修改，不再一一说明。

[3] 原书作"垦植"，依今用法改为"垦殖"。

[4] 原书作"凋弊"，依今用法改为"凋敝"。本章下文此种情况均如此修改，不再一一说明。

[5] 原书无"拓跋魏"三字，依文义加。

[6] 原书作"汙"，为"污"的异体字，今改为"污"。

[7] 原书无"它"字，依文义加。

[8] 原书作"荜路褴褛"，依今用法改为"筚路蓝缕"。本章下文此种情况均如此修改，不再一一说明。

[9] 原书作"方面"，依文义改为"方向"。

[10] 此处及下文的"其一""其二""其三""其四"乃按照今表述习惯所做的修改。

[11] 原书作"landifundia"，误，今改为"latifundia"。

[12] 原书作"恆"，为"恒"的异体字，今改为"恒"。

[13] 原书作"揔"，疑误，据中华书局 1972 年版《北齐书》卷二十一《封隆之传附子子绘传》改为"总"。

[14] 原书作"馳"，为"驼"的异体字，今改为"驼"。

[15] 原书作"𥹰"，为"麩"的异体字，今改为"麩"。

[16] 原书作"江"，误，依文义改为"汇"。

[17] 原书作"泝"，为"溯"的异体字，今改为"溯"。

[18] 原书作"汎"，为"泛"的异体字，今改为"泛"。本章下文此种情况均如此修改，不再一一说明。

[19] 原书作"严刑峻法征调的徭役"，依文义改为"严刑峻法征调的役夫"。

第三章

[1] 原书作"凋弊"，依今用法改为"凋敝"。本章下文此种情况均如此修改，不再一一说明。

[2] 原书作"民"，误，依文义改为"生"。

[3] 原书无"成果"二字，依文义加。

[4] 原书作"《晋书》卷四十，《刘颂传》"，误，改为"《晋书》卷四十六，《刘颂传》"。

[5] 原书作"殭"，为"僵"的异体字，今改为"僵"。

[6] 原书作"麴"，为"曲"的异体字，今改为"曲"。

[7] 原书作"㳽"，为"弥"的异体字，今改为"弥"。本章下文此种情况均如此修改，不再一一说明。

[8] 原书作"斲"，为"斫"的异体字，今改为"斫"。本章下文此种情况均如此修改，不再一一说明。

[9] 原书无"南兖"二字，据中华书局 1974 年版《宋书》卷二十六

《天文志四》加。

［10］原书作"鼓城"，误，据中华书局 1973 年版《魏书》卷一百五十四《天象志》改为"彭城"。

［11］原书作"踰"，为"逾"的异体字，今改为"逾"。本章下文此种情况均如此修改，不再一一说明。

［12］原书作"郁"，据中华书局 1959 年版《史记》卷一百二十九《货殖列传》改为"隋"。

［13］原书作"藉"，为"借"的异体字，今改为"借"。

［14］梁、齐、陈的国祚年数保留原书说法。下文此种情况均如此处理。

［15］原书作"朞"，为"期"的异体字，今改为"期"。

［16］原书无"刘宋王朝"四字，少主语，依文义加。

［17］原书作"缂"，为"缂"的不规范简化字，今改为"缂"。

［18］原书作"连结"，依今用法改为"连接"。本章下文此种情况均如此修改，不再一一说明。

［19］原书作"反覆"，依今习惯用法改为"反复"。本章下文此种情况均如此修改，不再一一说明。

［20］原书作"疋"，为"匹"的异体字，因是古人人名，此处保留原书用法。

［21］原书作"麹"，为简化字"曲"的异体字，此处为古人姓氏，因此不做修改。

［22］原书无"他们"二字，依文义加。

［23］原书作"翫"，为"玩"的异体字，今改为"玩"。

［24］原书作"佇"，为"伫"的异体字，今改为"伫"。

［25］原书作"缊"，为"缊"的不规范简化字。"缊"为"褞"的异体字，今改为"褞"。本章下文此种情况均如此修改，不再一一说明。

［26］原书作"麤"，为"麇"的异体字，今改为"麇"。

［27］原书作"347"，依全书使用习惯改为"三四七"。

［28］原书作"蒋"，为"蒋"的异体字，今改为"蒋"。

第四章

［1］原书作"讁"，为"谪"的异体字，今改为"谪"。

［2］原书作"燻"，为"熏"的异体字，今改为"熏"。本章下文此种情况均如此修改，不再一一说明。

［3］原书作"碁"，为"棋"的异体字，今改为"棋"。

［4］原书作"廥"，为"廩"的异体字，今改为"廩"。

［5］原书作"陨"，误，据中华书局 1975 年版《南史》卷七十《循吏·郭祖深传》改为"殒"。

［6］原书作"飜"，为"翻"的异体字，因为古人人名，今保留原书用法。本章下文此种情况均如此修改，不再一一说明。

［7］原书作"啣"，为"衔"的异体字，今改为"衔"。

［8］原书作"疎"，为"疏"的异体字，今改为"疏"。

［9］原书作"懃"，为"勤"的异体字，今改为"勤"。

［10］原书作"箠"，为"棰"的异体字，今改为"棰"。

［11］原书作"斲"，为"斫"的异体字，今改为"斫"。本章下文此种情况均如此修改，不再一一说明。

［12］原书作"恆"，为"恒"的异体字，今改为"恒"。

［13］原书作"563"，依全书使用习惯改为"五六三"。

［14］原书作"555"，依全书使用习惯改为"五五五"。

［15］原书作"勑"，为"敕"的异体字，今改为"敕"。

［16］原书作"运阼"，误，依文义改为"运祚"。

［17］原书作"土匠"，误，依文义改为"工匠"。

［18］原书作"塼"，为"砖"的异体字，今改为"砖"。

［19］原书作"飡"，为"餐"的异体字，今改为"餐"。

［20］原书作"幸免诸难"，依今用法改为"幸免于难"。

［21］原书作"蜂踊"，依今用法改为"蜂拥"。

［22］原书无"目"字，依《颜氏家训》通行本加。

［23］原书作"紆"，为"纡"的异体字，今改为"纡"。

［24］原书作"landtifundia"，误，今改为"latifundia"。本章下文此种情况均如此修改，不再一一说明。

［25］原书作"瀰"，为"弥"的异体字，今改为"弥"。

［26］原书作"隄"，为"堤"的异体字，今改为"堤"。本章下文此种情况均如此修改，不再一一说明。

［27］原书作"蘋"，为"蘋"的繁体字，今改为"蘋"。

［28］原书作"蔕"，为"蒂"的异体字，今改为"蒂"。

［29］原书作"蘂"，为"蕊"的异体字，今改为"蕊"。

［30］原书作"薑"，为"姜"的繁体字，今改为"姜"。

［31］原书作"紬"，为"绸"的异体字，今改为"绸"。本章下文此种情况均如此修改，不再一一说明。

［32］原书作"因南朝由于战争不多"，依今表达习惯改为"因南朝战争不多"。

［33］原书作"天兴四年"，疑误。据中华书局 1973 年版《魏书》卷三十《宿石传》改为"天兴二年"。

［34］原书作"荜路褴褛"，依今用法改为"筚路蓝缕"。

［35］原书作"愵"，疑误，据中华书局 1973 年版《魏书》卷一百《王弥传》改为"嵫"。

［36］原书作"徵"，为"征"的异体字，今改为"征"。

［37］原书作"懽"，为"欢"的异体字，因是古人人名，此处保留原书用法。

［38］原书作"彊"，为"强"的异体字，今改为"强"。

［39］原书作"勑"，为"敕"的异体字，今改为"敕"。

第五章

［1］原书作"疋"，为"匹"的异体字，因是古人人名，此处保留原书用法。

［2］原书作"斲"，为"斫"的异体字，今改为"斫"。本章下文此种情况均如此修改，不再一一说明。

［3］原书作"凋弊"，依今习惯用法改为"凋敝"。本章下文均如此修改，不再一一说明。

［4］原书作"炕"，为"燥"的不规范简化字，今改为"燥"。本章下文此种情况均如此修改，不再一一说明。

［5］原书作"炕�"，为"燥爐"的不规范简化字，据中华书局 1974 年版《宋书》卷五十四《羊玄保传附兄子希传》改为"燥爐"。

［6］原书作"鰌"，为"鳅"的异体字，今改为"鳅"。

［7］原书作破折号，误，据中华书局 1974 年版《宋书》卷五十四《羊玄保传附兄子希传》改为"一"。

［8］原书作"运阼"，误，依文义改为"运祚"。本章下文此种情况均如此修改，不再一一说明。

［9］原书作"幹"，为"干"的繁体字，今改为"干"。

［10］原书作"增"，误，据中华书局 1974 年版《晋书》卷五十八《周处传》改为"赠"。

［11］原书无"王悦"二字。据中华书局 1974 年版《宋书》卷九十二《良吏传》加。

［12］原书作"—"（一字线），误，据中华书局 1974 年版《宋书》卷九十二《良吏·徐豁传》改为"一"。

［13］原书作"繦"，为"繈"的不规范简化字。"繈"为"襁"的异体字，今改为"襁"。

［14］原书无"晋王朝"三字，依文义加。

［15］原书作"太兴"，误，今改为"大兴"。

［16］原书作"脩"，为"修"的异体字，今改为"修"。

［17］原书作"輓"，为"輓"的不规范简化字。"輓"为"挽"的异体字，今改为"挽"。

［18］原书作"实运"，误，依文义改为"实际"。

［19］原书作"碁"，为"棋"的异体字，今改为"棋"。本章下文此种情况均如此修改，不再一一说明。

［20］原书作"讁"，为"谪"的异体字，今改为"谪"。

［21］原书作"疋"，为"匹"的异体字，今改为"匹"。

［22］原书作"勿需"，依今用法改为"无须"。

［23］原书作"landifundia"，误，今改为"latifundia"。

［24］原书作"拓拔族"，今改为"拓跋氏"，以便表述上更为准确。本章下文此种情况均如此修改，不再一一说明。

［25］原书作"第二""第三"，行文中又多次出现"其次""再其次"等，为避免层次关系不清晰，删掉了"第二""第三"，并对行文中的"其次""再其次"等根据文义改为"此外"。

［26］原书作"娇"，疑误，据中华书局 1973 年版《魏书》卷二十一上《咸阳王禧传》改为"骄"。

第六章

［1］原书作"运阼"，误，依文义改为"运祚"。本章下文此种情况均如此修改，不再一一说明。

［2］原书作"藉田"，依今习惯用法改为"籍田"。书中所引原始文献中作"藉田"者，不做修改。本章下文此种情况均如此处理，不再一一说明。

［3］原书作"叅"，据中华书局 1974 年版《晋书》卷十九《礼志上》改为"参"。

［4］原书作"勠力"，据中华书局 1974 年版《晋书》卷四十六《刘颂传》改为"勷力"。

［5］原书作"凡"，依文义及参照陈桥驿、叶光庭译，陈桥驿、王东注《水经注》（中华书局 2020 年版）卷十四改为"丸"。

［6］原书作"繮"为"繮"的不规范简化字。"繮"为"襁"的异体字，今改为"襁"。

［7］原书作"滨"，依文义及按照今习惯用法改为"濒"。本章下文此种情况均如此修改，不再一一说明。

［8］原书作"搧"，为"扇"的异体字，今改为"扇"。

［9］原书作"秣兵厉马"，误，依文义改为"厉兵秣马"。

［10］原书作"汙"，为"污"的异体字，今改为"污"。

［11］原书作"纾"，为"紵"的不规范简化字，"紵"为"纻"的繁体字，今改为"纻"。

［12］原书作"隩"，为不规范简化字，今据文义改为"隰"。

［13］"在位期间"，原书如此。按照今表达习惯，表述为"存续时间"更为合适。

［14］原书无"其后诸帝"四字，意思不完整，依文义加。

［15］原书无"陈王朝"三字，意思不完整，依文义加。

［16］原书作"凋弊"，依今习惯用法改为"凋敝"。

［17］原书作"斸"，为"斫"的异体字，今改为"斫"。

［18］原书作"衝"，为"冲"的繁体字，今改为"冲"。

［19］原书作"揔"，疑误，据中华书局 1974 年版《魏书》卷三十八《刁雍传》改为"总"。

［20］原书作"儁"，据中华书局 1974 年版《魏书》卷六十九《裴延儁传》改为"儁"。

［21］原书作"儁"，据中华书局 1972 年版《北齐书》卷二十二《卢文儁传》改为"儁"。

［22］原书作 suei，依照上海辞书出版社《辞海》（第六版）改。

［23］原书作"粟"，疑误，据中华书局 1974 年版《宋书》卷八十二《周朗传》改为"栗"。本章下文此种情况均如此修改，不再一一说明。

〔24〕原书作"畦畤"。中华书局 2015 年版《齐民要术》（石声汉译注）卷二《水稻第十一》作"畦"，无"畤"字，不知原书作者何据。今保留原书用法。

〔25〕原书作"彊"，为"强"的异体字，今改为"强"。

〔26〕原书作"薑"，为"姜"的繁体字，今改为"姜"。

〔27〕原书作"疎"，为"疏"的异体字，今改为"疏"。

〔28〕原书作"虆"，据中华书局 2015 年版《齐民要术》（石声汉译注）卷二《种麻第八》改为"虇"。本章下文此种情况均如此修改，不再一一说明。

〔29〕原书作"齧"，为"啮"的异体字，今改为"啮"。

〔30〕原书作"锺"，为"钟"的繁体字，今改为"钟"。

〔31〕原书作"茬"，为"荏"字之误，今改为"荏"。

〔32〕原书作"籖"，为"签"的异体字，今改为"签"。本章下文此种情况均如此修改，不再一一说明。

〔33〕原书作"芸"，当误，依文义改为"耘"。

第七章

〔1〕原书作"斵"，为"斫"的异体字，今改为"斫"。

〔2〕原书作"瀰"，为"弥"的异体字，今改为"弥"。

〔3〕原书作"嬾"，为"懒"的异体字，今改为"懒"。

〔4〕原书作"运阼"，误，依文义改为"运祚"。

〔5〕原书作"倖"，为"幸"的异体字，今改为"幸"。

〔6〕原书无"的地步"三字，为使句子更加通顺，依文义加。

〔7〕原书作"彫"，为"雕"的异体字，今改为"雕"。

〔8〕原书作"璹"，为"玎"的异体字，今改为"玎"。本章下文此种情况均如此修改，不再一一说明。

〔9〕原书作"绵"，疑误，据中华书局 1972 年版《南齐书》卷五十九《芮芮传》改为"锦"。

〔10〕原书作"勿需"，依今用法改为"无须"。

〔11〕原书作"嶽"，为"嶽"的不规范用字，"嶽"为"岳"的繁体字，今改为"岳"。

〔12〕原书作"吴"，误，据中华书局 1972 年版《南齐书》卷五十六《幸臣传》改为"吕"。

[13] 原书作"锞"，为"錁"的不规范简化字，今改为"錁"。

[14] 原书作"镖"，为"鏢"的不规范简化字，今改为"鏢"。本章下文此种情况均如此修改，不再一一说明。

[15] 原书作"濆水"，疑误，今据陈桥驿、叶光庭译，陈桥驿、王东注《水经注》（中华书局 2020 年版）卷三十九改为"赣水"。

[16] 原书作"也谱"，误，据中华书局 1972 年版《陈书》卷十三《徐世谱传》改为"世谱"。

[17] 原书作"工业"，为表述更为准确，改为"手工业"。

[18] 原书作"絍"，为"纴"的异体字，今改为"纴"。

[19] 原书作"緜"，为"绵"的异体字，今改为"绵"。

[20] 原书作"霑"，为"沾"的异体字，今改为"沾"。

[21] 原书作"杨雄"，疑误，依文义改为"扬雄"。本章下文此种情况均如此修改，不再一一说明。

[22] 原书作"纻"，为"紵"的不规范简化字，"紵"为"纻"的繁体字，今改为"纻"。本章下文此种情况均如此修改，不再一一说明。

[23] 原书作"练"，为"練"的不规范简化字，今改为"練"。本章下文此种情况均如此修改，不再一一说明。

[24] 原文作"垆"，为"罏"的不规范简化字，今改为"罏"。

[25] 原书作"饣"，为"飦"的不规范简化字，今改为"飦"。

[26] 原书作"黄蘗"，今改为"黄檗"。

[27] 原书作"闇"，为"暗"的异体字，今改为"暗"。本章下文此种情况均如此修改，不再一一说明。

[28] 原书作"席"，误，据中华书局 1974 年版《晋书》卷三十四《杜预传》改为"帝"。

[29] 原书作"也有"，疑误，据中华书局 1972 年版《南齐书》卷五十二《文学·祖冲之传》改为"有也"。

[30] 原书作"夙翔"，当误，依文义改为"凤翔"。

[31] 原书作"谪"，为"讁"的不规范简化字，"讁"为"谪"的异体字，今改为"谪"。本章下文此种情况均如此修改，不再一一说明。

[32] 原书作"燿"，为"耀"的异体字，今改为"耀"。

[33] 原书作"绌"，为"绸"的异体字，今改为"绸"。

[34] 原书作"左藏"，当误，据中华书局 1973 年版《隋书》卷二十八

《百官志》改为"右藏"。

[35] 原书作"谷",误,据中华书局 1974 年版《魏书》卷九十四《阉官·仇洛齐传》改为"穀"。

[36] 原书作"谷",误,据中华书局 1973 年版《魏书》卷一百十《食货志》改为"穀"。

[37] 原书作"向",当误,依文义改为"问"。

[38] 原书作"竞",当误,据中华书局 1973 年版《隋书》卷五十六《卢恺传》改为"竟"。

[39] 原书作"卹",为"恤"的异体字,今改为"恤"。

[40] 原书作"斑",误,据中华书局 1974 年版《魏书》卷七下《高祖纪下》改为"班"。

[41] 原书作"凋弊",依今用法改为"凋敝"。

[42] 原书如此。依今语法,更通顺的表达为"不可分割的部分"。

[43] 原书作"刘堕",非"白堕",故下文两人同名说法不确。《水经注·河水四》作"刘堕",今从之。

[44] 原书作"甖",为"罂"的异体字,今改为"罂"。

[45] 原书作"臯",为"皋"的异体字,今改为"皋"。

第八章

[1] 原书作"斸",为"斫"的异体字,今改为"斫"。

[2] 原书作"凋弊",依今用法改为"凋敝"。本章下文此种情况均如此修改,不再一一说明。

[3] 原书作"可望而不可及",今改为"可望而不可即"。

[4] 原书作"闇",为"暗"的异体字,今改为"暗"。本章下文此种情况均如此修改,不再一一说明。

[5] 原书作"牕",为"窗"的异体字,今改为"窗"。

[6] 原书作"盃",为"杯"的异体字,今改为"杯"。

[7] 原书作"紬",为"绸"的异体字,今改为"绸"。

[8] 原书作"觔",疑为"筋"字。本章下文此种情况均保留原书用法。

[9] 原书作"闚",为"闚"的不规范简化字。"闚"为"窥"的异体字,今改为"窥"。

[10] 原书作"捨",为"舍"的繁体字,今改为"舍"。

[11] 原书作"紵",为"纻"的异体字,今改为"纻"。

［12］原书作"仓慌"，依现用法改为"仓皇"。

［13］原书作"郁"，据中华书局 1959 年版《史记》卷一百二十九《货殖列传》改为"隋"。

［14］原书作"柟"，为"楠"的异体字，今改为"楠"。本章下文此种情况均如此修改，不再一一说明。

［15］原书作"璊"，为"玳"的异体字，今改为"玳"。本章下文此种情况均如此修改，不再一一说明。

［16］原书作"緜"，为"绵"的异体字，今改为"绵"。

［17］原书作" 涼"，为"凉"的异体字，今改为"凉"。

［18］原书作"櫆"，为"楫"的异体字，今改为"楫"。

［19］原书作"会萃"，依今用法改为"荟萃"。本章下文此种情况均如此修改，不再一一说明。

［20］原书作"愬"，为"诉"的异体字，今改为"诉"。

［21］原书作"紵"，为"紵"的不规范简化字，"紵"为"纻"的繁体字，今改为"纻"。本章下文此种情况均如此修改，不再一一说明。

［22］原书作"從"，为"从"的繁体字，今改为"从"。

［23］原书作"鵰"，为"雕"的异体字，今改为"雕"。

［24］原书作"纖"，为"纤"的繁体字，今改为"纤"。本章下文此种情况均如此修改，不再一一说明。

［25］原书作"讙"，为"欢"的异体字，今改为"欢"。

［26］原书作"疋"，为"匹"的异体字，今改为"匹"。

［27］原书作"蛋"，疑误，据中华书局 1972 年版《南齐书》卷十五《州郡志下》改为"蜑"。

［28］原书作"瓌"，为"瑰"的异体字，今改为"瑰"。本章下文此种情况均如此修改，不再一一说明。

［29］原书作"托跋焘"，核中华书局 1974 年版《宋书》卷四十六《张邵传附畅传》亦如此。

［30］原书作"佳"，误，据中华书局 1974 年版《宋书》卷四十六《张邵传附畅传》改为"佳"。

［31］原书作"颜峻"，误，改为"颜竣"。

［32］原书作"飜"，为"翻"的异体字，因是古人人名，此处不做修改。本章下文此种情况均保留原书用法。

〔33〕原书作"慙"，为"惭"的异体字，今改为"惭"。

〔34〕原书作"三个"，误，据中华书局1974年版《晋书》卷一百二十五《冯跋载记》改为"三千"。

〔35〕原书如此。蠕蠕是否为匈奴遗裔，尚有争论。

〔36〕原书作"䰞"，为"糊"的异体字，今改为"糊"。

〔37〕原书作"犛"，为"牦"的异体字，今改为"牦"。本章下文此种情况均如此修改，不再一一说明。

〔38〕原书作"《诸夷·河南传》"，误，据中华书局1972年版《梁书》卷五十四改为《诸夷·海南传》。

〔39〕原书作"姑藏"，当误，据中华书局1974年版《北史》卷九十六《吐谷浑传》改为"姑臧"。

〔40〕原书作"祖渠蒙逊"，当误，据文义改为"沮渠蒙逊"。

〔41〕原书作"呋"，为"嚈"的不规范简化字，今据文义改为"嚈"。本章下文此种情况均如此修改，不再一一说明。

〔42〕原书作"息息"，当误，据中华书局1974年版《北史》卷九十七《西域·嚈哒传》改为"安息"。

〔43〕原书作"賦"，据中华书局1974年版《北史》卷九十七《西域·康国传》改为"賕"。

〔44〕原书作"鍮"，为"鍮"的不规范简化字，今改为"鍮"。

〔45〕原书作"麞"，为"獐"的异体字，今改为"獐"。

〔46〕原书作"拔"，疑误，据中华书局1974年版《北史》卷九十七《西域·波斯国传》改为"拨"。

〔47〕原书作"印度支那"，依今用法改为"中南半岛"。

〔48〕原书作"尠"，为"鲜"的异体字，今改为"鲜"。本章下文此种情况均如此修改，不再一一说明。

〔49〕原书作"穀"，为"谷"的异体字，今改为"谷"。

〔50〕原书作"汎"，为"泛"的异体字，今改为"泛"。本章下文此种情况均如此修改，不再一一说明。

〔51〕原书作"交阯"，今改为"交趾"。

〔52〕原书作"陁"，疑误，据中华书局1972年版《梁书》卷五十四《诸夷·干陁利国传》改为"陀"。

〔53〕原书作"䍐"，为"罼"的不规范简化字，今改为"罼"。

第九章

［1］原书无"东汉"二字，依文义加。

［2］原书作"斲"，为"斫"的异体字，今改为"斫"。

［3］原书作"鍾"，为"钟"的繁体字，今改为"钟"。

［4］原书作"运阼"，误，依文义改为"运祚"。本章下文此种情况均如此修改，不再一一说明。

［5］原书如此。依今语法习惯，表述为"因为中国北方过去本是铜钱流通的主要区域，其过去很长的历史时期是古代货币经济的黄金时代"更为通顺。

［6］原书作"可是"，不通顺，依文义改为"可知"。

［7］原书作"友"，当误，据中华书局 1974 年版《宋书》卷五十六《陈琳之传》改为"返"。

［8］原书如此。如将晋愍帝建兴五年（公元 317）视为西晋灭亡之年的话，西晋存续时间可算作五十二年。

［9］原书作"徵"，为"征"的繁体字，今改为"征"。

［10］原书作"镵"，为"鑱"的不规范简化字，今改为"鑱"。

［11］原书作"482"，依全书使用习惯改为"四八二"。

［12］原书作"六陌"，据中华书局 1975 年版《南史》卷八《梁本纪》改为"六佰"。

［13］原书作"繬"，为"繬"的不规范简化字。"繬"为"褯"的异体字，今改为"褯"。

［14］原书作"大祖"，当指刘宋太祖刘义隆，今改为"太祖"。

［15］原书作"儁"，为"俊"的异体字，参照《辞海》"慕容儁"条，人名中"儁"字未改，此处亦用于人名"寇儁"，故未改。

［16］原书作"弔"，为"吊"的异体字，今改为"吊"。本章下文此种情况均如此修改，不再一一说明。